Joanna Barck
Hin zum Film – Zurück zu den Bildern

D1663863

Joanna Barck (Dr. phil.) ist wissenschaftliche Mitarbeiterin am Forschungskolleg »Medienumbrüche« (Siegen) und lehrt an der Universität Bonn im Fach Kunstgeschichte. Ihre Forschungsschwerpunkte sind Medienästhetik und Bildtheorie, intermediale Bildverhältnisse zwischen Film und Gemälde, immersive Bildverfahren und Szenographie der Mixed Reality, Porträts sowie die Kunst des Mittelalters.

JOANNA BARCK
Hin zum Film – Zurück zu den Bildern.
Tableaux Vivants: »Lebende Bilder« in Filmen
von Antamoro, Korda, Visconti und Pasolini

[transcript]

Bibliografische Information der Deutschen Nationalbibliothek
Die Deutsche Nationalbibliothek verzeichnet diese Publikation
in der Deutschen Nationalbibliografie; detaillierte
bibliografische Daten sind im Internet über
http://dnb.d-nb.de abrufbar.

© 2008 transcript Verlag, Bielefeld

Umschlaggestaltung: Kordula Röckenhaus, Bielefeld
Umschlagabbildung: Photogramm des Films SENSO von Luchino Visconti.
Gemälde »Il bacio« von Francesco Hayez (Brera, Mailand)
Lektorat & Satz: Joanna Barck
Druck: Majuskel Medienproduktion GmbH, Wetzlar
ISBN 978-3-89942-817-9

Gedruckt auf alterungsbeständigem Papier mit chlorfrei
gebleichtem Zellstoff.

Besuchen Sie uns im Internet:
http://www.transcript-verlag.de

Bitte fordern Sie unser Gesamtverzeichnis
und andere Broschüren an unter:
info@transcript-verlag.de

INHALT

IV.
DIE KONTAMINATION DER FILMBILDER:
PASOLINIS LA RICOTTA UND IL DECAMERON

VORWORT

Glücklicherweise geht es nicht darum, zu sagen,
was noch nicht gesagt worden ist, sondern
wiederzusagen, so oft wie möglich, auf
möglichst engem Raum, was schon gesagt
worden ist.
SAMUEL BECKETT

Die Beziehung zwischen bildender Kunst und Film, insbesondere zwischen Malerei und Spielfilm hat eine lange Geschichte, die nicht immer anspruchsvolle Bilanzen vorweisen kann, wie zum Beispiel wenn sie sich auf Kulissen- und Kostümgestaltung beschränkt. Vielschichtiger dagegen sind jene filmischen Bildaneignungen und Bildtranskriptionen, die über eine ornamentale Funktion hinausgehen und sich an der Tiefenstruktur des Gemäldes orientieren. Die Aufgaben, die den Gemälden innerhalb solcher Filme zukommen, lassen trotz ihrer möglichen Vielfalt im einzelnen auf zwei dominante Grundunterscheidungen rückschließen, dann nämlich, wenn das Gemälde als *Objekt* oder *Subjekt* der Filmhandlung zu seiner eigenen Narrativierung beitragen soll. Sie reichen von einer einfachen Funktionalisierung (Bild als Objekt der Begierden) bis hin zur Verlebendigung und Aktivierung von Gemälden, so daß sie eine Art Eigenleben entwickeln und zum handelnden Subjekt avancieren. Daß diese Variante vor allem für das Thriller- und Horrorgenre von Interesse ist, verwundert wenig, scheint doch der Glaube an die Wirkmächtigkeit und in diesem Sinne an die Selbständigkeit von Bildern – genauer: Kultbildern – tiefer im kulturellen Bewußtsein verwurzelt zu sein, als man es allgemein annimmt. Zwei Regisseure stehen dafür auf unterschiedliche Weise ein: Alfred Hitchcock und Dario Argento.[1]

---

1   Hitchcocks VERTIGO (Vertigo – Aus dem Reich der Toten, USA 1958) ist ein Musterbeispiel inszenierter Bildgläubigkeit, wobei hier nicht nur im Narrativ das Gemälde – ein gerahmtes, im Museum situiertes Bild – auf die Protagonistin überzugreifen scheint, indem es sie als seine eigene Reinkarnation gestaltet. Es ist auch das Gemälde in seiner spezifischen Ästhe-

Darüber hinaus gibt es Regisseure, die den Film zum Ort ästhetischer Auseinandersetzungen um das Bild und den damit zusammenhängenden strukturellen wie filmtheoretischen Implikationen machen. Auf diesem Feld agieren nicht nur die sogenannten Kunstfilme, sondern auch eine ganze Reihe von Spielfilmen, deren Anspruch in der Synthese von narratologischen Elementen der Filmdiegese und künstlerischer bzw. bildtheoretischer Arbeit liegt. An erster Stelle sind jene berühmten Grenzgänger wie Jean-Luc Godard und Peter Greenaway zu nennen. Zwei weitere Regisseure, deren Filme die vorliegende Arbeit thematisiert, sind Pier Paolo Pasolini und Luchino Visconti. Für diese Filmemacher ist vor allem die Frage nach den Potentialen der Bilder relevant, wobei das Gemälde entweder die piktorale bzw. ikonische Differenz[2] markiert oder als ein anverwandtes ›Urbild‹ in die Struktur der Filmbilder aufgenommen wird.

Seit der Schärfung der theoretischen Aufmerksamkeit für disziplinübergreifende Bildfragen im Zuge des von William J.T. Mitchell 1992

tik, das vom Film Besitz ergreift und die Filmbilder diszipliniert. Ein anderes Filmbeispiel, in dem (gerahmte, ins Interieur eingebundene) Gemälde zu innerbildlichen Akteuren erhoben werden, ist Hitchcocks THE PARADINE CASE (Der Fall Paradin, USA 1947). Zum Verhältnis des Regisseurs zur Malerei vgl. bei Peucker, Brigitte (1999): Verkörpernde Bilder – Das Bild des Körpers. Film und die anderen Künste, Berlin: Vorwerk 8, S. 51–60 und S. 139–145; zum Porträt in THE PARADINE CASE siehe Barck, Joanna (2004): »Im Blick des Porträts«, in: Petra Löffler/Leander Scholz (Hg.), Das Gesicht ist eine starke Organisation, Köln: DuMont, S. 181–202; zu Hitchcock und seinen Filmen immer noch überaus lesenswert Truffaut, François (1966/1997): Mr. Hitchcock, wie haben Sie es gemacht?, München: Heyne. Dario Argento, einer der berühmtesten »Giallo«-Regisseure des italienischen Kinos, stellt insbesondere in seinen frühen Filmen eine deutliche Faszination am Gemälde aus, die vor allem Freudianisch-psychoanalytischen Mustern folgt. Anders als bei Hitchcock sind die Gemälde seiner Filme entrahmte Akteure (wie in LA SINDROME DI STENDHAL/The Stendhal Syndrome, I 1996), die aktiv in die Handlung eingreifen. Sie sind lebendig gewordene Ängste der Protagonistin, oder, wie in PROFONDO ROSSO (Deep Red, I 1976), starke Agenten, die zwischen Leben und Tod, Diesseits und Jenseits, verborgener Dimension und zur Schau gestellter Oberfläche wechseln und essentielle Auswirkungen auf die Protagonisten haben. Als Einstieg in die Horrorwelten des Regisseurs siehe McDonagh, Maitland (1991): Broken Mirrors/Broken Minds. The Dark Dreams of Dario Argento, London: Carol Publishing Corporation.

2   Zum Bild und dem Problem seiner Situierung siehe in Auswahl: Boehm, Gottfried (Hg.) (1994): Was ist ein Bild, München: Fink; Böhme, Gernot (1999): Theorie des Bildes, München: Fink; Belting, Hans/Kamper, Dietmar (Hg.) (2000): Der zweite Blick, München: Fink.

geprägten Begriffs des *Pictorial Turn* oder des wenig später von Gottfried Boehm genannten *Iconic Turn* mehren sich die Arbeiten, die das Verhältnis von Kino und Kunst (Schwerfel; Pauleit) oder von Film und Kunst (Schönenbach; Franceschi) untersuchen.[3] Daß das gemalte Bild und das Filmbild die gleiche formale Zweidimensionalität teilen, führt häufig dazu, die Unterschiede entlang der Modalitäten von Bewegung, Raum und Zeit zu bestimmen. Eine solche Unterscheidung an den Anfang zu setzen, ist sinnvoll, hilft sie doch, das komplexe Feld zu ordnen, in dem sich beide Bildformen bewegen. Gleichwohl kann diese Differenzierung nur den ersten Schritt bedeuten, denn daß ein unbewegtes, ›stilles‹ Bild nicht immer in Referenz zur Malerei steht und ein bewegtes Bild nicht zwangsläufig das genuine Filmbild sein muß, läßt sich an vielen Filmbeispielen plausibel machen, so auch an einigen hier untersuchten. Nichtsdestotrotz zählen die Parameter *bewegt* und *unbewegt* zu den deutlichen Merkmalen, anhand derer die Bilder zuerst wahrgenommen werden. Ein bewegtes Bild des Films stellt das unbewegte Bild der Malerei als das differente, als das ›vor-filmische‹ aus, so daß man meinen könnte, ein neues Medium würde hier ein älteres aufnehmen.

In der vorliegenden Untersuchung möchte ich eine andere These vorschlagen, nach der das filmisch transkribierte Gemälde seine Autonomie gegenüber dem anderen Medium bewahrt, indem es das Filmbild strukturell, und sei es auch nur temporär, okkupiert. Damit möchte ich keineswegs Paragone neuer Art wecken, sondern vertrete die Meinung, daß es auch für Filmanalysen lohnenswert sein kann, zu aller erst von einem autonomen und auf diese Weise ›starken‹ Bild auszugehen, dessen konstituierender Ort außerhalb des Films liegt. Ein solches Bild hat seine spezifische Struktur, die es beim Eintritt ins Filmbild nicht etwa wie eine überflüssiggewordene Haut abwirft. Ganz im Gegenteil zeigen viele, nicht zuletzt auch die hier vorgestellten Filme, daß eine piktorale Diffe-

---

3 Beide Begriffe sind in Absetzung zu *Linguistic Turn* entstanden; Mitchell lehnt sich bei seinem Versuch, die Bilder und das Denken in Bildern zu rehabilitieren, an die Ikonologie von Erwin Panofsky (vgl. Mitchell, William J.T. [1992]: »The pictorial turn«, in: Artforum [March 1992], S. 89–94); Boehm, Gottfried (1994c): »Wiederkehr der Bilder«, in: Ders., Was ist ein Bild?, S. 11–38; Schönenbach, Richard (2000): Bildende Kunst im Spielfilm. Zur Präsentation von Kunst in einem Massenmedium des 20. Jahrhunderts, München: Scaneg; Schwerfel, Heinz Peter (2003): KINO und KUNST. Eine Liebesgeschichte, Köln: DuMont; Franceschi, Leonardo de (Hg.) (2003): Cinema/Pittura. Dinamiche di scambio, Torino: Lindau; Pauleit, Winfried (2004): Passagen zwischen Kunst und Kino, Basel, Frankfurt/Main: Stroemfeld.

renz aufrechterhalten werden muß, will der Film in der Berührung mit dem aufgenommenen Gemälde nicht selbst zum Stillstand kommen.

Aber, so stellt sich nun die Frage, wie kann der Film auf die ihm strukturell, ästhetisch wie soziokulturell oder auch kultisch different gegenüberstehende Bilder reagieren, mehr noch: sie produktiv nutzen, ohne seine eigene Identität dabei zu verlieren? Es ist interessant zu beobachten, daß die meisten Lösungsversuche auf eine bewährte Form zurückgreifen, nämlich auf die *Rahmung*, und von der Filmseite her betrachtet: auf die Funktion der *Kadrierung*. Die Rahmung mit ihrer semipermeablen, das heißt zu beiden Seiten hin durchlässigen Grenze, stellt ein probates Mittel der Stabilisierung von Kunst versus gelebte Realität, wie Georg Simmel es richtig beobachtet:

Was der Rahmen dem Kunstwerk leistet, ist, daß er diese Doppelfunktion [Abwehr nach Außen und Zusammenschluß nach Innen] seiner Grenze symbolisiert und verstärkt. Er schließt alle Umgebung und also auch den Betrachter vom Kunstwerk aus und hilft dadurch, es in die Distanz zu stellen, in der allein es ästhetisch genießbar wird. Distanz eines Wesens gegen uns bedeutet in allem Seelischen: Einheit dieses Wesens in sich. Denn nur in dem Maß, in dem ein Wesen in sich geschlossen ist, besitzt es den Bezirk, in den niemand eindringen kann, das Für-sich-sein, mit dem es sich gegen jeden anderen reserviert.[4]

Was geschieht aber, wenn Gemälde sich der klassischen Rahmung entledigen, ohne dabei ihren spezifischen Status zu verlieren? Und was geschieht, wenn dieser ›entgrenzte‹ Zustand noch einmal problematisiert wird, indem das Gemälde in einem anderen bildbasierten, wenn auch bewegten Medium – dem Film – auftritt? Die Rede ist hier von einer besonderen Bildpraxis, deren Höhepunkt weit vor der Erfindung des Films liegt und die sich eine zeitlang als eine neue Kunstform zu etablieren versuchte: Ich spreche von den sogenannten *Tableaux vivants* oder *Lebenden Bildern*, von Nachstellungen von Gemälden durch lebende Personen und reale Dinge.

Die Kunst der Bildnachstellung ist eine heutzutage in Vergessenheit geratene Form der Unterhaltung, die innerhalb der bildenden Künste bald nach ihren euphorischen Anfängen um 1850 zu einer dubiosen Grenzerscheinung stagnierte, jedoch sich noch recht lange im Theater und den reinen Unterhaltungsetablissements halten konnte. Was liegt näher, als die Bedeutung der Lebenden Bilder für das neue Medium Film geringzuschätzen und sie höchstens in die Stummfilmzeit zu verorten, da die frühen Filme sich selbst durch eine gewisse Statuarik und Theatralik aus-

---

4   Simmel, Georg (1902/1998): »Der Bildrahmen. Ein ästhetischer Versuch«, in: Ders., Soziologische Ästhetik, Darmstadt: WBG, S. 111.

zeichnen, die auch den Tableaux vivants eigen ist.[5] Man darf nicht vergessen, daß Gemälde und ihre Nachstellungen in vielfältigen Varianten
und Funktionen, ob als Hintergrundbilder (Kulissen) oder als handelnde
›Akteure‹, bereits seit den Anfängen der Kinematographie darin vorkom-
men. Insbesondere beim Stummfilm bedeuten die Rückgriffe auf die eta-
blierten Künste eine erste Orientierung auf dem Weg in die stilistische
wie ästhetische Selbständigkeit. Nicht selten ist damit auch der Wunsch
nach einer Nobilitierung und künstlerischer Anerkennung verbunden gewesen, der jedes neue Medium anfänglich begleitet, wie man es beispielhaft an der Entwicklung der Fotografie beobachten kann, die zunächst –
und darin wesentlich stärker als der Film – die Gattungen der Porträt-,
Genre- und Landschaftsmalerei kopierte.

Bei einer Untersuchung, die nach den Funktionen von Gemälden im
Film fragt, mag das Tableau vivant auf den ersten Blick wie ein Umweg
oder eine Sackgasse erscheinen. Doch es ist zu zeigen, daß gerade das
Tableau vivant im Film eine besonders interessante Funktion einnehmen
kann. In bezug auf die spezifische Struktur verhält es sich wie ein Troja-
nisches Pferd, das das Gemälde als ein ›Körperlich-Verlebendigtes‹ in
den Film hineinschmuggelt. Um diesen Sachverhalt besser nachvollzie-
hen zu können, beginne ich mit einer kritischen Einführung in die historischen Tableaux vivants und ihrer besonderen, doppelseitigen Beziehung zum lebenden Körper einerseits und zum Bild andererseits.

Die Grundsatzidee, der die historischen Tableaux vivants folgen, basiert auf der Vorstellung, beim Gemälde handele es sich gewissermaßen
um ein ›angehaltenes‹ Zeitbild, das nur in Körperlichkeit rückübersetzt
werden bräuchte, um wieder ganz und gar lebendig zu sein. Von hier aus
betrachtet, so scheint es, ist der Schritt zum Film nicht mehr groß, denn
auch der Film bewegt Bilder zum Leben. Könnte man das filmische Tableau vivant also als eine durchaus dem Medium adäquate Transkribie-
rung des Gemalten in die bewegten Filmbilder betrachten? Es wird zu

---

5   Vgl. Türschmann ([2002]: »Das literarische Tableau. Darstellungsfunktion
    und Erklärungsgehalt intermedialer Metaphorik«, in: Wolfram Nitsch/
    Bernhard Teuber, Vom Flugblatt zum Feuilleton. Mediengebrauch und äs-
    thetische Anthropologie in historischer Perspektive, Tübingen: Narr,
    S. 263–277), der mit Rückgriff auf Chion ([1985]: Le Son au cinéma, Pa-
    ris: Éditions de l'Etoile, S. 19) auf die spezifische Lesbarkeit der frühen
    Filme hinweist, die sich in den 10er Jahren des 20. Jahrhunderts durch Sta-
    tuarik und Bild-für-Bild-Topologie auszeichnen: »[...] ein Verfahren, das
    selbst noch im Tonfilm stilbildend sein kann [...]. Angesichts dieses frühen
    filmgeschichtlichen Phänomens ist die Rede von einer Monstration, die der
    Narration gegenübersteht.«

zeigen sein, daß diese sich anfänglich anbietende Annahme von der Filmpraxis nicht bestätigt wird.

Will man sich dem Film und seinen Tableaux vivants nähern, oder genauer gesagt: dem nähern, was ich im folgenden als *filmisches Tableau vivant* bezeichnen werde, so lohnt es sich, den Umweg über die genuine, auf den ersten Blick selbstbewußt auftretende Kunstform oder vielmehr Kunstpraxis der historischen Tableaux vivants zu machen. Bei diesem Rückblick kann es sich nicht um eine auf Vollständigkeit angelegte Studie oder Rekonstruktion der Tableau-vivant-Entwicklung handeln, vielmehr um einen kritischen Abriß einiger, für das Verständnis der filmischen Lebenden Bilder relevanter Entwicklungsstationen. Daß das Tableau vivant nicht erst in der sogenannten ›Goethezeit‹ aufkommt oder sogar als ›Erfindung‹ Goethes zu sehen ist, beweisen seine vielschichtigen, älteren historischen Bezüge und Entwicklungsrichtungen, aus denen sich seine heutige Erscheinung speist. Als Idee von ›lebendigen Bildern‹ sind sie in den Werken eines Niccolò dell'Arca (1435–1494) angelegt – einem überaus expressiv arbeitenden italienischen Bildhauer –, der seine Figurengruppen aus der Bewegung heraus interpretierte (Abb. 2). Oder in den neapolitanischen *Krippenspielen*, den religiösen *Prozessionen*, *Moritaten*, *Bänkelsängern*, den *Trionfi* oder den barocken *Theateraufführungen* etc. Einige der heute noch praktizierten Aufführungsformen auf der Theaterbühne oder im Museum, wo Gemälde vor allem mit pädagogischen Zielen nachgestellt werden, lassen rudimentär ihren ursprünglichen Sinn und Zweck noch erkennen.[6]

Was ich in dieser kurzen Untersuchung revidieren möchte, ist die Ansicht, beim Tableau vivant handele es sich um eine, das gemalte Bild überwindende, das heißt vervollkommnende Kunst, die der vermeintlich starren, unlebendigen Malerei zur Lebendigkeit verhilft. Eine ähnlich zweifelhafte Prämisse haftet vielen Filmanalysen an, die das Verhältnis von Kunst und Film berühren, wenn sie von einem passiven Bild, einem reinen Objekt, dessen sich der Film, mal besser, mal schlechter bedienen kann, ausgehen. In welchem Maß solche Vorstellungen irreführend und für die Filmschaffenden unproduktiv sind, läßt sich an dem strukturellen Verhältnis der Kunst zum lebendigen Körper darlegen, wie es im historischen Tableau vivant vorliegt.

Tableaux vivants in Filmen zu untersuchen, bedeutet aber auch, sich ihres Status als eine bereits codierte Kunstform bewußt zu werden, deren

---

6 Der schulpädagogische Dienst des *Kunstmuseums* und der *Kunst- und Ausstellungshalle der BRD* in Bonn beispielsweise veranstaltet solche Bildnachstellungen mit Kindern, um in der unmittelbaren körperlichen Annährung an die Gemälde, den Umgang mit Bildern zu schulen; unter: http://www.kah-bonn.de/ (Stichwort: »Pädagogik«).

Körperlichkeit und Lebendigkeit nur eine scheinbare Loslösung von der piktoralen Struktur der gemalten Vorlagen darstellt. Um diesem Umstand Rechnung zu tragen, muß man nach den Orten des Tableau vivant im Film fragen, nach den strukturellen wie immanenten Orten, an denen sich das Tableau vivant als das differente Bild im Film manifestiert. Erst auf diesem theoretischen Fundament kann die Frage nach den narratologischen Funktionen des Tableau vivant im Film sinnvoll gestellt werden.

Abgesehen von den genannten Ausnahmen sind Tableaux vivants heutzutage eine vergessene, im besten Fall als historisches Phänomen vergangener Zeiten erinnerte Kunstform. Um so mehr muß die ungewöhnliche Tatsache betont werden, daß dieses künstlerisch wie gesellschaftlich bedeutungslos gewordene ›Medium‹ durchaus keine Randerscheinung innerhalb des Kinos ist! Aktuelle Filme wie FRIDA (Frida Kahlo, USA 2003) von Julie Taymor, um nur einen Stellvertreter zu nennen, lassen eine Kontinuität in der Anwendung der filmischen Tableaux vivants erahnen, die ihren vielleicht noch simpel motivierten Anfang im Stummfilmkino nimmt, um schließlich in den modernen, sowohl actionreichen als auch elaborierten Spielfilmen zu münden. Daß die Tableaux vivants über eine lange Entwicklungsdistanz ihre Darstellungsformen ändern und zu Auflösungen in Bewegungsabläufen des Films tendieren, verwundert nicht, wenn man sie vor dem Hintergrund ihrer historischen Wurzeln und Entwicklungsstränge – von Niccolò dell'Arca bis Goethe – betrachtet. Daß sie häufig in ihrer seit dem 19. Jahrhundert stagnierten, das heißt unbewegten Form der Bildnachstellung verbleiben, ist hingegen ein weitaus skurrilerer Erstbefund.

Es ist nicht zuletzt diese ›stille Aktualität‹ dieser gewissermaßen verstaubten Kunstform, die offenbar in vielen Filmnischen überdauert, welche mich zu der Frage nach ihrer Relevanz führte: Fünf Filme, vom Stummfilm bis in die frühen 1970er Jahre, sind von mir für diese Untersuchung ausgewählt worden und stehen exemplarisch für fünf Funktionstypen filmischer Tableaux vivants: Mit Giulio Antamoros CHRISTUS (1914/16) wird zunächst ein früher Film analysiert, dessen Tableaux vivants die Wirkmächtigkeit des kultischen Bildes ausstellen; Alexander Kordas THE PRIVATE LIFE OF HENRY VIII (1933) hingegen verhandelt das Tableau vivant im Sinne einer historisch beglaubigenden Bildevidenz; SENSO (1954) von Luchino Visconti steht ein für Filme, deren Bildstruktur ein symbiotisches Verhältnis zur Kunst, speziell zur Malerei anstreben und sich selbst als ein *gronde* Tableau vivant entwerfen; ungewöhnliche, darin singuläre Tableaux vivants zeigt wiederum Pier Paolo Pasolini in seinen Filmen LA RICOTTA (1964) und IL DECAMERON (1970/71), in denen er anhand der Lebenden Bilder seine Theorie des Bildes mit der des Filmemachens koppelt.

Ich bin mir bewußt, daß die chronologische Anordnung meiner Film-auswahl und ihrer Analysen dazu verleitet, im genealogischen Sinne ge-lesen zu werden. Doch spätestens mit den Filmen von Pasolini wird dem Leser klar – so hoffe ich –, daß ein angenommener Fortschritt von bei-spielsweise starren zu bewegten Tableaux vivants weder von mir inten-diert ist noch aufrechterhalten werden könnte.

Auf den folgenden Seiten wird zu zeigen sein, daß die hier vorge-stellten Filme von anderen Interessen am gemalten Bild geleitet sind, die über das bloße Kunstwollen hinausgehen. Auch wenn es sich bei den filmischen Tableaux vivants nicht immer um apodiktische Nachstellun-gen handelt, wie sie durch Goethes Roman *Die Wahlverwandtschaften* bekannt geworden sind, so verfügen sie dennoch über eine gemeinsame Struktur, die in ihrem Selbstverständnis der Malerei verpflichtet ist. Daß es dabei zu Konflikten mit dem auf Bewegung gründenden Filmbild kommen muß, liegt auf der Hand, doch bedeuten die Konflikte selbst nicht zwangsläufig eine im Endergebnis restriktive und konservative Film-Kunst, vielmehr tragen sie in den meisten Fällen zu einer überaus spannenden Beziehung bei, auch wenn diese keine harmonische Einheit evoziert.

Zu betonen ist zuallererst der Bruch, den die Tableaux vivants im Filmbild bzw. im Film konstituieren. Bedenkt man, daß es sich bei den Tableaux vivants selbst um eine ›brüchige‹ Kunst handelt, die ihren kon-stituierenden Referenten außerhalb ihrer selbst hat, und im labilen Ver-hältnis zuwischen Körperlichkeit und Ikonizität paradoxerweise verhar-ren muß, so wird das Spannungspotential erahnbar, das das Tableau vi-vant in den Film hineinbringt. Seine Präsenz im Filmbild ist in gewisser Weise tückisch, denn sie vermittelt durch die körperliche Umsetzung der Gemälde(vorlage) eine scheinbare Anpassung an die filmische Darstel-lung. Und dennoch: Mit der vordergründigen Körperlichkeit schmuggelt das Tableau vivant etwas in das Filmbild hinein, das mehr ist als bloße piktorale Grundstruktur. Es wird im folgenden zu analysieren sein, um was es sich bei diesem ›eingeschmuggelten Anderen‹ handelt, wie es im Filmbild funktioniert, welche Rolle es in der filmischen Narration spielt und schließlich, wie seine Auswirkungen auf den Zuschauer einzuschät-zen sind.

I.

VOM EINFALL DER KUNST INS LEBEN. EINE EINFÜHRUNG

ZUR GENEALOGIE
DES TABLEAU VIVANT

Die Bezeichnungen *Tableau vivant* und in deutsch 1811 erstmals die schriftliche Erwähnung eines *Lebenden Bildes* reflektieren unmittelbar die Programmatik dieser besonderen Performancekunst.[1] Die wörtliche Übersetzung zeigt es bereits an: Es geht um die Idee einer Verlebendigung der Malerei, heißt, um die Umsetzung einer gemalten Bildszene in die körperliche Dreidimensionalität realer Dinge und lebender Personen. Wo seine ursprünglichen Wurzeln zu finden sind – ob in der religiösen Kunst, im geistlichen Kirchenspiel oder in folkloristischen Umzügen, Prozessionen oder *Trionfi* –, läßt sich nicht mehr mit Sicherheit klären. Der Begriff Tableau vivant und mit ihm die Festlegung auf eine bewegungs- und wortlose Nachstellung von Bildszenen durch lebende Personen, die heute in der Definition vorherrscht, geht erst auf das späte 18. bzw. frühe 19. Jahrhundert zurück. Seit dem 19. Jahrhundert steht das Tableau vivant somit zwischen theatralen Darstellungspraktiken einerseits und bildender Kunst anderseits als eine semi-eigenständige Performancekunst.

Im folgenden werde ich mich weniger der Genese der Tableaux vivants und ihrer vielfältigen Varianten widmen, die Birgit Jooss in ihrem umfangreichen Buch zu den »körperlichen Nachahmungen von Kunstwerken« bereits vorgelegt hat.[2] Vielmehr möchte ich mich mit der Be-

---

1   Bezeichnungen wie »Lebendes Tableau«, »Lebendes Bild«, verkürzt auch nur »Tableau« werden synonym verwendet. Hiezu vgl. den Art. »Tableau vivant« in: Sucher, Bernd C. (Hg.) (1996): Art. »Tableau vivant«, in: Ders., Theaterlexikon. Begriffe. Epochen, Ensembles, Figuren, Spielformen, Theorien, Bd. 2, München: dtv, S. 255–256; Möbius, Hanno (1997): »Die Schlußszene in der ›Novelle‹. Goethes Beitrag zum literarischen Tableau«, in: Zeitschrift für Literaturwissenschaft und Linguistik, 106, S. 118–129.

2   Birgit Jooss (1999) hat mit ihrer Arbeit *Lebende Bilder. Körperliche Nachahmung von Kunstwerken in der Goethezeit* (Berlin: Reimer) eine material- und kenntnisreiche Abhandlung zum Thema Tableaux vivants vorgelegt. Dort findet sich auch der Hinweis auf die erste Kennzeichnung dieser

deutung der Tableaux vivants im soziokulturellen Zusammenspiel unterschiedlicher Bildsysteme und Betrachterkonstellationen beschäftigen. Für die Analyse der filmischen Relevanz von Tableaux vivants erscheint mir diese Fokussierung ergiebiger und von größerem Interesse zu sein.

Der Wunsch nach einer Nachstellung und das heißt nach einer Verlebendigung des Gemalten, der das Tableau vivant seit dem 19. Jahrhundert bestimmt,[3] ist selbst aus einer Vorstellung hervorgegangen, wonach das Bild nur einen abbildenden Charakter hat, das durch allerlei Kunstgriffe ein illusionistisches Verhältnis zu der abzubildenden Realität unterhält. Dahinter steht ein altbekannter Vorwurf, dessen Wegbereiter Plinius d. Ä. ist. Darin wird die Malerei als eine Taschentrickspielerin und primär nachahmend angeprangert (*Naturalis historia*, Buch XXX).[4] Mit dem Aufkommen und der zunehmenden Propagierung der Tableaux vivants im 19. Jahrhundert gewinnt der alte Vorwurf noch einmal an Aktualität, denn die Richtschnur, an der man die Malerei bis zu der Erfindung der Fotografie weiterhin maß (wenn auch anders als bei Plinius), blieb die Welt der realen Dinge. Das Spezifische einer Bildästhetik jenseits der Vorstellung von der Naturnachahmung fand nur zögerlich Eingang in das kunstkritische Denken. Weiterhin urteilsbestimmend blieb also die Frage nach der illusionistischen Wirkung, womit die Malerei mit einem uneingelösten ›Rest‹ behaftet wurde, der einen medienbedingten Mangel auf dem Weg zu einer sich fortwährend an der Natur abarbeitenden Kunst bedeutete. Dazu zusammenfassend Norman Bryson:

Das Ziel, das es [das Bild] anstrebt, ist die vollkommene Verdopplung einer Wirklichkeit, die »draußen« bereits existiert, und all seine Anstrengungen gel-

---

Kunstform, die Élisabeth Vigée-Lebrun 1795, allerdings erst im Rückblick ihrer Memoiren von 1835, vornimmt (S. 19ff.).

3   Einschränkend muß man auf das *theatrale* Tableau vivant verweisen, das einer etwas anderen, z.T. von Denis Diderot beeinflußten Regie folgt. Darunter ist ein auf der Bühne aufgeführtes Tableau zu verstehen, das sich vor den Augen der Zuschauer formieren konnte und unmittelbar aus der jeweiligen Handlung des Theaterstücks entwickelt war. Die Einfrierung der Szene zu einem ›stehenden Bild‹ konnte eine temporäre Bewegungslosigkeit mit Anschluß an die unterbrochene Spielhandlung bedeuten. Beliebt waren unter anderem die abschließenden Tableaus am Ende eines Akts. Hierzu *Deutsches Fremdwörterbuch* (1981, Bd. 5, S. 10): »[…] ›zum Bild erstarrtes, als Bild, statisch dargestelltes Geschehen‹, speziell im Theaterwesen für ›effektvoll gestaltetes, arrangiertes Gruppenbild‹ (Schlußtableau) […].«

4   Zum Problem des vermeintlichen Abbildcharakters der Malerei ist immer noch sehr empfehlenswert die Arbeit von Bryson, Norman (1983/2001): Das Sehen und die Malerei. Die Logik des Blicks, München: Fink, siehe auch das folgendes Zitat und Anmerkung; vgl. auch Böhme (1999).

ten der Eliminierung der Hindernisse, die sich der Reproduktion dieser vorgängigen Wirklichkeit in den Weg stellen, als da sind: die Intransigenz des physischen Mediums; die Unzulänglichkeit der manuellen Technik; die Trägheit von Formeln, die durch ihre Starrheit eine genaue Wiedergabe behindern. Demgemäß wird die Geschichte des Bildes in negativen Begriffen geschrieben.[5]

Um die Begeisterung richtig einordnen zu können, mit der das Publikum die Tableaux vivants im 18. und im größeren Maße im 19. Jahrhundert empfing, ist es wichtig, das von Bryson hier im Zitat zusammengefaßte Bildverständnis im Blick zu behalten. Nur vor diesem Hintergrund ist die Vorstellung der Zuschauer zu begreifen, für die das Tableau vivant eine höhere, da lebendige und gewissermaßen natürlich ›skulpturierte‹ Kunst darstellte. Endlich konnte in einer inversen Bewegung die ›wahre Malerei‹ entstehen, nach der die Kunst vermeintlich so lange strebte.[6] Bedenkt man, daß die Bewegungslosigkeit zum Tableau vivant wesentlich dazugehört, so stellt sich in diesem Kontext die Frage nach der adjektivischen Ergänzung *vivant/lebend* in der programmatischen Betitelung dieser Performancekunst um so dringlicher. Verlebendigung ohne Bewegung? In der Tat liegt darin ein Widerspruch, der allerdings nicht immer und nicht allen Tableaux vivants im gleichen Maße eigen ist. So waren zum Beispiel die Tableaux vivants der Theateraufführungen nur durch eine kurze Bewegungslosigkeit gekennzeichnet, die nie so lange andauerte, als daß der Zuschauer die Handlung des jeweiligen Stücks aus den Augen verloren hätte. Das theatrale Tableau vivant mündete wieder in der Narration durch seine Auflösung in handlungsorientierte Bewegung der Schauspieler und Szene.

Hingegen ist das Tableau vivant, das im privaten bis halbprivaten Kontext der bürgerlichen Salons aufgeführt wurde, in Gänze durch seine Sprach- und Bewegungslosigkeit gekennzeichnet. Den dort nachgestellten Gemälden sollte das Leben allein durch die Verkörperlichung eingegeben werden. Dieser Akt der Umsetzung vom Gemalten ins Lebendig-Körperliche trägt deutliche Züge einer beinahe wörtlich zu nehmenden Beseelung oder Reanimierung. Daß dieser Verlebendigungsversuch unvollkommen bleiben mußte, nicht zuletzt da ohne einen Sprach- oder Be-

---

5   Bryson (1983/2001), S. 29.

6   Besonders anschaulich dargelegt von Goethe in *Die Wahlverwandtschaften*, auf die ich im folgenden Kapitel näher eingehen werde (Goethe [1809/ 1972], Frankfurt/Main: Insel). Vgl. auch bei Frey, Manuel (1998): »Tugendspiele«, in: Historische Anthropologie. Kultur – Gesellschaft – Alltag, 6, S. 401–430; Komza, Małgorzata (1995): Żywe Obrazy. Między sceną, obrazem i książką [Lebende Bilder. Zwischen Szenen, Bildern und Büchern], Wrocław: Wydawn. Uniwersytetu Wrocławskiego.

wegungsausdruck, wurde in Kauf genommen, denn wiederum ohne den deutlichen Bezug zum nachgestellten Gemälde war die Performance ohne Bedeutung. Aus dieser spezifischen Abhängigkeit heraus speist sich die Paradoxie, die zum wesentlichen Charakteristikum des Tableau vivant wurde.[7]

Für die im wesentlichen perzeptive Bildrezeption des Publikums wurde das Gemälde in der Umsetzung zum Tableau vivant tatsächlich mit einer lebendigen Seele ausgestattet und das Postulat – die vollkommene Verschmelzung von Kunst und Leben –, dem die Malerei scheinbar nur mühevoll nachkommen konnte, mit einem Schlag erfüllt. Statt die Welt durch eine bildliche Repräsentation der Dinge zu verdoppeln, setze sich das Tableau vivant an ihre Stelle: Es verweist auf das Bild und ist doch körperlich-lebend, ist real anwesend. Damit wäre die störende Kategorie der Täuschung, die das Gemälde vermeintlich begleitet, ausgeräumt. Doch der Sachverhalt ist komplizierter, als es auf den ersten Blick erscheinen mag, denn das Tableau vivant basiert hauptsächlich auf einer Verschiebung der Parameter von Naturnachbildung zur Kunstnachbildung. Es ist wichtig, sich diese Tatsache in aller Deutlichkeit noch einmal vor Augen zu führen: Seinen Reiz erlangt das Tableau vivant ausschließlich durch die körperliche *Nachahmung des Gemalten*, denn es soll das Publikum in Erstaunen versetzten, indem es *wie* ein Gemälde wirkt und sich dabei gleichzeitig lebendiger Körper *bedient*. Der Grad der Illusion ist abhängig von der mimetischen Fähigkeit der am Tableau vivant teilnehmenden Personen, die sich auf die gemalte Figur und Szene so einzustellen hatten, daß die Performance zwischen den Sphären des Realen und des Künstlichen oszillierte. Mit diesem doppelten Postulat der Lebendigkeit *und* der Künstlichkeit belegt, stand die Bildperformance vor einer unlösbaren Aufgabe.

Gehörte die illusionistische Mimesis zunächst zum vermeintlichen Manko der Malerei, so entwickelte sich das Tableau vivant nach und nach zu einer Simulation der Kunst. Bewegungslosigkeit, Stummheit, Detailtreue im Szenenarrangement, Lichteinsatz und Stofflichkeit, bis hin zur Rekonstruktion eines vom Gemälde vorgegebenen Betrachterstandpunktes, all das galt als unabdingbare Voraussetzung für das Gelingen der Nachstellung.[8] Zu den künstlerischen Mißgriffen zählten personelle

---

7 Die feine Unterscheidung von lebend/Lebendigsein (d.h. biologisch nicht tot) einerseits und lebendig (d.h. agil) anderseits, die Birgit Jooss ([1999], S. 22) vornimmt, mutet etwas gewollt an. Hier wird offenbar der Versuch unternommen, den für das Tableau vivant konstitutiven Widerspruch zu nivellieren, ohne seine Bedeutung zu erkennen.

8 Zu den z.T. sehr aufwendigen Bühnenaufbauten siehe Reissberger, Mara (2002): »Die ›Sprache‹ der Lebenden Bilder«, in: Sabine Folie/Michael

Fehlbesetzung, räumliche Fehlgestaltung, falsche (d.h. nicht stimmungs-volle) Beleuchtung und schließlich auch die Bewegung. An dieser Ent-wicklungsstufe angelangt erfuhr die ursprünglich namensgebende Idee eine wesentliche Verschiebung von dem anfänglichen Wunsch nach Ver-lebendigung der Bilder zu einer zunehmenden Verkünstlichung des Le-bens. Die Paradoxie der Anlage ist somit in der ›natürlichen Künstlich-keit‹ zu verorten, in der der lebendige Körper in die nächste Nähe zum Artefakt gerückt wurde. Aber dieses vom Ursprungsgedanken abwei-chende Schema garantierte auf der anderen Seite den Erfolg des Tableau vivant in den Salons der adeligen und bürgerlichen Gesellschaft. Auf der Schwelle zum 19. Jahrhundert sind die Nachstellungen zu überaus be-liebten Gesellschaftsspielen abgesunken, deren anfängliche dramaturgi-sche bis instruktive Bedeutung nur noch rudimentär bestand. Diese Sta-gnation in der Entwicklung der Tableaux vivants ist interessant in der Vorausschau auf ihren medialen Einsatz im Film, wo ihre ästhetische Er-scheinung mal zu Gunsten des Gemäldes, mal zu Gunsten des Filmbildes ausfällt. Beispielhaft für eine solche Interdependenz sind Pasolinis Filme LA RICOTTA und IL DECAMERON, auf die ich im zweiten Teil dieser Un-tersuchung genauer eingehen werde.

Ich habe die Tableaux vivants zunächst in Abhängigkeit zu Original-gemälden vorgestellt und bin darin vorerst auf ihr eigenes Selbstver-ständnis eingegangen und weniger auf die damaligen Realitäten der Ta-bleaux vivants. Die Schieflage im Selbstverständnis der Umsetzung be-ginnt bereits bei der Vorlage, denn das, was die Autoren oder ›Regisseu-re‹ der Lebenden Bilder im 18. und 19. Jahrhundert umsetzten, war sel-ten ein Originalgemälde. Verwendung fanden beinahe ausschließlich Kupferstiche, Radierungen oder Zeichnungen, die den heutigen Anfor-derungen in der Vermittlung von Originalen kaum genügen würden. Bereits mit stilistischen Abweichungen behaftet – bedingt beispielsweise durch die Umsetzung von einem gemalten auf ein gedrucktes Medium –, zum Teil mit vielfältigen Vereinfachungen in der Bildanlage, seitenverkehrt, zudem schwarzweiß oder frei koloriert, waren die Vorlagen der Tableaux vivants weit von echten Reproduktionsmedien entfernt. Und auch wenn man den Unterschied zum Originalgemälde zu schätzen wußte, so war die Bedeutung des Originals im Bewußtsein der Rezipienten noch nicht deutlich herauskristallisiert.[9] Festzuhalten ist, daß die umzusetzenden

Glasmeier, Tableau vivant. Lebende Bilder und Attitüden in Fotografie, Film und Video, [Ausst.-Kat. Kunsthalle Wien 2001], Wien: KHM, S. 189–210, hier vor allem S. 191ff.

9   Goethe zum Beispiel, der selbst Tableaux vivants entwarf und aufführte, verfügte über eine große Sammlung von grafischen Arbeiten, z.T. nach be-rühmten Gemälden, die annähernd zehntausend zählte. Er gehört sicherlich

Gemälde den Gestaltern der Tableaux vivants – und höchstwahrscheinlich auch dem Publikum – in den seltensten Fällen vertraut waren, was jedoch keinen Einfluß auf die Beurteilung der Nachstellung nahm. Strenggenommen bildeten die meisten Tableaux vivants somit keine Gemälde nach, sondern ihre Umzeichnungen, die tatsächlich weitaus weniger ›lebendig‹ waren als die Originale.

Als eine Ausnahme in diesem Nachbildungsprozeß muß man wahrscheinlich das Tableau vivant nach *L'Accordée de Village* (Die Dorfbraut, 1761) von Jean-Baptiste Greuze betrachten, das zu den bekanntesten Bildern der damaligen Zeit und zu den Hauptattraktionen des Louvre gehörte, wo es für die Öffentlichkeit zugänglich war.[10] Gleichzeitig handelt es sich dabei um das erste nachweisbare Tableau vivant, das öffentlich gezeigt wurde, und zwar 1761 in der Pariser *Comédie Italienne* in Carlo Bertinazzis Theaterstück *Les Noces d'Arlequin*.[11] In der Mitte des zweiten Akts hob sich der Vorhang und das Publikum sah die in der Bewegung schon eingefrorene Gemäldeperformance. Es ist davon auszugehen, daß zumindest die gebildeteren unter den Theaterbesuchern eine Verbindung zwischen der Inszenierung und dem Gemälde herstellen konnten. Deutliche Hinweise darauf gibt neben einer Rezension in der Pariser Zeitschrift *Mercure de France* (1761, S. 192–195) auch die Beschreibung der Aufführung von Charles S. Favart in seinem Brief an den Count Durazzo (08.11.1761):

La deuxième pièce a pour titre *les Noces d'Arlequin*: elle étoit d'abord en cinq actes, on l'a réduite en trois. Je passe sur l'intrigue de cette pièce, qui est commune et froide; mais il y a à la fin du dernier acte une scène française qui enlève tous les applaudissements. Le tableau de *Greuze*, exposé dernièrement au

---

zu den wenigen, die verhältnismäßig viele Originale gesehen haben und sich der spezifischen Rezeptionsweise wie auch des Genusses vor dem Original bewußt waren. Dennoch läßt sich auch bei ihm kein Problembewußtsein in bezug auf die Vorlagen der Tableaux vivants finden. Vgl. hierzu Kemp, Wolfgang (1989): »Die Kunst des Schweigens«, in: Thomas Koebner (Hg.), Laokoon und kein Ende: Der Wettstreit der Künste, München: Text & Kritik, S. 96–119; Reissberger (2002), S. 190.

10 Vgl. *Enciclopedia dello spettacolo* (hg. v. Silvio d'Amico, Bd. 8, Roma: Le Maschere 1961): Art. »Quadri plastici«, S. 614; Art. »Living picture or Tableau vivant«, S. 591f.; Jooss (1999), S. 276.

11 Für das Jahr 1760 lassen sich drei Tableaux vivants nach Gemälden von Francesco Albani nachweisen, allerdings wurden sie in einer nicht öffentlichen Theateraufführung anläßlich einer Hochzeit gezeigt. Hierzu sowie zu allen anderen hier vorgestellten theatralen Tableaux vivants vgl. den Kataloganhang in Jooss (1999).

Louvre, en a fourni le sujet: il est mis en action avec tant de vérité, que l'on croit voir le tableau même on a animé les personnages.[12]

Dieses frühe »pièce de résistance«, wie man es im *Mercure de France* nannte, war im Unterschied zu den späteren solitären Tableaux vivants der Gesellschaftssalons ein aktiver Teil der Theateraufführung und stand in enger Anbindung an die Thematik des Stücks. Auch ging es hier nicht um eine illusionistisch-perfekte Nachstellung des Gemalten. Im Fall von *Les Noces d'Arlequin* war es ein Harlekin, der die Bildnachstellung störte, indem er in seinem auffälligen Kostüm die Szenerie des Tableau vivant betrat und sie kommentierend durchschritt.[13]

Die Einbettung von Tableaux vivants in Theaterstücke erfüllte neben dem publikumswirksamen Überraschungseffekt auch eine durchaus ernsthafte Aufgabe, die insbesondere Denis Diderot in seiner Theatertheorie aufgegriffen und weiterentwickelt hat.[14] Die Rolle, die er dem Lebenden Bild dabei zuerkennt, ist die einer positiv verstandenen Störung oder einer Ruhepause im Ablauf der Spielhandlung – also die eines retardierenden Moments, das die spätere Funktion der filmischen Tableaux vivants bereits andeutet. Mit der Unterbrechung der Darbietung durch die Einfrierung der Szene sollte die Aufmerksamkeit des Zuschauers auf einen besonderen Sachverhalt gelenkt werden, die Szene wurde aus dem Zeitkontinuum der Narration herausgehoben und gelangte so zu einer längeren und nachdrücklicheren Anschauung.[15] Diderot plädierte mit dieser Performance für eine deutliche Anbindung des Zuschauers an die Aufführung, wobei einer der Charaktere als Publikumsstellvertreter

---

12 Favart, Charles Simon (1808): Mémoires et correspondance littéraires, dramatiques et anecdotiques, Bd. 1, Genève: Slatkine, S. 200, hier zitiert in Holmström, Kirsten Gram (1967): Monodrama, Attitudes, Tableaux vivants, Uppsala: Almquist & Wiksell, S. 218.

13 Vgl. Brenner, Clarence D. (1961): The Théâtre Italien: Its repertory 1716–1793, with a historical introduction, Berkeley (C.A.): University of California Press.

14 Zu Diderot und seiner Verwendung von Tableaux vivants siehe Fried, Michael (1980): Absorption and Theatricality. Painting and Beholder in the Age of Diderot, Chicago, London: University of Chicago Press; Meisel, Martin (1983): Realisations. Narrative, Pictorial, and Theatrical Arts in Nineteenth-Century England, Princeton (N.J.): Princeton University Press, hier insbesondere Kap. »The Art of Effect«.

15 So ist das Tableau vivant für Diderot eine »[...] disposition de ces personnages sur la scène, si naturelle et vraie, que, rendue fidèlement par un peinture, elle me plairait sur la toile [...]« (Diderot in seiner Schrift *Entretiens sur le fils naturel*, hier zitiert in Möbius [1997], S. 119).

fungieren und die Darbietung kommentieren sollte.[16] In *Les Noces d'*
Arlequin war es der für die Zuschauer substitutiv handelnde Harlekin, der
nicht von ungefähr an die aus der Malerei bekannten Unbestimmtheits-
oder Leerstellen erinnert, die als Eingangsstellen in das Gemälde fungieren.[17] Mit diesem tableauesquen Szenenbild sollte eine moralisch aufgeladene Stelle innerhalb des jeweiligen Theaterstücks visuell unterstützt
werden. Die zweifache Funktionalisierung der Tableaux vivants in der
Theaterpraxis – Markierung einer deklamatorischen Stelle bei gleichzeitiger effektorientierter Geste – verhalf nicht nur den Theateraufführungen
zu Publikumserfolgen, allein *Les Noces d'Arlequin* stand von 1761 bis
1779 ununterbrochen auf dem Spielplan, sondern unterstützte auch die
durch Diderot begründete Popularität des Tableau vivant außerhalb der
großen Bühnen.

Interessant ist in diesem Kontext auch die Posse *Le Tableau des Sabines* von Jouy, Lonchamp und Dieu-la-Foy, die am 30. März 1800 in
der *Opéra Comique* in Paris uraufgeführt wurde.[18] Das Bemerkenswerte
dieser Inszenierung lag in der reflexiven Wendung des Einakters:

At the end of the playlet the characters, engaged in a violent dispute, unwit-
tingly group themselves in the same way as the figures in the painting. Sudden-
ly one of them cries out: »Ah! mon dieu, quelle image! ne bougez pas, ne bougez pas, c'est la copie vivante du tableau de David.«[19]

---

16 Diderot sah im Tableau vivant eine Anordnung der Elemente, die er mit
   Teilen eines Körpers verglich. Dazu Jörg Türschmann: »Demnach ist das
   tableau auf der Bühne, wenn man dem Vergleich nachgehen will, ein Körper aus Körpern, ein Organismus mit seinen Organen. Die Metapher des
   Körpers ist nur zum Teil eine, da sie aus der leibhaftigen Anwesenheit der
   Darsteller herrührt, die sich körperlich in vollem Umfang in das tableau
   einbringen, und mit der biologischen Organisation ihres Körpers im Kleinen ein Modell für die höherstufige, harmonische Organisation des tableaus im Großen vorgeben« (Zitat aus dem Papier des Workshops »Pa-
   thos-, Rührung-, Komikformeln«, abgehalten an der Universität Bochum,
   Juni 2005, nicht publiziert).

17 Zu Leerstellen im Kunstwerk siehe Kemp, Wolfgang (1988): »Kunstwerk
   und Betrachter: Der rezeptionsästhetische Ansatz«, in: Hans Belting (u.a.)
   (Hg.), Kunstgeschichte: Eine Einführung, Berlin: Reimer, S. 240–257; vgl.
   auch Kemp, Wolfgang (Hg.) (1992): Der Betrachter ist im Bild: Kunstwissenschaft und Rezeptionsästhetik, Berlin: Reimer; Stoichita, Victor I.
   (1998): Das selbstbewußte Bild. Vom Ursprung der Metamalerei, München: Fink.

18 Lonchamp, Jouy/Dieu-la-Foy (1800): Le Tableau des Sabines. Vaudeville
   en un acte, Scène XX., Paris, S. 45ff., abgedruckt in Jooss (1999), S. 283.

19 Fried (1980), S. 219.

Anders als das Tableau vivant in *Les Noces d'Arlequin*, das nach dem Heben des Vorhangs sich als ein bereits vollendetes »pièce de résistance« anbot, gruppierte sich diese Performance, die nach dem Gemälde *Die Sabinerinnen* (1799) von Jacques-Louis David entstand, erst vor den Augen der Zuschauer.[20] Mehr noch, der Einakter war eine nachdrückliche Parodie sowohl auf die damals allzu beliebten Tableaux vivants als auch auf die »acteurs de province«[21], die die Funktion der Nachstellungen offenbar nicht immer verstanden. Der Handlungszusammenhang von *Le Tableau des Sabines* bedurfte nicht mehr eines kommentierenden Vermittlers – im affektierten Ausruf des Akteurs kommentierte es sich selbst und zwar als eine Parodie auf die Tableaux vivants.[22] »Voilà en caricature tout justement le principal effet du tableau de David«, urteilte der *Courrier des Spectacles* am 31. März 1800, und schließt mit der Bemerkung: »Cette pièce est d'un genre fait pour piquer la curiosité; [...] Les auteurs ont été demandés, amenés et très-applaudis.«[23]

Bereits mit dem Tableau vivant in *Les Noces d'Arlequin* lassen sich auch die ersten privaten Bildnachstellungen nachweisen, die von (adeligen) Dilettanten gespielt wurden. Nach der bisherigen Quellenlage können Tableaux vivants, die einen festen Bestandteil einer Theateraufführung bildeten, in deutlicher Regelmäßigkeit bis circa 1800 nachgewiesen werden.[24] Danach überwiegt ihre Darstellung bei Umzügen, Festen und privaten Gesellschaften. Gut zu beobachten ist, wie stark die Theaterinszenierungen zu der enormen Popularität der Lebenden Bilder im semi- bis privaten Bereich beitrugen und somit entscheidend für ihre Entwicklung zu Tableaux *en vogue* wurden. So gestaltete wenige Jahre nach den ersten theatralen Aufführung Mme. de Genlis ihre *tableaux historiques*,

---

20 Laut Holmström spielte der Einakter in einer Kulisse, die das Kassenhäuschen des Louvre nachstellte, jenes Museums also, in dem Davids Gemälde ausgestellt wurde. Vgl. Holmström (1967), S. 218f.

21 Lonchamp/Dieu-la-Foy (1800), S. 45, abgedruckt in Jooss (1999), S. 283.

22 Die Parodie selbst, die als reflexives Moment eine vorhergehende Etablierung des jeweiligen Gegenstandes erfordert, ist ein beredtes Zeugnis für die besondere Stellung der Tableaux vivants im öffentlichen Leben. Eine weitere Bestätigung für die Beliebtheit der theatralen Tableaux vivants liefern die Memoiren der Malerin Élisabeth Vigée-Lebrun. Darin berichtet sie von ihrem Besuch im *Théâtre de Vaudeville* im Jahr 1786, wo sie in dem Stück *La Réunion des Arts* ihr eigenes Porträt der Königin Marie Antoinette nachgestellt sah. Vgl. Vigée-Lebrun, Élisabeth (1835): Souvenirs, Bd. 1, Paris, S. 66; siehe dazu auch Holmström (1967), S. 221.

23 »Courrier des Spectacles« vom 31.03.1800, S. 2, abgedruckt in Jooss (1999), S. 284.

24 Vgl. Komza (1995), S. 130f.

wofür sie mit Vorliebe Gemälde von Jacques-Louis David und Jean-Baptiste Isabey heranzog. Ihre Tableaux erfüllten vorrangig einen pädagogischen Zweck und wurden im Unterricht der Kinder des Duc d'Orléans eingesetzt. Über ihre Arrangements schreibt sie:

Je fis faire en outre un petit théâtre portatif, que l'on plaçait dans la grande salle à manger, et sur lequel on exécutait des tableaux historiques. Je donnais les sujets, et, la toile baissée, M. Merys groupait les acteurs, qui étaient communément les enfants; ensuite ceux qui ne jouaient pas étaient obligés de deviner le sujet, soit historique, soit mythologique. On faisait ainsi dans la soirée une douzaine de tableaux. Le célèbre David, qui venait souvent à Saint-Leu, trouvait ce jeu charmant, et il avait un grand plaisir à grouper lui-même ces tableaux fugitifs.[25]

Ein weiteres Forum für die privaten Vorführungen gaben die Abendgesellschaften oder die Dinners ab, die im aufwendigen Stil gestaltet wurden und häufig unter einem besonderen Motto standen.[26] Im Gegensatz zu den ersten französischen Inszenierungen der theatralen Tableaux vivants bekamen die ersten in Deutschland aufgeführten Lebenden Bilder den Status einer separaten Veranstaltung, womit ihre ursprüngliche konstitutive Aufgabe einer strukturellen wie inhaltlichen Hervorhebung innerhalb eines größeren narrativen Zusammenhangs aufgegeben wurde. Entgegen der sich abzeichnenden Tendenz, diese Kunstperformance zum kurzweiligen Vergnügen verkommen zu lassen, wirkte anfänglich noch der künstlerische wie didaktische Anspruch einiger Veranstalter. Bezeichnenderweise war die erste im großen Stil arrangierte Tableau-vivant-Aufführung eine *Gala divertissement*, die unter dem Titel *Dädalus und seine Statuen* 1802 in Berlin von dem Kunsthistoriker Aloys Ludwig Hirt inszeniert wurde.[27] Man zeigte eine Mischung aus Ballett, Pantomime und Tableau vivant, wobei Hirt dieser Darbietung noch einen

25 Barrière, François/M. de Lescure (Hg.) (1885): Bibliothèque des mémoires relatifs à l'histoire de France pendant le XVIIIe siècle, Paris: Firmin-Didot, S. 194.

26 Vigée-Lebrun z.B. berichtet von einem Dinner-Amüsement, das gänzlich in griechischer Manier arrangiert wurde. Als Hintergrund der Tafel diente eine Komposition aus Draperien, die einem Bild Poussins nachempfunden war. Zur Vervollkommnung des griechischen Stils trugen die Tischbedienung und die Töchter der Gastgeberin antikisierende Tuniken und Haarfrisuren, man servierte den Wein aus attischen Vasen und als musikalische Darbietung wurden Glucks Chöräle gesungen. Vgl. Vigée-Lebrun (1835), S. 97ff.

27 Die Aufführung fand anläßlich der Genesung des Prinzen Ferdinand von Preußen statt. Ausführlich hierzu bei Holmström (1967), S. 228ff.

passenden narrativen Rahmen der griechischen Sage von Dädalus zu geben wußte: Der Mythos, nach dem Dädalus mit Minervas Hilfe Statuen zum Leben erweckte, schien prädestiniert, auch die Grundidee der Tableaux vivants zu versinnbildlichen. Im Unterschied zu den französischen Tableaux vivants kopierten Hirts lebende Arrangements keine bestimmten Kunstvorlagen. Eingebettet in »einige Überreste antiker Tänze« und pantomimische Darbietungen blieben sie stärker den Attitüden verpflichtet, die Hirt laut eigener Aussage durch die Performances von Lady Hamilton schätzen lernte.[28] Obwohl keine Gemäldenachbildungen im eigentlichen Sinne versuchten sie dennoch, der griechischen Kunst im Stil und Kostüm zu entsprechen und somit den Eindruck von ›Originalen‹ zu erwecken.

Neben ihrer Situierung in einem lockeren Zusammenhang aus reiner Unterhaltung und sporadischen Erzählsträngen gab es auch weiterhin Lebende Bilder als Bestandteile von Theater- und Opernaufführungen. Obschon vom Publikum im deutschsprachigen Raum durchaus geschätzt, erreichten sie hier kaum eine mit ihren französischen Pendants vergleichbare Theorieentfaltung. Sie wurden vor allem als eine »Nebensache behandelt, und die Kritik fand sich nicht berechtigt, große Forderungen zu machen, und ein vorzügliches Augenmerk darauf zu richten.«[29] Der Einakter *Ostade,* ein komisches Singspiel von Friedrich Treitschke, das im Wiener Kärntnertortheater am 3. Oktober 1807 Premiere feierte, zeigte ein pantomimisches Tableau vivant, das denjenigen in französischen *Vaudeville*-Theatern nahestand.[30] Ähnlich wie bei Hirts Festtheater war man auch hier darauf bedacht, das Lebende Bild in einen sinnvollen Zusammenhang einzubinden. Dabei bot das Theaterstück allein durch sein Sujet – die Vita des Malers Adraen van Ostade – einen adäquaten Kontext an. So bildete die Kulisse der letzten Szene das Atelier des Künstlers nach, wo die Lebenden Bilder zunächst noch hinter einem Vorhang – hier ein ambivalentes Motiv zwischen theatralem Spannungsmoment und der bis ins 19. Jahrhundert praktizierten Bildverhüllung – verborgen waren. Was die Enthüllung der Portiere zum Vorschein brachte, war eine besondere Zusammenführung von lebendigen Körpern und gemaltem Hintergrundprospekt, den man nach einem Bild von Adraen van Ostade gestaltet hatte. Von Musik begleitet kommentierten die verlebendigten Bildfiguren in einer kurzen Pantomime die dargestellte Szene selbst.

---

28 Hirt zitiert nach Holmström (1967), S. 228.

29 Rezensionsausschnitt aus der Wiener Zeitschrift »Thalia« vom 1812, »Concert und Vorstellung drey berühmter Gemählde« (Kärntnertortheater), vgl. Jooss (1999), S. 289.

30 Siehe auch Jooss (1999), S. 290f. (Katalogteil).

Abb. 1: Gaudenzio Ferrari – Passionsszene, Detail (1507-
1513, Kapelle der Kreuzigung, Heiliger Berg von Varallo)

Sucht man nach möglichen Vorstufen der theatralen Tableaux vivants, dann bieten die vielfältigen künstlerischen Verlebendigungsversuche der Renaissance, wie sie vor allem in Werken von Gaudenzio Ferrari (tätig 1512-1528) sichtbar werden, eine überraschende Parallele (Abb. 1).[31] In seinen Passionsdarstellungen in den Grotten von Varallo (Italien) erkennt man den Versuch, mit dem Herausschälen von plastischen Figuren aus der Flächigkeit der Wandmalerei eine möglichst vollkommene Illusion des Lebendigen zu erreichen. Dabei bildet gerade der Übergang zwischen Malerei und plastischer Figur eine problematische Stelle, die illusionistisch kaschiert werden sollte.

Die szenische Entfaltung der Passionsgeschichte innerhalb eines Grotten- und Kapellensystem verleiht den Arrangements Ferraris einen theatralischen Charakter, und sollte dem frommen Betrachter zu einer lebendigen Anschauung des Lebens Christi verhelfen. Im extrovertierten Ausdruck und der übersteigerten Dramatik der Darstellung sind deutliche Anleihen an Mysterienspiele zu finden, und doch scheitert ihr unübersehbarer Wunsch, mit echten Bärten, Perücken, Stoffen und allerlei realen Requisiten eine optimale Illusion des Lebendigen zu erzeugen. Beseelt von dem Wunsch, die Kunst zum lebendigen Selbst ihres Ausdrucks

---

31 Zu Ferrari siehe Pochat, Götz (1990): Theater und Bildende Kunst im Mittelalter und in der Renaissance in Italien, Graz: Akademische Druck- und Verlagsanstalt, S. 150ff.; weiterführende Monographien: Winternitz, Emanuel (1967): Gaudenzio Ferrari: His School and the Early History of the Violin, Milano: Varallo Sesia; Villata, Edoardo/Baiocco, Simone (2004): Gaudenzio Ferrari, Gerolamo Giovenone: un avvio e un percorso, Torino: Allemandi.

*Abb. 2: Niccolò dell'Arca – Beweinungsgruppe mit Stifter
(1462-63, Santa Maria della Vita, Bologna)*

zu machen, führen diese Skulpturen und Reliefs vor gemalten Prospekten ein ›Kunsttheater‹ im Grenzbereich vom folkloristischen Kitsch auf, das längst die stille *devotio* verlassen hat.

Ganz anders hingegen funktionieren die Skulpturen eines Bildhauers wie Niccolò dell'Arca, der den expressiven Bewegungs- und Leidensausdruck derweise in die Skulptur einschrieb, daß sie weiterhin weitaus mehr mit *realtà* ausgestattet scheinen als die verkleideten Schauspieler der Tableaux vivants (Abb. 2).[32]

Waren die Tableaux vivants aus Fleisch und Blut darauf bedacht, durch die Negation ihrer natürlichen Lebendigkeit zur Kunst zu avancieren, so sind die Skulpturen Dell'Arcas die Kunst einer zeitlos gewordenen Affektbewegung. Diesen intentionalen Gegensatz verdeckt im Arrangement Ferraris ein wesentliches Strukturmerkmal, das es beispielsweise mit dem Singspiel *Ostade* gemeinsam hat, und das aus der Verlagerung der wichtigsten figürlichen Szenen vor den gemalten Prospekt resultiert: Beide scheitern nämlich an dem Versuch, die Bruchstelle zwischen Raum und Fläche in den Übergängen vom Gemalten zum Figurativen unsichtbar zu machen. Anders als Götz Pochert sehe ich gerade in dem Herausragen der halben Figuren Ferraris aus dem gemalten Prospekt keine verbindende Schnittstelle zwischen Skulptur und Malerei. Hier

---

32 Zu Dell'Arca und seinen ausdrucksstarken Beweinungs- bzw. Grablegungsszenen siehe Agostini, Grazia/Ciammitti, Luisa (Hg.) (1985): Niccolò dell'Arca. Il Compianto di Santa Maria della Vita, Bologna: Nuova Alfa; dort auch die Rekonstruktion der Aufstellung unter Berücksichtigung des spezifischen Ausdrucks und der Bewegungsrichtung der Figuren; Agostini, Grazia/Ciammitti, Luisa (Hg.) (1989): Niccolò dell'Arca, (Seminario di studi atti del Convegno 26.–27.05.1987), Bologna: Nuova Alfa; in beiden Abhandlungen zahlreiche Abbildungen.

Abb. 3: Unbekannter Kölnischer Künstler – Kreuzigungsgruppe mit plastisch abgesetzten Köpfen (um 1425/39, Wallraf-Richartz-Museum, Köln)

scheint mir kein »grenzüberschreitender Vorgang«[33] eingeleitet, sondern vielmehr ein struktureller Leerraum gekennzeichnet zu sein, der sich zwischen den gegensätzlichen Sphären ausbreitet. Ein Leerraum insofern, als daß die Zone zwischen den beiden Medien ein unbesetztes Dazwischen markiert, das um so mehr die Disparatheit zweier differenter Strukturen hervorhebt, je stärker diese kaschiert werden soll.

Ich werde im folgenden die strukturellen Differenzen zwischen Zeit- und Raumbildern im Kontext der Tableaux vivants genauer ins Auge fassen, zunächst möchte ich aber noch auf das Spannungsfeld eingehen, das sich aus dem Aufeinanderprallen von gemalter Fläche und dreidimensionalem Körper ergibt. Ein ähnliches Phänomen kann man beispielsweise an einer *Kreuzigungsdarstellung* (Wallraf-Richartz-Museum, Köln) eines unbekannten mittelalterlichen Künstlers beobachten, bei der die Köpfe der Dreiergruppe plastisch aus dem ansonsten gemalten Tafelbild herausragen (Abb. 3).

---

33 Pochart (1990), S. 151.

Auch hier verursacht das abrupte Auftreten plastischer Teilstücke innerhalb einer Tafel ein Auseinanderdriften der Bildmedien, so daß das Gemalte auf sich selbst als *Malerei* verweist und das ihr Anhängende – die vollplastischen Köpfe – als das *Differente* von sich abschneidet. Die strukturelle Lücke verhindert das angestrebte Konglomerat aus Fläche und Körper, gleichwohl wird sie zum Garanten für die Souveränität des Gemalten, das sich sowohl bei Ferrari wie auch in den späteren Tableaux vivants als das autonome Bildmedium behaupten kann. Deutlicher formuliert: Die haptische Vorführung wird gleichsam ins Bild eingerückt. Der optische Kunstgriff von Ferrari ist darauf angelegt, den strukturellen Bruch aus dem Wahrnehmungsfeld zu verdrängen. Obwohl keine originären Tableaux vivants stellen Ferraris Arrangements dennoch intentional verlebendigte Bilder dar, deren weitere Besonderheit aus der ihnen zugrundeliegenden Vorlage – aus den Mysterienspielen – resultiert.[34] Unter dem Aspekt betrachtet, daß die Passionsszenen und Passionsspiele selbst als theatralische Umsetzungen entsprechender Darstellungen der Tafel- und Wandmalerei betrachtet werden können, somit selbst in gewisser Weise als *erste* Tableaux vivants anzusprechen sind, stehen die verlebendigten Bilder aus Varallo in einem mehrfach konnotierten Verhältnis zwischen Vorlage und Nachbildung: als Verlebendigungen gemalter Szenen einerseits und als ›Einfrierungen‹ von Passionsszenen andererseits. Ihr zweifacher Verweischarakter macht die Zirkulation von Bedeutungen deutlich, die im Tableau vivant wirksam werden. Das Gemälde in seiner Funktion zwischen Urbild und bloßem Vorbild bleibt dabei Wende- und Angelpunkt der Zirkulationsbewegung. Gleichwohl scheint das Durchschlagen der gemalten Vorlage durch die Schichten der körperlichen Nachstellung für das Tableau vivant konstitutiv zu sein. Wird das Lebende Bild zu stark als selbständiges Medium herausgestellt, wenn es sich also aus der Bezüglichkeit zum Gemälde loslöst, so verliert es neben seiner Funktion als *verlebendigtes Bild* auch die Kette von Zeichen und Bedeutungen, deren zentrale Schnittstelle die Kunstvorlage bildet. Damit ist die paradoxe Stellung des Tableau vivant umschrieben, das nur in der Spannung zur gemalten (oder skulpturierten) Vorlage existieren kann. Erst in dieser konstitutiven Verklammerung tritt es in das vom

---

34 Vgl. Tscheuschner-Bern, K. (1905): »Die Deutsche Passionsbühne und die deutsche Malerei des 15. und 16. Jahrhunderts«, in: Repertorium für Kunstwissenschaft, 28, S. 35–58. Tscheuschner macht plausibel, inwieweit die Passionsspiele mit ihrer spezifischen derben, überdeutlichen Aufführungssprache (verdrehte Körper der Schächer bei der Kreuzigung, ins Wörtliche umgesetzte Darstellungen der Schmerzen Mariens, die Nacktheit Christi etc.) unmittelbare Auswirkungen auf die bildenden Künste hatten.

Bild her bestimmte Bedeutungsgeflecht ein, das es vom Lebendigen weg- und zum Künstlichen hinführt.

Die Problematik der Integration von Gemälden in ein anderes Medium und die daraus resultierenden Verschiebungen in den Verhältnissen, wie sie sich bereits bei Ferrari abzeichneten, begegnet gleicherweise in dem Verhältnis, das das Tableau vivant zum Filmbild einnimmt. Anders als die intentionale Leerstelle im Gemälde, die die Aufgabe innehat, den Betrachter *im* Werk zu etablieren, steht diese strukturelle Lücke *außerhalb* der beiden Medien – sie ist kein peripherer Ausläufer, der in das jeweilig andere hineinragt und gleichsam in die Rezeption hineingeholt werden kann.

Festzuhalten ist, daß das labile Gleichgewicht der Tableaux vivants nur in der Vakanz zwischen Nähe und Ferne zum Original gehalten werden kann. Die Störung eines Tableau vivant setzt somit nicht nur an der zu deutlichen Dominanz der Vorlage ein, sondern prinzipiell dann, wenn sich das Spannungsverhältnis auflöst. Bezeichnend hierfür ist die Kontroverse um die pornographische Rolle der Tableaux vivants, die in Amerika zwischen 1847 und 1850 geführt wurde.[35] Die von Dr. Collyer in *Apollo Rooms* im Jahr 1847 aufgeführte Show zeigte laut einer im *New York Herald* erschienen Rezension drei sehr »akkurate« Tableaux vivants:

[…] We saw accurate representations of the most exquisite works of the most renouned [sic] sculptors of the old world – such as Titian, Van dyke [sic], Rembrandt, and a host of others, equally celebrated: and we learned from persons present who have seen the originals, the personifications of them, last evening, were very accurate.[36]

Diese angepriesene Veranstaltung hatte in ihrem Repertoire unter anderem *The Three Graces*, drei nackte Frauen nach einer nicht weiter benannten Gemäldevorlage, die auf einem wahrscheinlich beweglichen Po-

---

35 Zur Entwicklung der Tableaux vivants auf den amerikanischen Theaterbühnen siehe McCullough, Jack W. (1983): Living Pictures on the New York Stage, Ann Arbor: UMI Research Press; zum Pornographievorwurf ebd., S. 19ff. Desweiteren vgl. Sobel, Bernard (1956): A Pictorial History of Burlesque, New York: Bonanza.

36 Zitiert in McCullough (1983), S. 20. Der im Zusammenhang mit der Malerei seltsam anmutende Begriff des »sculptor«, wie er im zitierten Artikel benutzt wird, muß im Sinne der Maler als ›Gestalter mit Farbe‹ verstanden werden. Sicherlich sollte damit eine Verbindung zwischen der körperlichen Nachstellung im Tableau vivant und der in Augen des Artikelverfassers ›plastischen‹ Gemälden dieser Künstler suggeriert werden.

dest und bei einer nichts verheimlichenden Ausleuchtung sich den schonungslosen Blicken der Lorgnetten einer vornehmlich männlichen Zuschauerschaft darboten.[37] Zweifellos akkurat waren die Darstellungen dennoch keine *living pictures*, denn was hier offeriert wurde, war nicht eine Gemäldeumsetzung, sondern die realen, entblößten Frauenkörper. An diesem Beispiel kann man deutlich das Verschwinden der künstlerischen Vorlage aus dem Tableau vivant beobachten, die eine Regression der Performance zufolge hat, wobei die ursprüngliche Bezugsvielfalt innerhalb des Gemäldes wie auch zu seinem Außen in binäre Oppositionen aufgelöst zu werden droht. Was damit zur Ansichtigkeit gelangt, ist das vom System des Bildes abgeschnittene erstarrte Zeichen einer negierten Lebendigkeit, das auf nichts anderes verweisen kann als auf die bloße Materialität, die sowohl die Darstellenden als auch den Blick des Betrachters in eine prostituierend-pornographische Situation zwingt.

Der Austritt aus dem spezifischen Bezugssystem des Gemäldes, das – argumentiert man mit Gernot Böhme – seine eigene Realität auszeichnet, bedeutet für das Tableau vivant den Verlust der wenn auch labilen, so doch konstitutiven Verbindung zur Bildvorlage. Was zunächst im Sinne einer fehlgeschlagenen Emanzipationsbestrebung des Tableau vivant verstanden werden könnte, verdeutlicht gleichzeitig, daß die gemalte Vorlage de facto keine bloße Folie ist, deren Aufgabe sich darin erschöpft, dem Tableau seinen Referenten zu liefern. Die am vermeintlichen mimetischen Verhalten der Malerei geschulte Ansicht, das Gemälde stelle eine zeichenhaft erstarrte Lebendigkeit dar, die via einer Rückholaktion in die Welt der lebendigen Dinge wieder eingegliedert werden könne, erweist sich als eine falsche Voraussetzung, an der das Tableau vivant scheitern muß. Bereits Hegel sah darin ein deutliches Problem der geistigen Inkongruenz aufscheinen, die er zunächst noch an den physiognomischen Merkmalen beobachtete:

So ahmen z.B. die in neuester Zeit Mode gewordenen sogenannten lebenden Bilder zweckmäßig und erfreulich berühmte Meisterwerke nach, und das Beiwesen, Drapierung usf. bilden sie richtig ab; aber für den geistigen Ausdruck der Gestalten sieht man häufig genug Alltagsgesichter verwenden, und dies wirkt zweckwidrig. Raffaelitische Madonnen dagegen zeigen uns Formen des Gesichts, der Wangen, der Augen, der Nase, des Mundes, welche als Formen überhaupt schon der seligen, freudigen, frommen zugleich und demütigen Mutterliebe gemäß sind. Man könnte allerdings behaupten wollen, alle Frauen seien

---

37 Für Abbildung dieser Szene siehe in McCullough (1983), S. 21.

dieser Empfindung fähig, aber nicht jede Form der Physiognomie genügt dem vollen Ausdruck solcher Seelentiefe.[38]

Irritierend zeigte sich für Hegel das Ergebnis der ›eingefrorenen‹ Nachbildung, denn auch wenn sie noch so sehr ihre Detail-, Ausdrucks- und Kompositionstreue gegenüber dem gemalten Original beweist, so erreicht sie offenbar doch nie die komplexe Bedeutungsvielfalt, die ein Gemälde in seiner Zeichenstruktur aufweist. Statt der angestrebten Verbesserung im Ausdruck und Intention produziert das Tableau vivant eine Schau der Dinglichkeit, die viel mit akademischen Schattenspielen gemeinsam hat. Mit jenen in den Kunstakademien des 18. Jahrhunderts häufig praktizierten Zeichenunterweisungen also, bei denen (mit Vorliebe antike) Statuen durch künstliche Beleuchtung ›belebt‹ wurden. Die geschickte Ausleuchtung mit den unruhig flackernden Fackeln sollte die Illusion einer realen, bewegten Figur erzeugen, die wiederum als Malvorlage dienen und zu romantischen Pygmalion-Phantasien anregen konnte.[39] Doch all diese unterschiedlichen Aufführungsweisen und Performances konnten auf Dauer nicht darüber hinwegtäuschen, daß der Versuch einer absoluten Verlebendigung des Bildes mit Mitteln der Nachstellung mißglückt ist.

Das Scheitern der Transkription vom Gemalten zum Lebendigen hebt gleichzeitig eine andere Überformung deutlich hervor: Anstatt seine Komponenten freigiebig dem Realen preiszugeben, schreibt sich das Bild in die realen Körper der Nachsteller ein.[40] Mit dem Resultat, daß nicht

---

38 Hegel, Georg Wilhelm Friedrich (1838/1970): Vorlesungen über die Ästhetik, Bd. 13, Frankfurt/Main: Suhrkamp, S. 206.

39 Das Bild *Antikenstudium bei künstlichem Licht* (1769) von Joseph Wright of Derby zeigt eine solche Situation; für Abbildung siehe in Bätschmann, Oskar [1992]: »Pygmalion als Betrachter. Die Rezeption von Plastik und Malerei in der zweiten Hälfte des 18. Jahrhunderts«, in: Wolfgang Kemp (Hg.), Der Betrachter ist im Bild, Berlin: Reimer, S. 254. Hierzu vgl. auch Winckelmann, Johann Joachim (1763/1968): »Abhandlung von der Fähigkeit der Empfindung des Schönen in der Kunst und dem Unterricht in derselben«, in: Ders., Kleine Schriften, Vorreden, Entwürfe, hg. v. Walther Rehm, Berlin: Walter de Gruyter, S. 211; Holländer, Hans (1973): »Steinerne Gäste«, in: Gießener Beiträge zur Kunstgeschichte II, S. 103f.; Bätschmann (1992), S. 237–278, vor allem Fußn. 48.

40 Die These von der eigenen Realität der Bilder, die Gernot Böhme (1999) vertritt, aber auch die heutzutage wieder hochaktuellen Überlegungen zur Macht der Bilder und ihrer Subjekthaftigkeit (bspw. bei Mitchell [2005]: What do Pictures Want? The Lives and Loves of Images, Chicago: University of Chicago Press), scheinen sich auf eine evidente Weise im Scheitern der Tableaux vivants zu bestätigen.

das Lebendige sich an die Stelle der ›toten‹ Abbildung setzt, sondern die Bildstruktur selbst das Lebendige okkupiert. So entpuppt sich das, was zunächst als eine spielerische Naturalisierung der Kunst erlebt werden sollte, als die Verzeichnung des Lebendigen. In der Paarung von lebendiger Körperlichkeit und starrer Zeichenhaftigkeit mutiert das Tableau vivant zu einer idealen *Natura morta*.

DER HÖHEPUNKT
DER »NATÜRLICHEN BILDNEREI« (GOETHE)

Wie bereits dargelegt, gründet die Paradoxie des Tableau vivant in seinem Wunsch nach leiblicher Verlebendigung bei gleichzeitigem Zwang zur *Imitatio* des Bildes. Was vom nachstellenden Körper also geleistet werden muß, ist eine *Bildmimesis*. Die Gefahr, der sich das Tableau vivant mit diesem Double-bind aussetzt, betrifft den instrumentalisierten Körper, der vor allem mit der Struktur und nicht nur mit dem Sujet des Bildes abgeglichen werden muß. Und damit setzt das ›Vor-Bild‹ sein subversives Vermögen ein, das von ihm differente in sein eigenes Zeichensystem und in seine Systemordnung einzugliedern, statt die (zu) einfach gedachte Transkription mit zu vollziehen. In dieser strukturellen Mimesis des Lebendigen steckt die Metapher von der tödlichen Macht des Bildes. Denn mit der mimetischen Erstarrung des Lebendigen erlangt das Bild die Lizenz zum Töten.[41] Hierin liegt das Scheitern des Verlebendigungsversuchs, mit dem man das Gemalte zurück transferieren wollte. Oder mit Husserl gesprochen: Die Wiederherstellung der »natürlichen Einstellung«[42] mißglückt an dem Widerstand des Gemäldes. Und in diesem Scheitern verweist das Tableau vivant mittelbar auf eine andere, eine nicht abbildende Struktur des Bildes, nämlich auf die dort vollzogene Ablösung des Zeichens von seinem Referenten. Die Logik des Tableau vivant zeugt von der sie fundierenden Naivität, denn das nachzuahmende Bildsystem wird als ein mumifizierter Körper begriffen, der in einer Rückübersetzung wieder zum lebendigen Menschen reanimiert werden

---

41 Marie-José Mondzain untersucht in ihrem Buch mit dem bezeichnenden Titel »Können Bilder töten?« die kulturhistorischen Zusammenhänge zwischen der symbolischen Bedeutung und Objektcharakterisierung von Bildern einerseits und den magisch bzw. kultisch aufgeladenen Subjektivierung von Bildern andererseits, deren Handlungsfähigkeit prinzipiell mitgedacht ist; vgl. Mondzain (2006): Können Bilder töten?, Berlin, Zürich: Diaphanes.

42 Husserl, Edmund (1913/1980): Ideen zu einer reinen Phänomenologie und phänomenologischen Philosophie, Tübingen: Niemeyer, S. 52.

könnte. Bei dieser Simplifizierung des Bildprinzips blieb unbeachtet, daß das Bildsystem selbst nicht auf der Relation zu einem real gedachten Referenten, sondern auf einer Zirkulation der auf sich selbst verweisenden Signifikanten beruht.[43] Gleichwohl ist es für das Tableau vivant konstitutiv, von einem als ursprünglich und zuoberst liegenden Referenten auszugehen. Dieses mimetische Mißverständnis ist zu einer semiotischen Falle für die Kunst der Tableaux vivants geworden, die an der Verlebendigung selbst scheitern mußte. Unübersetzbar bleibt hingegen der wesentliche ›Rest‹ des Bildsystem, das komplexe Wechselspiel zwischen dem Ganzen und seinen Teilen, zwischen dem Bildraum und dem Dingraum, der jeweilige Diskurs, in dem Bilder – mithin lebendiger als das »lebende Bild« selbst – verhandelt werden.

Johann Wolfgang Goethes Roman *Die Wahlverwandtschaften* von 1809, der den Tableaux vivants mit einem Schlag zu einer enormen Popularität verhalf, bietet ein hervorragendes Untersuchungsfeld, in dem die Praxis der Lebenden Bilder und ihrer Paradoxien beobachtet werden können.

Goethe lokalisiert den Ursprung seiner literarischen Tableaux vivants im neapolitanischen bzw. sizilianischen Krippenspiel,[44] doch diese Form der sakralen Aufführungspraxis stellt nur eine von zahlreichen Varianten bestimmter Praktiken des Voraugenführens dar, die mit den Umzügen und Kirchenspielen oder auch den sogenannten *Bilderbooken* weit ins Mittelalter zurückreichen.[45] Angesichts der vielen Verflechtungen zwischen bildender Kunst, insbesondere der Malerei und Bildhauerei,[46] reli-

---

43 Zum Signifikanten des Bildes siehe Böhme (1999).

44 Goethe (1815/1901) schreibt in »Proserpina, Melodram« zum Tableau vivant (S. 117): »Nachbildung eines gemalten Bildes durch wirkliche Personen. Sie fingen in Klöstern, bei Krippchen, Hirten und Drei-Königen an und wurden zuletzt ein gleichfalls für sich bestehender Kunstzweig, der manchen Liebhaber reizt und beschäftigt, auch sich einzeln schon auf dem Theater verbreitet hat.«

45 Das Ineinandergreifen von Passions-, Prozessionsspiel und bildender Kunst mit einer deutlichen Tendenz zu Lebenden Bildern hat Norbert Hölzl am Beispiel der Theatergeschichte des östlichen Tirols dargestellt; vgl. Hölzl (1966): Theatergeschichte des östlichen Tirol vom Mittelalter bis zur Gegenwart, Bd. 2, Heft 1, Wien: Verlag der Österreichischen Akademie der Wissenschaften, S. 33–80.

46 Mischformen von gemalten Flächen und skulptierten Torsi verweisen deutlich auf das Vorhandensein einer Idee von ›lebendem Bild‹, ohne jedoch den Wunsch nach Verlebendigung jenseits der festen Kunstform zu verfolgen. Auch sie stellen den Versuch einer Grenzübertretung dar, die darauf angelegt ist, den gemalten Raum – den Kunstraum im weitesten Sinne – in den der realen Welt hinein auszuweiten. Das von mir bereits erwähnte Bild

giöser Praxis und theatralisch-pantomimischer Aufführungen im sakralen wie im profanen Raum ist der Versuch, eine mehr oder minder deutliche Entwicklungsstringenz aufzeigen zu wollen, aussichtslos.

Die Tableaux vivants, die Goethes Zeitgenossen mit Vorliebe aufführten, waren vor allem Gesellschaftsspiele, die auf eine bereits stagnierte Verbindung zwischen Gemäldenachstellung und Theateraufführung eingegangen sind. Wie kaum eine andere Kunstform geben diese halb privaten, halb offiziellen Tableaux vivants ein kulturelles Spiegelbild des frühen 19. Jahrhunderts ab, in dem sowohl die allgemeine Lust an theatralischer Inszenierung und Kostümierung, am Rollenspiel und bildungsbürgerlicher Selbstdarstellung, als auch der beginnende Rückzug des Bürgertums in die Privatheit sichtbar werden. Darüber hinaus reflektieren sie die Innerlichkeitsbestrebungen der Romantik, deren Weiterentwicklung in der erstarrten Pose – im Pathos des Erhabenen – als ästhetisierte Leerform der Spätromantik und des Historismus mündet.

Die Inszenierung eines Tableau vivant bot eine hervorragende Möglichkeit, die große Geste des professionellen Theaters im bürgerlich verkleinerten Maßstab auf der heimischen Bühne zu zelebrieren. Eine gelungene Performance beurteilte man nicht nur nach der Treue im Detail, nach der Kostümierung und der figurativen Anordnung; ihre Hauptaufgabe bestand insbesondere in der Erzeugung einer starken Gefühlsstimmung. Ein außerordentliches Tableau vivant war demnach eines, das das Gemälde im Ausdruck übertreffen, die dort angelegten seelischen Empfindungsreize steigern und sie gewissermaßen dem Körper des Darstellers einverleiben konnte.[47] (Ein solcher Anspruch begleitet die filmischen Tableaux vivants in Pasolinis LA RICOTTA.) Von besonderer Relevanz für diese dramaturgische Aufgabe war die Lichtführung und, im engen Anschluß daran, die Farbgestaltung der Kostüme, da man sich der großen Rolle, die die Lichtchoreographie zusammen mit der Farbe in der Malerei hatte, überaus bewußt war. Dennoch blieb die Beleuchtung neben der topographisch-perspektivische Gestaltung eines der größten Probleme

---

(um 1425/30, Abb. 3) eines unbekannten Kölner Künstlers ist ein besonderes Beispiel für diese Art von Verschmelzungs- bzw. Verlebendigungstendenzen, die über den Trompe-l'œil-Effekt hinausgehen.

47 Vgl. Langen, August (1968): »Attitüde und Tableau in der Goethezeit«, in: Jahrbuch der Deutschen Schillergesellschaft, S. 292–353; Miller, Norbert (1972): »Mutmaßungen über lebende Bilder. Attitüde und ›tableau vivant‹ als Anschauungsformen im 19. Jahrhundert«, in: Helga de la Motte-Haber (Hg.), Das Triviale in Literatur, Musik und bildender Kunst. Frankfurt/Main: Klostermann, S. 106–130.

der Inszenierungen.[48] Signifikant für diese Problematik ist die Lösung, die Langhans in seiner Berliner Aufführung der *Heiligen Nacht* nach Correggio bot:

Herr Langhans hatte diese Aufgabe folgendermaßen zu lösen versucht. Das Kindlein war ein künstlich aus drei Theilen zusammengesetztes, in dessen Zwischenraum die Beleuchtung angebracht war. Der Effekt der Beleuchtung war richtig, nur schade, daß das Kindlein, die Hauptperson des Bildes, darüber verloren ging.[49]

Trotz der kritischen Töne, die sich in diese zeitgenössische Beschreibung eingeschlichen haben, legt sie doch ein Zeugnis von der vermeintlichen Lebendigkeit und Originalität des Tableau vivant und davon ab, daß im Konkreten der streng bildmimetische Anspruch doch vernachlässigt wurde. Eine nicht minder große Aufgabe bei der Erzeugung von ›bildadäquater‹, heißt gefühlssteigender Stimmung, kam der Musik zu, die das Tableau vivant begleitete und die Wechsel zwischen den einzelnen, sich abwechselnden Performances ausfüllte. Ihr Einsatz erzeugte eine wohldosierte Gefühlssteigerung, die die Zuschauer emotional an das nachgestellte Bild binden sollte. Sabine Folie und Michael Glasmeier machen in ihrem gemeinsamen Aufsatz »Atmende Bilder« auf die Parallelen zwischen der Funktion von Musik im Tableau vivant und im Film aufmerksam:

Alle Zeitungen des historischen Tableau vivant sprechen von begleitenden musikalischen Aufführungen, die entweder als Zwischenspiele fungierten oder die Szene selbst »untermalten«. Musik ist hier der Faktor des Dramatischen und gleichzeitig ein Stimmungsmacher.[50]

Weit davon entfernt, eine bloße Maßnahme gegen die Langeweile zu sein, entfaltete die musikalische Darbietung eine illusionistisch-psychologische Wirkung, die an der Bruchstelle zwischen Bühne und Zuschauerraum ansetzen sollte. Jener trennende Graben, der noch deutlich die Werk-Betrachter-Konstellation aufrechterhielt und somit die Illusion ei-

---

48 Jooss (1999) beschreibt einige dieser Fälle ausführlich, siehe dort vor allem S. 164ff.

49 Zitiert in Jooss (1999), S. 300.

50 Folie, Sabine/Glasmeier, Michael (2002): »Atmende Bilder. Tableau vivant und Attitüde zwischen ›Wirklichkeit und Imagination‹«, in: Dies./Gerald Matt (Hg.), Tableau vivant. Lebende Bilder und Attitüden in Fotografie, Film und Video, [Ausst.-Kat. Kunsthalle Wien, 24.05.–25.08.2002], Wien: KHM, S. 18.

nes gemeinsamen Aktionsraums störte, sollte wenn nicht gänzlich eliminiert, so doch zumindest abgemildert werden. Man setzte alle Hoffnung
auf die imaginative Wirkung der Musik, um damit eine andere Wirklich-
keitssphäre zu erzeugen, in der beide – die Darstellung auf der Bühne
und der Zuschauer davor – gleichermaßen aufgehoben wurden. Welche
konkrete Musik die jeweiligen Tableaux vivants begleitete, ist nicht
überliefert, doch reichte die Bandbreite offenbar von einfacher Begleit-
musik – hierin sicherlich mit dem Stummfilmkino vergleichbar – bis hin
zu aufwendigen Choreinsätzen.[51]

Goethes Beschreibung eines Tableau vivant in *Wahlverwandtschaften* verdeutlicht die Bedeutung der einzelnen Komponenten, durch deren
geglücktes Arrangement das Lebende Bild eine »unvergleichliche Voll-
kommenheit«[52] erlangen sollte:

Der Abend kam herbei, und die Darstellung [des Tableau vivant] wurde von einer großen Gesellschaft und zu allgemeinem Beifall ausgeführt. Eine bedeutende Musik spannte die Erwartung. Jener Belisar[53] eröffnete die Bühne. Die Gestalten waren so passend, die Farben so glücklich ausgeteilt, die Beleuchtung so
kunstreich, daß man fürwahr in einer anderen Welt zu sein glaubte; nur daß die
Gegenwart des Wirklichen statt des Scheins eine Art von ängstlicher Empfindung hervorbrachte. Der Vorhang fiel und ward auf Verlangen mehr als einmal
wieder aufgezogen. Ein musikalisches Zwischenspiel unterhielt die Gesellschaft, die man durch ein Bild höherer Art überraschen wollte.[54]

---

51 Vgl. Folie/Glasmeier (2002), S. 18 und Jooss (1999) S. 152ff; Grey, Thomas (1997): »Tableaux vivants: Landscape, History Painting, and the Visual Imagination in Mendelssohn's Orchestral Musik«, in: 19th Century
Music, 21/1, S. 38–76.

52 Goethe (1809/1972), S. 153.

53 Es handelt sich hier um die Nachstellung des Gemäldes *Der geblendete Belisar als Bettler* von Louis-Gérard Scotin (1690-1755). Als direkte Vorlage
diente ein Kupferstich, der damals noch Anthonis van Dyck zugeschriebe-
nen wurde. Eine gute Aufarbeitung der Tableaux vivants in Goethes *Wahlverwandtschaften* bietet der Aufsatz von Reschke, Nils (2001): »›Die
Wirklichkeit als Bild‹. Lebende Bilder in Goethes ›Wahlverwandtschaft‹«,
in: Jürgen Fohrmann/Andrea Schütte/Wilhelm Voßkamp (Hg.), Medien der
Präsenz: Museum, Bildung und Wissenschaft im 19. Jahrhundert, Köln:
DuMont, S. 42–69; siehe auch Maierhofer, Waltraud (1995): »Vier Bilder
und vielfältige Bezüge: die sogenannte ›Väterliche Ermahnung‹ und die Figuren in den Wahlverwandtschaften«, in: Richard Fischer (Hg.), Ethik und
Ästhetik. Werke und Werte in der deutschen Literatur vom 18. bis zum 20.
Jahrhundert, Festschrift Wolfgang Wittkowski zum 70. Geburtstag, Frank-
furt/Main (u.a.): Peter Lang, S. 363–382.

54 Goethe (1809/1972), S. 152f.

Das Romanbeispiel führt noch einmal das Ziel der Tableaux vivants vor Augen, das in der Umsetzung der Bildwelt in die Realität lebender Körper, oder wie es hier heißt: in die »Gegenwart des Wirklichen« bestand. Bezeichnend ist dabei das Axiom von Schein und Sein, das zu dem bereits bekannten Anliegen führt: Das Manko der Fläche und die damit verbundene illusionistische Täuschung des Betrachters sollte im Tableau vivant aufgehoben werden. »Skulpturieren« war das Verfahren, das Goethe dabei vorschwebte.[55]

Ein so profiliertes System wie das der Tableaux vivants kann nicht ohne eine entsprechende Vorentwicklung gedacht werden – und gleicherweise konnte es nicht ohne eine entsprechende Auswirkungen auf die Malerei selbst bleiben. Welche Bezugs- und Einflußnahmen dabei den Vorrang hatten, läßt sich nunmehr nur schwer nachzeichnen. Spätestens seit dem frühen 19. Jahrhundert kann man eine deutliche Parallelisierung von Malerei und Theater feststellen.[56] Bildräume werden als Bühnen konzipiert, auf denen die Bildfiguren und Handlungen in Schauspieler und Arrangements übersetzt werden. Der Vorhang, im Mittelalter und in der Renaissance noch diesseits des Betrachters sei es tatsächlich oder illusionistisch vor dem Gemälde aufgespannt, wurde nun ins Bildinnere, das heißt auf die Bühne versetzt, womit er den theatralen Charakter der Darstellung unterstrich. Fiel der Vorhang vor dem Tableau vivant, so funktionierte er in diesem Moment wie jener der Gemälde, der die Bilder von der realen Welt separierte aber dem Betrachter gleichzeitig einen Blick in eine andere, nicht minder lebendige Welt ›hinter dem Rahmen‹ offerierte.

Die spezifische Position, die das Tableau vivant zwischen bildender Kunst einerseits und Theater andererseits einnimmt, zieht eine Verschiebung in der Rezeption nach sich, da der Zuschauer nun nicht mehr ein gemaltes Bildzeichen sieht, das auf sich selbst verweist,[57] sondern einen realen Körper, der wiederum auf das Bild verweisen muß. In der Übersetzungsleistung des Tableau vivant wird das ursprüngliche Bildzeichen zu einem konkreten Körper unter anderen Körpern, womit sich seine Bedeutung radikal wandelt. Was der damalige Zuschauer also vor Augen hatte, war eine lebendige, ihm zumeist sogar bekannte Person, die zugleich Teil einer künstlerischen Darbietung *und* eines sozialen Kontextes

---

55 Ebd., S. 152f.

56 George Kernodle zeichnet in seiner umfangreichen Untersuchung *From Art to Theatre* eine im Spätmittelalter beginnende Genese nach und widmet sich dabei auch der Rolle und Entwicklung der Tableaux vivants; vgl. Kernodle [1944]: From Art to Theatre. Form and Convention in the Renaissance, Chicago: Chicago University Press.

57 Vgl. Böhme (1999), S. 32.

war. Viele Zeitdokumente berühren indirekt das Problem dieser veränderten Bildrealität, wenn sie über die personelle Besetzung der Lebenden Bilder sprechen. Offenbar stellte man weitreichende Überlegung darüber an, welche Bildsujets gewählt werden durften, um bestimmte Personen darin vorteilhaft und bildpassend einzusetzen.[58] Eine Deplacierung oder Fehlleistung mußte dringlichst vermieden werden, um das Tableau vivant aber auch die bekannte, teils öffentliche Person vor der Kritik zu bewahren, denn der (beidseitige) Schaden bei einer Fehlbesatzung konnte überaus groß werden.

Aus dem Postulat der »natürlichen Bildnerei«, das Goethe in *Wahlverwandtschaften* stark macht, ergibt sich schließlich die schwierige Aufgabe, die im Lebenden Bild anwesende Person müsse zugleich ein *lebendiger Körper* und *Bildkörper* sein. Diese Paradoxie ist nicht aufzulösen, solange das Tableau vivant in seiner doppelten Programmatik von lebendig und bildhaft verklammert bleibt. Zwar kann man in seiner Genese durchaus den Versuch einer Balance zwischen einer bewegungsbasierten Bildnachstellung einerseits und einer starren Bildkristallisation andererseits ausmachen, wie sie beispielsweise im Theater zu beobachten war, doch wurde sie schließlich zu Gunsten einer starren Darstellung aufgegeben. Erst der Film revitalisiert das Tableau vivant wieder, worüber in den anschließenden Kapiteln ausführlich die Rede sein wird.

Was zunächst blieb, ist die programmatische Namensgebung. Folge der »natürlichen Bildnerei« war aber die Verkünstlichung des Lebens, die bemerkenswerter Weise nicht an den Grenzen des Tableau vivant haltmachte. Diese ›Neigung‹ kennzeichnet besonders das 19. Jahrhundert, was sich in vielen theoretischen wie in literarischen Werken der Zeit ausmachen läßt. Ein solches Problemfeld thematisiert bereits Hegel, und zieht dabei nicht von ungefähr Goethes *Wahlverwandtschaften* heran:

Ein ähnliches Anfügen von einzelnen Zügen, die aus dem Inhalte nicht hervorgehen, finden wir selbst noch in den Wahlverwandtschaften wieder: die Parkanlagen, die lebenden Bilder und Pendelschwingungen, das Metallfühlen, die Kopfschmerzen, das ganze aus der Chemie entlehnte Bild der chemischen Verwandtschaften sind von dieser Art. Im Roman, der in einer bestimmten prosaischen Zeit spielt, ist dergleichen freilich eher zu gestatten, besonders wenn es wie bei Goethe so geschickt und anmutig benutzt wird, und außerdem kann sich ein Kunstwerk nicht von der Bildung seiner Zeit durchweg frei machen; aber ein anderes ist es, diese Bildung selber abspiegeln, ein anderes, die Materialien unabhängig vom eigentlichen Inhalt der Darstellung äußerlich aufsuchen und zusammenbringen. Die echte Originalität des Künstlers wie des Kunst-

---

58 Vgl. Reissberger (2002), S. 189f.

werks liegt nur darin, von der Vernünftigkeit des in sich selber wahren Gehalts
beseelt zu sein. Hat der Künstler diese objektive Vernunft ganz zur seinigen gemacht, ohne sie von innen oder außen her mit fremden Partikularitäten zu ver-
mischen und zu verunreinigen, dann allein gibt er in dem gestalteten Gegen-
stande auch sich selbst in seiner wahrsten Subjektivität, die nur der lebendige
Durchgangspunkt für das in sich selber abgeschlossene Kunstwerk sein will.
[...] So zehrt zwar die Originalität der Kunst jede zufällige Besonderheit auf,
aber sie verschlingt sie nur, damit der Künstler ganz dem Zuge und Schwunge
seiner von der Sache allein erfüllten Begeisterung des Genius folgen und statt
der Beliebigkeit und leeren Willkür sein wahres Selbst in seiner der Wahrheit
nach vollbrachten Sache darstellen könne. Keine Manier zu haben war von je-
her die einzig große Manier, und in diesem Sinne allein sind Homer, Sopho-
kles, Raffael, Shakespeare originell zu nennen.[59]

Wenn die »echte Originalität« des Künstlers und des Kunstwerks darin
liegt, »von der Vernünftigkeit des in sich selber wahren Gehalts beseelt
zu sein«, so muß man fragen, wovon das Tableau vivant beseelt ist. Ist es
nicht vielmehr die Kunst selbst, die hier die Rolle der ›Beseelung‹ übernimmt? Und führt nicht gerade diese Wiederholungsbewegung im Tableau vivant zu einer Exklusion des subjektiven Denkens und Wollens,
welche jenseits aller Beliebigkeit und leeren Willkür das wahre Selbst
des Künstlers in seiner der Wahrheit nach vollbrachten Sache auszudrücken vermag? Eine solche Originalität läßt sich in der Kunst des Tableau vivant nicht finden. Die Übertragungsleistung von einem durch die
»Freiheit des Denken und Wollens« bestimmten Gemälde auf den Körper
im Tableau vivant gelingt nicht, denn sie kann nur die leere Hülse des ursprünglichen Bildes evozieren, womit das Tableau vivant zu einer ›lebendigen Manier‹ verkommt.

Die Affizierung des lebendigen Körpers mit einer vom Bild her kommenden Künstlichkeit resultiert nicht zuletzt aus der Verdoppelung des
Bildraums im Realraum. Eine solche Duplizierung muß zwangsläufig die
Verkünstlichung des Lebens nach sich ziehen, das durch die Reproduktion der bloßen Bildoberfläche in eine Manier des Ausdrucks verfällt. Bezeichnend für das Lebende Bild des 19. Jahrhunderts ist beispielsweise
die Verwendung von Hilfsgerüsten, die nötig waren, um die problematische Statik der aufwendigen Szenenaufbauten zu lösen. Gleichzeitig betrieb man eine geradezu handwerkliche Bearbeitung der Kleider, deren
Faltenwürfe und Draperien zu einem ›Skulpturieren‹ des natürlichen
Stoffes ausarteten. Denn die angestrebte Manier erforderte ein deutliches
Mehr an Kunstfertigkeit als es die Malerei selbst aufbieten mußte. Und
so genügte es nicht, Material zu verwenden, dessen natürlicher Fall eine

---

59 Hegel (1838/1970), S. 384–385.

der gemalten Vorlage entsprechende Faltenlage gebildet hätte. Statt dessen wurde der Stoff geweicht und gestärkt, so daß es möglich war, »die
reichen Falten des weißen Atlasses mit der künstlichsten Natur zu legen«[60].

Abb. 4: Gerard Terborch – Die sog. »Väterliche Ermahnung«
(1654-55, Staatliche Museen, Berlin)

Auf eine andere folgenreiche Strukturveränderung im Tableau vivant
verweist die Differenz im Raum-Zeit-Gefüge. Sie steht im Zusammenhang mit der Frage nach dem veränderten Körperdiskurs und zieht die
labile Position des Tableau vivant nach sich, die ihm wesentlich wird.
Anders als beim Gemälde, wo die Sphären deutlich von einander ge-
schieden sind in ein Real- und ein Bildraum, steht der Zuschauer nun im
gleichen raum-zeitlichen Kontinuum der Bühnenaufführung und verfügt
über den gleichen lebendigen Körper wie der Darsteller im Tableau vivant. Die Reaktion des Publikums in *Wahlverwandtschaften* während der
Darbietung der sogenannten *Väterlichen Ermahnung* von Gerard Terborch d. J. verdeutlicht das Problem (Abb. 4):

Bei dieser Gelegenheit nun sollte Luciane in ihrem höchsten Glanze erscheinen.
Ihre Zöpfe, die Form ihres Kopfes, Hals und Nacken waren über alle Begriffe
schön, und die Taille, von der bei den modernen antikisierenden Bekleidung
der Frauenzimmer wenig sichtbar wird, höchst zierlich, schlank und leicht,
zeigte sich an ihr in dem älteren Kostüm äußerst vorteilhaft; und der Architekt

---

60 Goethe (1809/1972), S. 153.

hatte gesorgt, die reichen Falten des weißen Atlasses mit der künstlichen Natur zu legen, so daß ganz ohne Frage *diese lebendige Nachbildung weit über jenes Originalbildnis hinausreichte* und ein allgemeines Entzücken erregte. Man konnte mit dem Wiederverlangen nicht endigen, und *der ganz natürliche Wunsch, einem so schönen Wesen, das man genugsam von der Rückseite gesehen, auch ins Angesicht zu schauen, nahm dergestalt überhand, daß ein lustiger ungeduldiger Vogel die Worte, die man manchmal an das Ende einer Seite zu schreiben pflegt; tournez s'il vous plaît, laut ausrief und eine allgemeine Beistimmung erregte.* Die Darstellenden aber kannten ihren Vorteil zu gut und hatten den Sinn dieser Kunststücke zu wohl gefaßt, als daß sie dem allgemeinen Ruf hätten nachgeben sollen.[61] [Hrvh. J.B.]

Es war dem Manne also nicht zu verübeln, daß er in der Darstellerin das sah, was sie auch für ihn de facto darstellte: ein überaus schön anzuschauendes und reales Frauenzimmer. Diesem »ganz natürlichen Wunsch, einem so schönen Wesen auch ins Angesicht zu schauen«, folgte der Ausruf *Tournez s'il vous plaît.* Hierin teilt sich die Erwartungshaltung des Zuschauers mit, die von dem Wunsch nach einer handlungsgeleiteten Narration getragen wird. Die Bewegungslosigkeit der Körper – für das Tableau vivant von wesentlicher Bedeutung – wurde in der Performance als demonstrativ unnatürlich empfunden, der Koketterie nicht fern, zumal es sich hier um ein weibliches Objekt des Begierde handelte. Mit der Visualisierung der (Muskel-)Anspannung, in der die Schauspieler ausharren mußten, spiegelt sich die gespannte Situation des Zuschauers wider, der auf die Auflösung der stillgestellten Szene, das heißt auf die Bewegung hin drängt. Daß dem Wunsch nach der Wiederherstellung einer natürlichen, oder zumindest theatralisch-bewegten Situation nur auf Kosten der gleichzeitigen Zerstörung des Tableau vivant entsprochen werden konnte – und folgerichtig nicht wurde –, gehört sicherlich zum primären Reiz dieser Darbietung.

Vergleichen wir die Performances des 19. Jahrhunderts, so wie sie von Goethe in *Wahlverwandtschaften* beschrieben wird, mit den theatralen Tableaux vivants nach Diderot, so wird deutlich, woran die Darbietung der Salons scheitert: Dort wurde der durch die Unterbrechung verursachte Sprung im Zeitkontinuum der Handlung nämlich vom ästhetischen Rahmen der Bühneninszenierung aufgefangen und erlaubte so dem Zuschauer, die erstarrte Szene in seine subjektive Zeitwahrnehmung zu integrieren. Diderots Tableaux vivants erschöpften sich somit nicht im ästhetischen Selbstzweck, sondern verblieben immer in Anlehnung an die vorhergehende Handlung, die sie pointierten, darin sicherlich dem

---

61 Ebd., S. 153f.

filmischen *Freeze frame* nicht unähnlich.[62] Dagegen fehlt den Performances des 19. Jahrhunderts, zieht man die Schilderung in *Wahlverwandtschaften* als ein legitimes Beispiel hierfür heran, die sinnvolle Einbettung in eine größere Narration. Mit dem Ausruf *Tournez s'il vous plaît* verlangte der Zuschauer deutlich nach einer Auflösung der erstarrten Szene in Aktion und war offenbar durch die einem Double-binde vergleichbare Situation irritiert, in der sich die Darsteller der Performance befanden. Denn schließlich versprachen sie mit ihren lebenden Körpern die Möglichkeit einer entsprechenden Fortführung der angehaltenen Handlung. Der Ausruf verweist indessen noch auf eine weitere Veränderung, die sich mit der Verkörperlichung der Kunst einstellte. So zeigt er neben dem im Übermut der Situation geäußerten, harmlosen Wunsch des Betrachters die eklatante Umformung des Subjekts zum bloßen Objekt der tableauesquen Rezeption an. Insofern die Bildstruktur – und der symbolische Wert der Darstellung – nicht mehr eine vermittelnde Rolle zwischen dem Betrachter und dem Dargestellten erfüllte, wurde der im Tableau vivant körperlich anwesenden Person selbst ein Ding-Charakter auferlegt. Der namensgebende Wunsch nach einer Umsetzung des Gemalten in die reale Sphäre der lebendigen Körper ließ die weitreichenden Folgen übersehen, die sich aus der erforderlichen Strukturangleichung an das Gemälde ergaben.

Wie bereits betont, konnte die Ästhetisierung des Realen erst im Stillstand, in der Kostümierung, mit einem Wort: in der Entindividualisierung, stattfinden. Infolge der mimetischen Angleichung kam es zu einer Okkupation des Lebendigen durch die Kunst. Und diese vollzog sich in einem symbolischen Sterbeakt, wobei die darstellende Person in der Betrachterkonstellation zum Gegenstand reduziert und sich zunehmend zu einer *Natura morta* wandelte. Der Kampf der Kunstwerke untereinander, so wie Theodor W. Adorno ihn in *Minima Moralia* hervorhebt, das heißt ihre auf die Vernichtung des Anderen angelegte Schönheit und Wahrheit, überträgt sich im Tableau vivant auf die reale Welt der Lebenden. Dazu heißt es bei Adorno:

Nicht umsonst haben die Alten das Pantheon des Vereinbaren den Göttern oder Ideen vorbehalten, die Kunstwerke aber zum Agon genötigt, eines Todfeind dem anderen. [...] Denn wenn die Idee des Schönen bloß aufgeteilt in den vielen Werken sich darstellt, so meint doch jedes einzelne unabdingbar die ganze, beansprucht Schönheit für sich in seiner Einzigartigkeit und kann deren Auftei-

---

62 Vgl. Diderot, Denis (1760/1986): Das Theater des Herrn Diderot, Stuttgart: reclam; Diderot, Denis (1763/1967): »Salon von 1763«, XI. Vernet, in: Ders., Ästhetische Schriften, Bd. 1, Berlin, Weimar: Aufbau Verlag; empfehlenswert dazu die Abhandlung von Fried (1980).

lung nie zugeben, ohne sich selber zu annullieren. Als eine, wahre und schein-lose, befreit von solcher Individuation, stellt Schönheit nicht in der Synthesis aller Werke, der Einheit der Künste und der Kunst sich dar, sondern bloß leib-haft und wirklich: im Untergang von Kunst selber. Auf solchen Untergang zielt jedes Kunstwerk ab, indem es allen anderen den Tod bringen möchte.[63]

Der Gedanke dieser tödlichen Kunstbestrebung ist im Tableau vivant überaus präsent. Denn hier duldet das ursprüngliche Kunstwerk nicht nur keinen gattungsgleichen Nebenbuhler, sondern auch keine Verbindung mit dem Lebendigen, das selbst zum Kunstwerk werden will. Für das Leben endet der Transkriptionsversuch tödlich, da es an der strukturellen Autonomie des Werkes scheitert, das selbst keine bloße Mimesis des Realen darstellt. Statt sich in die transkiptive Performance einzufügen, scheint das Bild auf Besitznahme, oder, mit Adorno gesprochen, auf Tö-tung des Anderen aus zu sein.

Mit der Ästhetisierung von lebenden Personen und ihrer Bildwer-dung übertritt das Tableau vivant die konstitutive Grenze, die zwischen dem Artefakt einerseits und der realen Welt des Betrachters andererseits gezogen ist, um beide in ihrer jeweiligen Freiheit für und gegeneinander zu bestimmen.[64] Außer Acht gelassen wurde dabei – und die *Wahlver-wandtschaften* zeugen mit ihren sterbenden Protagonisten nachdrücklich davon –, die Figuration des Todes, zu der sich die erstarrten Körper im Tableau vivant fügen. Im Scheitern des Anspruchs einer Verlebendigung offenbart sich auch die Wahrheit über die Nachstellung, die in ihrer Äs-thetisierungsbestrebung die Schönheit mit Ethik in eins setzen wollte: »[…] aber diese Wahrheit ist der Tod, der in der Wirklichkeit als Bild den Platz einnimmt, den Erstarrung und Schlaf im Bild als Wirklichkeit haben.«[65] Die beklemmende, in gewisser Weise morbide Aura der Ta-bleau-vivant-Inszenierungen speist sich aus der zwiespältigen Position der realen Person, die sich ›tot stellt‹. Zum Objekt der Betrachtung redu-

---

63 Adorno, Theodor W. (1951/2003): »De gustibus est disputandum«, in: Ders., Minima Moralia. Reflexionen aus dem beschädigten Leben, Bd. 4, Frankfurt/Main: Suhrkamp, S. 84.

64 Den Abstand zwischen dem Bild und Zuschauer setzt Mondzain als konsti-tutiv für sowohl die Autonomie des Werks als auch für die politische Frei-heit des Individuums, die die Autorin wesentlich in Abhängigkeit von dem Umgang mit Bildern (im Gegensatz zu »der Visualität«) bestimmt. »Tyra-nische Bilderwelten«, in denen Bilder töten können, entstehen dort, wo der Zuschauer von Bildern inkorporiert wird, das heißt die Grenze dazwischen nivelliert statt sie zu festigen; vgl. Mondzain (2006), S. 31ff.

65 Bätschmann (1992), S. 237–278.

ziert und ästhetisch überfrachtet, bietet sie dem Publikum die Möglichkeit ihrer vollständigen Habhaftwerdung.

Anders hingegen verhält es sich bei der Rezeption des ›Urbildes‹, der sogenannten *Väterlichen Ermahnung*, bei dem die Unmöglichkeit der Wunscherfüllung – die schöne Frau möge sich umdrehen und ihr Antlitz dem Betrachter zeigen – wesentlich zum Rezeptionsgenuß dazugehört.[66] Bei der Nachstellung der *Väterlichen Ermahnung* basiert der ästhetische Rezeptionsgenuß allein auf der voyeuristischen Komponente, in deren Zentrum die reale Frau steht, die vor den Augen des Zuschauers zu einer »schönen Rückenansicht« wurde und so zu dem fordernden Ausruf *Tournez s'il vous plaît* führen mußte. Obwohl in *Wahlverwandtschaften* die Verweigerung der Frau als eine bildlogische Konsequenz gedacht ist – woran das Tableau vivant festhalten muß, um seinen ästhetischen Anspruch zu wahren –, ist ein Rückzug auf die Struktur des Gemäldes de facto nicht mehr möglich. Das Publikum, das das gemeinsame Raum-Zeit-Kontinuum im Blick hat – das keinen Abstand hat –, zielt auf eine reale ›Enthüllung‹ des Bildes im Tableau vivant, nicht aber auf eine metaphorische Umsetzung einer solchen ›Enthüllung‹, die im Requisit des Bildvorhangs seinen Äquivalent hat. Aus der Verweigerung der Darstellerin entwickelt sich folgerecht eine Verweigerung der Begierde, die, auf ein reales Objekt gerichtet, auf ihre Erfüllung hinarbeitet.[67] Hier ist das Aufkommen und die spezifische Art der Tableaux vivants im Kontext des sogenannten *Vaudeville Theaters* vorgezeichnet, in dem beinahe ausschließlich Gemälde oder Skulpturen mit Darstellungen nackter oder spärlich bekleideter Frauen ausgewählt und dem Sujet gemäß vor allem männlichem Publikum dargeboten wurden.[68]

Jenseits des Voyeurismus artikuliert sich im Begehren, das Antlitz der Frau sehen zu wollen, grundsätzlich der Wunsch nach Sichtbarwer-

---

66 Die Anbringung eines Bildvorhangs und seine spätere illusionistische Verlagerung ins Bildinnere machen deutlich, wie bedeutsam die Frage nach dem Bildentzug für den Rezeptionsvorgang – für den begehrenden Blick des Betrachters – war. Hierzu siehe Stoichita (1998), S. 46–83.

67 Die Begierde, die das Bild weckt, liegt im Blick des Betrachters und dem Vermögen des Bildes, diesen Blick zurückzuwerfen; vgl. Lacan, Jacques (1964/1987): »Linie und Licht«, in: Ders., Die vier Grundbegriffe der Psychoanalyse. Das Seminarbuch XI, Weinheim, Berlin: Quadriga, S. 97–111. Sie wird durch das Verhältnis zwischen dem Sichtbaren und dem Unsichtbaren, oder dem Unsichtbaren im Sichtbaren des Bildes in einem labilen, das heißt unerfüllten Zustand gehalten. Vgl. Mondzain (2006), S. 23ff.

68 Hierzu Chapman, Mary (1996): »»Living Pictures‹: Women and Tableaux Vivants in Nineteenth-Century American Fiction and Culture, in: Wilde Angle, 18/3 (July), S. 22–52.

dung einer verborgenen Seite des Gemäldes. Es ist die Frage nach dem Restgeheimnis des Bildes, das in seiner Rückseite metaphorisch zum Ausdruck kommt. Die Enträtselung seiner Tiefenstruktur, die Entblätterung der Schichten bis hin zu der verborgenen Grundessenz des Bildes, folgt noch rudimentär einem religiösen Verständnis des Ikons (oder Ikone), dessen geheime Rückseite als das jenseitige Dahinter (des Bildes) verstanden werden konnte. Mit der Objektbestimmung der Figur, explizit der weiblichen Figur, im Tableau vivant kommt es unweigerlich zu einer Entauratisierung des Bildes. Daß das Gemälde der sogenannten *Väterlichen Ermahnung*, das Goethe und seine Zeitgenossen in einer doppeldeutigen Fehlinterpretation als eine keusche Szene auslegten, in Wahrheit eine Bordellszene darstellt, macht aus der »höchsten Vervollkommnung«, die den Tableaux vivants in *Wahlverwandtschaften* attestiert wird, eine Demontage des Bildes in seiner Funktion als autonomes Kunstwerk. Alternierend erzeugt das Tableau vivant entweder das Ende des (auratischen) Bildes oder das des Lebens. Einmal auf die Figuren des Tableau vivant angewandt, wird die Ästhetisierung zu einem globalen Unternehmen, das vor den realen Personen keinen Halt macht. Das, was für das Gemälde reine Form darstellt, erfährt im Zuge der Übertragungsleistung eine radikale Bedeutungsverschiebung: Das ästhetische Erscheinungsbild – der »schöne Schein« der wahlverwandtschaftlichen Figuren – wird mit dem Inhalt gleichgesetzt, was zu einem Verlust des Ethischen führt. Anschauungswürdig und bedeutsam wird nun ausschließlich das, was den ästhetischen Grundsätzen entspricht:

Schnell ward Luciane gewahr, daß sie hier ganz in ihrem Fach sein würde. Ihr schöner Wuchs, ihre volle Gestalt, ihr regelmäßiges und doch bedeutendes Gesicht, ihre lichtbraunen Haarflechten, ihr schlanker Hals, alles war schon wie aufs Gemälde berechnet […].[69]

Die Verkünstlichung der Wirklichkeit, in der jede Handlung, jede Geste und jedes Leid als ein fiktives Zitat eines Kunstwerks »höherer Art«[70] angesehen werden konnte, basierte auf der nicht zu entwirrenden Verknüpfung von Ethik mit Ästhetik, denn schließlich

[…] weicht [man] der Welt nicht sicherer aus als durch die Kunst, und man verknüpft sich nicht sicherer mit ihr als durch die Kunst. Selbst im Augenblick des höchsten Glücks und der höchsten Not bedürfen wir des Künstlers.[71]

---

69 Goethe (1809/1972), S. 151.
70 Ebd.
71 Ebd., S. 157.

Man bedurfte – oder bedarf immer noch – der Kunst, um der Realität Gewahr zu werden, einer Realität, die, ästhetisch zubereitet, kaum ethische
Skrupel mehr hervorrief. Die diesem ›Ausweichen der Welt‹ innewohnende Gefahr verdeutlicht Jean Paul in seiner Analyse der Verführungsszene aus Samuel Richardsons *Clarissa* (dt. 1747/48):

Sogar dann, wo seine [Lovelaces] Unerbittlichkeit […] ihn mehr den Modellen
aus der Hölle zu nähern scheint, mildert er seine gleißende Schwärze durch einen Kunstgriff […], – daß er, um seine Unerbittlichkeit zu beschönigen, den
wirklichen Gegenstand des Mitleidens, die knieende etc. Klarisse, für ein thea-
tralisches, malerisches Kunstwerk ansieht und, um nicht gerührt zu werden, nur
die Schönheit, nicht die Bitterkeit ihrer Tränen, nur die malerische, nicht die
jammernde Stellung bemerken will.[72]

Das Tableau vivant war prädestiniert – und Paul verweist darauf indirekt,
wenn er vom theatralischen, moralischen Kunstwerk spricht –, die Künstlichkeit zur Wirklichkeit zu erheben und vice versa, denn der Schein des
Wirklichen wird durch die Gegenwart der lebendigen Körper aufrechterhalten. Mit seiner Fähigkeit eben diese ästhetische »Gegenwart des
Wirklichen statt des Scheins« (*Wahlverwandtschaften*) vorzutäuschen,
wird das Tableau vivant zum Instrumentarium und Spiegelbild einer Gesellschaft, die sich offenbar danach sehnte, ihr tägliches Leben in eine
Ansammlung lebendiger Genrebilder zu verwandeln: »[…] nicht also im
Sinne eines besonderen Kunstfaches oder Sachgebiets, sondern als Form
der Anschauung, der menschlichen Verhältnisse, des Lebens selber.«[73]
Im szenisch arrangierten, im Stillstand festgehaltenen Augenblick spiegelt sich das Bedürfnis nach einem Genrestück wider, in dem bedacht,
befühlt und nach Herzenslust betrachtet werden konnte, was sonst leben-
dig-profan nicht zur Anschauung gelangte, sondern gelebt werden mußte.
Schließlich existiert im Gleichmaß der vergehenden Zeit der bedeu-
tungsvolle Moment nicht. Nur durch die Eliminierung der Kontingenz
kann die Gegenwart mit Bedeutung bedacht werden. Der Fehler, der dem
Tableau vivant dabei unterlief, betrifft die Form der Ästhetisierung, die –

---

72 Zitiert in Paul, Jean (1927): Jean Paul, Sämtliche Werke, hg. v. Eduard Be-
    rend, Abtlg. I, Bd. 2., Weimar: Böhlau, S. 217f. Vgl. Richardson, Samuel
    (1748/1990): Clarissa, or the History of a Young Lady, London, [dt.: Cla-
    rissa oder Die Geschichte einer jungen Dame, München: Ullstein], S. 98.
    Richardson gilt als der Begründer des sentimental-psychologisierenden Ro-
    mans. Das Anliegen seines moralischen Briefromans war es, die seelische
    Dimension der Handelnden auszuloten und die Tugenden und Laster der
    Zeit in didaktischer Form darzustellen.
73 Sternberger, Dolf (1938): Panorama oder Ansichten vom 19. Jahrhundert,
    Hamburg: Claassen, S. 63.

anders als bei der Malerei oder Bildhauerei – ihr Betätigungsfeld nicht wechselt, sondern das Leben selbst zum bearbeitungsfähigen Rohmaterial macht.

Nicht mehr die unmittelbare Regung, das Mitgefühl, bestimmte die Sicht der Welt, sondern die gedachte Kunstfigur, die mit dem sprachlichen Ausdruck des »Wie« eingeleitet wird – *wie* ein Bild, *wie* eine Skulptur etc. Zahlreiche Beispiele hierfür liefert August Klingemanns Roman *Nachtwachen* (1804), so beispielsweise in der Sterbeszene, der der Protagonist, ein Nachtwächter, zufällig beiwohnt. Auch er ist unfähig (oder unwillig), das unmittelbare Leid der Trauernden wahrzunehmen. Vor seinen Augen spielt sich statt dessen eine »stimmungsvolle Szene«, ein lebend-unbewegtes Bild ab. Ihm erscheinen die Trauernden *wie* die Gruppe der Niobe mit ihren Kindern:

Durch eine lange, wenig erleuchtete Halle, schaute man in eine schwarz behängte Nische; dort knieten unbeweglich die drei Knaben und die blasse Mutter vor einem Altare – *die Gruppe der Niobe mit ihren Kindern* – in stummes angstvolles Gebet versunken, um Leib und Seele des Verstorbenen dem Teufel [...] zu entreißen.[74] [Hrvh. J.B.]

Der durch Gedankenstriche visualisierte Einschub funktioniert im Sinne einer Übersetzungsstelle, die dem Nachtwächter das Gesehene erst im Spiegelbild der Mythologie zu fassen ermöglicht. Erst als die real leidvolle Szene in eine höhere Anschauungsebene erhoben wurde, konnte der Handlungsbedarf suspendiert werden. Durch die Transferleistung von der »blassen Mutter« zu Niobe wird der Nachtwächter zwar des angstvollen Gebets ansichtig, aber das ästhetisch gesäuberte Bild einer mythologischen Figur tritt anstelle der konkreten Frau und ihrer Kinder. Sozusagen im Innehalten der Gedankenstriche ist das Tableau vivant angelegt, das fähig ist, das Lebendige zur Kunst zu machen:

Alles Menschliche ist zu solchen Szenen zerfallen. [...] Güte und Bosheit, Schönheit und inneres Leiden, Unschuld und Grausamkeit werden im Unmaß auf allen Gassen angetroffen, beweint, beseufzt und verflucht. Niemand vermochte etwa »Mutterliebe« zu denken, ohne im Geiste die Mutter vor sich zu sehen, die soeben im Begriffe steht, ihr Kind vor irgendeinem rohen Zugriff zu schützen [...].[75]

---

74 Klingemann, Ernst August F. (1804/1974): Nachtwachen von Bonaventura, Frankfurt/Main: Insel, S. 21.

75 Sternberger (1938), S. 64.

Das Denken und Fühlen in Genreszenen, das Dolf Sternberger für das Bürgertum des 19. Jahrhunderts festmacht, entspricht der Begeisterung für das Tableau vivant, das dem Betrachter nicht nur ›Bilder des Lebens‹ vorstellte, sondern ihm gleichzeitig eine emotional sichere Rückzugsmöglichkeit bot, die sich der ästhetischen Aufbereitung verdankte. Innerhalb der pathetischen Logik der Ästhetisierung ist es kein Widerspruch, wenn dem Leid die Schönheit beigestellt wird, so kann das delektierende Sehen im Tableau vivant ›rein‹ bleiben, denn es erfordert keine (moralische) Handlung. Ähnlich der Verführungsszene in *Clarissa* demonstriert auch Klingemann in *Betrachtungen des Nachtwächters* die Doppelcodierung des Momentbildes als Sterbeszene und ästhetisches Erlebnis: »Ach! dort im Zimmer war die Szene lieblicher worden. Das schöne Weib hielt den blassen Geliebten still in ihren Armen, wie einen Schlummernden; in schöner Unwissenheit ahnte sie den Tod noch nicht […].«[76]

Dieses ›schöne‹ Tableau vivant versteckt hinter den wohlgefälligen Adjektiven ein schmerzhaftes Geschehen, denn das »schöne Weib« hält in ihren Armen keinen Schlummernden, und daß sie ihren toten Geliebten als noch lebendig betrachtet, das ist schließlich ihre »schöne Unwissenheit«. Der Nachtwächter Klingemanns ist ein Zyniker und so entlarvt er das Künstliche der Szene und sein vermeintlich echtes Gefühl selbst, indem er die Ästhetisierung auf die Spitze treibt – und die Bühne des Schauspiels verläßt: »Die Szene war zu schön; ich wandte mich weg, um den Augenblick nicht zu schauen, in dem die Täuschung schwände.«[77]

Zusammenfassend betrachtet, entpuppt sich die sentimentalisch-reine Sprache des Herzens, wie sie die Tableaux vivants in *Wahlverwandtschaften* darstellen, als die Sprache der Toten. Praktiziert wird nicht die Belebung einer Gemäldeszene, sondern die Einfrierung des Lebendigen zum Bild. In der Umkehrung der Bezugsrichtungen, wenn nämlich das Leben nur im Artefakt erfaßt werden kann, erlangt Goethes Bezeichnung der »natürlichen Bildnerei« ihre fatale Wahrheit, in der das Tableau vivant zur Metapher für gelebte Künstlichkeit wird.

Mit Blick auf die folgende Analyse filmischer Tableaux vivants läßt sich die ›Genese‹ der historischen Lebenden Bilder in zwei Gruppen zusammenfassen: Da ist zunächst das *theatrale*, teils bewegte Tableau vivant, das in einen größeren Handlungszusammenhang einer Theateraufführung eingebunden ist. Anverwandt sind dieser Inszenierungsform Mysterien-, Passions- und Prozessionsspiele, die profanen Trionfi und Moritaten der Bänkelsänger, die, wenn auch nicht zu den unmittelbaren Vorläufern, so doch im Hinblick auf die orale, teils körperliche Narrativierung zu zählen sind. Auf der anderen Seite steht das *solitäre* Tableau

---

76 Klingemann (1804/1974), S. 15.
77 Ebd.

vivant, das eine eingefrorene Szene nach einem Gemälde verkörpert, die bar jeder außer ihr stehenden Erzählkontexte auskommt.

Wie die hier vorgestellten Beispiele zeigen, bedurften beide Grundtypen eines Bildes (oder einer Skulpturengruppe) als des nachzustellenden ›Urbildes‹, wenngleich dieser Referent nicht faktisch existieren mußte, denn allein die Geste der Nachstellung mit ihrer spezifischen Bildrhetorik genügte zumindest im 19. Jahrhundert, um den entsprechenden Anschein zu erwecken. Gleichermaßen zentral ist für beide Grundtypen die Transkription des Gemäldes in einen lebendigen Körper, wobei das theatrale Tableau vivant ihn als einen Schauspielkörper begreift und somit die Bewegung nicht gänzlich eliminieren kann und will. Hingegen ist das solitäre Tableau vivant von einem ästhetischen, verkünstlichten Körper ohne Bewegung gebildet. Hierin liegt die vermeintliche Lebendigkeit in der mimetischen Bildtransformation, womit sie den lebendigen Ausdruck des Körpers de facto annullieren muß.

Zwischen diesen beiden Grundtypen gibt es eine Bandbreite von Zwischenformen unterschiedlichen Couleurs, doch sprengen ihre Intentionen kaum den hier nachgezeichneten Rahmen. Nun ist zu fragen, in welcher Form ein neues Bildmedium wie der Film das Tableau vivant funktionalisiert, möglicherweise weiterentwickelt, und warum er sich einer solchen ›altertümlichen‹ Kunstform überhaupt bedient. Dahinter steht die Frage nach dem medialen Verhältnis von Bildern in Bildern, von Gemälden und Filmbildern, das hier über einen nicht gänzlich unvorbelasteten transkriptiven Zwischenschritt wie dem Tableau vivant operiert. Es ist schließlich auch eine grundsätzliche Frage nach dem Verhältnis von Leben und Kunst und dem ›Dazwischen‹, das heißt einem Medium, das selbst »die Welt« sein kann, wie Thomas Elsaesser es formulierte, und das der Film ist.[78]

---

78 Elsaesser auf der Konferenz »Unmengen. Szenen verteilter Handlungsmacht« (veranstaltet vom Forschungskolleg »Medien und kulturelle Kommunikation«, Köln, Bonn, Aachen, 15./16.12.2005). Vgl. auch Elsaesser, Thomas (2005): »Zu spät, zu früh. Körper, Zeit und Aktionsraum in der Kinoerfahrung«, in: Vinzenz Hediger (u.a.) (Hg.), Kinogefühle. Emotionen und Film, Marburg: Schüren, S.15–439.

II.

Zwischen Bild und Filmbild.
Zur strukturellen Eigenheit der
Tableaux vivants im Filmbild

DIE ORTE DES TABLEAU VIVANT
UND DIE DAUER DES BILDES

Die Verwendung der Tableaux vivants in Spielfilmen folgt im wesentlichen der beschriebenen Aufteilung in zwei Haupttypen stark statischer oder mobilerer, theatraler Tableaux vivants. Im Film kommen diese beiden Grundtypen, die auch hier zu einer Vielzahl von Varianten ausdifferenzieren, als *piktorale filmische Tableaux vivants* oder als *assimilierte filmische Tableaux vivants* vor. Pier Paolo Pasolinis LA RICOTTA und Giulio Antamoros CHRISTUS beispielsweise stehen paradigmatisch für einen pointierten Einsatz von piktoralen Tableaux vivants, die ihren jeweiligen Bezug zum Gemälde explizieren, indem sie ihn in erstarrter Nachahmung (Freeze frame) vorführen. Damit ist der erste Grundtypus des Tableau vivant in nächster Nähe zum Ursprungsgemälde positioniert.

Zu den herausragenden Vertretern des zweiten Grundtypus gehört vor allem Luchino Viscontis SENSO, bei dem die Tableaux vivants mit filmischen Figurationen oszillieren, so daß ihre solitäre Position aufgebrochen wird. Anders als Pasolini arbeitet Visconti vorwiegend mit sublimen Tableaus, das heißt mit Kompositionen und Motiven, deren piktoraler Charakter von filmischer Mise-en-scène assimiliert wird. Hierbei geht es nicht um eine detailgetreue Nachbildung eines bestimmten Gemäldes, sondern um eine fluide Umsetzung des Gemalten ins bewegte Filmbild. Fluid beschreibt dabei das Verhältnis zwischen dem Gemälde und dem Filmbild, das von semipermeablen (Film-Bild-)Übergängen geprägt ist, ohne daß das Gemälde gänzlich zum Filmbild oder vice versa transformiert. Viscontis assimilierte Tableaux vivants behalten ihre Andersartigkeit und gestalten das Filmbild zu einem Tableau vivant avant la lettre. Auf diese Weise erhalten die Filme ihren ›malerischen‹ Stil, die dem Regisseur nicht nur in SENSO attestiert wird.

Die These, die den Hintergrund meiner Analysen bildet, sieht in den filmischen Tableaux vivants zwar unterschiedlich stark ausgeprägte, jedoch immer *autonome Bildrealitäten*, die aus ihrer differenten Bildstruktur heraus das Filmbild und in Folge den Film bestimmen. Zwei der wichtigsten Modalitäten der filmischen Tableaux vivants, so wie sie sich bereits in den historischen Lebenden Bildern herauskristallisiert haben – sind ihre Raum- und Zeitkonstruktionen, die die strukturellen Divergenzen auf das Filmbild hin bestimmen, worauf ich im folgenden eingehen werde. Eine weitere Modalität bildet die Farbe bzw. die Farbchoreographie, die ich jedoch im konkreten Kontext jeweiliger Filme besprechen werde, da es sich hierbei – man denke an die Schwarzweißfilme – nicht um eine grundsätzliche Charakteristik der filmischen Tableaux vivants handelt.

Das starre Tableau vivant im *Bewegungs-Bild*

Trotz der zum Teil großen Unterschiede in ihrer jeweiligen stilistischen Erscheinung und filmimmanenter Funktionsweise verfügen beide Grundtypen der filmischen Tableaux vivants über eine starke strukturelle Gemeinsamkeit, die in ihrem Verhältnis zu der außerhalb des Films stehenden, sie konstituierenden Gemäldevorlage liegt. Diese Anbindung begründet die jeweilige Erscheinungsform der Tableaux vivants innerhalb der Filmbilder und macht sie zu dem *differenten Bild* schlechthin. Bei beiden Grundtypen kann man ferner beobachten, daß sie in Folge dieser piktoralen Relation zu einer merklichen Veränderung oder sogar zu einer deutlichen Störung in der Struktur der *Bewegungs-Bilder* (Gilles Deleuze) führen: Mit ihrem Auftritt verändern sie die Modalitäten von Raum und Zeit.

Bereits eine flüchtige Betrachtung der hier vorgestellten Filme macht die Sonderstellung der darin eingespielten Tableaux vivants deutlich. Denn sie sind darin als *spezifische Orte* eingeschrieben. Um die Besonderheit dieser innerfilmischen ›*Differentialorte*‹ besser erörtern zu können, muß zunächst der Ausgangspunkt der Betrachtung eingeschränkt und wenigstens in groben Zügen definiert werden. Es handelt sich dabei um das *genuine* Filmbild, das zunächst durch eine zweifache Bewegung – die im Filmbild und die des Filmbilds in der Apparatur – determiniert ist. Für die nähere Bestimmung des Filmbilds folge ich den Thesen von Henri Bergson, Gilles Deleuze und Joachim Paech und fasse die filmische Bewegung zuallererst bildimmanent auf. Statt jedes Einzelbild als ein Photogramm zu betrachten, dem die Bewegung äußerlich hinzuaddiert wird,[1] muß man vielmehr die Bewegung als im Filmbild enthalten

---

1 Zu einer solchen Konzeption siehe Baudry, Jean-Louis (2003), S. 32: »Unerläßliche Differenzen, damit eine Illusion der Kontinuität, des kontinuierlichen Vorüberziehens [passage] (Bewegung, Zeit) überhaupt kreiert werden kann. Aber nur unter einer Bedingung: sie [die Differenzen] müssen

begreifen. Henri Bergson führt diesen Gedanken in der Sammelschrift *Denken und schöpferisches Werden* aus, indem er zunächst von dem üblichen Verständnis der Filmbilder ausgeht:

Wenn der Kinematograph uns auf der Leinwand die unbeweglichen Momentaufnahmen, die im Film nebeneinandergereiht sind, in Bewegung zeigt, so überträgt er gleichsam mit diesen Momentaufnahmen selber die Bewegung, die sich im Apparate vollzieht.[2]

Und kritisch in bezug auf den falschen phänomenologischen Befund:

Aber darin besteht gerade unsere gewöhnliche Methode. Wir räsonieren über die Bewegung, als ob sie aus Unbeweglichkeiten zusammengesetzt wäre, und wenn wir sie betrachten, setzen wir sie aus Unbeweglichkeiten zusammen. Die Bewegung ist für uns eine Position, und dann wieder eine neue Position, usf. ad infinitum. […] Wir haben instinktiv Angst vor den Schwierigkeiten, die die Vision der Bewegung unserem Denken verursacht, und wir werden ihrer Herr, so bald wir die Bewegung mit Unbeweglichem zu fixieren suchen.[3]

Bergson postuliert, daß »[…] jede Veränderung und jede Bewegung als absolut unteilbar« gedacht werden muß.[4] Eine fixierte Bewegung hört auf, Bewegung zu sein, und so spricht Gilles Deleuze in seiner programmatischen Schrift *Das Bewegungs-Bild* von einem ›Durchschnittsbild‹, in dem die Bewegung im Bild enthalten ist:

Der Film arbeitet mit Phasenbildern, das heißt mit unbeweglichen Schnitten, vierundzwanzig (anfangs achtzehn) pro Sekunde. Doch […] gibt er uns kein Photogramm, sondern ein Durchschnittsbild, dem dann nicht etwa noch Bewegung hinzugefügt oder hinzugezählt würde – Bewegung ist im Gegenteil im Durchschnittsbild unmittelbar gegeben. […] Kurz, der Film gibt uns kein Bild, das er dann zusätzlich in Bewegung brächte – er gibt uns unmittelbar ein Bewegungs-Bild.[5]

---

als solche ausgelöscht sein« (in: »Ideologische Effekte erzeugt vom Basisapparat«, in: Robert F. Riesinger [Hg.], Der kinematographische Apparat, Münster: Nodus).

2   Bergson, Henri (1948): Denken und schöpferisches Werden, Meisenheim/ Glan: Westkulturverlag, Fußn. auf S. 27.

3   Ebd., S. 165.

4   Ebd., S. 162.

5   Deleuze, Gilles (1983/1997): Das Bewegungs-Bild. Kino 1, Frankfurt/ Main: Suhrkamp, S. 14f.

Die Bewegung im Filmbild und die Bewegung des Filmbildes erzeugen sich immer wieder neu, indem sie durch ihr sukzessives Fortschreiten an die Kontinuität der Zeit als *Dauer* anschließen. Diese Art des Anschlusses erzeugt den Anschein einer homogenen Zeit, der eine homogene Narration zu folgen scheint. In der Tat erschöpft sich die Funktion der Filmmontage häufig darin, den tatsächlich vorhandenen Bruch in der Abfolge der Bilder zu kaschieren. Dieses Kaschieren geschieht nicht immer durch das Bild (oder die Technik) selbst, sondern ist viel häufiger eine Leistung des Zuschauers, die man in der Filmtheorie als die »Naht« und als das »Vernähen« (*sature*) bezeichnet.[6] Ihre Funktion kann folgende sein:

Der Zuschauer sieht zunächst eine Aufnahme, die ihn im besten Fall fesselt – es ist, nehmen wir an, [...] [das Gesicht] von Anna Holm in A WOMAN'S FACE. Er glaubt, eine ›objektive‹ Sicht auf das Gesicht dieser Frau zu haben. Die darauffolgende Einstellung zeigt ihm einen männlichen Protagonisten. Das heißt, in der Wahrnehmung entsteht eine Lücke zwischen den beiden nicht homologen Filmeinstellungen, die mit Hilfe der ›Naht‹ geschlossen wird: Es wird angenommen, daß das erste Filmbild – das Gesicht der Frau – die subjektive Sicht des Mannes darstellt. Die Besonderheit der ›Naht‹ liegt dabei in der Verlagerung der äußeren Differenz zwischen den Bildern auf die Innenseite, wie Žižek es formuliert. Ausgeschlossen – oder eben ›vernäht‹ – werden soll die Tatsache, daß die erste Einstellung kein Subjekt (keinen Signifikanten) ihrer Entstehung hat, denn man könnte durchaus die Frage stellen, wer dieses Bild der Frau ›produziert‹, ohne zwangsläufig auf den Mann als einzige Antwort zu kommen.[7]

---

6   Hierzu vgl. Miller, S. Jacques-Alain (1966): »Sature. Éléments pour une logique du signifiant«, in: Cahiers pour l'analyse, 1, S. 37–49 (engl.: »Sature. Elements of the logic of the signifier«, in: Screen, 18/4 [1977–78]); Oudart, Jean-Pierre (1969): »La Suture« (I/II), in: Cahiers du Cinéma, 211/212, S. 36–39/50–55; Heath, Stephen (1981): »Narrative Space«, in: Ders., Questions of Cinema, Bloomington: Indiana University Press, S. 19–75, Dayan, Daniel (1974/1992): »The Tutor-Code of Classical Cinema«, in: Gerald Mast/Marshall Cohen/Leo Braudy (Hg.), Film Theory and Criticism, New York: Oxford University Press, S. 179–191; Silverman, Kaja (1992): »On Suture«, in: Gerald Mast/Marshall Cohen/Leo Braudy (Hg.), Film Theory and Criticism, New York: Oxford University Press, S. 137–147; Žižek, Slavoj (2001): Die Furcht vor echten Tränen. Krzysztof Kieślowski und die »Nahtstelle«, Berlin: Volk & Welt, S. 11ff.

7   Barck, Joanna (2005): »Narbe«, in: Dies./Petra Löffler, Gesichter des Films, Bielefeld: transcript, S. 198–199.

Bei dieser Auffassung von Film dominiert der Gedanke der sukzessiven Dauer. Eine dauerhafte Unterbrechung in der Kontinuität der Anschlüsse brächte den Film zum Erliegen – die Folge auf der Materialseite (Film als beschichtetes Filmpositiv) wäre ein Filmriß, wie Joachim Paech ausführt:

Entweder bricht das ganze System zusammen, wenn die mechanische Bewegung unterbrochen ist und der Film im Licht des Projektors verbrennt; oder aber die (sichtbare) Differenz-Form geht gegen Null, d. h. es kann kein Unterschied mehr zwischen den aufeinanderfolgenden Einzelbildern beobachtet werden, die Bewegung wirkt als Wiederholung ohne Differenz ›eingefroren‹ (daher die Bezeichnung »Freeze frame«), ohne jedoch, daß die (unsichtbare) Medienseite der Form aufgehört hat, zu funktionieren [...].[8]

Eine Wiederholung des immergleichen, unveränderten Bildes würde zwar dem Filmriß entgegenwirken, ergäbe auf der anderen Seite aber eine Folge von Phasenbildern: von ›unbewegten‹ Einzelbildern, die in einer Sequenz von 24 (oder 18) Bildern pro Sekunde projiziert wären. Auf den Zuschauer bezogen, erfordert dieses 24 (18) Mal pro Sekunde im Strahl des Projektors wiederholte Phasenbild, diese Ein-Bild-Projektion, eine andere, nämlich eine an starren Bildern orientierte Rezeption. Denn das, was der Zuschauer in diesem Moment rezipiert, ist im gewissen Sinne die Differenz zwischen Bild und Film (verstanden als eine Narration durch Bildabfolge) – was er sieht, ist das einzelne (Phasen-)Bild, das ihn zu einer piktoralen Filmbildbetrachtung animiert: Im Fall der filmischen Tableaux vivants ist es das Gemälde selbst, das in der Nachstellung durchscheint. Paech paraphrasierend kann man schlußfolgern, daß das filmische Tableau vivant eine Markierung des anderen, des vorfilmischen Bildes ist, indem es im Film als Stabilisierung der Differenz funktioniert: als eine Störung der Naht/*sature*. Hier ist also der strukturelle Ort, an dem sich das Tableau vivant zwischen den Polen der Bewegung und des Stillstands als ein *Dazwischen* situiert. In Abhängigkeit von der Intensität seiner Umsetzung tendiert das Tableau vivant zur Stillegung des Bewegungsbildes, was eine Verlangsamung – im Extremfall einen abrupten Bruch – im Handlungsablauf zur Folge hat. An solchen,

---

8   Paech, Joachim (1998): »Mediales Differential und transformative Figurationen«, in: Jörg Helbig (Hg.), Intermedialität: Theorie und Praxis eines interdisziplinären Forschungsgebiets, Berlin: Erich Schmidt, S. 21; zu diesem Gedanken vgl. auch ders. (1997): »Paradoxien der Auflösung und Intermedialität«, in: Martin Warnke (u.a.) (Hg.), HyperKult: Geschichte, Theorie und Kontext digitaler Medien, Basel, Frankfurt/Main: Stroemfeld, S. 331–367, hier insb. S. 345ff.

filmisch betrachtet ›schwachen‹ Stellen kann das vor-filmische Bild über die Struktur des Tableau vivant Einzug in den Film halten. Dieses Dazwischen konnotiert ein Spannungsverhältnis zwischen dem annähernd gleichbleibendem Tableau-vivant-Bild und den auf Bewegung und Sukzession angelegten Filmbildern. Grenzwertig ist zunächst das Ausbleiben der konstitutiven Bewegung, wie zum Beispiel in Pasolinis LA RICOTTA, wo der Zuschauer eine Nachstellung der Kreuzigung von Rosso Fiorentino (Abb. 33/34) als *Bild* betrachtet und für diesen Moment den ›Film‹ verläßt. Auf der Handlungsebene droht dem Film die narrative Einheit verloren zu gehen, da mit dem differenten Bild eine gleicherweise differente piktorale Dimension in die filmische Bildsukzession Einzug hält. Die Folge ist ein Wechsel in der Rezeptionshaltung des Zuschauers, der das Tableau vivant vor Augen sich zum Bildbetrachter (zurück) entwickelt. Daß der Film einer solchen Verhinderung nicht lange standhalten kann, zeigt LA RICOTTA metaphorisch im Fall der die Kreuzigung nach Fiorentino nachstellenden Schauspieler, die immer wieder die Starre ihrer Körperhaltung auflösen müssen und die Starre des Tableau vivant zerstören (s. Kap. IV).

Innerhalb der andauernden Produktion von Bewegungsbildern stellt das filmische Tableau vivant also ein *Differentialbild* mit piktoraler Potentialität da. Strukturell betrachtet, ist es gerade diese Bewegungslücke – das Differenz-Bild –, die das andere, das außerhalb des Films stehende Bild im Film ermöglicht. In diesem nicht unmittelbar sichtbaren Feld wächst eine Zeitspanne heran, die das piktorale Bild benötigt, um sich einzuschreiben. Sein Durchscheinen in der Strukturlücke der Bewegungsbilder hat wiederum Auswirkungen auf die Gesamtstruktur des Films, denn der Zuschauer erfährt darin eine Irritation des filmischen Bildgefüges – die ›Vernähung‹ wird suspendiert, wie in LA RICOTTA, oder die piktorale Störung auf den gesamten Film ausgeweitet, wie in Viscontis SENSO.

Dieses im Tableau vivant gleichsam wie in einem Trojanischen Pferd versteckte Bild bestimmt nicht nur seinen ›primären‹ Träger – das Tableau vivant selbst –, sondern auch den ›sekundären‹ Träger, den Film nämlich. Als eine Ein-Bild-Projektion ist es gekoppelt an den Lichtstrahl, aus dem heraus das Filmbild auf der Kinoleinwand entsteht. Was am Drehort, das heißt vor der Kamera während der Aufnahmen zu sehen war, nämlich die Körperlichkeit lebender Schauspieler, erfährt im ausgestrahlten Film eine Rückübersetzung in die ikonische Flächigkeit des projizierten (Filmlicht-)Bildes. Der Filmprojektor wird hierbei zu einem ›Diaapparat‹, so überlagern sich im filmischen Tableau vivant mehrere transkriptive Bewegungen, die den Spannungsbogen des filmischen Tableau-vivant-Phänomens beschreiben. Gab die Nachstellung dem Stich, der Radierung oder der Zeichnung, die nicht selten bereits die erste Transkription des Originalgemäldes war, einen echten Körper, so nahm sie im Gegenzug dem Gemälde die konstitutive Bildidee. Die *caméra stylo*, wie Alexandre Astruc die Filmkamera in ihrer ästhetischen Funktion bezeichnet,[9] transferiert das Tableau vivant in die Planimetrie und stärkt damit die strukturelle Verbindung zum Gemälde. Das Spezifische am Filmbild macht es jedoch möglich, daß die Idee des Tableau vivant nicht negiert wird.

Die Metaphern wie *caméra stylo* und in der Paraphrase das *Malen im Lichtstrahl des Projektors* (Paech)[10] bekommen vor dem Hintergrund der Tableau-vivant-Darstellungen im Film eine neue Wendung: Für die Zeit ihrer Projektion wird das Filmbild zum photogrammatischen Gemälde – der Regisseur zu einem Pasticheur, wie beispielsweise Pasolini sich selbst bezeichnete,[11] und wie es Jean-Luc Godard oder Peter Greenaway in vielen ihrer Filme thematisieren. Die durch das Tableau vivant verursachte Lücke im Strukturgewebe der Filmbilder schafft also eine Eingangsstelle für das piktorale Bild.

Im labilen Strukturmoment des Films, eingelagert zwischen der bedrohlichen Starre des Tableau vivant und dem gleichzeitigen Versuch, zum Bewegungsbild zurückzukehren, kann man am Beispiel von LA RICOTTA, IL DECAMERON oder SENSO noch eine andere Veränderung beobachten. Herbeigeführt durch jenes Durchscheinen des strukturell anderen Bilds entsteht nicht nur ein differenter, ein gewisserweise afilmischer ›Film-Un-Ort‹, sondern auch eine *spezifische Zeit*, die sich wesentlich von derjenigen der Bewegungsbilder unterscheidet. Neben den Modalitäten von Aufnahme-, Wiedergabedauer und der Dauer der Phasenbilder gibt es noch eine spezifische ›Bild-Dauer‹, die Henri Bergson *durée* nennt.[12] Die deutsche Übersetzung des Begriffs mit »Dauer« ist in bezug

9   Astruc, Alexandre (1948/1992): »Die Geburt einer neuen Avantgarde: die Kamera als Federhalter«, in: Christa Blümlinger/Constantin Wulff (Hg.), Schreiben, Bilder, Sprechen, Wien: Sonderzahl, S. 199–204.

10   Paech, Joachim (1994): »Der Schatten der Schrift auf dem Bild. Vom filmischen zum elektronischen ›Schreiben mit Licht‹ oder ›L'image menacée par l'écriture et sauvée par l'image meme‹«, in: Michael Wetzel/Herta Wolf (Hg.), Der Entzug der Bilder. Visuelle Realitäten, München, S. 213–233.

11   Die Frage nach dem Pasticheur wirft Pasolini auf, der durch seine piktorale Verfahrensweise den Film stärker unter dem Aspekt des Pastiche und der Kontamination betrachtet, dabei sich selbst in IL DECAMERON als Maler entwirft (hierzu Kap. IV).

12   Bergson, Henri (1911): Zeit und Freiheit. Eine Abhandlung über die unmittelbaren Bewußtseinstatsachen, Jena: Diederichs, S. 78.

auf das französische Wort doppeldeutig, denn im Deutschen kann es sowohl eine meßbare Zeitspanne als auch eine ausgedehnte Zeit meinen. »La durée« bedeutet im Bergsonschen Sinne eine »erlebte Zeit«, eine Zeit also, die nicht meßbar und nicht teilbar ist – eine *individuelle Zeiteinheit*. Auf die Bilddarstellung bezogen, bedeutet sie die empfundene Zeit des Bildbetrachters oder Filmzuschauers, die er angesichts des Bildes oder im Bild selbst wahrnimmt. Daß diese Zeit als homogen angenommen wird, liegt nach Bergson an der »Raumintelligenz« des sprachlich definierten Denkens. Nichtsdestotrotz muß man die »Zeitlichkeit der Dinge« (la durée) als einen unmittelbaren Bewußtseinszustand annehmen, oder wie Gabriele Hoffmann zusammenfaßt: Man muß *durée* als eine Art »erweiterter Wahrnehmung« fassen.[13] *Durée* ist das, was das Tableau vivant im Filmbild determiniert und als ein Zeit-Bild bestimmt. Im Moment der Retardierung konserviert, verkörpern die Tableau-vivant-Einstellungen ein Zweifaches: Auf das Gemälde bezogen, repräsentieren sie die innerbildliche Zeit, auf den Film bezogen, stellen sie eine geronnene, gedehnte Zeit dar, eben das, um mit Deleuze zu sprechen, »was in der Sukzession der sich wandelnden Zustände verharrt«.[14] Dabei sind die filmischen Tableaux vivants nicht wie Deleuzes Zeit-Bilder unwandelbare Formen der sich verändernden Gegenstände und Personen, sondern vielmehr körperliche Transkriptionen von definiten Bildmedien. Denn nicht die Tableaux vivants, deren Körperlichkeit sehr wohl dem Regreß der Zeit unterliegt, sondern die Gemälde selbst sind es, die nicht im Fluß der Zeit aufgehen. Ihre Symbolkraft bleibt der innerbildlichen *durée* verhaftet, die sich beispielsweise in den religiösen Tableaux vivants von CHRISTUS oder LA RICOTTA mit der Vorstellung der Unwandelbarkeit der religiösen, oder wie in Kordas HENRY VIII der historischen Wahrheiten zu einer innerbildlichen Zeit als ›Ewigkeit‹ verbindet.

»Etwas im Bild ist zu mächtig geworden«, pointiert Deleuze und liefert damit gleichzeitig einen guten Kommentar zu den filmischen Tableaux vivants.[15] Dieses Etwas ist die piktorale Verzögerung, die das filmische Tableau vivant zu einem markanten Ort macht, an dem das Bewegungsbild des Films retardiert. Markant ist neben der Artikulation der *durée* auch die Eigengesetzlichkeit, mit der sich das piktorale Ur-

---

13 Hoffmann, Gabriele (1987): »Intuition, durée, simltanéité. Drei Begriffe der Philosophie Henri Bergsons und ihre Analogien im Kubismus von Braque und Picasso von 1910 bis 1912«, in: Hannelore Paflik-Huber (Hg.), Das Phänomen Zeit in Kunst und Wissenschaft, Weinheim: VCH, Acta Humaniora, S. 43.

14 Deleuze, Gilles (1985/1997): Das Zeit-Bild. Kino 2, Franfurt/Main: Suhrkamp, S. 31.

15 Ebd., S. 32.

sprungsbild im Filmbild entfaltet. Die Malerei, auf die im Film Bezug genommen wird, ist ein Medium, dessen Struktur eine Konservierung des Lebens anstrebt. Und in diesem Sinne verhält sie sich kontradiktisch zum Bewegungsprinzip der Filmbilder.

In LA RICOTTA – ich greife an dieser Stelle etwas vor – wird das Disparate beider Bildstrukturen zu einer Zerreißprobe für das Fortbestehen des Films als Dispositiv der Bewegung. Erstarrte Szenen, zitternde Muskeln, angespannte Posen – sie vermitteln die höchste Anspannung, in der sich die Körper des Tableau vivant befinden. Die Entladung der angespannten Muskulatur in die erlösende Bewegung und in die Gelächter der Darsteller stellt schließlich einen Sieg des Lebens über die Ästhetisierungsbestrebungen der (historischen) Tableaux vivants dar. Für Pasolini ist es auch ein Sieg des subproletarischen Körpers über die bourgeoise, kapitalistische und konsumistische Erstarrung des Körpers à la Hollywood(-Kino). Dieses positiv konnotierte, unverdorbene Leben, das Stracci, der Antiheld des Films, mit den reduzierten Bedürfnissen seines agilen Körpers symbolisiert, bleibt eine Utopie – der wahre Triumphator von LA RICOTTA bleibt aber der Tod.

Der Pasolinische Zeitraffer bedarf, um als auffälliges Kennzeichen des agilen Antihelden und um als eine metaphorische Überhöhung wirken zu können, eines Antipoden, den er im stillgestellten Bild des Tableau vivant findet. Sie beide stehen an den entgegengesetzten Enden ein und derselben strukturellen Formation, deren Aufgabe in der Unterbrechung der stringenten Narration, der glatten Anschlüsse und letztendlich in der Sichtbarmachung der ›Naht‹ selbst liegt. Bergson hat auf die zielgerichtete und in diesem Sinne eingeschränkte Wahrnehmung hingewiesen, in der sich unsere Interessen widerspiegeln: Sie sind den sozial, kulturell und konfessionell bestimmten Sehgewohnheiten untergeordnet, die im engen Feld des Wiedererkennens agieren und die Konditionierung der sensomotorischen Filmbilder bedingen.[16] Auf diesem Wege erzeugen sie jene Schemata, nach denen die Bilder klischiert werden. Strukturelle Lücken und Unterbrechungen im Filmbildgefüge hingegen unterlaufen die normierte Erwartungshaltung des Zuschauers und bieten neue Einsichten jenseits des Wiedererkennbaren.

Mit diesem Anschluß an Bergson möchte ich die Funktion der filmischen Tableaux vivants als eine *Erkenntnisstelle* markieren – nicht unähnlich dem Anspruch Diderots, den er an die theatralen Tableaux vivants hatte –, zu deren Funktion der *Gemäldeverweis* gehört. Gerade die störende Andersartigkeit des tableauesquen Filmbildes bricht mit der ver-

---

16 Vgl. Bergson, Henri (1948b): »Die Wahrnehmung der Veränderung«, in: Ders., Denken und schöpferisches Werden, Meisenheim/Glan: Westkulturverlag, S. 149–179.

meintlichen Eindeutigkeit und den festen Zuschreibungen von Bildtypen wie Filmbildern. Vielfältig in seinen Elementen und different in den Bezügen zu den benachbarten Filmbildern sind die filmischen Tableaux vivants nicht selten ›Interpretationsfallen‹, die Bedeutungsvariablen generieren. Was sie davor rettet, »beständig auf die Ebene des Klischees [hinabzu-]sinken«,[17] ist die unumstößliche Tatsache ihrer ›vorfilmischen‹ Bildlichkeit. Sie impliziert deutlich die Existenz eines anderen Bildes jenseits der dominanten kinematographischen Bewegung, das seine eigene Raum-Zeitlichkeit in den Film transportiert.

Es ließe sich an dieser Stelle fragen, ob man es bei den filmischen Tableaux vivants nicht dennoch mit einfachen Metaphern zu tun hat, die als bloße Bildzitate eines älteren Bildmediums funktionieren und somit wiederum nur zu einer erneuten Erzeugung von Klischees führen. Allerdings, so könnte man im Gegenzug argumentieren, stehen diese piktoralen Filmstellen in offenen Bedeutungsverhältnissen, die die Beziehungen zwischen Tableau vivant, Gemälde und Filmbild in einem ausreichend labilen Zustand halten, um ihnen auf diese Weise die zur Klischeebildung nötige Selbstevidenz zu verweigern. Es ist das Fehlen eines als ursprünglich vorauszusetzenden Signifikats, das das Gemälde nicht liefert, und das die Klischeebildung hintertreibt. Durch seine spezifische Rezeptionsform – durch den Bildverweis – fordert das Tableau vivant vom Filmzuschauer eine Bildinterpretation ein, die wiederum selbst einer mimetischen Vervielfältigungsmaschinerie der verschiedenen Bildübersetzungen Rechnung trägt.

Die filmischen Orte des Tableau vivant

Gehört die bühnenhafte Inszenierung zum Wesen des Tableau vivant, auch wenn sie im gleichen Zuge eine paradoxe Situation auf den kleinen Bühnen der Salons verursachte, so kann man sich gut vorstellen, zu welcher Auffälligkeit gegenüber der filminhärenten Aktionsräume sie sich steigert. Jedoch mit einem wesentlichen Unterschied, denn hier ist sie gewollt.

Anhand der vorliegenden Filmbeispiele läßt sich zunächst eine räumliche Determinierung der Tableaux vivants ausmachen, die durch eine verkürzte Raumauffassung auffällig wird. Sie erinnert stark an die Bühnenkonstruktionen des Theaters und nimmt zeitweise einen Puppenhauscharakter an. Dieser Eindruck ist das Resultat eines szenischen Aufbaus,

---

17 Deleuze (1985/1997), S. 36.

der die Darsteller und Requisiten im vorderen bis mittleren Setbereich plaziert, bzw. geht auf spezifische Optik in der Aufnahmetechnik zurück.[18] Ihre Handlungsachse liegt häufig parallel zu der horizontalen Bildlinie und damit auch zum *Point of view* des Zuschauers.[19] Das heißt, daß die meisten filmischen Tableaux vivants mit einer fest installierten, unbeweglichen und im Winkel von 90 Grad ausgerichteten Kamera aufgenommen sind.[20] Eine solche Position hat die Aufgabe, einen neutralen, distanzierten Blick zu erzeugen, der um so mehr an die Situation im Theater oder an die eines klassischen Bildbetrachters anschließt, als daß der Zuschauer die Szene frontal und in Gänze vor sich sieht. Die hierfür gewählte Kameraoptik (ein Objektiv mit kurzen Brennweiten zum Beispiel) erfaßt das Set in den Einstellungen zwischen der Totalen und der Halbtotalen,[21] die den entsprechenden psychologischen Abstand zwi-

---

18 Natürlich handelt es sich bei der hier beschriebenen Raumentwicklung um eine zum Teil schematisierte Beobachtung, die das allgemeine Prinzip der filmischen Installation der Tableaux vivants verdeutlichen soll. Abweichungen von diesem Muster gehören zu stilistischen Charakteristika der jeweiligen Filme, genauso wie sie auf der anderen Seite ebenso diesem Prinzip Rechnung tragen, was bei den folgenden Ausführungen mitzubedenken ist.

19 Unter *Point of view* ist der imaginäre Standort des Zuschauers im Filmbild (bzw. das Verhältnis des Zuschauers zum Bildgeschehen) gemeint, der ihm durch den Stand der Kamera vermittelt wird: »Er etabliert eine Relation zwischen der Kameraachse und der Handlungsachse; Handlungsachse meint hierbei die zentrale Aktionslinie im Bild, die auch durch einen Blick gebildet wird« (Schleicher, Harald [1991]: Film-Reflexionen. Autothematische Filme von Wim Wenders, Jean-Luc Godard und Federico Fellini, Tübingen: Niemeyer, S. 39). So z.B. in einer einfachen Dialogsituation mit zwei einander gegenüberstehenden Gesprächspartnern.

20 Eine auffällige Ausnahme stellt Jean-Luc Godards Film PASSION dar. Hier fährt die Kamera in die jeweiligen Tableaux vivants hinein, um das Prinzip der Ursprungsgemälde zu verdeutlichen und gleichzeitig für den Film fruchtbar zu machen. Vgl. Paech, Joachim (1989): Passion oder die Ein-BILDungen des Jean-Luc Godard, (Kinematograph 6, Schriftenreihe des Deutschen Filmmuseums, hg. v. Hilmar Hoffmann und Walter Schobert), Frankfurt/Main: Deutsches Filmmuseum.

21 Bei den filmischen Einstellungsgrößen handelt es sich um das Verhältnis zwischen dem im Filmbild Dargestellten und dem Gefilmten. Es gibt ca. acht standardisierte Grundtypen der Bildeinstellungen. Zwei extreme Aufnahmen sind die *Detail*-Einstellung, die das Gefilmte durch Vergrößerung parzelliert, z.B. die Augen bildfüllend filmt, und die *Panorama*-Einstellung, die ganze (urbane, agrare) Landschaften erfaßt, in der der Mensch nur als eine kleine Figur erscheint. Weitere Einstellungsgrößen sind: Totale,

schen Zuschauer und Darstellung gewährleistet. Eine auf diese Weise gefilmte Szene ist besonders überschaubar und häufig durch eine zentrale Handlungsgruppe akzentuiert. Eine der Totalen bzw. der Halbtotalen beigeordnete Kamerabewegung ist der Schwenk, durch den das gesamte Set erfaßt werden kann, ohne daß die Kamera ihren Standort ändern muß. Unabhängig vom Sujet erfordert die Einstellung in der Totalen grundsätzlich eine längere Aufnahme- bzw. Ausstrahlungsdauer, allein um dem Zuschauer die Möglichkeit zu geben, das Dargestellte in den Einzelheiten erfassen zu können. Im Fall der Tableaux vivants ist die Verlangsamung des Handlungsverlaufs – bis hin zum Stillstand – zusammen mit der Einstellungsdauer selbst eine vom Sujet der piktoralen Nachbildung vorgegebene Methode.

So unterstützt die Aufnahmetechnik das, was auf der strukturellen Filmebene bereits konstatiert wurde: die Separation des filmischen Tableau vivant von den übrigen Filmszenen im Sinne eines *Differenzbildes*. Dieser im filmwissenschaftlichen Kontext durchaus bekannte Bildbegriff verweist auf die Theaterpraxis, wo er im Sinne eines »Aufzugs« verwendet wird, und meint

[…] die Gesamtheit aller (gleichzeitig freigegebener) Bildelemente eines Schauplatzes […]. Folglich versteht man beim Film unter einem »Bild« meist (aber nicht immer) das in einer bestimmten Dekoration – also an einem bestimmten Ort – spielende, zusammengehörige Geschehen. Dieses Geschehen ist wiederum Teilgeschehen einer zusammengehörigen Handlung oder eine Folge von Einzeleinstellungen, die nicht mehr am gleichen Orte zu spielen brauchen.[22]

Interessant ist in diesem Zusammenhang, daß Hilmar Mehnert in seiner filmwissenschaftlichen Definition des Bildbegriffs von einem Ort ausgeht. So auch Hans J. Wulff, der im Kontext des frühen Films von »Loci« spricht, die »[…] oft Räume, in denen ›Szenen‹ spielen, dramatische Einheiten von Raum, Zeit und Handlung [sind]«[23]. Auch er konstatiert ihre Verwandtschaft zu Theaterbühnen und deren fixer Handlungsrahmung. Eine ähnliche Beobachtung macht Stephen Heath, wenn er die

---

Halbtotale, Halbnah, Amerikanisch (ab der Hüfte aufwärts), Nah, Groß (z.B. das Gesicht). Im Konkreten ist eine feste Unterscheidung zwischen den benachbarten Einstellungstypen häufig nicht möglich und erfordert eine interpretatorische Leistung im Kontext des jeweiligen Films.

22 Mehnert, Hilmar (1971): Filmfotografie, Fernsehfilmfotografie. Fernsehfilm, Kinofilm, Amateurfilm, Leipzig: VEB Fotokinoverlag, S. 45.

23 Wulff, Hans J. (1992): »Raum und Handlung in Griffiths A WOMAN SCORNED«, in: montage/av, Helft 1/1/1992, S. 93.

spezifischen Handlungsräume der Stummfilme als »tableauesque« bezeichnet und darin wesentlich eine vorfilmische Form feststellt.[24] Bezogen auf die filmischen Tableaux vivants – hier in Absehung der technischen Seite der Aufnahmen – verweist ihr bühnen- und theaterhafter Ausdruck auf ihre historischen Ursprünge, auf die mittelalterlichen wie neuzeitlichen, bürgerlichen Inszenierungsbühnen. Dies zeigt sich auch an der tableauesquen Raumgestaltung vieler Gemäldesujets, die selbst als Bühnen, Puppenhäuser, Kastenräume und ähnliches in der Malerei des späten 17. und 18. Jahrhunderts aber vor allem im Historismus vorzufinden sind.

Obzwar die Terminologie, mit der die Bühnenhaftigkeit der frühen Filmräume beschrieben wird, eine deutliche Perspektive auf ihre Verwandtschaft mit den historischen Tableaux vivants eröffnet, ist dieser Bezug in den filmwissenschaftlichen Untersuchungen bisher unbeachtet geblieben. Vor allem in den Analysen zum Stummfilm finden sich kritische Beschreibungen der statischen Mise-en-scène, die das positivistische Filmverständnis einer medienspezifischen Erzählperspektive wiedergeben, die deutlich von dem Diktat der Bewegung bestimmt ist. Die Rede ist von Puppenhausmetaphorik, von einer auf Frontalität ausgerichteten Ansichtigkeit (Master shot) oder der Starre der Kameraposition (kanonischer Standort). In der negativen Auslegung jener, den Stillstand anprangernder Begriffe zeigt sich das Postulat der Bewegung, das zum obersten Filmprinzip erhoben wird. Es bezieht sich gleichermaßen auf die dynamische Position der ›entfesselten‹ Kamera (Sergej Ėjzenstejn) als auch auf ihr Verhältnis zu den sich im Raum befindenden Figuren und noch einmal auf die Schnitt- und Montagetechnik. Das Eintauchen der Kamera in den innerfilmischen Raum gilt den meisten Regisseuren und Filmtheoretikern als subjektive oder subjektivierende Perspektive.[25] Mit

---

24 Heath (1981), S. 26.

25 Die Kamera, die die Filmszene ›betritt‹, um hier den Blickpunkt einer der Personen einzunehmen, gibt dem Zuschauer verstärkt das Gefühl, selbst an der Darstellung teilzunehmen. Das durch das Auge der Kamera vermittelte Dabeisein kann man im Vergleich zu anderen Point of views in der Tat als subjektiv bezeichnen, allerdings ist die enthusiastische Zustimmung, die Béla Balázs dieser Kameraeinstellung noch entgegenbrachte, nicht mehr uneingeschränkt zu teilen: »Mein Blick und mit ihm mein Bewußtsein identifizieren sich mit den Personen des Films. Ich sehe das, was sie von ihrem Standpunk aus sehen. Ich selber habe keinen« (Balázs [1930/2001]: Der Geist des Films, Frankfurt/Main: Suhrkamp, S. 10). Für François Truffaut hingegen war die subjektive Kamera nicht gleichbedeutend mit dem subjektiven Film – sie allein oder sporadisch eingesetzt erreichte noch kei-

dem Ausbleiben dieser Bewegung und der Fixierung der Kamera im Abstand zur dargestellten Szene wird scheinbar das genuin Filmische aufgegeben und ein Terrain des Vor- oder des Afilmischen betreten. Übersehen wird dabei, daß die Konstituierung der Kamera jenseits des Handlungsraums in erster Linie eine andere Visualisierung und infolgedessen ein anderes Rezeptionsmodell einführt. Tatsächlich kann man auch bei dem distanzierenden Point of view von einer Identifikation des Zuschauers mit dem Blick der Kamera ausgehen. Und handelt es sich – so kann man kritisch fragen – dabei nicht um den Zuschauer selbst, den die Kamera noch einmal als den expliziten Beobachter einführt? Christian Metz weist auf diese Möglichkeit hin:

[D]er Zuschauer identifiziert sich mit sich selbst, mit sich als reinem Wahrnehmungsakt (wach und wachsam): als Bedingung der Möglichkeit des Wahrgenommenen und daher als eine Art transzendentales Subjekt, das jeglichem *Es gibt* vorausgeht.[26]

Feststeht, daß man es hierbei nicht mehr mit dem Entwurf eines dynamischen Zuschauers zu tun hat, der sich als Handelnder und am Geschehen Teilnehmender begreifen soll. Vielmehr entspricht dieser durch die Kameradistanz erzeugte Betrachter in seinem Ursprung dem bürgerlichen Ideal eines zurückgenommenen, in das Bild kontemplativ versunkenen Individuums.[27]

Lange vor der Erfindung des Films entstanden, muß diese Form der Kunstrezeption aus zwei Blickwinkeln betrachtet werden. Auf der einen Seite führt sie die Kunst aus dem mündlichen Kommunikationssystem heraus, und isoliert sie zu einem Objekt von dem Betrachter. Durch diese ›Vereinsamung‹ des Kunstwerks entsteht auf der anderen Seite seine Überhöhung. Proklamiert wird die im Kern mehr oder minder stumme

---

ne Einfühlnahme seitens des Zuschauers; vgl. Truffaut (1963): »An Interview«, in: Film Quarterly, 1, S. 3–13.

26 Metz, Christian (1977/2000): Der imaginäre Signifikant. Psychoanalyse und Kino. Münster: Nodus, S. 49.

27 Der Paradigmenwechsel vollzog sich von dem adeligen Kunstbetrachter und Kunstkenner zum bürgerlichen Kunstdilettanten. Gehörte bei den ersten der lebhaft vorgetragene Kritikgedanke wesentlich zu einer gesellschaftlich umfassenden Rhetoriksprache, so war der bürgerliche Kunstsinn von dem Rückzug ins Innerliche und Private geprägt. In z.T. deutlicher Opposition zeichnet sich daran die jeweilige Stellung des Bildwerkes ab, das in dem adeligen Rezeptions- bzw. Rhetorikkonzept einen bedeutenden Teil der Kommunikation ausmachte – man kommunizierte mit und über das Bildmedium. Hierzu siehe bei Kemp (1989), S. 96–119.

Bildsprache des Kunstwerks, das selbst nun mit einem hohen Erkennt-
niswert versehen wird. Der Bildbetrachter hat dieser ›stummen Rede‹ des
Bildes in stiller Andacht zu lauschen, denn, so die bürgerliche Ansicht,
nur auf diese Weise wird sich ihm das Werk in seiner tieferen Bedeutung
offenbaren.[28] Anders als der »klassische Connaisseur«, der in den zeitgenössischen diskreditierenden Kritiken immer ein Adliger ist, will der
›neue Kunstkenner‹ dem Werk Gerechtigkeit widerfahren lassen, das nur
mit und im Abstandnehmen, das sowohl räumlich als auch emotional zu
verstehen ist, erreicht werden könnte.

Und eben ein solcher distanzierter, wiewohl der Kunst huldigender
Zuschauer ist es, den die Kamera bei der Darstellung der Tableaux vivants konstituiert. Diese ›stillgestellte‹ Kamera, die dem Zuschauer die
beruhigte Sicht auf das Bild ermöglichen soll, hebt nicht nur das im Tableau vivant ›versteckte‹ Gemälde hervor, sondern läßt die Kunst in ihrer
Erhabenheit wirksam werden. Die Ansicht von Georg Christoph Lichtenberg – »Sie [die stillen Betrachter] scheinen wenigstens nicht viel zu
affektieren, und dieses ist schon mehr als der erste Grad gewonnen« –,[29]
eines der großen Befürworter der ›neuen Kunstbetrachtung‹ in der Romantik, kann man ebenso auf die Kamera beziehen und konstatieren, daß
man ihrem Tun den Hintergedanken nicht ansieht. Ob man gleichzeitig,
wie Lichtenberg es tat, das Affektierte einer solchen distanzierten Haltung per se absprechen kann, ist angesichts der filmischen Ergebnisse
fragwürdig.

Wie ich vorab versucht habe darzulegen, zeigt sich das Bild, das diese zurückgenommene Kamera liefert, wenn auch nicht *in toto*, so doch
strukturell als ein von den anderen Bewegungsbildern des Films isoliertes Bild, das in der relativen Dauer der Einstellung ein anderes Sehen

---

28 Diese Ansichten sind besonders gut und illustrationsreich im *Goettinger
Taschen-calender* (1779/1780) in der antithetischen Serie mit dem Titel
»Natürliche und affectierte Handlungen des Lebens« ausgeführt worden,
gezeichnet von Daniel Chodowiecki und von dem Herausgeber Georg
Christoph Lichtenberg kommentiert. Nachzulesen bei Busch, Werner
(1993): Das sentimentalische Bild: Die Krise der Kunst im 18. Jahrhundert
und die Geburt der Moderne, München: C.H. Beck, S. 309ff., insbes.
S. 324ff. Dort heißt es (S. 236): »Die ›affektierten‹ Kunstbetrachter sind
klassische Connaisseure, die ›natürlichen‹ propagieren das Ideal der Kunstbetrachtung, dem die Kunstgeschichte als Wissensdisziplin einen Überbau
geben wird, indem sie vom verinnerlichten Gefühl nachträglich in wissen-
schaftlich rationalisierter Form entlastet.«

29 Lichtenberg, Georg Christoph (1780/1971): Handlungen des Lebens. Erklärungen zu 12 Monatskupfern von Daniel Chodowiecki, Stuttgart: Deutsche Verlagsanstalt, S. 53, hier zitiert in Kemp (1989), S. 101.

(und einen anderen Betrachter) einfordert. An dieser Stelle ist eine Korrektur angebracht, denn der zunächst von mir als ›fixiert‹ charakterisierte Zuschauer ist nicht gänzlich untätig. Zwar besteht die beschriebene Grenze zwischen dem Filmgeschehen und dem Zuschauer weiterhin, aber sie hat – auch hierin der Malerei vergleichbar – einen unterschiedlich stark ausgeprägten appellativen Charakter, der nach der Überwindung oder Überbrückung der Grenze drängt. Für ihre filmische Wirkung ist die ›ikonische‹ Distanz zum Zuschauer konstitutiv. Sowohl durch die unbestimmten Orte innerhalb des Films, an denen die Tableaux vivants situiert sind, als auch durch die Minimierung der Raumtiefe, welche das jeweilige Filmbild flächig erscheinen läßt, zeigen sie ihre Zugehörigkeit zu einem dem Filmbild differenten Zeichensystem an. Auf diesen Systemwechsel muß der Zuschauer reagieren, auch wenn sein an den bewegungs- und damit vorwiegend handlungsorientierten Filmbildern ausgerichtetes Rezeptionsverhalten nicht immer bewußt korrigiert wird.

Der frühe Passions- und Stummfilm CHRISTUS von Giulio Antamoro beispielsweise setzt sich vorwiegend aus tableauesquen Filmszenen im Wechsel mit deutlichen piktoral ausgestellten, starren Tableaux vivants zusammen (Abb. 6/7). Hier dominiert also das verlangsamte bis unbewegte Filmbild, das an narrationsbedeutsamen Stellen bzw. Szenen ikonographisch auf berühmte Gemälde verweist.[30] In diesen Momenten stagniert die Bewegung bis hin zu einem völligen Stillstand im eingefrorenen Kader, so daß ihre Wiedereinführung geradewegs zu einem Überraschungsmoment gerät. Zögerlich scheint sich die Bewegung aus den Einzelbildern heraus zu entfalten, wobei sie die Einstellungen und Sequenzen nur ungenügend und staccatohaft miteinander verbindet. Am Beispiel von Antamoros Film wird deutlich, daß den Bewegungsbildern nicht immer die primäre Aufgabe zukam, den Film im narrativen Fluß zu halten. Die untergeordnete Rolle der Bewegung in CHRISTUS ist nicht nur das Resultat der quantitativ großen Anzahl verwendeter Tableaux vivants, sondern auch das Ergebnis eines *piktoralen Narrationsmodells*, das mit den Tableaux vivants repräsentiert ist. Da der Erzählrhythmus des Films wesentlich durch die tableauesquen Darstellungen bestimmt wird, muß der Zuschauer den hier zurückgenommenen Bewegungszusammenhang zwischen den Szenen selbst herstellen. Kurz gesagt: Wenn

---

30 An dieser Stelle möchte ich markieren, daß meine Analyse des Films CHRISTUS auf einer in der Berliner Staatsbibliothek aufbewahrten Fassung (Überspielung auf VHS) basiert, einer gekürzten und unrestaurierten Version, die sich in einem allgemein schlechten Zustand befindet. Leider war es mir nicht möglich, auf eine bessere Fassung zurückzugreifen, so daß meine Beobachtungen nur unter dieser Einschränkung Geltung beanspruchen.

die Tableaux vivants und ihre tableauesquen Varianten die Narration aus dem Film herausführen und sie auf die Bildvorlagen und ihre Kommunikationszusammenhänge (oder Systeme) jenseits des Films hin verlagern, so hat der Zuschauer die Aufgabe, gewissermaßen als ein Transmitter zwischen den Medien zu fungieren, indem er die Transformationsleistung vom Filmbild über die Tableaux vivants zum Gemälde und zurück selbst vollziehen muß.

Es wäre falsch, wollte man die Bewegung am filmischen Tableau vivant gänzlich negieren. Man hat es hier vielmehr mit einer strukturell kodierten Bewegungsform zu tun, die sich nicht im Plural der Phasenbilder, sondern als Faktor der Dauer – der bereits erwähnten Bergsonschen *durée* – visualisiert. Anders als bei den historischen Lebenden Bildern der Salons, wo die Verkörperlichung des Bildes gleichzeitig zu seiner zeitlichen Aktualisierung in der Gegenwart führte, haben die filmischen Pendants eine ihnen eigentümliche Rezeptionsmöglichkeit: *Sie sind lebendig und bildlich zugleich.* Um diese filmische Signifikanz besser darstellen zu können, wende ich mich kurz einem anschaulichen Beispiel aus der Frühzeit des Films zu: den Jesus- bzw. Passionsfilmen, in deren entwicklungsgeschichtlichem Kontext auch Antamoros CHRISTUS steht.

Tableau vivant zwischen Passionsspiel und Passionsfilm

Während in Europa die Umsetzung des Lebens Christi auf der Bühne als Passionsspiel eine durchaus übliche und geschätzte Darstellung der religiösen Gehalte war,[31] stießen ähnliche Darbietungsversuche in Amerika des späten 19. und frühen 20. Jahrhunderts auf starken Widerstand seitens der protestantischen Bevölkerung und Geistlichkeit. Anstößig war ihnen genau das, was Oberammergau in Deutschland so überaus berühmt machte: die Darbietung der Passion Christi als Tableau vivant auf der Bühne.[32] Insbesondere die Vorstellung, professionelle Schauspieler könnten Christus zu einer bloßen Rollenfigur herabsetzen und ihn im

---

31 Einen guten Einblick in die Funktion und Entwicklung der unterschiedlichen Passionsspiele bietet am Beispiel Tirols das bereits erwähnte Buch von Hölzl (1966).

32 Zu Oberammergau siehe Huber, Otto (1999): »»Selbst aus China waren drei Herren eingetroffen…‹. Zur Attraktivität Oberammergaus um die Jahrhundertwende«, in: Reinhold Zwick/Otto Huber (Hg.), Von Oberammergau nach Hollywood. Wege der Darstellung Jesu im Film, Köln: Katholisches Institut für Medieninformation, S. 9–27.

schauspielerischen Sinne zu verinnerlichen suchen, schien pejorativ und damit undenkbar zu sein. Hierbei half es wenig, ganz in Anlehnung an das anerkannte Passionsspiel in Oberammergau, Laiendarsteller vorzuschlagen oder die Szenen aus dem Leben Christi nach sakralen Gemälden zu bilden. Jede Art der Verkörperlichung von Leben und Tod Christi auf der Bühne bedeutete den amerikanischen Hütern des protestantischen Glaubens und den vielfältigen Sektierern eine »Profanisierung und Degradierung der Religion,«[33] denn der Ort der Darstellung – das Theater, oder allgemeiner, die Bühne – war als Quelle der Sünde und der zu verdammenden Sinnlichkeit abzulehnen.

Von großer Beliebtheit und frei von jedweden Blasphemievorwürfen war hingegen das *Stereoptikon*, ein Lichtbildvorführer, der in Vorträgen zu christologischen Themen, den sogenannten Lichtbilderabenden, häufig eingesetzt wurde.[34] Interessant zu beobachten ist, daß die Tableaux vivants ihre Anstößigkeit in jenem Moment zu verlieren scheinen, in dem sie zu den auf die Leinwand projizierten Lichtbildern wurden. Damit war dem nur wenig später einsetzenden Siegeszug der Passion Christi im neuen Medium der ›bewegten Lichtbilder‹ der Weg geebnet. Ausschlaggebend für den Einstellungswandel war offenbar die Veränderung der physischen Gegebenheiten im Tableau vivant. Jener »absence of presence«, von der Hugo Münsterberg im Filmkontext spricht, ermöglichte es, das Tableau vivant, wenn auch als ein bewegtes, so doch zuallererst als ein *Bild* zu rezipieren: Die Filmbilder wurden für die damaligen Zeitgenossen »[…] gewiß nur der Schatten des wirklichen Theaters, nicht nur so verschieden voneinander wie eine Fotografie von einem Gemälde, sondern wie eine Fotografie vom echten Menschen.«[35] Angesichts dieser

---

33 Aus dem Erlaß des städtischen Aufsichtsbeamten von San Francisco 1879, hier zitiert in Musser, Charles (1999): »Leidenschaft und das Spiel vom Leiden. Theater, Film und Religion in Amerika, 1880-1900«, in: Zwick/ Huber (Hg.), Von Oberammergau nach Hollywood, S. 35.

34 Zum *Stereoptikon* neben Musser (1999) vgl. auch Ruchatz, Jens (2003): Licht und Wahrheit. Eine Mediumgeschichte der fotografischen Projektion, München: Fink.

35 Münsterberg, Hugo (1916/1970): The Photoplay: A Psychological Study, New York, S. 12, hier zitiert in Musser (1999), S. 30. Die Formulierung »absence of presens« bezieht sich vor allem auf die Paradoxie des Körpers im Stummfilm, der in seiner bildlichen Anwesenheit als abwesend betrachtet wird. Zu dieser Problematik siehe auch Bazin, André (1958-62): Qu'est-ce que le Cinéma?, Paris: Éditions du Cerf, und Benjamin, Walter (1936/ 1977): »Das Kunstwerk im Zeitalter seiner technischen Reproduzierbarkeit«, in: Ders., Illuminationen. Ausgewählte Schriften, Frankfurt/Main: Suhrkamp, S. 136–169.

Aussagen kommt man nicht umhin, an Platons Schattenbilder zu denken.[36] Die filmischen Tableaux vivants sind harmlos geworden, weil sie trotz ihrer auf den ersten Blick gesteigerten Realitätsnähe im Film im wesentlichen doch nur als Schatten der Schatten – als Abbilder von Abbildern – rezipiert wurden.[37] Auf der Projektionsleinwand wurden die Körper erneut zu zweidimensionalen Bildern, also zu schattenhaften Figuren bei einer gleichzeitigen »Abwesenheit der Anwesenheit« (Münsterberg). Der in den filmischen Tableaux vivants dargestellte Christus konnte in der Rezeption zuallererst ein *Christusbild* bleiben, solange seine filmische ›Lebendigkeit‹ zu der technischen Seite des Films gerechnet wurde, so daß der möglichen Profanisierung der sakralen Thematik damit entgegengewirkt war.

Am Anfang der filmtechnischen Entwicklung begegnet man somit einer kulturellen Rezeptionspraxis, die den kontemplativen Verinnerlichungspraktiken des Protestantismus im besonderen und des bürgerlichen Individuums im allgemeinen sehr entgegenkam. Als ehemals explizite Körperdarstellungen wurden die filmischen Tableaux vivants nun erneut zu zweidimensionalen Abbildern, deren Materialität nur in der geistigen Rückholbewegung der Gläubigen als eine imaginäre Anwesenheit existieren sollte. Ungeachtet der Widersprüchlichkeit, die ein solches, sozusagen sakrales Filmmodell mit sich brachte, bot es vor allem die Möglichkeit, die biblischen Dogmen aus der Gegenwartssphäre einer körperbetonten Bühnenaufführung in die Welt der Bilder, nicht zuletzt der inneren Bilder, und Metaphern zu verlagern. Jene ›Loci‹, die nicht nur in Filmen wie CHRISTUS dominieren, müssen also als kontemplative, der Wirklichkeit des Zuschauers entrückte ›Zeit-Orte‹ verstanden werden.

Das filmische Tableau vivant – anders als seine historischen Pendants – verweist auf etwas Elementares hin, auf die Tatsache nämlich, daß die Malerei selbst keine bloße *Raumkunst*, wie sie seit Lessings »Laokoon oder über die Grenzen der Malerei und Poesie« (1766) gesehen wird, sondern gleichermaßen eine *Zeitkunst* ist, wobei von einer Interaktion zwischen den Modalitäten auszugehen ist. Nach Gottfried Boehm, dem ich in seinen Ansichten zur Zeitlichkeit in der Malerei folge, ist das Bild eine »Beziehungsform« und nicht eine »Summe von Ein-

---

36 Für den Situationsvergleich zwischen dem Kinogänger und Platons Höhlengleichnis siehe Baudry, Jean-Louis (1994): »Das Dispositiv: Metapsychologische Betrachtungen des Realitätseindrucks«, in: Psyche 48, 11, S. 1046–1074.

37 Vgl. auch Benjamin (1936/1977), S. 141ff.

zelnen«.[38] Eine solche summarische Vorstellung von räumlich gedachter Malerei ist der Goethezeit eigen, da sie im wesentlichen von der Lessing-schen Prädomination der Malerei durch den Raum bestimmt ist, was wiederum nicht zuletzt die Popularität der Tableaux vivants erklären hilft. Ihre räumliche Festschreibung zieht die Vorstellung von dem illustrativen Charakter der Kunst nach sich. In diesem Kontext konnte die *Bild-Zeit* nur dann Geltung haben, wenn sie mit dem Inhalt der Darstellung (der Vanitas bspw.) zusammenfiel.

Daß es jedoch noch eine *Zeit des Bildes* geben kann, die nicht mit dem dargestellten Sujet zusammenfällt, sondern aus dem Gemälde selbst herauswächst, diese Ansicht ist in den Bildwissenschaften bis heute noch keine Selbstverständlichkeit. Vielleicht auch, weil es schwierig ist, diese ›Zeitlichkeit‹ an einzelnen Bildelementen festzumachen, doch die Unzulänglichkeiten des Tableau vivant in bezug auf das Urbild lassen die vernachlässigte Modalität der Zeit gut erahnen:

Die Relation stiftet jenen Bezug, in dem das jeweilige Element im Lichte des ganzen Feldes (und im Kontakt mit anderen Elementen) Bestimmung erlangt. Erst die Wahrnehmung des Verhältnisses erlaubt, das Gesehene als dieses wahrzunehmen, bemerkt, was man die ikonische Differenz nennen kann. Der anschauliche Bezug zwischen Teil und Ganzem begründet nicht nur das Bild, sondern er erläutert auch, warum es »Medium« ist, d.h. Sprachcharakter besitzt, mithin ein selbständiges (vom verbalen unabhängiges) System der Sinndarstellung mit eigenen Explikationsmöglichkeiten von Erkenntnis. Der entwickelte Bildbegriff beschreibt die volle Potenz des Mediums, die in rudimentären Konzepten, wie dem des Abbildes, des Abklatsches, des Spiegels, der Illusion etc., nicht zur Geltung kommt.[39]

Und weiter heißt es bei Boehm:

Wenn wir die Zeitlichkeit des Bildes wahrnehmen wollen, so müssen wir den Blick auf das Ganze im Blick auf das Einzelne festhalten und umgekehrt, im Blick auf das Einzelne den Horizont des Ganzen kopräsent halten.[40]

Was Boehm in seiner Argumentation hervorhebt, ist das Wechselverhältnis von Simultanität und Sukzession, die die Zeit des Bildes hervorbringt und im Vollzug der Bildbetrachtung, das heißt bei dem Betrachter selbst liegt: »Wir vollziehen sehend nicht nur nach, sondern wir artikulieren,

---

38 Boehm, Gottfried (1987): »Bild und Zeit«, in: Hannelore Paflik-Huber (Hg.), Das Phänomen Zeit in Kunst und Wissenschaft, Weinheim: VCH, Acta Humaniora, S. 1–24.

39 Ebd., S. 10–11.

40 Ebd., S. 20.

bringing hervor.«[41] Es ist schließlich dieses Hervorbringen, der aktive Nachvollzug der Darstellung, das den Bildraum »verzeitigt«.[42] Diese Zeitlichkeit des Bildes, die im historischen Tableau vivant zu Gunsten des Körpers, der Einzelelemente und schließlich des Raumes aufgegeben wurde, kann der Film mit seiner erneuten Transkription des Tableau vivant in die filmische Bildstruktur zurückgeben. Denn er versetzt den Zuschauer in die Lage, das umgekehrte Verhältnis von Simultanität und Sukzession am filmischen Tableau vivant wahrzunehmen, weil er den Körper in die *piktorale ›Anwesenheit der Abwesenheit‹* – im Gegensatz zu der körperlichen »absence of presence« – bringt. Aber auch indem er durch die Stillstellung oder Verlangsamung des Filmbildes (als Bewegungsbild) eine bestimmte Bildintensität schafft, die das zeitliche Empfinden des Zuschauers noch vor dem räumlichen Empfinden anspricht. Das Zeit-Bild suspendiert die Bewegung von seiner dominanten Rolle als Narrationsträger, ohne sie jedoch gänzlich aus der Darstellung zu verbannen. So ist für Bergson der Begriff der *durée* dazu geeignet, beide Einheiten von Raum und Zeit miteinander zu verbinden. Das, was Boehm die »Zeit der Darstellung« nennt, hat sein Äquivalent in Bergsons Idee von der *simultanéité*, die eine Verbindung zwischen dem inneren Zeitbewußtsein des Betrachters und der symbolischen Darstellung einer homogenen Zeit bezeichnet.[43]

Schlußfolgernd kann man sagen, daß die Bewegungsbilder des Films eine solche Homogenität der Zeit simulieren, indem die vergehende Zeit an den räumlichen Veränderungen – an der Bewegung der Objekte im Raum oder auf dem Zeitstrahl des Films – festgemacht wird. Bergson führt vor, ich habe bereits darauf hingewiesen, daß die Bewegung den Filmbildern inhärent ist und ihnen nicht nachträglich durch die Bewegungsapparatur hinzuaddiert werden braucht. So ist das, was man als Zuschauer im Film zuallererst wahrnimmt, die Bewegung. Christian Metz hebt an der Bewegung hervor:

Die Bewegung gibt den Objekten eine ›Körperlichkeit‹ und eine Autonomie, die ihrem unbeweglichen Bildnis versagt waren, sie ermöglicht es ihnen, sich

---

41 Ebd., S. 23.
42 Ebd., S. 12.
43 Bergson verdeutlicht in *Zeit und Freiheit* (1911, S. 85f.) den Begriff der *simultanéité* am Beispiel eines Menschen, der die Zeiger einer Uhr betrachtet, während sich in seinem Inneren gleichzeitig ein Wechsel verschiedener Bewußtseinsvorgänge vollzieht, die die ›innere‹ oder ›wahre‹ *durée* bedeuten.

als ›Figuren‹ besser vor einem ›Hintergrund‹ abzuheben; befreit von seinem Halt ›substantialisiert‹ sich das Objekt.[44]

Betrachtet man jedoch ein filmisches Tableau vivant, eine unbewegte Darstellung also, so ist es vor allem die Zeit, unsere Zeit, die dabei vergeht und die das Wahrgenommene mitbestimmt. Die angesichts der Tableaux vivants empfundene Dauer (oder *durée*) ist bewegungsunabhängig. Sie verdeutlicht, daß die üblicherweise räumlich aufgefaßte Bewegung nicht der ausschließliche Träger der Zeit ist. Mit der kontinuierlichen Veränderung zeigt die Zeit (das heißt auch das Zeit-Bild) eine Bewegung des Geistes an, die eine Bewegung der an der Wahrnehmung teilhabenden Bewußtseinsvorgänge ist, wobei nach Bergson die Wahrnehmung keine nachvollziehende, sondern eine hervorbringende Kraft ist. Ist der Zuschauer des historischen Tableau vivant Zeuge einer ästhetischen ›Verbildlichung‹ des Körpers, der, wie Metz es richtig beobachtet, seine Autonomie verliert, so kann der Filmzuschauer im filmischen Tableau vivant tatsächlich eine größere Annäherung an die ursprüngliche Idee einer Verlebendigung der Kunst wahrnehmen. Aber, und dies muß nachdrücklich hervorgehoben werden, dieser filmische ›lebendige‹ Körper steht in Abhängigkeit zum ikonischen Charakter seines Vorbildes (im Gemälde oder in der Realität).

Zusammenfassend betrachtet, kann man das filmische Tableau vivant im Sinne einer *ikonischen Differenz* innerhalb der Filmbilder definieren. Seine Andersartigkeit basiert auf der Hervorbringung eines sich von den übrigen Filmbildern absetzenden Raum- und Zeit-Bildes. Mit der Verzögerung oder der vollständigen Suspendierung der Bewegungsdominanz im Filmbild erreichen die filmischen Tableaux vivants eine besondere optisch-akustische Intensität, an der sich die Grenze zum Imaginären auflöst. Ihr piktoraler Bezug, den die filmischen Tableaux vivants in zweifacher Weise ausstellen – als konkrete Nachbildungen bestimmter Gemälde und, stilistisch betrachtet, als planimetrische Bilder (die mit denen der Gemälde zusammenfallen können, jedoch nicht müssen) –, führt zu einer Veränderung in der Wahrnehmung, die sich zunächst als Störung innerhalb der Bewegungsbilder bemerkbar macht. In ihrer positiven Auswirkung erweitern sie das Narrationsmodell des Films um kulturell anders codierte, piktorale Erzählformen, die Zeit-Bilder wie die Zeitlichkeit der Bilder als Narrationsträger im Film situieren. Paradigmatisch für solche Verschiebungen und Störungen ist die auratische Wirkung der filmischen Tableaux vivants, die die antagonistischen Paarungen von Traum und Wirklichkeit oder Imagination und Realität ununterscheidbar macht.

---

44 Metz, Christian (1965/1972): »Zum Realitätseindruck im Kino«, in: Ders., Semiologie des Films, München: Fink, S. 26.

III.

DAS VERMITTELTE BILD IM FILM.
CHRISTUS – HENRY VIII – SENSO

ANTAMORO:
CHRISTUS (1916)

Giulio Cesare Antamoros Film mit dem programmatisch kurzen Titel
CHRISTUS (auch CRISTO, I 1916) ist ein außergewöhnliches Beispiel eines Passionsfilms (oder sog. Jesus-Films) aus der Stummfilmzeit, der die
Lebensgeschichte Jesu Christi nicht nur in einer bis heute ungewöhnlichen Ausführlichkeit erzählt, sondern dieses vor allem mit ungewöhnlichen Bezugnahmen auf religiöse Bildkunst tut. Die Passionsthematik gehört zu den frühsten Genres, die der Cinematograph ausgebildet hat.[1]

---

1   Die ersten Passionsfilme – die Bezeichnung »Film« ist hier nur in dem ein-
    geschränkten Sinne der ersten ›laufenden Bilder‹ von 15, selten bis 30 Mi-
    nuten Länge zu verstehen – gab es bereits mit der Entstehung des Cinema-
    tographen. Die Gebrüder Léar und Hermano Basil drehten 1897 den kurzen
    Film LA PASSION DU CHRIST (5 Min.; verschollen), den Richard H. Cam-
    pell und Michael R. Pitts als den ersten Film bezeichnen, »der das Leben
    Christi aufzeichnete und möglicherweise die ersten bewegten Bilder, die
    auf Teilen der Bibel basieren,« zeigte (zitiert in Tatum, W. Barnes [1998]:
    Jesus at the Movies: A Guide to the First Hundred Years, Santa Rosa: Po-
    lebridge Press, S. 3). Auch Gerd Albrecht gibt diesem Jesus-Film den Vor-
    zug vor dem im selben Jahr gedrehten Passionsfilm LA VIE ET LA PASSION
    DE JESUS-CHRIST (Das Leben und die Passion Jesu Christi, F 1897), den die
    Gebrüder Lumière produzierten. Die Besonderheit dieses aus 13 Szenen
    von der Anbetung bis zur Auferstehung bestehenden Films liegt am origi-
    nären Dreh- und Passionsort Horitz/Hořice in Böhmen, dessen Laienschau-
    spieler für den Film engagiert wurden; vgl. Albrecht, Gerd (1992): »Jesus –
    Eine Filmkarriere. Entwicklungslinien des Jesus-Films und seiner Rezepti-
    on«, in: *Film-Dienst Extra* (1992): »Jesus in der Hauptrolle. Zur Geschich-
    te und Ästhetik der Jesus-Filme«, (Nov.), S. 9–14. Zu diesem Film herrscht
    in der Forschung Uneinigkeit, denn ein anderer, nordamerikanischer Jesus-
    Film von gleicherweise 1897 in der Regie und Produktion von Walter W.
    Freeman wird als HORITZ PASSION PLAY/HOŘICE-PASSIONSSPIEL betitelt
    und beansprucht als erster am originären Passionsort in Böhmen zu spielen
    und gleicherweise mit den bäuerlichen Laienschauspielern zu operieren;
    vgl. Burch, Noël (2003): »Passionsfilme, Verfolgungsjagden: eine gewisse

Dieser Befund verwundert wenig, bedenkt man, daß das Passions-spiel weit ins Mittelalter zurückreicht und sowohl über ein fest ausformu-liertes theatrales als auch ein bildliches Formvokabular verfügt, das zu-nächst mühelos in die neuen laufenden Bilder und die bühnenorientierte Schauspielerei umgesetzt werden konnte. Daß sich dieses Genre nicht nur in der Ära der Stummfilme großer Beliebtheit erfreute, davon zeugen die zahlreichen, über Jahrzehnte kontinuierlich verfilmten Versionen der Thematik von Musical (JESUS CHRIST SUPERSTAR, USA 1972, Norman Jewison) über Komödie (MONTY PYTHON'S LIVE OF BRIAN, GB 1979, Terry Jones) bis Autorenfilm (JE VOUS SALUE, MARIE, F/SCH 1984, Jean-Luc Godard). Auch wenn es im Laufe der Zeit und im Zuge der Genreausfaltung wie gleichzeitigem Wechsel in den Zuschauervorlieben zu einer starken Rückläufigkeit der Jesus-Filme kam, so bezeugen auf der anderen Seite die immer wieder kontrovers diskutierten bis skandal-trächtigen Passionsfilme im Grunde doch noch ihre gesellschaftliche (abendländisch und eurozentristisch geprägte) Explosionskraft. Erwähnt seien an dieser Stelle exemplarisch LA RICOTTA, IL VANGELO SECONDO – MATTEO (Das erste Evangelium – Matthäus, I 1964, P. P. Pasolini), THE LAST TEMPTATION OF CHRIST (Die letzte Versuchung Christi, USA 1988, Martin Scorsese) und schließlich die in jüngster Zeit hitzig besprochene Verfilmung unter dem klassischen Titel PASSION in der Regie von Mel Gibson (USA 2004). Gibsons Adaption der Passion führt deutlich vor Augen, wie klischiert dieses Filmgenre über ein Jahrhundert lang geblie-ben ist, und mit ihm auch die Kritiken, die nur allzu bekannte Vorwürfe und damit die Vorlieben und Bildungsherkünfte der Autoren zum Aus-druck bringen. Im Gegensatz zu den oben genannten Filmen, zeigt dieser kaum einen neuen Interpretationsansatz. Wodurch er schockieren kann –

Linearisierung«, in: Kessler/Lenk/Loiperdinger (Hg.), KINtop, Nr. 12, S. 66f. und Tatum (1997), S. 3. Schließlich ist noch auf den US-amerikani-schen Film PASSION PLAY OF OBERAMMERGAU von 1898 (Regie: Henry C. Vincent) aufmerksam zu machen, der mit 23 Szenen und 20 Minuten Pro-jektionslänge der wahrscheinlich ausführlichste und am stärksten die Nar-rativität beachtende frühe Jesus-Film ist. Ihm zum Verhängnis wurde die Lüge der Produzenten, die behaupteten, der Film spiele wie titelgebend in Oberammergau, doch gedreht wurde er in New York. Ich werde später auf diese Fälle noch näher eingehen. Die letztgenannten Filme hatten noch kei-ne Zwischentitel und wurden von einem Live-Erzähler oder Kommentator besprochen und von einem Orchester begleitet. Vgl. Tatum (1997), S. 2ff.; *Film-Dienst Extra* (1992): »Jesus im Film – Eine Auswahlfilmographie«, S. 74f., hier allerdings mit Fehlangaben in Titel und Regie; siehe auch *Internet Movie Database* (IMDb) unter http://german.imdb.com/title/tt 0151913/trivia vom 12.12.2007.

interessant vor allem im Kontext der aktuellen Debatten um die »Macht der Bilder« –, ist seine wörtlich zunehmende Bildgewaltätigkeit jener in leinwandfüllende Großaufnahmen ausgestellten gemarterten Körper(teile) und Gesichter.

In einer Zeit, in der Religion kaum gesellschaftlich eine bedeutsame Rolle spielt und die Bürger nur vereinzelt nach einer, zumal unklar formulierten Spiritualität suchen, hat der christologische Stoff, sofern er im Filmmedium aufbereitet wird, offenbar dennoch kaum an seinem ursprünglich brisanten Potential eingebüßt. Es wird im folgenden aufzuzeigen sein, wie stark diese Konstante von der Bildmächtigkeit eines kulturell über Jahrhunderte entwickelten, emotional besetzten Visualisierungsprogramms abhängt, der im Film ein neues wirkmächtiges (Bild-)Medium gefunden hat.

Antamoros CHRISTUS gehört weder zu den skandalträchtigen Filmen, noch zu den allerersten Passionsfilmen – Rossella Abate zählt von den Kinoanfängen bis 1914 über 52 Filme dieser Thematik, beispielsweise auf der italienischen Produktionsseite steht der frühste Jesus-Film LA PASSIONE DI GESU (Die Passion Jesu, I 1897, Luigi Topi).[2] Damit hätte Antamoro bei der Gestaltung seines Passionsfilms auf ein wenn auch eingeschränktes, so doch in seinen Grundlagen bereits ausgebildetes Genre-

---

2   Leider war es mir nicht möglich, die anläßlich des Jubiläums der Katholischen Kirche restaurierte und im Rahmen der Filmfestspiele von Venedig 2000 (*La Biennale di Venezia 57*) gezeigte Filmfassung zu sehen. Im folgenden beziehe ich mich auf die nichtrestaurierte, amerikanische Fassung des Films, die in der Berliner Staatsbibliothek einzusehen ist. Sowohl Originalquellen als auch weiterführende Literatur zum Film sind rar, daher zähle ich an dieser Stelle die mir bekannten Texte zunächst summarisch auf: Eine der wenigen Abhandlungen zum Film ist der Aufsatz von Abate, Rossella (2002): »Christus, una mistica poesia«, der als Internetpublikation unter: http://www.brianze.it /christus/scheda/abate.html zugänglich ist (ohne Seitennummerierung); ausführlicher zum Film in Ricci, Luciano Michetti (1988): »Christus di Giulio Antamoro«, in: Giovanni Spagnoletti (Hg.), Italiana: cinema e letteratura, Roma: Ente Autonomo Gestione Cinema, S. 109–121; im Kontext der Filmrestaurierung entstand das Heft »Christus« von Bernardini, Aldo (2000): Scheda sul »Christus« (realizzata in occasione della presentazionc della versione restaurata del film al Festival del Cinema di Venezia nel 2000); Erwähnung findet CHRISTUS in folgenden Abhandlungen: Martinelli, Vittorio (1992): Il cinema muto italiano. I film della Grande Guerra 1916, Torino: Nuova ERI, Centro Sperimentale di Cinematografia, S. 6; Redi, Riccardo (1991): La Cines. Storia di una casa di produzione italiana, Roma: CNC Edizioni; Micciché, Lino (Hg.) (1980): Tra una film e l'altra. Materiali sul cinema muto italiano 1907-1920, Quaderni della Mostra Internazionale del Nuovo Cinema, Venezia: Marsilio.

vokabular zurückgreifen können. Dessenungeachtet muß man CHRISTUS zu den eindrucksvollsten Experimenten der frühen religiösen Monumentalfilme zählen, sowohl was seine Gesamtlänge von ursprünglich drei Stunden Aufführungszeit (heutige Filmlänge 2000m und ca. 60 Min.) als auch die Bildästhetik anbelangt.[3] Von seiner großen nationalen wie internationalen Wirkung zeugt nicht zuletzt die Kontinuität seiner Aufführungen, die bis in die 1920er Jahre verzeichnet sind.[4] Nachdem CHRISTUS auf eine 9,5 mm Pathé-Baby-Fassung reduziert wurde, konnte er sicherlich bis 1925, vermutlich aber auch noch weit über diese Jahre hinaus zumindest in der Kar- bzw. Osterwoche in die Kinoprogramme der Provinz wiederaufgenommen werden.[5]

Mariann Lewinsky berichtet von dem Schweizer Kinounternehmer Willy Leuzinger, der ab 1906 neben seinen expandierenden Kinosälen auch ein Wanderkino betrieb und Filme eigener Produktion (Nonfiction, Filmaufnahmen lokaler Ereignisse) sowie internationale Hauptfilme in mobilen Zelten, in den Schulen, Kirchen, Wirtschaften u.ä. vorführte. Auch Antamoros CHRISTUS stand dort lange auf dem Programmplan und gehörte offenbar zu den geschätzten Filmen:

1919 macht Leuzinger auch eine erste sogenannte ›Saalreise‹, eine Tournee mit dem in diesen Jahren populären CHRISTUS […]; im Filmarchiv findet sich ein Umschlag mit Schreiben von Geistlichen und Lehrern, aus denen hervorgeht, dass Leuzinger damit auch Schulvorstellungen gab, die auf sehr positives Echo stiessen. Die Zeugnisse wird Leuzinger als Leumundsausweise für Erstbewilligungen an neuen Plätzen benutzt haben […].[6]

---

3   Die Rekonstruktion der teils verlorengegangenen, teils verstreuten Teilstücke des Films basierte auf Archivfunden, die man in Frankreich, Deutschland, den USA und Südamerika machen konnte. In Zusammenarbeit mit Cineteca del Comune di Bologna, der Scuola Nazionale di Cinema, Cineteca Nazionale, Fondatione Cinesteca Italiana, sowie Cinémathèque Suisse und Cinémathèque Française wurde das komplizierte Diagramm der ursprünglichen Bildkomposition, der Kolorierung und der Texttafeln rekonstruiert und dem ursprünglichen Film, so weit es möglich war, angeglichen. Marco Frisina komponierte für den rekonstruierten Film die Musik, indem er sich eng an der musikalischen Sprache der damaligen Zeit orientierte. Vgl. Filmangaben zu der restaurierten Fassung auf www.brinaze.it/ christus/promo/christus.html vom 11.10.2007; Abate (2002), im folgenden immer ohne Seitenangabe.
4   Vgl. Abate (2002), Ende des Aufsatzes.
5   Vgl. Ricci (1988), S. 120f.
6   Lewinsky, Mariann (2000): »Schweizer National Cinema Leuzinger, Rapperswil (SG): Aktualitätenfilmproduktion und regionale Kinogeschichte

CHRISTUS war ein kostspieliges und ein überaus ehrgeiziges italienisches Filmprojekt, das mit großem Aufwand an Originalschauplätzen in Ägypten gedreht wurde, und vermutlich den US-amerikanischen Produktionen insbesondere FROM THE MANGER TO THE CROSS (Von der Krippe zum Kreuz, USA 1912, Sidney Olcott), der als Vorläufer der amerikanischen Monumentalfilme gilt, eine europäische Antwort geben sollte. Die Dreharbeiten zu CHRISTUS begannen wahrscheinlich im Sommer 1913 und verliefen in den Zeiten des Ersten Weltkriegs besonders problematisch, was sowohl auf logistische Schwierigkeiten als auch auf persönliche Auseinandersetzungen zwischen Antamoro und dem Herzog Fassini, dem Generaldirektor der Produktionsfirma *Cines* – dem heute nicht mehr existierenden, damals jedoch einem der führenden römischen Filmunternehmen –, zurückzuführen ist. Im April 1916, das heißt erst drei Jahre nach dem Beginn der Dreharbeiten, konnte man den Film der Zensurbehörde vorlegen, mit dem zunächst negativen Zwischenergebnis, daß Teile nachgedreht werden mußten, da die Behörde die Qualität von 228 Filmmetern als zu schlecht befand. Diese zweite Drehzeit betraf insbesondere Szenen aus dem dritten Filmabschnitt und erfolgte nun unter der Regie von Enrico Guazzoni, weil Giulio Antamoro aufgrund jener internen Streitigkeiten mittlerweile aus der Produktionsgesellschaft *Cines* ausgeschieden war. Noch bevor man CHRISTUS zum zweiten Mal der Zensurbehörde und schließlich dann dem Publikum vorführte, wurde er vorab 15 Kardinälen in der *Pontificio Instituto Biblico* gezeigt, die dem Film ihre uneingeschränkte Zustimmung gaben.

Die Uraufführung am 8. November 1916, die im *Teatro Augusteo* in Rom stattfand, gestaltete man mit großem Aufwand. Das dafür engagierte Orchester spielte eine eigens für den Film von dem Musikmeister Pater Giocondo Fino komponierte Partitur, zu den illustren Gästen gehörten neben Elena (von Montenegro) Königin von Italien, einige Repräsentanten der Regierung, zahlreiche Botschafter und verschiedene Persönlichkeiten aus dem kulturellen Leben Roms. Trotz der ungewöhnlichen Aufführungslänge konnte die Uraufführung einen enormen Erfolg verzeichnen, wovon die überschwenglichen, in ihrem Fokus typischen Rezensionen zeugen, in denen die Reaktionen des Publikums, die Applauslänge, die Tränen einiger Damen und das allgemeine Entzücken der geladenen Gäste hervorgehoben werden.[7] Ohne Zweifel wurde CHRISTUS in einer Zeit, in der noch grundsätzlich über den filmischen Kunstwert scharf ge-

---

der Zentral- und Ostschweiz, 1896-1945«, in: Kessler/Lenk/Loiperdinger (Hg.), KINtop 9, S. 72.

7   Vgl. Abate (2002).

stritten wurde, uneingeschränkt als Kunstwerk bewertet.[8] Das überaus positive Echo war sicherlich auch den damals berühmten Schauspielern, Alberto Pasquali als Jesus und Leda Gys in der Rolle der Maria, zu verdanken. Daneben hob die Kritik die als hervorragend eingeschätzte Leistung des fünfzigköpfigen Orchesters hervor – und, natürlich, nicht zuletzt den ästhetischen Wert der *Tableaux vivants*.

Die Choreographie von CHRISTUS basiert auf drei Aufzügen, den sogenannten *Mysterien*, in denen das gesamte biblische Leben Christi entfaltet wird. Das erste Mysterium zeigt in Folge sechs Szenen bzw. Sequenzen: die Verkündigung, die Geburt Jesu, die Anbetung der Könige, das Blutbad von Bethlehem, die Flucht nach Ägypten und die Rückkehr nach Bethlehem. Das zweite Mysterium besteht aus der Darbringung im Tempel, der Taufe, der Versuchung in der Wüste, der Wunder und Heilungen, der Vertreibung der Geldwechsler aus dem Tempel, der Episode mit Maria Magdalena, der Wiedererweckung des Lazarus und dem Einzug Jesu nach Jerusalem. Das dritte und letzte Mysterium hat drei lange Sequenzen, die die eigentliche Passion zeigen, beginnend mit dem Tod am Kreuz, gefolgt von der Wiederauferstehung und der anschließenden Himmelfahrt.

Auffällig im Vergleich zu den anderen bekannten Stummfilmen ist die Ausführlichkeit, mit der die Lebensstationen Jesu in CHRISTUS entfaltet werden, obwohl man annehmen muß, daß der Film entsprechend des freien Umgangs der damaliger Filmvorführer mit den eingekauften Filmkopien selten in toto zur Aufführung kam.[9] Auch wenn es sich bei dem Passionsfilm nicht im strikten Sinne um eine Biographie handelt, bekommt CHRISTUS gerade durch den deutlichen Versuch einer lückenlo-

---

8   Vgl. Ricci (1988), S. 109–121; Ricci bezieht seine Informationen aus dem Privatarchiv der Familie Antamoro.

9   Gerade die nicht selten szenisch in sich abgeschlossenen Sequenzen der frühen Filme machten es möglich, ihre Reihenfolge wie auch die zu zeigende Sequenz-/Szenenanzahl den Filmvorführern zu überantworten. Fehlendes Copyright aber auch die Tatsache, daß die Filmkopien von den Kino- und Filmvorführern anders als heute nicht geliehen, sondern gekauft wurden, unterstützten auf der rechtlichen Seite zudem den Umgang mit den Filmen – was schließlich auch die Sehgewohnheiten der Publikums und die Rezeptionshaltung der Kritik bedingte. Daraus erklären sich auch die heutigen Schwierigkeiten, Stummfilme in ihren ursprünglichen Fassungen zu rekonstruieren. Vgl. *KINtop 5*: Jahrbuch zur Erforschung des Frühen Films: Aufführungsgeschichten, hg. v. Kessler/Lenk/Loiperdinger; Albrecht, Gerd (1992): »Jesus – Eine Filmkarriere. Entwicklungslinien des Jesus-Films und seiner Rezeption«, in: *Film-Dienst Extra* (1992), S. 10; Lewinsky (2000), S. 68ff.

sen Lebenserzählung einen ›biographischen‹ oder ›dokumentarischen‹ Charakter.[10] Eine solche Sichtweise auf den Erzählstoff war durchaus intendiert, wollte man gerade im Passionsfilm die menschliche Dimension des Göttlichen, durch die sich das Christentum auszeichnet, stark machen und Christus historisch verorten. Und die neuen laufenden Bilder boten mit ihrem Realitätsillusionismus an, eine Evidenz des Sogewesenseins zu erzeugen.

Bemerkenswert ist in diesem Kontext die Buchvorlage von CHRISTUS, die nicht, wie man vermuten könnte, unmittelbar auf die Bibel zurückgeht. Für das Drehbuch und seine spezifische ikonographische Poetik zeichnet Fausto Salvatori verantwortlich, der als Dichter und Autor von Theaterstücken bekannt war. Deutlich an Theaterkunst und ihren Inszenierungsformen aber auch an den neuzeitlichen Passionsbühnen orientiert, hatte Salvatori ein Passionsstück als Drehbuch entworfen, das sich durch Präzision in der detailreichen Charakterisierung der Personen und ihrer Choreographie auszeichnet. Dabei war gerade die figurale Dramatisierung des Geschehens in den frühen Jesus-Filmen durchaus ein Novum, denn bis dahin lag der choreographische Schwerpunkt auf der Nichtalltäglichkeit der Figuren und ihrer Handlungen. Versuchte man beispielsweise die vier Evangelien zusammenzulegen, so ergab sich das Problem in den einzelnen Berichten und Details, worin die Evangelien zum Teil stark voneinander divergierten. Ein Film wie jede bildliche Darstellung überhaupt mußte sich festlegen, erst recht, wenn er die ›historische‹ Dimension des Erzählten betonen wollte. Hier war noch kein Raum – und möglicherweise gibt es ihn bei dieser Thematik immer noch nicht – für divergente Text- und Bildexegesen geschaffen.[11]

Antamoros Film spiegelt diese Problematik indirekt wider, indem er sowohl ›moderne‹ als auch herkömmliche, in der Ikonographie der Sakralbilder und der Passionsspiele tradierte Formeln und Narrationsmuster übernimmt. Die intensive Verwendung von Tableaux vivants, die den Film charakterisiert, ist ein solches Scharnier zwischen Modernität und Konservatismus, zwischen Kunst und Sakralität. Es steht fest, daß Antamoro mit dem Aufgebot der Tableaux vivants kein filmisches Novum

---

10 Taylor hebt in seiner umfangreichen Abhandlung zu Filmbiographien hervor, daß aufgrund der explizit ahistorischen Herangehensweise dieser Filmgattung zumindest im herkömmlichen Sinne nicht von Biographien und im speziellen nicht von Filmbiographien gesprochen werden kann. Vgl. Taylor, Henry M. (2002): Rolle des Lebens. Die Filmbiographie als narratives System, Marburg: Schüren, S. 27; zu den sog. Biopics siehe auch das nachfolgende Kapitel.

11 Eine markante Ausnahme bildet der wahrscheinlich auch aus diesem Grund kritisch beurteilte Film von Scorsese THE LAST TEMPTATION OF CHRIST.

vorführte. Man weiß zum Beispiel von dem Jesus-Film VIE DU CHRIST (Leben Christi, F 1899, Alice Guy) – ungewöhnlich genug, ist er von einer Regisseurin gedreht –, daß er in Einzelbildern oder Einzelszenen nach berühmten Gemälden realisiert wurde.[12] Und dennoch muß man die Tableaux vivants in CHRISTUS in künstlerischer wie narratologischer Differenz zu den Lebenden Bildern vorangegangener Stummfilme betrachten. Walter W. Freeman, Produzent und Regisseur von HORITZ PASSION PLAY (Hořice-Passionsspiel, USA 1897), setzte Tableaux vivants in dem genannten Stummfilm offenkundig sehr theatralisch ein. Zdanek Štábla beschreibt sie folgendermaßen:

Die Form der traditionellen szenischen Darstellung herrscht vor, wobei die Konflikte zwischen den Figuren vor allem in den Dialogen zum Ausdruck kommen. […] Die sogenannten tableaux vivants waren gänzlich anderer Natur [als diese szenischen Darstellungen] – sie wurden von einem erklärenden Kommentar eingeleitet, den der Chorleiter sprach. Das Spiel bestand aus 26 tableaux vivants, von denen jeweils mehrere zu einer Serie gruppiert waren, die mit dramatischen Szenen alternierten. Der Pantomime näher als dem Drama, eigneten sie sich ganz besonders für die Filmaufnahmen.[13]

Diese »tableaux vivants« von denen Štábla spricht, haben offenbar einen mehr oder weniger deutlichen oder gelungenen pädagogischen Aspekt zu erfüllen. Darin und in der spezifischen ›inselhaften‹ Position innerhalb der »dramatischen«, heißt bewegten, narrativen Filmhandlung erinnern sie an die frühen theatralen Tableaux vivants nach Diderot. Daß es sich für diese Zwecke nicht um konkrete Gemäldenachstellungen handeln mußte, liegt auf der Hand. Und Štáblas Vergleich mit Pantomime, obwohl die Attitüde hier ein treffenderer Vergleich wäre, macht den intentionalen Unterschied zwischen diesen frühen figürlichen Bild-Arrangements und den Tableaux vivants in CHRISTUS deutlich.

Auch wenn CHRISTUS durch die sogenannten »Mysterien«, das heißt durch die Aufzüge eine gewisse Stakkato-Struktur dominiert, so kann man im Einsatz der Tableaux vivants gleichwohl den Versuch einer szenischen Anbindung und damit einer narrativen Kontinuität über alle »Mysterien« hinweg erkennen. So lassen sich angesichts des HORITZ PASSION PLAY von 1897 relevante Verschiebungen und Entwicklungen

---

12 Siehe die Filmographie im Anhang von *Film-Dienst Extra* (1992), S. 74.

13 Štábla, Zdanek (1971): Queries Concerning the Horice Passion Film, Narodnik Filmovy Archiv, Prag, S. 19–20, hier zitiert in Burch (2003), S. 66. Die monographische Arbeit unternimmt den Versuch, HORITZ PASSION PLAY gegen die Meinung anderer Filmforscher durchaus am Originalschauplatz in Böhmen zu verorten.

Abb. 5: Fra Angelico – Verkündigung (späte 1430er, San Marco-Kloster, Florenz)

in der Funktion der filmischen Tableaux vivants beobachten, nämlich von der anfänglich pantomimischen oder attitüdenhaften Form hin zu ihrem, wie Abate es formuliert, »spektakulären Charakter«[14] in CHRISTUS von 1916.

Ein gebildeter, zumal kunsthistorisch interessierter Zuschauer kann in CHRISTUS eine ganze Reihe von nachgestellten Gemälden entdecken. Abate spricht von mehr als hundert solcher Tableaux vivants, die Antamoro für seine ausführliche Schilderung der Jesus-Vita verwendet haben soll. Unter diesen zahlreichen, zumeist sekundären, das heißt für den gewöhnlichen Filmzuschauer (ohne Videorecorder oder DVD-Player) kaum zu klassifizierenden Tableaux vivants mit lockerer Anbindung an das jeweilige Originalgemälde, gibt es einige besonders nachdrücklich markierte Nachstellungen, die die ungewöhnliche Ästhetik des Films bestimmen. Es handelt sich dabei um Szenen, die ihre ikonische Differenz gegenüber den Filmbildern dadurch zum Ausdruck bringen, daß sie als *angehaltene* Filmbilder, als Freeze frame, präsentiert werden.

Eine solche Kennzeichnung verweist nicht nur in einer extremen Wiese auf das nachgestellte Gemälde hin. Sie ist darüber hinaus auch besonders attraktionsstark, da sie zusätzlich eine technische Neuerung mittransportiert. Zu diesen besonderen piktoralen Akklamationen gehören folgende Szenen: die *Verkündigung* nach dem gleichnamigen Bild von Fra Angelico (Abb. 5/6), die *Geburt* nach Antonio Correggio, die *Taufe* nach Pietro Perugino, die *Verklärung Christi* nach Raffael, die Nachbildung des *Abendmahlfreskos* von Leonardo da Vinci (Abb. 7), die *Kreu-*

---

14 Abate (2002).

Abb. 6: CHRISTUS –
Verkündigung (Sequenz mit
Freeze frame am Ende)

zigung nach Andrea Mantegna, schließlich die *Kreuzabnahme* nach Rembrandt und die *Pietà* nach Giovanni Bellini.[15]

Bereits diese kurze Aufzählung macht deutlich, daß die wichtigsten christologischen Ereignisse durch jene besondere piktorale Hervorhebung im Film markiert sind. Abate bezeichnet sie als »Kuriosa« und sieht in ihnen den die Kunst nachahmenden Stil des Regisseurs, womit sie jedoch ihre essentielle Bedeutung für den Film verkennt. Die Besonderheit der filmischen Tableaux vivants beginnt an der Markierung der ikonischen Differenz, wie ich sie im vorhergehenden Kapitel dazulegen versucht habe, und mündet in einem strukturellen Bruch, der durch das ›Festsetzen‹ des einen Filmbildes erfolgt. Was damit gemeint ist, läßt sich am besten an einem konkreten Beispiel vorführen, wofür mir die *Verkündigungsszene* besonders gut geeignet erscheint, zumal sie als erste Einstellung den Passionsfilm eröffnet und sogleich die piktorale Intention des gesamten Films deutlich macht (Abb. 5/6).

Die Verkündigungsszene ist die erste Einstellung nach dem Vorspann. Zu sehen ist zunächst ein Arkadengang oder ein Säulenpatio, in dem Maria auf einem niedrigen Hocker sitzt. Im linken Bildteil sieht man bald den Erzengel Gabriel, von einem Lichtstrahl erfaßt, heranschweben oder buchstäblicher: tatsächlich *erscheinen*.

Genau in diesem ›Erscheinen‹ zeigt sich die signifikante Fähigkeit des Films, die mit Hilfe das Tableau vivant auf neuartige Weise vorgeführt werden konnte. Sicherlich empfand der damalige Zuschauer eine solche

---

15 In der Literatur wird die filmische *Pietà* mit der von Michelangelo verglichen, doch sind die Ähnlichkeiten meiner Ansicht nach viel stärker in der *Pietà* Bellinis zu sehen, der die Geste der Wundmalpräsentation auch in anderen seiner Darstellungen dieser Thematik aufgreift. In stilistischer Ergänzung ist auch die *Pietà* von Pietro Perugino denkbar.

Vorführung der religiösen Bildszene eindrucksvoll umgesetzt und durch die Neuartigkeit der Technik noch einmal in der Attraktion gesteigert. Was im Verkündigungsbild von Fra Angelico, in der Situation des Erscheinens und der Verwandlung, nur symbolisch angedeutet sein konnte, gestaltete Antamoro zu einer *tatsächlichen Verwandlung* vor den Augen der Zuschauer und markierte damit eindrücklich die Fähigkeiten des neuen Bildmediums Film, das an dieser Stelle das Gemalte tatsächlich lebendig umsetzte. So weckte Antamoro gewissermaßen mit der Technik der Bilddoppelbelichtung die Aufmerksamkeit der Zuschauer und schärfte sein Auge für weitere im Film plazierten Tableaux vivants.

*Abb. 7: oben: CHRISTUS – »Das Letzte Abendmahl« (Freeze frame);
unten: Leonardo da Vinci – Das Letzte Abendmahl (1488, Kloster
Santa Maria delle Grazie, Mailand)*

Auf diese filmtechnische Weise wurde der Erzengel zu einer ›doppelten Erscheinung‹: einerseits filmdiegetisch als *das* übernatürliche Licht-Wesen und andererseits als die filmische Metamorphose eines Gemäldes. Doch schon die darauffolgende Einstellung nimmt das spezifisch Filmische zurück, denn hier fällt die Mise-en-scène ganz und gar mit der Gemäldedarstellung zusammen. Die Inszenierung wird statisch, perspektivisch überdeterminiert und der Bildästhetik des Originals angeglichen. Aus der leicht von oben gewählten Perspektive auf das Geschehen und der zum Bildrahmen parallel verlaufenden Anordnung der Figuren ergibt sich eine recht schmale, zum Zuschauer hin hochgeklappte Raumbühne, die zwar einen guten Einblick über das Gesamtgeschehen ermöglicht, gleichzeitig aber auch den klassischen Betrachterblick und das mittelalterliche Bild ›rekonstruiert‹. War die Bewegung in der vorhergehenden Einstellung schon verhalten, so bricht sie am Ende der Sequenz in dem

Moment gänzlich ab, in dem der Erzengel vor Maria angekommen ist. Diese letzte Einstellung wird endgültig zum *Freeze frame* auf das Gemälde hin angehalten. Der abrupte, technisch nicht kaschierte Wechsel vom Bewegungsbild zum stillgestellten Einzelbild betont noch einmal die Besonderheit dieser Szene, die eine Transformation des gemalten Bildes in die ›Lebendigkeit‹ der bewegten Bilder und die Transformation des Filmbildes (Bewegungs-Bildes) in ein religiöses Gemälde darstellt.

In CHRISTUS bezeugen die Tableaux vivants nicht nur den ausgeprägten ästhetischen Willen des Regisseurs, sondern sind zuallererst filminhärente *sakrale Bildrealitäten*. Vieles weist darauf hin, daß die Passion und die damit zusammenhängenden Glaubenswahrheiten in CHRISTUS zu einer piktoralen Evidenz erhoben werden sollten. Der Zuschauer sollte sehend zur Gewißheit gelangen. Im Dienst eines solchen medialen Gottesbeweises steht die gesamte Bildrhetorik des Films, die auf drei Hauptkomponenten basiert: 1) der Ausführlichkeit der Szenen, die eine lückenlose biographisch-historische Evidenz evozieren sollen, 2) den Originalschauplätzen, an denen die wichtigsten Szenen gedreht wurden, und schließlich 3) auf den Nachstellungen von berühmten religiösen Bildern.

Zwischen Glaube, Kult und Kunst

In der Tat entbehrt die besondere Markierung der Tableaux vivants in CHRISTUS für heutige Filmzuschauer nicht einer gewissen Skurrilität. Bedenkt man die Probleme, die eine filmische Passionsdarstellung mit sich brachte, und angesichts Gibsons PASSION offenbar immer noch mit sich bringt, so wird der Grund für das vermeintlich ›Kuriose‹ dieser Bildlösung verständlicher. Wollte man nicht der Blasphemie oder der Kitschproduktion beschuldigt werden, war gründlich zu erwägen, welchen Jesus Christus man darstellen und welcher Überlieferung man damit folgen wollte. Sollte es der *theologische Christus* der Kirchendogmen sein, das heißt der Paulinische Erlösergott des Neuen Testaments, oder der *historische Jesus*, der möglicherweise im ersten Jahrhundert unserer abendländischen, nach ihm benannten Zeitrechnung in Palästina lebte?

Es ist sicherlich keine gewagte These, wenn ich behaupte, daß die große Mehrzahl der Passionsfilme bis in die 1980er Jahre hinein der neutestamentarisch geprägten ›Biographie‹ folgen, die mehr oder minder im Sinne historischer Fakten aufgefaßt wird, ohne daß damit eine tatsächliche Historizität der Texte gemeint wäre. Bezeichnenderweise beziehen sich die wenigsten sogenannten Bibelfilme – wobei dieses Genre bzw. seine Definition nicht unumstritten ist – in ihren Drehbuchvorlagen auf die Bibel, sondern arbeiten verstärkt mit kulturell tradierten Bildmotiven (Malerei, Skulptur, Passionswege etc.), mit Passionsdramen wie Oberammergau oder Hořice, mit liturgisch tradierten Formen (bspw. der Kreuzigungsstationen und liturgischen Riten wie Prozessionen) und schließlich bei späteren Filmadaptionen mit Rückbezügen auf die Vorläufer aus der Stummfilmzeit selbst.[16] Daß es hierbei schon immer zu vielfältigen Verschränkungen zwischen Liturgie, Ritus, Passionsspielen und Bildikonographie gekommen ist, macht den Versuch eines stringenten Nachvollzugs der Bezugnahmen unmöglich. Das Ergebnis dieser Verschränkungen bleibt jedoch um so interessanter, je weniger die klassischen Analysepfade begehbar sind.

Antamoros Wahl der Drehorte an den angenommenen Originalschauplätzen in Ägypten widerspricht dem nicht, denn es wäre sicherlich zu vorschnell, alleine daraus einen Anspruch auf Historizität ableiten zu wollen. Auch der nur wenige Jahre zuvor entstandene Passionsfilm FROM THE MANGER TO THE CROSS (USA 1912) zum Beispiel – möglicherweise der erste narrative Spielfilm dieses Genres –, bezeugt bereits die Ambition des Regisseurs, Sidney Olcott, die meisten Filmszenen an Originalschauplätzen in Ägypten und Palästina zu drehen. Von Olcott ist überliefert, daß er sehr darum bemüht war, die Authentizität der Drehorte nachdrücklich zu bezeugen, beispielsweise mit einem Beglaubigungsbrief von H.H. el-Hussein, dem »mayor of Jerusalem« wie es heißt. Dem nicht genug, wurde dieses Beglaubigungsschreiben noch einmal durch einen offiziellen Stempel von dem Türkischen Gouvernement bestätigt.[17]

Augenfällig ist gleichzeitig die Menge der Jesus-Filme, die mit der Authentizität ihrer Drehorte warben, was wiederum als Unwahrheit ent-

---

16 Vgl. Lis, Marek (2004): »Biblia w filmie biblijnym« [Die Bibel im Bibelfilm], in: Kwartalnik filmowy: »Sacrum w filmie«, 45 (Frühjahr), S. 48ff.; Gunning, Tom (1992): »Passion Play as palimpsest: The Nature of the Text in the History of early Cinema«, in: Ders./Roland Cosandey/André Gaudreault (Hg.), Une invention du Diable? Cinéma des premiers temps et religion, Sainte Foy/Lusanne: Presses de l'Université Laval/Éditions Payot Lausanne, S. 107f.

17 Abgedruckt im Zeitungsartikel von Ernest A. Dench mit der Überschrift »Spiritualism by the Film«, erschienen in: »Motion Picture Education« (1917), S. 122–157: »Mr. Olcott did not spare any effort to perform the production of the life of Christ on the original spots whenever possible, but in all instances gathered the best data and material as well as a most competent personnel of artists to attain the high degree of efficiency« (zitiert in Lindvall, T. [2001]: The Silents of God: Selected issues and documents in silent American film and religion 1908–1925, Lanham [M.D]: Scarecrow Press, S. 167).

larvt oder zumindest in Abrede gestellt werden konnte und häufig genug auch wurde. Neben dem US-amerikanischen Film THE PASSION PLAY OF OBERAMMERGAU (1898, Henry C. Vincent), der nicht an dem berühmten Passionsort in Oberbayern, sondern auf dem Dachgarten des *Grand Central Palace Hotel* in New York spielt, ist HORITZ PASSION PLAY (1897, Walter W. Freeman) der zweite Stummfilm dieses Genres, der mit falschen oder zumindest unklaren Angaben zu den Drehorten auffällig wurde.[18] Was aber hatte es mit der Häufung dieser Fälle auf sich?

Zweifelsohne sollte der geographische Wechsel an die Orte des biblischen Geschehens eine authentizitätssteigende Wirkung entfalten und den biographisch-historischen Aspekt unterstützen. An der Ernsthaftigkeit des Vorhabens und letztlich auch an der Religiosität sowohl der Regisseure als auch ihrer Crew durfte kein Zweifel aufkommen. Wie religiös der Einsatz sein konnte, zeigt in expliziter Weise THE KING OF KINGS (König der Könige, USA 1927) von Cecil B. DeMille, der sein gesamtes Filmteam vor jedem Drehbeginn zu einem Gottesdienst schickte und sich bei der Dreharbeit durch theologische Berater anleiten ließ.[19] Auch Antamoro, der den damals beliebten Olcott-Passionsfilm sicherlich kannte, situiert seinen Film in der gleichen Drehtradition der pseudo-biographischen, originären Schauplätze, die als kultische und dadurch auch auratische Orte für den Film in Dienst genommen wurden.

Es soll nicht von der Hand gewiesen werden, daß solche Maßnahmen zur Beglaubigung der Ernsthaftigkeit der Filmprojekte, zu ihrer Absicherung gegenüber der politischen wie öffentlichen Meinung, die in dieser Zeit noch einen religiösen Impetus vertrat, schließlich auch zur vordergründigen Entkommerzialisierung der Filme beitragen sollten. Und dennoch meine ich, daß das Phänomen der ›Sakralisierung‹ insbesondere der frühen Passionsfilme und der daran in Hauptsache beteiligten Schauspieler einem tieferen Wunsch nach Evidenzherstellung entsprang. Waren religiöse Bilder – hier an allererster Stelle die Ikonen als Nachkommen des *Vera Icons*, des nicht von Menschenhand gemachten Bildes – in ihrem kultischen Ursprung immer darauf bedacht gewesen, an einer Sakralität teilzuhaben, die sie zu starken Handlungsagenten im sakralen Kult machte, so waren einige der frühen Regisseure nicht minder darum bemüht, ihre Filmwerke an der religiösen Aura partizipieren zu lassen.

Ich komme nicht umhin, an dieser Stelle Walter Benjamin zu bemühen, der nach wie vor die beste Bestimmung des Auratischen liefert, auch wenn nachzutragen bleibt, daß der Film für Benjamin ein Medium der

---

18 Vgl. Burch (2003), S. 66f. und Anm. 5; Tatum (1997), S. 4.

19 Vgl. Tatum (1997), S. 45–57; Zwick, Reinhold (1992): »Und das Wort ist Bild geworden. Zu theologischen und ästhetischen Aspekten des ›Jesus-Films‹«, in: *Film-Dienst Extra* (1992), S. 16.

Aurazerstörung *per excellence* war. In seinem berühmten Aufsatz bestimmt Benjamin die Aura einer Sache entlang der Begriffe der Echtheit,
der Tradierbarkeit oder des Traditionswertes, der Ferne und schließlich
des Rituals:

> Die Echtheit einer Sache ist der Inbegriff alles von Ursprung her an ihr Tra-
> dierbaren, von ihrer materiellen Dauer bis zu ihrer geschichtlichen Zeugen-
> schaft. […] Was aber dergestalt [durch die technische Reproduktion] ins Wan-
> ken gerät, das ist die Autorität der Sache.[20]

Und an einer anderen Stelle:

> Die Einzigkeit des Kunstwerks ist identisch mit seinem Eingebettetsein in den
> Zusammenhang der Tradition. Diese Tradition selber ist freilich etwas durchaus
> Lebendiges, etwas außerordentlich Wandelbares. […] Die ältesten Kunstwerke
> sind, wie wir wissen, im Dienst eines Rituals entstanden, zuerst eines magi-
> schen, dann eines religiösen. Es ist nun von entscheidender Bedeutung, daß
> diese auratische Daseinsweise des Kunstwerks niemals durchaus von seiner Ri-
> tualfunktion sich löst.[21]

Wenn der frühe Passionsfilm die historischen Orte des heiligen Geschehens aufsucht, sie auf den Filmstreifen bannt, und gleichzeitig religiöse,
teils kultisch genutzte, teils in den volkstümlichen Glaubensvollzug ein-
gegangene Bilder als Tableaux vivants nachstellt, so schließt er mit dieser Praxis an weit ins frühe Mittelalter zurückreichende Handlungen au-
ratischer Übertragungen und Vergegenwärtigungen der christlichen Dogmen.[22] Und der frühe Passionsfilm bedurfte offenbar noch einer direkten
›Berührung‹ mit dem verehrten Gegenstand, um seine religiöse Wirkung
entfalten zu können, die – das muß an dieser Stelle deutlich hervorgehoben werden – an keiner kritischen Bibelexegese oder Glaubenskritik interessiert war.

Ein wichtiger Schlüssel zum Verständnis dieses frühen Filmgenres
ist ihr *palimpsestartiger Charakter*, in dem vor allem der ausgeprägte
Bilderbezug auffällt. »Und das Wort ist Bild geworden«, bringt Reinhold

---

20 Benjamin (1936/1977), S. 140.
21 Ebd., S. 143.
22 Interessant ist in diesem Kontext die Praxis der Reproduktionen heiliger
    Orte, die in gewisser Weise qua Nachbauten überall importiert werden
    konnten. Zum Nachbau des Heiligen Grabes zu Jerusalem und anderer als
    heilig verehrter Orte siehe die umfangreiche Arbeit von Rüdiger, Michael
    (2003): Nachbauten des Heiligen Grabes in Jerusalem in der Zeit von Ge-
    genreformation und Barock. Ein Beitrag zur Kultgeschichte architektoni-
    scher Devotionalkopien, Regensburg: Schnell & Steiner.

Zwick es in der Kürze einer Überschrift auf den Punkt,[23] denn tatsächlich handelt es sich bei vielen der frühen Passionsfilme und ganz besonders bei Antamoros CHRISTUS um den Versuch einer Re-Visualisierung von bereits autorisierten religiösen Bildern und Symbolen, die die (Katholische) Kirche zu bevollmächtigten Agenten der christologischen Dogmen machte.[24] Jeder der Passions- oder Bibelfilmemacher rechnete mit einem in der Passionsgeschichte und der Bibel bewanderten Zuschauer, den nicht der Erzählstoff für sich genommen als vielmehr das Wie seiner Visualisierung und die Vergegenwärtigungsweise interessierte. Diese Tatsache hatte eine nicht gering zu schätzende Auswirkung auf die bildliche Konzeption der Passionsfilme, die an eine jahrhundertlange Tradition der Reproduktion von heiligen Orten, Bildern und sakralen Symbolen anschloß. Dominique Païni, der ehemalige Direktor der Cinémathèque Française, bemerkte hierzu treffend:

Die Filme aus dieser »vernachlässigten« [1910 bis 1920er] Periode mußten nicht vom Narrativen, sondern vom Ikonischen her betrachtet werden. Man mußte, mit anderen Worten, dieses Kino eher im Zusammenhang der Bildenden Kunst sehen […] und daraus Konsequenzen für die Programmierung ziehen. Eine kritische Beurteilung hätte dabei in der Schwebe zu bleiben.[25]

Passionsfilme wie CHRISTUS garantierten mit ihren bühnenhaften Nachstellungen von Gemälden an Originalschauplätzen eine »lebendige Tradition«, indem sie zu Reproduzenten des sakral-piktoralen Brauchs mit filmischen Mitteln wurden. Die mimetische Nachbildung von Originalgemälden, die in einigen Fällen selbst als verehrungswürdig angesehen wurden, zeigt für sich genommen strukturelle Parallelen zu rituellen Handlungen: Die Mimese eines Altarbildes in ein Tableau vivant und in zweiter Hinsicht in ein Filmbild partizipiert an einem mystischen Wandlungsritus, in dem der Körper in Bild und das Bild in einen Körper – und vice versa – transferiert werden. Aus dieser zirkulären Bewegung heraus entsteht wiederum eine Aura der Unnahbarkeit, die Benjamin als das wesentliche Merkmal des Kultwerts eines Kunstwerks bestimmt:

---

23 Zwick (1992), S. 15.

24 FROM THE MANGER TO THE CROSS beispielsweise beruht auf den Bibelillustrationen des französischen Künstlers James Joseph Jacques Tissot, der damit eine besonders populäre Bibelausgabe schuf. Vgl. Tatum (1997), S. 21–30.

25 Païni, Dominique (1996): »Der frühe Film zwischen Bühne und Zufall«, in: KINtop 5, S. 153.

Die Definition der Aura als »einmalige Erscheinung einer Ferne, so nah sie sein mag«, stellt nichts anderes dar als die Formulierung des Kultwerts des Kunstwerks in Kategorien der raum-zeitlichen Wahrnehmung. [...] Das *wesentlich* Ferne ist das Unnahbare. In der Tat ist Unnahbarkeit eine Hauptqualität des Kultbildes. [...] Die Nähe, die man seiner Materie abzugewinnen vermag, tut der Ferne nicht Abbruch, die es nach seiner Erscheinung bewahrt.[26]

Gleichzeitig ist es diese sakrale »Autorität der Sache« (Benjamin), die bei den zumal religiösen Zuschauern zu einer Ununterscheidbarkeit zwischen Kunst und Kultbildern führte. Es ist letztlich der Versuch, den Passionsfilm an die kultische Bildtradition, an die Ausstellung des Bildes im Kontext einer kultischen Handlung, anzubinden, um so den Status eines ›Kultfilms‹ zu erreichen. Daß dieses für das zeitgenössische Publikum von CHRISTUS nicht undenkbar oder blasphemisch war, macht deutlich, welche tragende Funktion die filmische Einschreibung in den tradierten, kultischen Bilddiskurs ausübte.

Antamoros filmische Arbeit am Auratischen

Zusammenfassend betrachtet läßt sich sagen, daß die Gestaltung eines Passionsfilms bis heute noch einen Balanceakt zwischen Stil und Inhalt erfordert. Beides in ein adäquates Verhältnis zueinander zu bringen, entscheidet über die »Echtheit der Sache«, wie Benjamin es formulierte. Seriös und traditionsbewußt zu sein, darüber hinaus ein vordergründig ethisch-religiöses Anliegen zu haben, galten noch lange nach der Stummfilmära als notwendige Voraussetzungen, wollte man ›seinen‹ Jesus-Film vor der Kritik bestehen lassen. Zu beachten galt (und gilt nach wie vor), daß die künstlerischen, historischen, literarischen und natürlich die theologischen Komponenten in einen visuellen Einklang zueinander zu bringen sind. Antamoros filmischer Versuch beschritt dabei, aus heutiger Sicht betrachtet, einen vergleichsweise einfacheren Weg, indem er auf die bereits bestehende Allianz zwischen Kunst und Religion zurückgriff. Hingegen war die literarische Komponente beim Stummfilm noch nicht in solchem Maße problematisch, wie sie später beim Tonfilm wurde. Wie schon eingangs darauf hingewiesen, betrafen die literarischen Ambitionen der Drehbuchautoren verstärkt die psychologische Beschreibung der Figuren und nicht die christologischen Aussagen oder Dialoge, die selten direkt der Bibel entnommen wurden. Aber auch in diesem Punkt hebt sich CHRISTUS von den anderen Filmproduktionen ab, und untermauert

---

26 Ebd. S. 143, Anm. 7.

noch einmal das hochgesteckte Ziel des Regisseurs, der für das Drehbuch und die Zwischentitel den damals bekannten und geschätzten Dichter Fausto Salvatori unter Vertrag nehmen konnte. Begeistert sagte dieser seine Mitarbeit zu – bezeichnend ist dabei das Anliegen beider, des Regisseurs und des Drehbuchautors, die Passionsthematik in ein, wie es bei Salvatori heißt, »cinematographisches Poem« und zwar auf die »eindruckvollste Art« zu übertragen, die die »Schönheit der Idee in Versen und Bildern« zum Ausdruck gibt.[27]

Nach der Uraufführung von CHRISTUS gab es neben den lobenden Kritiken auch Negativurteile, die insofern aufschlußreich sind, da sie durch die Augen der Zuschauer gesehen einen anderen Blick auf die Struktur des Films erlauben.[28] Angelo Menini, ein Korrespondent der *Turiner Zeitung*, bemängelt beispielsweise die fehlenden Handlungszusammenhänge zwischen den zahlreichen Bild-Sequenzen, womit er die Tableaux vivants meint. Bemerkenswert ist, was Menini dabei mißfällt, nämlich die Unmenge der realisierten Stationen aus dem Leben Christi, die in ihrer Aneinanderreihung die herausragenden Gemäldenachstellungen, »die für sich selbst des Lobes würdig sind«,[29] verunklaren und den Zuschauer überfordern. Der Kernpunkt dieser Beanstandung betrifft das Bildsystem des Films und hilft gleichzeitig das Rezeptionsverhältnis der Zuschauer in bezug auf die Passionsfilme zu beleuchten.

Bezogen auf die Grundstruktur von CHRISTUS haben wir es hier mit einer Aneinanderreihung von mehr oder weniger abgeschlossenen Szenen bzw. Sequenzen zu tun, die über keine markante Handlungsführung verfügen. Antamoros Bildkonzeption steht somit noch in der Tradition des sogenannten *Attraktionskinos*, das die Zuschauer mittels modernster Tricktechnik und ungewöhnlicher Sujets mehr oder minder ausschließlich verblüffen wollte (siehe die ›Erscheinung‹ des Erzengels). Eine

---

27 Aus der Korrespondenz zwischen Antamoro und Salvatori, Brief datiert vom 26.11.1913; Quellen im Archiv der Familie Antamoro, hier zitiert in Ricci (1988), S. 115.

28 Auf bestimmte Mängel verweist der zeitgenössische Zuschauer, Giovanni Costa, ein Studierter der römischen Geschichte, der von »historischem Dilettantismus nach Gehör« spricht, und in einigen Darstellungen historische Erdichtungen wie auch Fehlinterpretationen der lateinischen Fachtermini bzw. Berufsbezeichnungen in den Zwischentiteln findet. Seine Kritik verdeutlicht das Problem der unterschiedlichen Vorstellung von Historie und historischen Fakten, so behandelt Costa die Frage nach der Historizität nur im profanen Kontext der Nebenfiguren und ihrer Agitation, wendet sie jedoch nicht auf Christus und sein unmittelbares Umfeld an; vgl. Abate (2002).

29 Für das Zitat siehe ebd.

wichtige Position kam dabei dem Filmvorführer zu, der die Dauer der Filme, die Auswahl der Szenen, den Kommentar (ob vokal-narrativ oder rein musikalisch), bis hin zu der möglichen Kompilation einzelner Sequenzen und Szenen aus unterschiedlichen Filmen bestimmen konnte. Es ist Tom Gunning beizupflichten, wenn er die Vorführer als Autoren bezeichnet, die auf diese kompilierende Weise durchaus neue ›Filmwerke‹ schufen.[30] Ohne Frage war auch CHRISTUS an dieser Praxis der Filmpräsentation orientiert und Antamoro kannte die Vorlieben der daran geschulten Zuschauer, die in Erstaunen versetzt werden wollten. Dabei konnte gerade an den Tableaux vivants sowohl die neuste Tricktechnik vorgeführt als auch das religiöse Bedürfnis der Zuschauer befriedigt werden.

Die Sequenzen der Tableaux vivants, diese Akte, die einer deutlichen Bühnenchoreographie folgen, bezeugen nicht nur ihre theatrale Herkunft, sondern auch die, wenn auch vielleicht nur entfernte, Orientierung an liturgischen Passionsaufführungen. Die den Tableaux vivants eigene Rhythmik von Erscheinen und Verschwinden, von Aufzug und Abgang, trägt wesentlich zu dem treffenden Vergleich mit einem Rosenkranz bei, den Luciano Ricci einführt,[31] und womit sowohl die Bildstruktur als auch die kontemplative Wirkung dieser Szenen sich beschreiben läßt. Wie einzelne Gebetsperlen, so reihen sich die Tableaux-vivants-Szenen aneinander und sollten offenbar zu einer tieferen Betrachtung anregen. Daß die Passionsthematik im abendländisch-christlichen Kontext, zumindest in der Entstehungs- und Vorführungszeit des Films keiner besonderen Erklärung bedurfte, machte den bedenkenlosen Einsatz dieser spezifischen Choreographie ohne eine die Szenen verbindende Narration möglich. Mehr noch: Sie machte aus dem Zuschauer selbst einen Erzähler, der die Tableaux vivants in das piktoral-religiöse System einbinden konnte und auf diese Weise selbst zu einem wesentlichen narrativen Teil des Filmsystems wurde.

Interessant bleibt vor diesem Hintergrund der von dem Journalisten beanstandete Mangel an erzählerischer Kontinuität, weil er auf den all-

---

30 Gunning (1992), S. 106; weiterführend auch *KINtop 5* (1996). Im Fall von CHRISTUS war der Vorführer an die biblische Reihenfolge der Lebensstationen Christi gebunden, ihm blieb aber durchaus die Möglichkeit der Kürzung, so daß man davon ausgehen kann, daß der Film äußerst selten in seiner ursprünglichen Länge von drei Stunden gezeigt wurde. Auf die für das Attraktionskino übliche Praxis verweisen die in unterschiedlicher Länge und Zusammenstellung vorgefundenen Originalkopien von CHRISTUS, die schließlich zu seiner Rekonstruktion beigetragen haben. Bezeichnend ist auch, daß die mir zugängliche Version des Films nur ca. 90 Min. lang ist.

31 Vgl. Ricci (1988), S. 110.

mählichen Wechsel des cinematographischen Narrationsmodells hindeutet, das nun verstärkt auf räumlich-zeitliche Entfaltung der Geschichte setzen wird. Um so mehr fällt die ausdrückliche Wertschätzung der Tableaux vivants ins Auge, die schließlich explizite Hemmnisse einer solchen Forderung sind. Festzuhalten ist, daß sie offenbar nicht als Kuriositäten und filmische Fehlleistung empfunden wurden, wie Abate suggeriert.

Es trifft meiner Ansicht nach auch auf CHRISTUS zu, was Païni im Rückbezug auf Gilles Deleuze zur Struktur der Filme aus den 1910er Jahren sagt, die er mit den Begriffen *Verknappung* und *Sättigung* beschreibt und dabei das zwischen Gebanntsein und Distanz geteilte Sehen in den Vordergrund stellt.[32] Eine solche Teilung der Aufmerksamkeit in gedehnte, handlungsarme Szenen einerseits (die Sättigung) – ich denke hierbei beispielsweise an die langen Sequenzen der Flucht nach Ägypten – und in bedeutungsverknappende Szenen der Tableaux vivants andererseits schufen durchaus auch in CHRISTUS eine Narrativität, die zwei verschiedene Bild- und somit zwei verschiedene Geschichtensysteme miteinander verbindet. Die entscheidende Rolle im Einsatz der Tableaux vivants spielt meiner Ansicht nach die zweifache Funktionalität dieser Performancekunst. Ich habe bereits darauf hingewiesen, daß die Tableaux vivants die neue Form der ›Magie‹, die bewegten Bilder, mit der alten Form der Magie, die religiöse Kunst, alternieren und darüber hinaus das Publikum in Erstaunen bringen konnten. Originell war an ihnen allein die Tatsache, daß sie in einem Film Verwendung fanden, zumal in einem Film, der die Passion zum Thema hatte, und somit eine überaus alte und schier uferlose Bildtradition zu dieser Thematik wiederum im doppelten Sinne aufgriff: mit den nachgestellten Gemälden einerseits und mit sich selbst als neues Bildmedium andererseits.

Das Bild-System

Das Tableau vivant im Film hat nicht nur einen Verweischarakter auf das jeweilige von ihm verkörperte Gemälde hin, sondern fordert gleichzeitig auch eine narrationsstiftende Anbindung des Zuschauers an das Dargestellte. Während das religiöse Gemälde eine Vergegenwärtigung des heiligen Geschehens anstrebt, das in der Liturgie (vor dem Altargemälde) noch einmal symbolisch wiederholt wird, bieten die Tableaux vivants ihrerseits eine Altarbildfunktion *innerhalb* des Films an, womit sie es sind, die die liturgische Situation wiederholen. Was ist damit gemeint?

---

32 Vgl. Païni (1996), S. 152.

Der Film transkribiert die Originalschauplätze als sakral bestimmte Handlungsräume zu seinen eigenen filmimmanenten Handlungsräumen. Mit diesem Schritt vollzieht sich die Wandlung der Tableaux vivants von bloßen Nachbildern zu ›sakralen Stellen‹ innerhalb des Films, die eine, wörtliche oder metaphorische, Altarfunktion erfüllen. Hierin wird das Bemühen ablesbar, CHRISTUS nicht nur zum seriösen Passionsfilm mit ›dokumentarischem Charakter‹ zu machen, sondern zu einem durch die Originalschauplätze und die teils verehrten Bildwerke ›geweihten‹ Sakralwerk.[33]

Die Tatsache, daß Antamoro für CHRISTUS ausnahmslos Tableaux vivants nach berühmten Gemälden einsetzte, macht deutlich, wie wichtig es war, gerade das bekannte, soziokulturell und teilweise auch kultisch überformte Bild filmisch zu wiederholen. Denn nur ein vorgeprägtes Gemälde konnte zum Garanten für die religiöse Wahrheit des Passionsfilms werden. So trägt gerade die Wiederholung der allzu bekannten Sakralthematik im Tableau vivant wesentlich zur Evidenzbildung des Films bei und amalgamiert noch einmal die unterschiedlichen Visualisierungsmodi. Darüber hinaus stellen die Tableaux vivants überaus positive Vehikel für die Emotionalisierung des Zuschauers dar, dem CHRISTUS ansonsten nur wenig expressive Szenen bietet.

Mit der filmbeherrschenden Omnipräsenz der Tableaux vivants schreibt sich CHRISTUS also in eine, um mit Pier Marco De Santi zu sprechen, »visione di arte«[34] ein, womit er geschickt das dreifache Bündnis zwischen Kunst, Theologie und Historie für sich arbeiten läßt. Die mehr oder weniger statuarischen Nachstellungen von Gemälden werden in dieser Zeit noch nicht unter dem filmischen Aspekt der Bewegungsbilder betrachtet, was erst in den 1920er Jahren von einigen (wenn auch wenigen) Kritikern negativ angemerkt werden wird. Erst dann empfindet man sie als zu statisch, zu sklavisch an den klassischen Künsten orientiert und damit schließlich als afilmisch.[35] Antamoro konnte seinen CHRISTUS also noch selbstbewußt inmitten einer Tradition der Kult- und Sakralbilder situieren. Womit er gleichzeitig rechnen konnte, war die Anerkennung sei-

---

33 Ich werde im folgenden noch aufzeigen, daß die Übergänge und die sich damit konstituierenden Unterschiede zwischen Kultbild, Sakralbild, religiösem Bild und schließlich profanem Kunstwerk für den Zuschauer von sekundärer Bedeutung waren und die Bildgläubigkeit selbst nicht schmälerten.

34 Vgl. Santi, Pier Marco de (1987): Cinema e pittura [Heftthema], in: Art e dossier, 16 (Sept.), S. 45.

35 Wie z.B. die Kritik am Passionsfilm THE KING OF KINGS von Cecil B. DeMille (USA 1927) es zeigt, die Gilbert Selders in »The New Republic« vom 04.05.1927 verfaßte; nachzulesen in Tatum (1997), S. 6f.

nes Kunstanspruchs und die Fundamentierung seiner religiösen Absichten.

Es widerspricht sich nicht, wenn die gleichen Tableaux vivants, die das Auratische des Gemäldes oder der verehrten Originalschauplätze auf den Film übertragen sollten, gleichzeitig dramaturgische Sensationen eines Attraktionskinos darstellen, das Tom Gunning als das Vergnügen des Zuschauers an der Unvorhersehbarkeit des Augenblicks beschreibt.[36] Antamoro konnte nicht entgangen sein, daß die Tableaux vivants besonders dafür geeignet waren, die technischen Möglichkeiten eines Films zur Entfaltung kommen zu lassen. Natürlich basiert ihre Sensation nicht mehr auf einer simplen Verblüffung, die den Zuschauer zum Gaffer von zotigen oder ungewöhnlichen Szenen macht wie dem ›Verschlucken‹ einer Kamera in THE BIG SWALLOW (USA 1901, James Williamson). Sie ist subtiler, weil sie die Möglichkeit ergreift, die Tableaux vivants selbst als eine *magische* Attraktion zu gestalten. Ergriffen wie staunend – so die Zeitungsberichte[37] – sahen die zeitgenössischen Zuschauer einer filmischen Verlebendigung der Passion Christi zu, die sie aus den Altarbildern und Prozessionen oder Passionsspielen her kannten. Mit einem großen Unterschied allerdings, denn hier fliegt der die Frohe Botschaft verkündende Erzengel tatsächlich an Maria heran, so wie Christus tatsächlich gen Himmel entschwebt. Was Fra Angelico in seinem Verkündigungsbild oder Raffael in der Verklärungsdarstellung mit den spezifischen Mitteln der Malerei nur andeuten konnte und ferner der Imaginationsleistung des gläubigen Bildbetrachters überlassen mußte, kann der Film in einer geradezu perfekten illusionistischen Leistung vor Augen führen.

Daß CHRISTUS wie den Passionsfilmen allgemein eine starke evidenzstiftenden Funktion zukam, ist unüberschbar, denn die trickreiche Visualisierung der Wunder sollte gerade an denen Wirkung zeitigen, die nicht glauben können, solange sie es nicht mit eigenen Augen gesehen haben. Die Presse ließ dieses Staunen in ihre rhetorischen Fragen einfließen, in denen gleichermaßen eine Spur von Betroffenheit herauszulesen ist. »Ein Meisterwerk? Ein seltenes Wunder? Eine bis jetzt noch nie gesehene Arbeit? Ein vollkommener Film? Das sind nur leere Worte! […]«, jubelt Alberto Cavallaro, der Chefredakteur von *La vita cinematografica* aus Turin nach der Uraufführung.[38]

---

36 Vgl. Gunning, Tom (1986): »Cinema of Attractions«, in: Wide Angle, 8/3-4, S. 63–70.

37 Vgl. Ricci (1988), S. 112ff.

38 25.11.1916, hier zitiert in Ricci (1988), S. 114; vgl. auch den Aufsatz in »Pasqua ›sorprende‹ i padani« (ohne Autor) in der italienischen Regional-

Alleine angesichts dieser Rhetorik ist es zu kurz gegriffen, wenn man wie Abate die Tableaux vivants als »rudimentäre magische Effekte«[39] bezeichnet. Handelt es sich hierbei nicht vielmehr um eine gewissermaßen ›primäre Magie‹? Eine Bilder-Magie, die fähig war, aus der piktoralen Verkündigung des Erzengels Gabriel eine ›transzendente‹ Erscheinung auf die (Kino-)Leinwand zu zaubern. Hier wird die Magie des Bildes zur Magie des Kinos, das Erwin Panofsky, ganz der sakralen Metaphorik verpflichtet, mit einer dunklen Kathedrale vergleicht, an deren absidialem Ende im geisterhaften Schein der Lichtprojektion sich ein Bild materialisiert.[40] Und es gibt kaum eine bessere Vorlage für die Vorführung einer solchen ›magischen‹ Verlebendigung des Bildes als die *Verkündigung* nach Fra Angelico, die sich in ihrem ungewöhnlichen Ausdruck zwischen Aktion und Stagnation der Bewegung wie eine Vorstufe zu den Filmbildern des frühen Kinos präsentiert.

Die Besonderheit der Tableaux vivants in CHRISTUS beruht somit auf zwei gegenläufigen Systemen: der auf Bewegung abonnierten Verlebendigung und der Erstarrung des Filmbildes zu einem Freeze frame. Im angehaltenen Filmbild konnte das Tableau vivant zu seinem Ausgangspunkt – dem Gemälde – zurückkehren, konnte es markieren als die ›Autorität einer Sache‹, für die es stand. In seiner Auflösung in filmische Bewegung erreichte es wiederum eine Aktualisierung des Gemäldes, indem es in die Identität der Bewegungsbilder überführte. Auf diese Weise gleiten die Tableaux vivants vom filmischen Narrationsmodell, das auf eine homogene Zeitentfaltung im Raum setzt, zum piktoralen Modell von Simultanität und Sukzession und wieder zurück.

Bilderglaube

Auch wenn die Tableaux vivants moderne Tricktechnik ihrer Entstehungszeit vorführen, so liegen ihre Wurzeln gerade *in puncto* Attraktion, die sie hervorrufen, in kulturellen Praktiken, denen der Imaginationswunsch nach Wundern und Mystik inhärent ist. Sie kulminieren in einer Bildgläubigkeit, zu der die Vorstellung von einer potentiellen Lebendigkeit der ikonisch kodierten Heiligenbilder wesentlich dazugehört. Diese scheinbar auch in der Moderne virulente Vorstellung hat ihre tiefliegen-

---

zeitung »La Padania« (27.03.2002), unter: http://www.lapadania.com/2002/marzo/27/27032002p12a5.htm (dort unter »Nord Cultura«).

39 Abate (2002).

40 Vgl. Panofsky, Erwin (1947/1999): Stil und Medium im Film & Die ideologischen Vorläufer des Rolls-Royce-Kühlers, Frankfurt/Main: Fischer, S. 51f.

den Ursachen im Ikonenkult der Ostkirche und dem etwas gemäßigten Bilderkult der Westkirche.[41]

Die kinematographische Attraktivität von Antamoros Tableaux vivants pendelt somit zwischen zwei, ihrem Wesen nach differenten, sich in Teilen aber ergänzenden Polen von tiefer Bildgläubigkeit und effektbasiertem Attraktionswunsch einer technischen Apparatur. Man kann also sagen, daß hinter der engen Anbindung des Tableau vivant an das ihm vorgängige Gemälde deutlich der Wunsch nach einer Auratisierung des Filmbildes und als Folge davon nach einer wirkungsvollen Beglaubigung der Filmhandlung steht. So basiert Antamoros Einsatz der Tableaux vivants auf einer prozessualen Transkription von Bedeutungen, die gemäldegeneriert sind. Ihre auratische Übertragungsbewegung weist Parallelen zu sakralen Berührungsriten auf: Das, was auf dem Bildträger örtlich fixiert wurde, ist durch den kinematographischen Apparat scheinbar zum Leben erweckt und erreicht mittels der strukturellen Bindung – einer ›Berührung‹ mit dem Original in der Nachstellung – die erwünschte Signifikanz. Für das zum Staunen gebrachte Publikum vollzieht sich in CHRISTUS somit eine *Erneuerung* der Passion Christi, die durch die Metamorphose des sakralen Bildes vorangetrieben wird. Welche Auswirkungen eine solche mimetische ›Übertragungsleistung‹ auf die Zuschauer haben konnte, beschreibt David Belasco anläßlich der Theaterpremiere einer Passion, die 1879 in San Francisco statt fand:

Die gesamte Vorstellung war von einer Einfachheit, die an Erhabenheit grenzte. All dies wurde vollendet durch die Bauten und das Licht, und als O'Neill [der Christus-Darsteller] aus seiner Garderobe kam und mit einem Lichtkranz um sich herum auf der Bühne erschien, sanken Frauen auf die Knie und beteten,

---

41 Zu den bekanntesten und anschaulichsten Bildlegenden gehört die des hl. Nikolaus, dessen Ikone das Haus eines Kaufmanns vor Räubern zu schützen hatte. Nach der Vernachlässigung seiner Aufsichtspflicht wurde das Bildnis ausgepeitscht und sollte das gestohlene Hab und Gut zurückbeschaffen. Bezeichnenderweise erschien der hl. Nikolaus den Räubern mit Striemen im Gesicht, die von der ›Züchtigung‹ des Bildes herrührten. Vgl. Krickelberg-Pütz, Anke-Angelika (1982): »Die Mosaikikone des Hl. Nikolaus in Aachen-Burtscheid«, in: Aachener Kunstblätter, 50, S. 29–39. Grundlegend zum Bilderkult nach wie vor Belting, Hans (1993): Bild und Kult. Eine Geschichte des Bildes vor dem Zeitalter der Kunst, München: Fink; zum Urbild und Ikonenverehrung siehe auch Spanke, Daniel (2004): Porträt – Ikone – Kunst. Methodologische Studien zur Geschichte des Porträts in der Kunstliteratur. Zu einer Bildtheorie der Kunst, München: Fink.

und als er entkleidet und vor Pontius Pilatus gezerrt wurde, gekrönt mit einer Dornenkrone, weinten viele.[42]

Hier wird nachdrücklich deutlich, wie stark die Nachwirkungen der Kultbilder, der kultischen Bildpraxis, wie der daraus resultierenden und im 19. Jahrhundert nur als diffus zu bezeichnenden Bildgläubigkeit waren. Eine solche Dominanz des Bilderglaubens, gepaart mit dem religiösen Imaginations- und Einfühlungswunsch der Zuschauer, führte während der Aufführung nicht nur zu somatischen Überreaktionen, sondern auch zu einer grundsätzlichen Bereitschaft, mimetische Transkriptionen (Schauspieler–Sakralfigur, Gemälde–Tableau vivant) vorzunehmen und sie zu stabilisieren. Im selben Kontext steht auch der zeitgenössische Bericht von Vico D'Incerti zu CHRISTUS, in dem er von der überaus einfühlsamen, ja geradezu ›echten‹, schauspielerischen Leistung der Madonna-Darstellerin Leda Gys schreibt:

Während die Szenen der Verkündigung gedreht wurden, ist die Gys unten in einer Ecke des Hauses von Joseph niedergekniet, ganz von ihrem Part eingenommen; im schönen jungen Gesicht, im klaren und süßen Blick, war eine intensive, wahre Rührung.[43]

»Ganz von ihrem Part eingenommen«, wie D'Incerti schreibt, befindet sich die Gys zwischen Selbstsuggestion und mimetischer Angleichung an das piktorale Vorbild. In ihrer äußerlichen Gebärde imitiert sie die Darstellung der Maria, wie sie sie aus dem sakralen Zusammenhang der (kultischen)Bilder her kannte. Aber, so läßt sich anschließend fragen, woher kommt die »wahre Rührung«, die der Beobachter der Szene hervorhebt? Entspringt diese Körpersprache dem Vor-Bild, gehört es der schauspielerischen Kunst an, oder ist dem Kommentar noch etwas anderes eingeschrieben?

Zieht man weitere der zahlreichen Anekdoten um Leda Gys' Darstellungskunst hinzu, so wird deutlich, wie diffizil die Bezüge zwischen kultischer Bildpraxis, schauspielerischer Selbstsuggestion und naiver Gläubigkeit aufeinander wirkten. D'Incerti berichtet ferner von einer aufschlußreichen Begebenheit, die am gleichen Set stattfand. So soll, als

---

42 Bei der Passion Christi handelt es sich um ein Theaterstück nach Salmi Morse und David Belasco, dem Leiter der Aufführung. Vgl. Winter, William (1918): The Life of David Belasco, New York: Moffatt, Yard, S. 124f., zitiert in Musser (1999), S. 35. Interessanterweise war Salmi Morse auch der Drehbuchautor von THE PASSION PLAY OF OBERAMMERGAU von 1898.

43 Abate (2002).

Antamoro nach den für die Verkündigungsszene benötigten Blumen schickte, wenig später ein Mädchen mit einem Bund Rosen und Lilien gekommen sein: »Wie sie die Gys sah, strahlend im Licht, ließ sie alle Blumen fallen und faltete die Hände zum Gebet: Sie glaubte, sie stehe wahrhaftig vor der Madonna.«[44] Eine andere Quelle berichtet von dem gleichen Ereignis in einer geringen Abwandlung: »[...] Leda Gys verkörperte die Madonna. Sie ist dermaßen in ihrer Rolle gefangen, daß ein Mädchen, das in der Pause Kaffee brachte, sie wirklich für die Madonna hielt und von Krämpfen ergriffen wurde.«[45]

Auch wenn man diese bei Reportern und anderen Beteiligten beliebten Anekdoten in ihrem Wahrheitsgehalt sicherlich relativieren muß, bleibt doch ihre Rhetorik aufschlußreich, indem sie nachdrücklich auf die Translation einer Schauspielerin auf ein Bild hin verweist:

Die Schlichtheit, die religiöse Bescheidenheit ihrer Gesten haben kein simples Modell ergeben, sondern ein, das Raffaels Pinsel würdig wäre. Ihr tugendhaftes Profil, fast übernatürlich, scheint sich im Gebet der wundervollen Geburtsszene zu verklären. Leda Gys war nicht mehr die schöne Schauspielerin, der wir immer und immer wieder applaudiert haben, sondern die Rosa Mystica der Heiligen Schriften.[46]

Und zu ihrem männlichen Kollegen und Christus-Darsteller, Alberto Pasquali, der als Theaterschauspieler schon mit berühmten Ensembles zusammengespielt hat, ist zu lesen: »Der Schauspieler Pasquali war einfach ein überraschend hervorragender Christus. Die Nahaufnahme des Todes würde es verdienen, in einem feierlichen religiösen Museum aufgenommen zu werden«[47] (Abb. 8).

Allen Beschreibungen der Akteure und Szenen am Set ist eine Bildmetaphorik eigen, die eine Übertragungsbewegung zwischen Bild- und Realperson indiziert. Ob es das einfache Dienstmädchen ist,[48] daß die Schauspielerin für die wahre Madonna hält, ob es die religiös-ästhetische Überhöhung der Schauspieler zu Modellen nach Raffael oder Rosa My-

---

44 Vico D'Incerti zitiert in Abate (2002).
45 Abate (2002); vgl. auch Ricci (1988), S. 117.
46 Ebd.
47 Ebd.
48 Die Einführung des Dienstmädchens erfüllt zwei wichtige Aufgaben, denn es verweist mit der ›Einfachheit‹ seines Gemüts sowohl auf die Möglichkeit einer Täuschung als auch auf das Gegenteil: Gerade der ›reine‹, einfache Charakter soll auf den unmittelbaren, das heißt unverdorbenen Zugang zu den tieferen religiösen Wahrheiten hindeuten.

Abb. 8: CHRISTUS – Christus am Kreuz (›Der neue filmische Bildtypus‹; Sequenz-Stills)

stica, oder sogar eine Neuformulierung eines Kultbildes durch die filmische Komposition des sterbenden Christus in Nahaufnahme ist – all diese Verweise zeugen von einer außerordentlichen Bildwirksamkeit, deren Ursprung in den ursprünglich kultischen Bildern selbst liegt. Die Auratisierung ergreift nicht nur die filmischen Tableaux vivants, sondern auch die exponierten Schauspieler am Set.[49]

Mit diesem Befund ist das im frühen Filmkontext proklamierte »absence of presence«, wodurch in Amerika noch die Fragewürdigkeit von Passionsaufführungen relativiert werden konnte, problematisiert. Was zu einer Auratisierung des Filmbildes beiträgt, führt jenseits des kinematographischen Bildes offenbar nicht zu der erhofften Nivellierung des Körpers, statt dessen zu einer Sakralisierung des Profanen: des Schauspielers, des Films, des Tableau vivant. Sicherlich, und das ist zunächst entscheidend, hat das filmische Tableau vivant verglichen mit den Lebenden Bildern der Goethezeit seinen bloß körperlichen Reiz wieder abgelegt.

Zwar ist die in CHRISTUS sichtbar werdende Dominanz des Sakralbildes vordergründig durch die religiöse Filmthematik motiviert, daneben gibt es jedoch eine weitere, eine psychologische Komponente, die von einer konzentrierten Anwesenheit des Dargestellten im Bild ausgeht.

---

49 Man muß an dieser Stelle sicherlich auch dem Kult um die Filmstars Rechnung tragen, allerdings nicht ohne die darin bereits bestehende Verbindung von Sakralem und Profanem zu beachten. Vgl. Barthes (1957/1996): »Das Gesicht der Garbo«, in: Ders., Mythen des Alltags, Reinbek: Rowohlt, S. 73–75.

Hans-Georg Gadamer spricht von der »rätselhaften Präsenz«, die dem Bild innewohnt: »Es kommt heraus, d.h. es ist so, daß man das Gefühl der zwingenden Präsenz hat, die nicht auf etwas Abgebildetes verweist, sondern im Bilde selber präsent ist, so, daß es wahrhaft heraus kommt.«[50]

Im selben Kontext wirft Gottfried Boehm die Frage nach dem Alchemistischen und Magischen des Bildes auf – »Woher nehmen die Bilder ihre Macht?« –, die er mit dem Verweis auf die Ununterscheidbarkeit zwischen dem Artefakt »Bild« und dem Bildinhalt beantwortet, die beispielsweise im Moment der Verkörperlichung eintritt. Indem ein Bild in diesem Sinne verkörpert, »zielt [es] auf reale Präsenz, die man gelegentlich auch ›magisch‹ genannt hat.«[51] An dieser Stelle entfaltet sich der ikonische Urbildcharakter des Gemäldes, von dem religionsgeschichtliche wie ethnologische Befunde Zeugnis ablegen. Hierbei geht es nicht nur um die »Kraftseele« (Boehm) des Bildes, seine physisch-psychische Präsenz, sondern auch um die Rolle des Betrachters, der »eine Mitanwesenheit, ein Dabeisein im emphatischen Sinne erfährt.«[52] Die Lebendigkeit des Abwesenden – oder die Anwesenheit des Abwesenden im Bild –, die vor allem das Porträt evoziert, erfährt im Zusammenspiel von Artefakt und Vergegenwärtigung eine Verschiebung zur Anwesenheit des Bildes selbst hin:

Die Darstellung ersetzt nicht, was sie sichtbar macht. Re-präsentieren bedeutet nicht: noch einmal präsentieren. Es ist weniger und mehr zugleich. Darstellung *unterbietet* was der Dargestellte war oder ist, indem sie sich ganz den Möglichkeiten von Leinwand und Farbe, von Stein oder Bronze anvertraut. Sie *überbietet* ihn, indem sie ihn […] dauerhaft mit dem Status der Lebendigkeit beleiht. Erst vom Bild her wird er überhaupt gegenwärtig, zu dem, was er ist oder sein kann. Das Präfix Re- in der Re-präsentation bewirkt mithin eine *Intensivierung*. Sie vermehrt das Sein des Dargestellten durch ein Surplus.[53]

Was aber vermag von all dem das Tableau vivant? Zunächst muß noch einmal deutlich hervorgehoben werden, daß die filmische Adaption der Passion Christi in Europa bereits in einer kulturell stark eingeschrieben Tradition der Altar- und Heiligenbilder, der Krippen- und Passionsspiele

50 Gadamer, Hans-Georg (1994): »Bildkunst und Wortkunst«, in: Gottfried Boehm, Was ist ein Bild?, S. 99.

51 Boehm, Gottfried (1994b): »Die Bildfrage«, in: Ders., Was ist ein Bild?, S. 327 und S. 331.

52 Boehm, Gottfried (2001): »Repräsentation – Präsentation – Präsenz«, in: Ders. (Hg.), Homo pictor, (Colloquium Rauricum, Bd. 7), München, Leipzig: Saur, S. 3f.

53 Ebd., S. 5.

stand und damit anders als in dem baptistischen Amerika weit von einer frevlerischen Handlung entfernt war.[54] Die Entstehungsgeschichte des Lebenden Bildes läßt sich selbst in diesem teils theatralen, teils sakralen Kontext wiederfinden. In der engen Bindung des Tableau vivant an das vorgängige Gemälde kommt noch, wenn auch in einem schwachen Abglanz, der ursprüngliche Einsatz des sakralen Bildes in der kultischen Handlung (der Liturgie) zu Tage, bei welcher die Imago und der kultische Inszenierungskörper noch keine Gegensätze bildeten.[55] Diese Bindung und damit einhergehende Wirkmächtigkeit des sakralen Gemäldes wird in CHRISTUS im Rahmen einer piktoralen Narration intentionalisiert. Begründet auf der ursprünglichen Präsenz des Bildes, stellt das filmisch umgesetzte Tableau vivant eine Re-Präsenz des Bildkörpers dar. In CHRISTUS ist es in der Tat mehr als nur eine Nachbildung der Bildvorlage – es ist die wörtliche Umsetzung der Vorstellung von einer präsentischen Verkörperung. In diesem Punkt muß man den Befürchtungen der baptistischen Moralisten recht geben, daß nämlich die figürlichen Modelle in der Berührung mit den Gemälden mit diesen verwechselt werden konnten und umgekehrt.

Bei den früheren Passionsverfilmungen, speziell in Amerika, erachtete man die Nachstellung eines religiösen Bildes, insbesondere wenn es sich einer großen Popularität erfreute, als förderlich für die bessere Schau der Glaubensinhalte. Colonel Henry Hadley, ein berühmter methodistischer Prediger in der Zeit um 1898, der DAS PASSIONSSPIEL VON OBERAMMERGAU in New York City sah, rühmte den Film aufgrund seiner bildlichen Evidenz:

These pictures are going to be a great force. It is the age of pictures. See the billboards and the magazines and the newspapers; more and more pictures all the time. These moving pictures are going to be the best teachers and the best preachers in the history of the world. Mark my words, there are two things

---

54 Ein pietätvoller Umgang mit dem sakralen Thema bildet die notwendige Voraussetzung, die offensichtlich durch den Einsatz von Tableaux vivants geleistet werden konnte. Bezeichnend hierfür sind die Überzeugungsversuche der amerikanischen Befürworter des Passionsspiels, die sich immer wieder auf zwei Argumente stützen: auf das Laienspiel und die Nachstellung von sakralen Gemälden. Aber auch das Passionsspiel in Oberammergau, sowohl wegen seiner ›Ursprünglichkeit‹ als auch wegen der ›vollendeten‹ ästhetischen Darbietung gleichermaßen gelobt, greift auf bildliche Vorlagen zurück, um auf diese Weise einen gesteigerten Ausdruck und eine deutliche Exaltation beim Zuschauer zu erreichen. Vgl. Huber (1999), S. 9ff.

55 Vgl. Mondzain (2006), S. 23f.

coming: prohibition and motion pictures. We must make the people think above the belt.[56]

Hadleys Begeisterung für den Passionsfilm, den er für seine Predigten verwenden wollte, läßt an die heutigen *Electronic Churches* in Amerika denken. Aber es macht auch auf die Bedeutung des Bildes und seiner Wirkungskraft aufmerksam, die in CHRISTUS noch einmal durch die Referenz auf das differente, religiöse Bildsystem untermauert wird. Es bleibt nachzutragen, daß auch dieser Film den Weg in die Kirchen gefunden hat.[57] Bezeichnend für den zeitgenössischen Umgang mit Passionsfilmen wie CHRISTUS ist das Wanderkino des Schweizers Willy Leuzinger, der 1919 den populären Passionsfilm auf seiner ersten Tournee zeigte.[58] In »Mitteilungen und Vorschläge für Veranstalter von Filmvorführungen der Bodelschwinghschen Anstalten Bethel«, einer deutschen Missionsgesellschaft aus den 1920er Jahren, findet man in der Einleitung zu Filmvorführungen von religiöser und missionarischer Thematik im kirchlichen Rahmen folgendes:

Gemeindegesang oder Chorgesang und vor allem Mitwirkung der Orgel zwischen den einzelnen Akten in Anpassung an das Dargebotene tragen zur Vertiefung der Eindrücke bei. […] In der Kirche wird die Vorführung dann zu einem Gottesdienst, der auf alle Besucher tiefen Eindruck machen wird.[59]

Der Filmdiskurs oszilliert also zwischen Kirche und Schule – zwischen sakralen und profanen Exerzitien. Die Frage nach den Möglichkeiten und Gefahren einer Verbindung zwischen Kanzelpredigt und Filmvorführung beschäftigte viele religiös-politische Zirkel in Amerika in der Zeit von 1890 bis 1930, ohne danach gänzlich zu verebben.[60] Wie man zu einem Film in der Kirche predigen konnte, beschreibt Rev. Chester S. Bucher in einem Artikel in *The Literary Digest* von 1916:

---

56 Hier zitiert in Tatum (1997), S. 27.

57 Vgl. Lewinsky (2000), S. 72, 77 und Anm. 5 und 9.

58 Lewinsky (2000), S. 72, vgl. Zitat weiter oben im Text.

59 Wie Filmvorführungen in Deutschland der 1920er bis 1940er Jahre als ›Gottesdienst‹ funktionierten beschreibt Meyer, F.T. (2004): »Bekehrung mit der Kamera. Filme der Äußeren Mission«, in: Geschichte des dokumentarischen Films in Deutschland, Bd. 2: Weimarer Republik 1918-1933, hg. v. Peter Zimmermann (u.a.), Stuttgart: Reclam, S. 204–218, hier insb. S. 216–218; für das Zitat ebd., S. 217.

60 Siehe die sehr gute Dokumentationsarbeit von Lindvall (2001). Für neuere und zeitgenössische Filme und ihre religiösen Thematiken siehe Runions, Erin (2003): How Hysterical: Identification and Resistance in the Bible and Film. Religion/Culture/Critique. New York: Palgrave.

The Bible film was the basis of the sermon. The life of Christ was used in a se-
ries, one reel each Sunday night. When the people actually saw Jesus sink to his
knees under the weight of the cross, there were involuntary exclamations of
horror as the Roman soldiers goaded him on with the points of their spears.
Then came my chance to make plain how our sin crucifies Christ to-day. [...][61]

Die Leinwand aus einer Aluminiumbeschichtung wurde nach Bedarf vor
den Gläubigen entrollt, so daß die ›kathedrale‹ Inszenierung, von der Panofsky noch im übertragenen Sinne spricht, hier de facto umgesetzt wurde. Panofsky paraphrasierend kann man das filmische Tableau vivant als
die Metapher der Translation betrachten, dessen Bewegung vom kul-
tisch-religiösen Gemälde zum ›sakralen‹ Filmbild führt. Unübersehbar
steht hier die Wirksamkeit des Altarbildes im Hintergrund, dessen Inhalt
zu einer visuellen Kristallisation der Glaubenswahrheiten erhoben wird.

*Abb. 9: Filmaufführung in der St. Rochus-Kirche,
Köln-Bickendorf*

Daß diese spezielle Kirchenpraxis nicht vollkommen in Vergessenheit
geraten ist, ganz im Gegenteil, sich offenbar großer Beleibtheit mit entsprechender Presseresonanz erfreut, davon zeugen beispielsweise das
Programm der St. Rochus-Kirche in Köln-Bickendorf und das Repertoire

---

61 »How to Preach by Moving Pictures« (anonym), in »The Literary Digest«
    53, vom 25.11.1916, S. 1410–11; hier zitiert in Lindvall (2001), S. 157.

des Stummfilm-Komponisten und Veranstalters entsprechender Filmvorführungen, Wilfried Kaets (Abb. 9).[62] Wie bildgewaltig sich eine solche
Präsentation im Kirchenraum ausmachte, zumal auch noch an der überaus prominenten Stelle in der Hauptapsis hinter dem Altar, davon zeugt
das Foto, das für das Ankündigungsplakat der Kölner Kirche verwendet
wurde. Bezeichnenderweise war THE KING OF THE KINGS (USA 1927, de
Mille) der Eröffnungsfilm für die Karwoche in St. Rochus.

Wenn auch hier der Vorführsaal mit dem Sakralraum in eins fällt, so
konnten sich gleichwohl auch die gewöhnlichen Kinosäle, in denen Filme wie CHRISTUS vorgeführt wurden, in ›sakrale Orte‹ verwandeln, an
denen die Passion für den Zuschauer lebendig erfahrbar wurde. Der Zuschauer wohnte der Leidensgeschichte Christi ›live‹ bei, die ihm der Film
als Nachstellungen der Sakralbilder vorführe. Das filmische Tableau vivant wird in dieser spezifischen Inszenierung zur »Sprache der Kunst«,
von der Karl Philipp Moritz schreibt: »[…] Man kann wohl sagen, daß in
diesem Gemälde der erhabenste Ausdruck herrscht, wodurch die Malerei
selbst zur Sprache wird, oder vielmehr die Sprache unendlich über-
trifft.«[63] Und mit Wackenroder ergänzt: »[…] Durch welche der Schöpfer den Menschen vergönnt hat, die himmlischen Dinge in ganzer Macht
[…] zu fassen und zu begreifen.«[64] Dieser »Offenbarungscharakter« der
Kunst (Kemp), läßt sich auch auf die filmischen Tableaux vivants in
CHRISTUS übertragen, denn auch hier teilt sich Gott – entsprechend der
Sprache der Natur – durch die großen Künstler den Gläubigen unmittelbar mit.[65]

---

62 Für das Stummfilmprogramm der St. Rochus-Kirche siehe das Archiv auf
   der Homepage: http://www.rochuskirche.info/ vom 27.12.2007. Mit welchen Sujets und wie häufig die Filmvorführungen in Kirchenräumen stattfinden kann man auf der Homepage von Winfried Kaets ersehen (dort auch
   Pressestimmen und Bildmaterial): http://www.stummfilmlive.de/aktuelles
   index.htm vom 27.12.2007.
63 Moritz, Karl Philipp (1962): Schriften zur Ästhetik und Poetik, hg. v. H.J.
   Schrimpf, Tübingen: Niemeyer, S. 221.
64 Wackenroder spricht an dieser Stelle von zwei »Sprachen«, der Sprache
   der Natur (»die nur Gott redet«) und der der Kunst; vgl. Wackenroder,
   Wilhelm Heinrich (1797/1968): Sämtliche Schriften, Reinbek: Rowohlt,
   S. 55.
65 Vgl. Kemp (1989), S. 113ff.

KORDA:
HENRY VIII (1933)

Alexander Kordas Film THE PRIVATE LIFE OF HENRY VIII (Das Privatleben Heinrich VIII., E 1933) – der Titel macht es unmißverständlich deutlich – möchte eine Lücke in der offiziellen Geschichtsschreibung füllen
und dem Publikum den durch seine mörderische Scheidungspraxis bekannten englischen König als Privatperson vorstellen. Mit diesem Anspruch ist ausschließlich das Ehe- und Liebesleben Heinrich VIII. gemeint, das der Film in fünf Episoden – entsprechend der fünf vorgestellten Ehefrauen – zeigt, wobei er auf die erste Ehe mit Catharina von Ara-
gon nur in einem Zwischentitel hinweist:

> »[…] Her story is of no particular interest –
> she was a respectable woman. So Henry divorced her.«

Der Film beginnt mit zwei parallel geschalteten Episoden: der *Hinrichtung von Anne Boleyn*, der zweiten Ehefrau Heinrich VIII., und der Vorbereitung für die ausstehende *Hochzeit mit Jane Seymour*, seiner dritten
Ehefrau. Auf die Eheschließung folgt schnell der frühe Tod Janes im
Kindsbett, so daß die nächste Heiratsepisode mit der holländischen Prinzessin *Anna von Kleve* nachrückt, deren Inszenierung wiederum mit dem
Liebeswerben des Königs um *Catherine Howard* verwoben ist. Korda
widmet diesen beiden Figuren die längsten Filmsequenzen, wobei Anna
die komische, Catherine hingegen die tragische Rolle zukommt. Das komische Potential, das von dem Drehbuchautor Lajos Biró in der Figur
Anna von Kleve hineininterpretiert wurde, liegt offenbar in der Tatsache
begründet, daß die holländische Prinzessin die einzige von Heinrichs
sechs Frauen ist, deren angebliche Häßlichkeit und Naivität sie nicht nur
davon bewahrte, ihren Kopf zu verlieren, sondern ihr auch dazu verhalf,
Kapital aus der Scheidung zu schlagen.[1]

---

1   Für die historischen Hintergründe siehe Weir, Alison (2001): Henry VIII.
    The King and his Court, New York: Ballantine Books.

115

Die daran anschließende Catherine-Episode, eingeleitet durch den Zwischentitel

»Catherine was happy with her crown,
Henry was happy with his Catherine«

wird getragen durch die psychologisch am stärksten ausgearbeitete Figur der fünften Königin an der Seite des englischen Herrschers. Heinrichs Liebe zu ihr schützte sie gleichwohl nicht vor der Hinrichtung, die wegen ihrer historisch nicht haltbaren, im Film aber gegebenen Untreue vollstreckt wird.

Ähnlich wie die beiden ersten Eheepisoden fällt auch die Catherine-Parr-Sequenz, mit der der Film endet, sehr knapp aus: Der König, nun ein alter, einsamer Mann geworden, läßt sich noch einmal zu einer Heirat überreden – als ›Kupplerin‹ agiert seine einstige Ehefrau Anna von Kleve. Seine letzte Ehe interpretiert der Film als eine Vernunftehe, so wie Anna ehemals selbst eine politisch motivierte Heiratskandidatin für den König darstellte. Ernüchtert aber auch pointiert komisch kommentiert Heinrich am Ende des Films:

»Six wives, and the best of them's the worst!«

Entsprechend seinem Anliegen, das private Leben eines Königs darzustellen – dies darüber hinaus auch noch amüsant inszeniert –, blendet Korda die politischen Hintergründe und Machenschaften des englischen Hofes weitestgehend aus, in deren Kontext nicht zuletzt auch die Hinrichtungen und Verbannungen von vier Königinnen stehen. Parallel zu der Marginalisierung der politischen Zusammenhänge verlieren die Hinrichtungen ihre berechnende Dimension und werden durch einen psychologischen Handlungsantrieb motiviert, der einerseits in der Liebeskonstellation des Königs, andererseits aber in seinem Wunsch nach einem legitimen Thronfolger verortet wird. Unter den ›Herzensangelegenheiten‹ des Herrschers subsummiert, bleiben sie eher den voyeuristischen Neigungen des Publikums als den historischen Tatsachen geschuldet.

Was Korda unter dem programmatischen Titel THE PRIVATE LIFE OF HENRY VIII inszeniert, ist eine Geschichtsschreibung *für das Volk*. Er entwirft ein Bild vom englischen König als einem trotzig-kindlichen, von sexuellen Gelüsten und körperlichen Ausschweifungen geleiteten Mann. Aus der entpersonifizierten, symbolträchtigen Königsfigur wird in HENRY VIII eine ›menschliche‹ Figur, die – bei aller zeitlichen Distanz – Identifikationsmomente für die Zuschauer bereithält. Die filmische Adaption des historischen Stoffs gerät zu einer, wie Donald Crafton es ausdrückt »sex romp«,[2] wiewohl der Film in Wahrheit mehr ›romp‹ ist, doch mangelt es ihm nicht an deutlichen Sexualanspielungen,[3] in der die mit Witz und Esprit gestalteten Auftritte des Königs die tatsächliche Politik der Verbannungs- und Todesurteile kaschieren und vergessen helfen. In einer stärkeren Übereinstimmung mit ihren historischen Rollen inszeniert Korda die Königinnen, die kaum mehr als Staffagen für persönliche Dispositionen des Königs waren, was sich im Film wiederum in der Austauschbarkeit ihrer Körper widerspiegelt. Bezeichnenderweise erfüllten gerade die im Volksgedächtnis längst zum ›Signet‹ des Königs memorierten Hinrichtungen die Marketingzwecke Kordas amerikanischer Distributionsfirma *United Artists*, nicht zuletzt, weil sie als stille Szenen, ohne Gewalt und Häßlichkeit arrangiert sind.

Trotz der teils komischen Einlagen und der vereinzelt laut gewordenen Kritik der Zeitgenossen an Kordas Geschichtsauffassung und -darstellung[4] ist HENRY VIII ein Historienfilm, oder genauer: ein *Biopic*,[5] der auf eine glaubwürdige Schilderung der historischen Begebenheiten und Personen bedacht ist.[6] Situiert zwischen Komödie und Drama balanciert Kordas Film gleichzeitig zwischen Unterhaltungs- und Bildungsanspruch. Um dabei die angestrebte Authentizität vermitteln zu können, mußte er seine fiktionalen wie historisch beglaubigten Erzählelemente in ein ausgewogenes Verhältnis bringen, was wiederum die Frage nach den

---

2 Vgl. Crafton, Donald (1992): »The Portrait as Protagonist: The Private Life of Henry VIII«, in: IRIS, 14-15, S. 25f.

3 Vgl. Kulik, Karol (1975/1990): Alexander Korda. The Man who could work Miracles, London: Virgin, S. 95.

4 Vgl. Tabori, Paul (1959): Alexander Korda, London: Oldbourne, S. 131–132.

5 Der Begriff *Biopic* bezeichnet einen biographischen Film mit fiktionalen und nichtfiktionalen Elementen, wobei die Bezüge zu realexistierenden Personen deutlich im Vordergrund stehen. Biopic ist eine Kompilation aus den Worten *biographical* und *picture* und wurde zum ersten Mal 1951 im US-amerikanischen Fachblatt »Variety« verwendet. Seither hat er sich als Fachterminus gegenüber allen anderen Bezeichnungen (Bio, Filmbiographie, Biog) durchgesetzt. Hierzu vgl. Taylor (2002), S. 20–23.

6 Das Possenhafte wurde hier nicht außerhalb, sondern bewußt innerhalb des Historizitätsmodells verankert. Was amüsant wirkt, beruht maßgeblich auf der Diskrepanz zwischen dem modernen Denken des sich selbst als fortschrittlich empfindenden Zuschauers einerseits und den im Film vorgeführten altertümlichen Sitten und Gebräuchen der englischen (Hof-)Gesellschaft des 16. Jahrhunderts. Die zum Amüsement nötige Erkenntnis eigener Fortschrittlichkeit bedarf ferner einer als gelungen empfundenen Rekonstruktion des historischen Zeitkolorits, dessen Echtheit nicht angezweifelt werden dürfte.

Evidenz erzeugenden Effekten eines Biopics nach sich zieht. Wie kaum eine andere vorfilmische Kunstform ist das Tableau vivant dazu prädestiniert, ein solches intentionales Gemenge zu plausibilisieren.

Nur wenige mir bekannten Historienfilme und speziell Biopics verfügen über eine so große Anzahl sekundärer und überaus augenfällig in Szene gesetzter Gemäldereferenzen wie HENRY VIII. Zu der letzten Gruppe zählen Tableaux vivants, die vor allem nach berühmten Gemäldeporträts von Hans Holbein d. J. gestellt wurden. An erster Stelle ist die Nachbildung des ganzfigürlichen *Porträts von Heinrich VIII.* zu nennen, das Holbein als Wandgemälde für die ehemalige »Privy Chember« des Whitehall Palace schuf, und das den Herrscher als einen aufrechtstehenden, imperiale Macht ausstrahlenden Koloß inszeniert.[7] Diese Darstellung aus dem Jahr 1537 – selbst nicht mehr überliefert – existiert in vielfachen Kopien und Porträtvariationen, die immer wieder den Holbeinschen Prototyp des Herrscherporträts nachbilden und auf diese Weise zu seiner und des Malers Popularität in Großbritannien beigetragen haben

---

7   Ursprünglich befand sich dieses Wandgemälde, das nur in Rekonstruktionen erhalten ist, im sogenannten *Privy Chember* Heinrich VIII. in seiner Londoner Hauptresidenz. Mit der Bezeichnung sind nicht nur seine Privatgemächer gemeint, sondern auch der für die Privatbedürfnisse des Königs zuständige Hofstaat (Bedienstete, Sekretäre, Friseure, Ärzte, höherer wie niederer Adel mit offiziellen Aufgaben betraut). Das Wandgemälde zeigte in paarsymmetrischer Anordnung im Vordergrund links Heinrich VIII. mit seiner aktuellen Ehefrau Jane Seymour auf der rechten Seite, im erhöhten Hintergrund standen Heinrichs Eltern: Heinrich VII. und Elizabeth of York. Die Paare waren – möglicherweise – durch ein Epitaph mit imperialer Inschrift, das in der Mitte des Bildes angebracht war, räumlich voneinander getrennt. Dieses Gemälde ist beim Brand des Palastes 1698 zerstört worden, übrig geblieben ist eine Kartonage von Holbein, die den linken Teil des Gesamtbildes zeigt (Heinrich VIII. und seinen Vater). Zu den besten der zahlreichen Kopisten gehört Remigius van Leemput, dessen Werkkopie auf das Jahr 1667 datiert ist. Einen sehr guten kunsthistorischen Einblick in die Entstehungsgeschichte des Originals, seiner Kopien und Porträtvarianten gibt der Katalog der Liverpooler Kunstausstellung (Walker Art Gallery, 24.01.–30.03.2003): *Henry VIII Revealed* (2003). Holbein's Portrait and its Legacy, London: Holberton, dort auch Leemputs Kopie, siehe S. 75; zu den Gemälden Holbeins am englischen Hofe und historischen Bezeichnungen vgl. auch Katalog der Kunstausstellung Den Haag: *Hans Holbein der Jüngere: 1497/98–1543* (2003). Porträtist der Renaissance, Stuttgart: Belser; weiterführend zu Einzelanalysen siehe *Holbein der Jüngere* (1999), Akten des Internationalen Symposiums Kunstmuseum Basel, dort insb. zu Porträts in Bushat, Bruno (2003): »Hans Holbein – Vater und Sohn«, in: *Hans Holbein der Jüngere: 1497/98–1543* (2003), S. 151ff.

(Abb. 10).[8] Neben den berühmten Bildnissen Heinrichs gibt es einige Porträts der Königinnen, die eine zentrale Rolle im Film spielen, und zumindest dem britischen Publikum bekannt gewesen sein dürften. An erster Stelle ist das *Bildnis von Anne Boleyn* zu nennen, das ein unbekannter englischer Künstler im Zeitraum zwischen 1530 und 1536 malte und das dem Publikum zusammen mit der erwähnten Porträtzeichnung von Heinrich VIII. in der National Portrait Gallery, London, zugänglich ist (Abb. 16). Es ist realistischer davon auszugehen, daß die anderen zahlreichen filmischen Gemäldereferenzen dem Gros der Zuschauer weniger geläufig waren, wenn auch die von Holbein in seiner Londoner Phase gemalten Bildnisse durch seine späteren Reproduktionen sicherlich über einen größeren Wirkungskreis verfügten. Zwei dieser Bildnisse sind im Film prominent umgesetzt worden: das auf circa 1539 datierte *Porträt von Anna von Kleve* (Abb. 14) und das in der Zeit zwischen 1540 und 1541 entstandene *Porträt von Catherine Howard* (Abb. 17). Daneben ist noch auf das *Selbstporträt Hans Holbeins* (Abb. 12), einer kolorierten Kreidezeichnung auf Goldgrund, und zwei, nur teilweise filmisch umgesetzte *Bildnisse von Thomas More* und *Thomas Cromwell* hinzuweisen. Ein letztes Bildmotiv im Film, das zu der Gruppe der primären Gemäldereferenzen gehört, ist das sich in der »Royal Collection Her Majesty Queen Elizabeth II« (Gallery Hampton Court) befindende Bild eines Jungen, der mit seinem Zeigefinger gegen ein Butzenfenster klopft, *Boy looking through a casement*, und das in die szenisch gleichzusetzende Darstellung des gegen das Fenster ungeduldig trommelnden Heinrich eingegangen ist (Abb. 18).

Auch wenn man das Amüsement der Zuschauer nicht gänzlich vergessen darf, das sich beim Wiedererkennen der Bilder sicherlich einstellte, so zeugt die große Anzahl auf konkrete Vorlagen zurückzuführender Tableaux vivants von einer tiefergehenden Funktion, die sie im Film zu erfüllen hatten. Die Schlüsselposition kommt dabei eindeutig der Nachstellung des allbekannten ganzfigürlichen Porträts Heinrich VIII., die im folgenden genauer zu untersuchen sein wird.

---

8   Hans Holbein d. J. war in der Zeit von 1537 bis zu seinem Tod 1543 Hofmaler Heinrichs VIII.

Charles Laughton und das Porträt

Der erste Auftritt Charles Laughtons als Heinrich VIII. ist auf einen Überraschungseffekt hin angelegt: Mit einem harten Montageschnitt wechselt die Einstellung von einer der Hofdamen (Catherine Howard; Heinrichs spätere Ehefrau), die die Heiratspolitik des Königs verspottet, zu dem bereits im Türbogen des Saals stehenden Heinrich alias Laughton (Abb. 11).

Abb. 10: links: Hans Holbein d. J. – Heinrich VIII., Fragment (1537, National Portrait Gallery, London); rechts: Unbekannt – sog. »Walker's Heinrich VIII.« (1667, The Walker Art Gallery, Liverpool)

Mit der Überraschung der ertappten Hofdame korrespondiert die Überraschung des Zuschauers, der im Auftritt des Königs das nachinszenierte Porträt des Herrschers wiedererkennt, das Holbein in England so berühmt machte und von zahlreichen Malern kopiert und immer wieder neu interpretiert wurde (Abb. 10). Für einen Moment gefriert die Einstellung zu einem Kader, womit der Gemäldereferent in das Filmbild kolportiert

120

und die Differenz dieses spezifischen Bildes zu den anderen Bewegungsbildern des Films ausgestellt wird.[9]

Die Markierung der Differenz ist zurückhaltend gestaltet, doch ist sie deutlich genug, um Bezüglichkeiten zu dem außerfilmischen, dem realen Bild herzustellen. Bevor die Bewegung innerhalb des Filmbildes wieder einsetzt, hat der Zuschauer ausreichend Zeit, sich der Ähnlichkeit zwischen dem Schauspieler und der Figur des Königs zu vergewissern. Wie ein Koloß, mit durchgedrückten Knien und breitbeiniger Stellung präsentiert sich Laughton ganz in der Positur des Holbeinschen Heinrich VIII. Seine mächtige körperliche Erscheinung wird unterstützt durch die schweren Kleider – auch sie dem Vorbild im Detail nachempfunden –, die seine Figur in der Breite betonen. Die rechte Faust in die Hüfte gestemmt, die linke Hand am Dolch, so ist der filmische Heinrich VIII. ganz in der Entsprechung zum Gemälde ein Inbegriff an Kraft und Potenz. In seiner breitbeinigen, ›geerdeten‹ Haltung verbindet sich die imperiale Macht mit der Metaphorik eines Heroen, die gleicherweise an die Darstellungen des hl. Georg

Abb. 11: HENRY VIII – Heinrich VIII. (Laughtons Tableau-vivant-Sequenz, Stills)

wie an die des richtenden Erzengels Michael als Ritter erinnert. Diese dem Gemälde eigene Ikonographie stellt eine Herausforderung an die interpretatorische Leistung des Schauspielers Laughton, der von nun an

---

9   Unter *Kader* ist ein Einzelbild, ein Standbild oder auch Photogramm (nicht zur Wiedergabe im Film gedacht), zu verstehen. Die Aufzeichnung und Wiedergabe erfolgt mit zumeist 24 solchen Bildern pro Sekunde.

versuchen wird, dem Holbeinschen Herrscherentwurf *in toto* und über den gesamten Film hinweg zu genügen.

Die Dramatik, die das plötzliche Erscheinen und das bewegungslose Verharren des Schauspielers in dieser Pose erzeugen, ist eine Anleihe aus der theatralen Auftrittsrhetorik, die Laughton durchaus geläufig sein mußte. Denn, bevor Alexander Korda ihn zum Film brachte, war Laughton ein bekannter Theaterdarsteller, und so ist auch seine Schauspielkunst stark an die der Bühne orientiert, was wiederum in der Entstehungszeit des Films eine übliche Praxis war.[10] Auf die Theaterbühnen verweist auch die räumliche Situation des Hintergrundprospekts. Man begegnet hier erneut den Wulffschen »Loci«, jenen bereits erwähnten spezifischen Einheiten von Raum und Zeit, deren Struktur auf einem bühnenhaften Bildaufbau basiert. Signifikant ist beispielsweise der äußerst schmale Raum, den Heinrich im Türbogen stehend einnimmt. In diesem Fall ist sie eine geradezu wörtliche Reflexion der Raumverhältnisse im Porträt, zumal der im Hintergrund häufig reduzierten Porträtkopien. Von wenigen Außenaufnahmen abgesehen, arbeitet Korda kaum mit ausgeprägter Tiefendimension des Filmbildes, sondern hauptsächlich mit Staffelungen von Räumen und Überschneidungen von Blickachsen, was zeitweilig an die niederländischen Raumschachtelungen in der Genremalerei des 17. und 18. Jahrhunderts denken läßt, und was später beispielsweise in Filmen von Alfred Hitchcock eine Rolle spielen wird.[11] Vergleichbar ist die geometrische, segmentartige Grundkonstellation, die in HENRY VIII zusätzlich durch die in Requisiten sparsame Gestaltung der Handlungsräume hervorgehoben wird. Auch hier sind es die Türfluchten und Türdurchblicke, die Übergänge zwischen den einzelnen Kammern bilden und die Handlungsrichtung vorgeben.

Auf die Besonderheit des Laughton-Tableau-vivant hat Kordas amerikanische Vertriebsfirma *United Artists* bereits in dem von ihr anläßlich der Premiere herausgegebenen Presseheft hingewiesen. Dort heißt es: »[…] *a comparison of Laughton as Henry VIII with Holbein's famous portrait of the king reveals an uncanny resemblance.*«[12] Bemerkenswert ist dabei die Verwendung der Bezeichnung »uncanny« (unheimlich) bei einem gleichzeitigen Verzicht auf jene Begriffe wie »Tableau vivant« oder »Living Picture«, die prädestiniert wären, das tatsächliche Ähnlichkeitsverhältnis zum Ausdruck zu geben. Auffällig ist auch der ausdrückliche Verweis auf das Originalporträt von Holbein. Auch Charles Laugh-

---

10 Vgl. Walker, Greg (2003): The Private Life of Henry VIII, The British Film Guide 8, London: I.B. Tauris, S. 14ff.

11 Zum Beispiel in dem Film THE PARADINE CASE (Der Fall Paradin, USA 1947); hierzu vgl. Barck, Joanna (2004), S. 181–202.

12 *United Artists* (1933): The Private Life of Henry VIII, Press Book.

ton, der in die Gestaltung des Films sehr engagiert war, und Vincent Korda, der für Settings zuständige Bruder des Regisseurs, sparten nicht mit pressewirksamen Hinweisen auf ihre ambitionierte Verwendung von Originalgemälden und architektonischen Anleihen aus dem *Hampton Court Palace*, dem heute noch erhaltenen Palast Heinrich VIII.:

I cannot quite say how I got my conception of Henry VIII... I suppose I must have read a good deal about him, but for the rest I spent a lot of my time walking around the old Tudor Palace at Hampton Court [...].[13]

Laughtons häufige Besuche der *National Portrait Gallery* und der *Royal Collection* in Hampton Court, wo er vor den Gemälden, insbesondere der Kartonagezeichnung von Holbein, die Inspiration für seine filmische Umsetzung der historischen Figur suchte, waren kein Geheimnis. Ganz im Gegenteil gehörten sie zu den gern erzählten Anekdoten, zumal wenn es dabei um das Porträt Heinrich VIII. und den Schauspieler selbst ging. So soll eine kleine Figurine mit dem Konterfei Heinrich VIII., die im Hotelzimmer des Regisseurs stand, ausschlaggebend für die Realisation des Films geworden sein. Diese mythenbildende Anekdote gehörte zu den favorisierten Geschichten Kordas.

Fest steht, daß, wie Walker richtig herausstellt, Heinrich VIII. wahrscheinlich immer noch zu den bekanntesten historischen Persönlichkeiten gehört:

Henry VIII is, arguably, England's best-known historical figure, and probably, as the historian Sir Geoffrey Elton once claimed, the only English king identifiable from his silhouette alone.[14]

Mit den unzähligen zeitgenössischen (1930er) Reproduktionen des Herrscherporträts und der einiger seiner Ehefrauen erweiterte sich der Wirkungskreis der Gemälde bis hin zu ihrer Funktion als genuine Bilddokumente, deren Evidenz nicht nur durch die Tatsache ihrer historischen Originalität, sondern auch durch ihre Popularität fundiert war, worin kein Widerspruch empfunden wurde.

Wollte man wie im Fall von HENRY VIII – und das trotz seiner burlesken Szenen – einen historisch glaubwürdigen Biopic schaffen, so war es unmöglich, die Figur des Königs abweichend von Holbeins Gemälde zu inszenieren. Denn über die Authentizität des Films entschied nicht allein die Umsetzung von beglaubigten, zumeist schriftlichen Dokumenten,

---

13 Charles Laughton im Interview für den »Daily Express«, hier zitiert in Walker (2003), S. 21.
14 Ebd., S. 18.

die den meisten Zuschauern unbekannt waren und die im Übrigen kaum dem selbstgesteckten Ziel, das Privatleben des Königs zu enthüllen, hätten genügen können. Um dem Zuschauer einen ›realen‹ Eindruck von der erzählten Historie zu vermitteln, bedurfte der Biopic zuallererst Bilder, die ihm als *visuelle Headlines* dienten; nicht die Darstellung von überprüfbaren Fakten als vielmehr ein historisch anmutendes Stimmungsbild war von Bedeutung. Für die Biopics Hollywoods konstatiert George F. Custen:

[...] Hollywood films are believed to be real by many viewers. They represent [...] not a concrete illustration of history, a literal recapitulation of physical cause and effect, but rather types of behaviour and explanation that comprise the category ›history‹.[15]

Relevant ist, daß ein historischer Biopic altertümlich erscheinende Sitten, Gebräuche und Handlungsweisen plausibilisieren konnte bzw. kann. Dabei werden dem Zuschauer nur jene Erklärungsmuster präsentiert, die im wesentlichen mit dem übereinstimmen, was sich als ›historisch‹ bereits konsensfähig gezeigt hat (bspw. bestimmte Eßgewohnheiten und Tischmanieren des Mittelalters).

Demands for a verisimilitude in film that is impossible in any medium of representation, including that of written history, stem from the confusion of historical individuals with the kinds of ›characterization‹ of them required for discursive purposes, whether in verbal or in visual media.[16]

Die Bereitschaft des Zuschauers, das, was auf einem vor- und außerfilmischen Medium wie beispielsweise dem Gemälde oder der Fotografie festgehalten wurde, als wahrscheinlich oder sogar als evident zu akzeptieren, macht ein Verweiskomplex zwischen den historischen Porträts und ihrer filmischen Umsetzung möglich, innerhalb dessen das Bild zum Referenten für den Wahrheitsgehalt des Films aufsteigt. Mit der Wiedererkennung des Originals im Tableau vivant wird der Zuschauer zum Zeugen seiner außerfilmischen Realität und akzeptiert das jeweilige Bild/Gemälde als Primärquelle und beglaubigende Instanz zugleich. Auf diese Konstellation muß HENRY VIII setzen, wenn er das »private life of Henry VIII«, und man möchte hier ergänzen: »especially of Henry the *man*«,

---

15 Custen, George F. (1992): Bio/Pics. How Hollywood constructed public History, New Brunswick (N.J.): Rutgers University Press, S. 7.

16 White, Hayden (1988): »Historiography and Historiophoty«, in: American Historical Review, 93 (5/1988), S. 1198-1199, zitiert in Custen (1992), S. 7.

nicht nur fiktionalisieren, sondern mit eigener Authentizität und Glaubwürdigkeit versehen will. Die spezifische Disposition der Tableaux vivants, die auf der Transkriptionsbewegung vom gemalten zum lebendigen Körper beruht, bietet sich hierfür nicht zuletzt wegen der Möglichkeit einer besseren, da physischen Einfügung in die filmische Darstellung an. Aber sie bringt noch einen weiteren Vorteil mit sich, nämlich den Effekt von *verlebendigter Geschichte*. Die eigene Authentizität des Biopics entwickelt sich, indem die Grenzen zwischen der dokumentbasierten Geschichts*schreibung* und der filmischen Geschichts*auslegung* oder Geschichts*erfindung* zunehmend durchlässig werden.[17] Die Gemälde treten präsentisch auf und leiten damit die narrative Situation der filmischen Personen ein, die, obwohl selbst historisch, im Film im Hier-und-Jetzt agieren. Beide arbeiten an einer Illusion von Wirklichkeit, die nicht täuschen, sondern den Zuschauer eine eigene Realitätswelt eröffnen will, so daß es ihm möglich wird, die verlebendigten Gemälde sowohl als Subjekte der präsentischen Handlung als auch Objekte der Historie zu betrachten.

Die auf diese Weise in die Spielhandlung eingebundenen Porträts verweisen auf eine Möglichkeit, die von Paul Ricœurs vorgelegter These abweicht. Geht Ricœur davon aus, daß historisch belegbare Tatsachen ihren Wirklichkeitscharakter verlieren, sobald sie in fiktive Erzählungen aufgenommen werden,[18] so zeugen gerade die Tableaux vivants in Kordas HENRY VIII von einer umgekehrten Bewegung: Hier werden die historischen Ereignisse – festgehalten in den Bildnissen – nicht bloß ›erwähnt‹, sondern deutlich ›gebraucht‹. Die gegenseitige Neutralisierung von fiktiven und nichtfiktiven Ereignissen, von der Ricœur spricht, entpuppt sich in diesem Fall als eine Egalisierung, das heißt als eine Angleichung der fiktiven Ereignisse an die historische Faktizität der im Tableau vivant zitierten Gemälde, womit es das Fiktive ist, das am Historischen partizipiert.

---

17 Vgl. Custen (1992), S. 7. Symptomatisch für eine solche authentisierende Entwicklung ist die Verwendung von (Biopics, Historien-)Filmen als Unterrichts- und Anschauungsmaterial, wie es z.B. vom British Film Institute auf ihrer Internet-Homepage Schulen und anderen Lehrinstituten mit entsprechenden Schulungen angeboten wird. Auch hier fehlt nicht das Herrscherporträt von Hans Holbein, das bezeichnenderweise den Artikel »Henry VIII On Screen« einleitet. Siehe unter http://www.screenonline.org.uk/tv/id/1023170/index.html. Zu HENRY VIII siehe auch http://www.screenonline.org.uk/film/id/438828/index.html vom 12.12.2007.

18 Vgl. Ricœur, Paul (1983–85/1991): Zeit und Erzählung, Bd. 3: Die erzählte Zeit [1985], München: Fink, S. 204.

Durch die Narrativierung der historischen Gemälde durch das Tableau vivant wird eine Weiterschreibung der Geschichte mit filmischen Mitteln suggeriert. Was der Film auf diese Weise weitererzählt, erzeugt die Vorstellung einer logischen Fortführung und Ergänzung der faktisch lückenhaften Geschichtsschreibung. Das historische Gemälde fungiert dabei im Sinne einer fotografischen ›Momentaufnahme‹, die imstande sein soll, auf die Ereignisse vor oder während ihrer Entstehung Hinweise zu geben. In diesem Zusammenhang erfüllen die filmischen Tableaux vivants eine sinnstiftende Funktion, indem sie die vergangene Zeitspanne (die Historizität des Dokuments) in das Präsentische einer szenischen Darstellung ummünzen, und das heißt in *Geschichten* überführen helfen.[19] Daß sich Biopics und Historienfilme als Komplemente zu der offiziellen Geschichte etablieren konnten, beruht auf ihrer Fähigkeit, die ›andere Seite‹ der Historie: die Emotionen, das Menschliche schlechthin quasi zu re-konstruieren. Sie anthropologisieren die große politische Geschichte und setzten damit auf die Zeitlosigkeit der Darstellung, die trotz ihrer historischen Kulissen jederzeit hätte passieren können.

»Die Wirklichkeit des Films ist das Defizit in der Wirklichkeit; es ist nicht ihre Abbildung, sondern ihre Heilung. Nicht die Geschichte also ist das Thema des Films, sondern der ungelöste historische Widerspruch.«[20] Einen solchen »historischen Widerspruch« versucht HENRY VIII in allen seinen vier Eheepisoden zu plausibilisieren, wobei ihm die passenden Gemäldeporträts als historisierende Referenzmomente dienen. In ihrer Performance zu oder in Tableaux vivants sind sie selbst Hybride geworden und bestimmen so die Hybridizität des Films wesentlich mit. Auch Henry M. Taylor betont in seiner umfangreichen Untersuchung zu Biopics die *Mischgattung* dieser Filme und weist auf die fließenden Grenzen zwischen ihren ›realistischen‹ und ›imaginären‹ Darstellungen.[21]

Betrachtet man vor diesem Hintergrund noch einmal den Text des Pressehefts zu HENRY VIII, in dem auf die Bezeichnungen »Tableau vivant« und »Living Picture« verzichtet wird, so handelt es sich hier offensichtlich um kein bloßes Versäumnis in Unkenntnis der Begriffe. Vielmehr um eine evidenzsteigernde Maßnahme, die die Metamorphose des

---

19 Vgl. Ricœur, Paul (1983–85/1988): Zeit und Erzählung, Bd. 1: Zeit und historische Erzählung [1983], München: Fink, S. 7, 37, 54 und Barthes, Roland (1985/1988): »Einführung in die strukturelle Analyse von Erzählungen«, in: Ders., Das semiologische Abenteuer, Frankfurt/Main: Suhrkamp, S. 102–143.

20 Seeßlen, Georg (1992): »Sissi – Ein deutsches Orgasmustrauma«, in: Hans-Arthur Marsiske (Hg.), Zeitmaschine Kino. Darstellung von Geschichte im Film, Marburg: Schüren, S. 65f.

21 Taylor (2002), S. 87.

Schauspielers in den vom Gemälde vorgegebenen Herrscher herausstellte. Der Anspruch des Biopics auf Glaubwürdigkeit erreicht mit der *uncanny resemblance* eine Wendung zur Unmittelbarkeit und Seelenverwandtschaft zwischen dem Schauspieler und dem Porträtierten, die für die Zuschauer nur dann einsichtig werden kann, wenn der Anteil daran beteiligter Kostümdesigner, Haar- und Maskenbildner, Beleuchter, Requisiteure etc. aus der Betrachtung eliminiert wird: Um »unheimliche Ähnlichkeit« zu erreichen, mußte Laughton als *natürliche Person* der historischen Person zum Verwechseln ähnlich werden. Hierin liegt nicht nur der Versuch, sich der Kunst der Nachstellung, sondern auch der schauspielerischen Kunst zu entledigen. Die Problematik des Biopics in der Frage nach seiner Historizität kulminiert somit in der Person des Schauspielers, der nie (sofern er nicht sich selbst spielt) mit der filmischen Figur zusammenfällt.[22] Custen kennzeichnet die Situation treffend, wenn er auf die zwei Ebenen der Wahrnehmung hinweist:

At the first level, one was absorbed by the narrative constructed about selected episodes in the life of the subject. At the second level, one encountered the famous figure in other filmic contexts as well as through repeated exposure to publicity materials.«[23]

Für einen Film, der auf die Evidenz seiner Bilder setzt, bringt eine solche Doppelung der Figur ein Problem mit sich, das HENRY VIII durch die spezifische Konstruktion der ›natürlichen Ähnlichkeit‹ zu umgehen versucht. Im Kontext der Verquickungen zwischen dem öffentlichen Leben des Schauspielers, zumal eines Stars, und der unbekannten privaten Sphäre einer historischen Person, gewinnt das Tableau vivant an Bedeutung, da es zu einer Plausibilisierung der unbekannten, letztendlich unbeweisbaren Seite beitragen kann.

HENRY VIII ist in dieser Beziehung ein mustergültiges Beispiel, das in der Dialektik von Unmittelbarkeit und ›natürlicher Ähnlichkeit‹ den Schauspieler selbst zum Verschwinden bringt. Entsprechend der Logik der Tableaux vivants muß er zu einer Inkarnation der historischen Person

---

22 Zu welchen Komplikationen es führen kann, wenn der Schauspieler und die Filmrolle in eins fallen, zeugt der Film BEING JOHN MALKOVICH (USA 1999, Spike Jonze), in dem der Zuschauer – gewohnt von der Person des Schauspielers zu abstrahieren – nun eine Zusammenführung von John Malkovich als Schauspieler und John Malkovich als Filmfigur leisten muß. Allerdings bildet diese Problematik einen wesentlichen Part der filmischen Inszenierung und gehört als Brechung der Konvention zur ironisierenden Methode dieses Films.

23 Custen (1992), S. 34.

werden, also zu einem Hybrid aus verlebendigter Geschichte und artifizieller Inszenierung. Der durch den Pressetext angeregte Gedanke einer »unheimlichen Ähnlichkeit« mündet in der Idee der Inkorporierung des Porträtierten durch Charles Laughton, der, Ernst Kantorowicz paraphrasierend,[24] schließlich zum doppelten Körper des Königs, zu einer Effigie des Porträts, wird. Für das Publikum basiert der Effekt historischer Glaubwürdigkeit auf der engen Verschaltung zwischen der Performance des Schauspielers, der Mise-en-scène und den dokumentarisierten und dokumentarisierenden Gemälden,[25] die als historisch beglaubigte und die filmische Narration zugleich beglaubigende Bilddokumente plausibilisiert werden.

Daß dem außerfilmischen Gemälde die gleiche indexikalische Aufgabe wie seit dem späten 19. Jahrhundert der Fotografie zukommt, wird in der Funktion Holbeinscher Porträts überaus deutlich. Stärker als bei den Fotoporträts ist das gemalte Bildnis durchdrungen von der Präsenz des Porträtierten, der nicht nur abgebildet, sondern *im* Bild anwesend ist, so daß das Porträt sich als eine Einheit zwischen dargestellter Person und der Darstellung selbst präsentiert.[26] Ein Nachhall dieser Präsenz findet sich in der filmischen Interpretation der Figur wieder, dann nämlich,

24 Vgl. Kantorowicz, Ernst (1957): The King's Two Bodies. A Study in Mediaeval Poltical Theology, Princeton (N.J.): Princeton University Press.

25 Unter dem Begriff *Mise-en-scène*, der ein filmkritischer Ausdruck ist, ist die bildkompositorische Inszenierung zu verstehen, das heißt die räumliche Anordnung der Figuren und Dinge, ihre Gestaltung, Ausleuchtung etc., aber auch die Schauspieler- und Kameraführung.

26 Anders als das Gemälde profiliert sich die Fotografie durch ihr besonderes Zeitverhältnis, das in der Darstellung als die gewesene und anwesende Zeit zugleich sichtbar wird. Vgl. hierzu Barthes, Roland (1980/1989): Die helle Kammer. Bemerkungen zur Photographie, Frankfurt/Main: Suhrkamp; Därmann, Iris (1995): Tod und Bild. Eine phänomenologische Mediengeschichte, München: Fink; Berg, Roland (1999): Die Ikone des Realen. Zur Bestimmung der Photographie im Werk von Talbot, Benjamin und Barthes, München: Fink. Zu Fragen nach der spezifischen Präsenz von Porträts gibt es eine breite Diskussion, auf die ich an dieser Stelle nur punktuell verweisen kann. Themenrelevant erscheinen mir vor allem folgende, zum Teil schon von mir an anderen Stellen erwähnte Abhandlungen: Boehm (1994b), Boehm (2001), S. 325–343; Böhme (1999); Didi-Huberman, Georges (1992/1999): Was wir sehen blickt uns an. Zur Metapsychologie des Bildes, München: Fink; Waldenfels, Bernhard (1999): Sinnesschwellen, Frankfurt/Main: Suhrkamp. Zur Bild-Präsenz und dem Einsatz des Porträts im Film siehe auch Barck (2004) und Barck (2005b): »Konterfei«, in: Dies./Petra Löffler, Gesichter des Films, Bielefeld: transcript, S. 149–160.

wenn die Verzahnung zwischen Gemälde und Schauspieler auch jenseits des klassischen Tableau vivant (Eingangssequenz mit Heinrich nach Holbeinporträt) auf Dauer gestellt wird. Denn Laughton spielt ›seinen‹ Heinrich VIII. als ein lebendig gewordenes Porträt, indem er nie aufhört, die immergleiche Pose des Bildes nachzuahmen. Prototypisch sind Laughtons breitbeiniger Gang mit den steif durchgedrückten Knien, seine immer gleiche reich verzierte Kleidung aber auch seine reduzierte Mimik und Gestik, die dem Gemälde eine permanente Anwesenheit im Film sichern.

Für die Darstellung der *privaten* Person kann das Originalporträt naturgemäß nichts beisteuern, so versucht der Film durch einige Intimität erzeugende Details die Figur des Königs zu ›privatisieren‹. Dazu dient beispielsweise die Entkleidungssequenz vor der Hochzeitsnacht mit Anna von Kleve, in der Heinrich/Laughton seinen voluminösen, halbnackten Oberkörper zeigt. Nackte Füße in Großaufnahme, Szenen beim Barbier, Liebeständeln um Catherine Howard, all diese Szenen sind Versuche, dem Zuschauer Unmittelbarkeit und Vertrautheit mit der Figur des Königs zu simulieren: Heinrich VIII. soll nicht nur lebendig gewordene Geschichte, sondern auch ein Mensch ›wie du und ich‹ sein. Nichtsdestotrotz bleibt Laughtons Heinrich eine im wesentlichen nur schwach psychologisierte Figur, deren Hauptcharakteristikum in der äußerlichen Angleichung an das Porträt Holbeins liegt. Aber, so muß man meiner Ansicht nach dagegen halten, es ist gerade die fehlende Ausdrucksvariation in der Gestalt und Mimik, die zu der Historisierung der Figur beiträgt, indem sie den darin eingeschriebenen Bildstatus ausstellt. So liegt gerade in der Wiederholung des Bildkanons der Schlüssel zu der Evidenzerzeugung der Filmbilder. Daneben weist HENRY VIII eine Fülle von Gemäldereferenzen auf, die ich als *sekundäre Tableaux vivants* und *sekundäre Bildmotive* bezeichnen möchte. In erster Linie handelt es sich dabei um Versatzstücke und Bildkompilationen, die Segmente unterschiedlicher Gemäldevorlagen aufweisen, ohne daß konkrete Bildvorlagen hierfür benannt werden könnten. Charakteristisch für die Wirkung dieser sekundären Tableaux vivants ist ihre Mise-en-scène, die dem Zuschauer eine historische ›Stimmigkeit‹ allein durch ihr tableauesques Äußeres vermittelt.

Betrachtet man unter diesem Aspekt noch einmal das Tableau vivant des ersten Auftritts von Heinrich VIII., so fällt auf, daß auch hier nicht die Gesamtszene *en détail*, vielmehr die Figur des Königs dem ganzfigürlichen Porträt Holbeins entspricht (Abb. 10/11). Der hintere Wandbehang, bemustert mit *Fleur-de-lys*, sowie der gotische Türbogen, von dem Heinrich/Laughton eingerahmt ist, entsprechen keinem der überlieferten Porträts vom englischen König. Und dennoch wirkt die Darstellung auch in diesen Elementen überaus glaubwürdig. Der Grund dafür liegt zum einen im originalen Nachbau der Eingangssituation, wie sie im *Great Hall* des Hampton Court Palastes zu sehen ist – man erkennt deutlich die helle Sandsteineinfassung im gotischen Tudor-Stil mit den auffälligen im Rechteck ausgeschmückten Zwickeln. Zum anderen baut diese hybride Szene auf kanonisierten Bildformeln auf, die auf diese Weise dem Zuschauer ihre Originalität nahelegen und ihre Authentizität maximieren.

Als Anregung für die vergleichbar einfache Lösung der Hintergrundgestaltung, die der in Konche und Stoffdrapierung aufgegliederten Holbeinschen Kartonagezeichnung nicht entspricht, kann beispielsweise das Porträtgemälde von Hans Eworth gedient haben, das den König vor einem floralen Wandteppich zeigt.[27] Den filmischen Zwecken kam diese bildkompositorische Lösung sicherlich mehr entgegen, da sie durch den stark schematischen und planen Hintergrundprospekt zu einer Beruhigung der Szene und einer deutlicheren Hervorhebung der Figur führt. Für die Motivwahl des heraldischen *Fleur-de-lys* sprach sicherlich die Bekanntheit und der eingängige Motivschematismus, das darüber hinaus historisch korrekt Heinrich VIII. als den König von Frankreich kennzeichnet. Hingegen bietet sich die Einfassung der Szene durch den Türbogen allein aufgrund der starken Bezüglichkeit zu einem Bildrahmen an.[28]

Zwanzig Jahre nach Antamoros CHRISTUS scheint in Anbetracht dieser beglaubigenden Bildzitate die Funktionalität von Tableaux vivants für Historienfilme kaum nachgelassen zu haben. Doch um wie viel mehr sind die Lebenden Bilder in HENRY VIII flexibler und, bezogen auf den ganzen Film, beweglicher geworden. Kordas Tableaux vivants folgen einer Bildchoreographie, die auf Transformation von Gemälden setzt, denn sie ist eine Bewegung, in der »die Form-Inhalt-Beziehung der Vorlage, […] ihr Sinn und ihre spezifische Wirkungsweise, erfaßt«[29] und in das

---

27 Für Abbildung siehe in *Henry VIII Revealed* (2003), S. 74.

28 Darüber hinaus weist sie eine, wenn auch untergeordnete Verwandtschaft zu der Konche auf, die sowohl in der Originalkartonage von Hans Holbein als auch in der Gemäldekopie von Remigius van Leemput und in Andeutung bei der sog. Walker's Kopie im Hintergrund zu sehen ist (Abb. 10).

29 Kreuzer, Helmut (1981): »Medienwissenschaftliche Überlegungen zur Umsetzung fiktionaler Literatur. Motive und Arten der filmischen Adaption«, in: Eduard Schaefer (Hg.), Medien und Deutschunterricht. Vorträge des Germanistentags Saarbrücken 1980, Tübingen: Niemeyer, S. 37. Es ist darauf hinzuweisen, daß der Begriff der Transformation, wie ihn Kreuzer verwendet, von Irmela Schneider in die filmwissenschaftliche Debatten eingeführt wurde und seitdem für die Bestimmung von Literaturverfilmungen von Bedeutung ist. Vgl. Schneider, Irmela (1981): Der verwandelte Text, Tübingen: Niemeyer.

Abb. 12: Hans Holbein d. J. – Selbstporträt (1542-43, Galleria degli Uffizi, Florenz)

Filmmedium übertragen wird, um dort eine analoge Form zu bilden. Und HENRY VIII weist diese piktoralen Transformationen auch *en miniature* auf, wenn zum Beispiel Jahreszahlen über den Türfirsten und Initialen an Wandbehängen angebracht werden. Diese auf den ersten Blick unauffälligen und wie selbstverständlich in das Setting eingefügten Motive haben eine Analogie zu den Signaturen und Inschriften der Gemälde: Sie geben Auskunft über ihre Entstehung, über den Inhalt der Darstellung und über den Maler selbst. Aber sie evozieren vor allem auch die dokumentierende und beglaubigende Funktion einer Signatur.[30]

Holbein als Historiograph

Anders als bei der Fotografie erschöpft sich die dokumentarische Funktion eines Gemäldes nicht allein in der Visualisierung vergangener Ereignisse, Orte oder Personen, sondern bezieht gleicherweise die Materialität

---

30 Man beachte auch die Initialen »H & J« im oberen Fries der Holbeinschen Kartonage (Abb. 10). Es wird davon ausgegangen, daß auf der anderen Seite des ehemaligen Wandgemäldes die gleichen Figurinen die Jahreszahl der Bildentstehung gehalten haben. Zur Frage nach den Vorskizzen siehe Strong, Roy (1966): Holbein and Henry VIII, London: Routledge; Roskill, Mark (2001): Hans Holbein: Paintings, prints, and reception, New Haven: Yale University Press.

Abb. 13: HENRY VIII – Holbein und Anna von Kleve (Maler-Episode; Sequenz-Stills)

des Werkes, den Auftrag, die Spur des Pinsels und die Person des Künstlers mit ein. Beiden – dem Bild, das die historischen Personen wiedergibt, und dem Künstler, der den Inhalt des Bildes beglaubigt, indem er sich darin als Schöpfer und Zeitzeuge zugleich einschreibt – wird in HENRY VIII eine eigene Sequenz gewidmet. Sie leitet die Episode der vierten Ehelichung ein: Von seinem Lord Chancellor, Thomas Cromwell (Franklin Dyall), zu einer politisch motivierten Heirat überredet, willigt Heinrich VIII. in die Heiratsverhandlungen mit dem Herzog von Kleve ein. Um sich ein Bild von Anna von Kleve, der zukünftigen Königin von England zu machen, schickt er seinen Hofmaler Hans Holbein (John Turnbull) nach Holland. Thomas Peynell (John Loder) als der Gefolgsmann des Königs soll ihn begleiten, und dies ausdrücklich nicht, weil es Heinrich an Vertrauen in die Fähigkeiten des Malers mangeln würde, allein, so Heinrichs Worte im Film: »I've no faith in german beauty.«

Die diesem Gespräch nachfolgende Maler-Sequenz zeigt wie John Turnbull alias Hans Holbein vor der Staffelei steht und das Porträts von Anna von Kleve entwirft (Abb. 13). Auffällig ist, daß trotz der Kürze dieser Episode die Malerfigur entsprechend dem – auch damals sicherlich wenig bekannten – Selbstporträt Holbeins inszeniert ist (Abb. 12). Da die filmische Anna (Elsa Lanchester) von der Vorstellung Heinrich VIII. heiraten zu müssen, wenig begeistert ist, boykottiert sie die Porträtsitzung. Worauf der verzweifelte Maler sich gezwungen sieht, die Gesamtkomposition

Abb. 14: links: HENRY VIII – Das filmische Porträt von Anna von Kleve (Anna-Episode, Sequenz-Stills); rechts: Hans Holbein d. J. – Anna von Kleve (ca. 1539, Muée du Louvre, Paris)

des Bildes in ihrer Abwesenheit zu entwerfen. Zur Vervollständigung des Gemäldes kommt es erst, als die Prinzessin dem Maler tatsächlich posiert.

Das vollendete Porträt kommt schließlich nach England und wird dem König in Anwesenheit seines Hofes präsentiert (Abb. 14). Und mit all den Höflingen schaut auch der Zuschauer dem König über die Schulter, um das als »Holbein's masterpiece« vorgestellte Gemälde zu begutachten. Die Besonderheit dieser Szene, die sich vordergründig so problemlos in die Erzählung einfügt, liegt in der bewußten Inszenierung des Gemäldes in seiner Evidenz als Zeitdokument und der Inszenierung des Malers als authentischen Zeitzeugen.

Mit dieser engen Verknüpfung zwischen dem innerfilmischen und dem realen Porträt, das Holbein circa 1539 von Anna von Kleve malte, gelingt dem Film eine Parallelisierung der fiktionalen und nichtfiktionalen Ebenen, die noch einmal die Hybridität der Filmgattung wie auch der Filmbilder selbst verdeutlicht.[31]

Darüber hinaus simuliert Kordas pointierte Einbindung des am Porträt malenden Künstlers, der sich um Abbildungstreue bemüht, einen wahrheitsgetreuen Umgang mit den Bildern und steigert damit ihren beglaubigenden Charakter im Film:

[A] way of reassuring consumers that every effort had been expended to bring them true history in the guise of spectacle, as well as suggesting that the research for each film was, for the first time, bringing to the screen a true portrait, or at least a singularly true version or the accurate characterization of a person.[32]

Wenn Korda dem Maler eine längere Sequenz widmet, so inszeniert er damit nicht nur eine amüsante Geschichte – er schafft vor allem ein komplexes Wechselverhältnis zwischen der filmischen aber historisch verbürgten Figur, ihrem real vorhandenen Porträt und schließlich den die Historie verbürgenden Personen – dem (filmischen) Maler und dem (realen und filmischen) Zuschauer gleichermaßen. Der Künstler figuriert als eine überaus wirksame deiktische Gestalt der (Selbst-)Beglaubigung, indem er die Entstehungsgeschichte der Porträts und damit die vom Film applizierte Geschichte als wahr bestätigt. Hans Holbein d. J., dessen Werke im Ruf »reinster Sachlichkeit«[33] und als »the conquest of visual and psychological reality«[34] bis heute noch stehen, scheint für diese Aufgabe prädestiniert zu sein. Und Korda läßt ihn in der Rolle des Historiographen groß werden. Mit der unübersehbaren physiognomischen Ähnlichkeit zwischen Schauspieler und Holbeins Selbstporträt pflanzt sich

---

31 In diesem Zwischenspiel spiegelt sich mehr die zeitgenössische Vorstellung einer Porträtiersitzung wider, als daß es der tatsächlichen mittelalterlichen oder Renaissancepraxis entsprechen würde, wo das Malen vor dem zu porträtierenden Modell nur bedingt praktiziert wurde. Holbein bspw. arbeitete in der damals üblichen Weise des Durchpausens: Eine zuvor angefertigte Zeichnung wurde in ihren Konturen auf ein mit schwarzer Kreide eingefärbtes Pauspapier aufgedrückt und auf diese Weise auf die Grundierung der Tafel oder der Leinwand übertragen. Die herausragende physiognomische Qualität seiner Porträtzeichnungen verweisen auf eine zumindest zeitweilige Arbeit vor dem Modell. Vgl. Kat. *Hans Holbein der Jüngere 1497/ 98–1543* (2003), S. 118.

32 Custen (1992), S. 35.

33 Kaufmann, Georg (1990): Die Kunst des 16. Jahrhunderts, Frankfurt/Main: Propyläen-Verlag, S. 109.

34 Hartt, Frederick (1989): Art: A History of Painting, Sculpture, Architecture, New York: Harry N. Abrams, S. 669.

die hybride Bildform fort bis zur Unentscheidbarkeit und Verwischung der Grenzen zwischen filmischer Performance und historischer Figur.

Kordas Explizierung der künstlerischen (Abbild-)Fähigkeiten des Malers hat im wesentlichen eine Funktionalisierung des Zuschauers zum Zweck. Erst wenn der Zuschauer selbst als Zeuge für die Historizität des Films auftritt, erfüllt sich die ›dokumentarische‹ Aufgabe der Tableaux vivants und mit ihr die Historisierung der gesamten filmischen Erzählung. Mit der Einweihung des Zuschauers in die facialen Verstellungen der filmischen Anna von Kleve, die dem König ein ›häßliches Gesicht‹ schneidet, um ihn von der anstehenden Heirat abzubringen (Abb. 14 unten), ist der entscheidende Schritt in diese Richtung gemacht. Angesichts der Diskrepanz zwischen dem vermeintlich tatsächlichen Äußeren der zukünftigen Braut und ihrem Porträt gerät der filmische Heinrich in eine kaum gezügelte Wut. Für den filmischen König scheint zwar die Könnerschaft und mit ihr die Glaubwürdigkeit des Malers zu schwinden, für den ›eingeweihten‹ Zuschauer ist sie um so unangetasteter, je deutlicher die Naivität und die Unkenntnis des Königs ausgestellt wird.

Mit diesem Kunstgriff, der in einer früheren Szene mit Chancellor Cromwell bereits Anwendung findet,[35] läßt Korda den Zuschauer besser im Bilde sein als die vermeintlichen historischen Figuren, deren ›natürliche Unwissenheit‹ an Glaubwürdigkeit gewinnt, da nur der Zuschauer die favorisierte Position eines Nachgeborenen hat. Greg Walker konstatiert im Kontext der offensichtlichen Fehlurteile des filmischen Königs: »Such moments produce a veneer of historical authenticity which flatters the audience who can congratulate themselves that they ›know better‹ […].«[36] Durch diese zuschauervermittelte Rehabilitierung des Künstlers ist gleichwohl der Dokumentcharakter der Gemälde und ihre Funktion für den Biopic stabilisiert. Kordas Maler-Sequenz führt exemplarisch vor Augen, was Custen für die meisten Biopics veranschlagt: ihre schnelle Assimilation als authentische Schilderungen vergangener Zeiten und des Privatlebens berühmter Persönlichkeiten.[37]

---

35 Der filmische König täuscht sich abermals in bezug auf die Zukunft der Prinzessinnen Mary und Elizabeth, indem er der ersten Weisheit der zweiten Unfähigkeit – wenig mehr als die Leitung einer Küche – vorhersagt.

36 Walker (2003), S. 43.

37 Custen (1992), S. 7.

Die Fahrt zurück in das Reich der Geschichte

Bezeichnend für die filmische Konstruktion von Historizität ist der erste, gewissermaßen grundlegende Establishing shot,[38] der zwei hintereinander montierte, überblendete Toreinfahrten zeigt (Abb. 15).

*Abb. 15: HENRY VIII – Hampton Court mit den
Gaterways (»Anne Boleyn's« und »Clock Gate«)*

Die in dem ersten Tor positionierte Kamera vermittelt dem Zuschauer eine Sicht auf den inneren Hof von Hampton Court Palace und auf das sogenannte *Anne Boleyn's Gate*, das im Hintergrund zu sehen ist. Die leichte Untersicht der Kameraperspektive erzeugt eine visuelle Unmittelbarkeit, durch die man sich inmitten des historischen Ortes, an dem das private Leben des Königs spielen wird, (zurück-)versetzt fühlt.[39] Mit der

---

38 Der *Establishing shot* bezeichnet jene Aufnahmen, die den Ort und die Zeit, daneben die Protagonisten des Films, unabhängig von der Dauer der Darstellung, etablieren. Ein Film kann eine ganze Anzahl solcher ›etablierender Aufnahmen‹ vorweisen, je in Abhängigkeit davon, inwieweit man den Zuschauern durch einen distanzierteren Blick auf die Szene oder den Handlungsort zu einem schnelleren Verständnis der nachfolgenden Aufnahmen verhelfen möchte.

39 Bereits die Wahl dieses Ortes ist ein Eingeständnis an die ›public history‹, die in der imposanten, heute noch bestehenden Palastanlage mehr den Hauptsitz des königlichen Hofes sieht als in dem ursprünglichen Whitehall Palace, zumal er nach dem Brand von 1698 nicht mehr in seiner ursprünglichen Form existiert.

zweiten Einstellung dringt die Kamera und mit ihr der Zuschauer tiefer in das Innere des Palastes vor, bis sie schließlich im zweiten Innenhof vor der Ansicht des bekannten *Clock Gate* zu stehen kommt.

Was mit den beiden in das Filmgeschehen einleitenden Einstellungen simuliert wird, ist nicht nur eine Fahrt in den königlichen Palast: Der dunkle Tunnel, in den die Kamera zwei Mal eintaucht, um am Ende sich inmitten der privaten Gemächer des Königs – direkt an seinem, wie es im Film heißt, noch warmen Bett in der *Bed Chamber* – wiederzufinden, ist vor allem eine starke Metapher für eine Zeitreise zurück in die Vergangenheit. Sie kommt einer Initiationshandlung gleich, wenn die Passagen durchquert werden, um am Ende in das Innerste der Geschichte vorzudringen. Auffällig ist dabei die rückwärtige Ausrichtung der Kamera, denn der Blick, den sie vermittelt, ist immer nach hinten, zurück auf das Haupttor der Anlage gerichtet, und erinnert damit einwenig an die Haltung eines Dieners, der dem König vorangeht ohne ihm den Rücken zukehren zu dürfen.

Dieser allererste Establishing shot des Films leistet somit mehr als nur die bloße Veranschaulichung des Handlungsortes. Er konstituiert die filmische Erzählung am (vermeintlichen) Originalschauplatz, der noch einmal ein hybrider ist – er ist der Ort, an dem die Historie und die Fiktion miteinander verwoben sind.

Auch wenn die Zugehörigkeit der Tortürme zu Hampton Court eindeutig ist, so erlaubt ihre filmische Ausstellung dennoch eine weitere, möglicherweise bewußt intendierte Assoziation mit einem nicht mehr vorhandenen Turm, der ehemals den Eingang zu der königlichen Residenz *Whitehall Palace* in London markierte und den man nach dem Hofmaler das *Holbein Gate* benannt hat.[40] Daß der Torturm im Jahr 1749 abgebrochen und genauso wie der Palast (abgesehen von dem erhaltengebliebenen *Banqueting House*) nicht mehr aufgebaut wurde, ist sicherlich der Grund für die Hampton-Tore im Establishing shot.[41] Dennoch

---

40 *Holbein Gate* war eine von zwei großen Tordurchfahrten der King Street, der öffentlichen Vorfahrt, die den Whitehall Palast, den Hauptsitz des englischen Königs bis zum Brand, in zwei Hälften teilte. Er wurde in den frühen 1530er Jahren gebaut und war reich mit Waffen, Terrakotta-Medaillons römischer Herrscher und Plaketten dekoriert. Hier hatte möglicherweise der Maler sein Atelier. Das Gate hatte das Feuer auf Whitehall Palace überstanden, wurde aber 1749 abgebrochen.

41 Donald Crafton macht zwar auf das *Holbein Gate* in HENRY VIII aufmerksam, ihm unterläuft aber eine falsche Zuordnung, so daß er der (wahrscheinlich von Korda intendierten) Assoziation mehr nachgibt als den Tatsachen und setzt das im Film dargestellte *Clock Gate* mit dem nach Holbein genannten gleich. Vgl. Crafton (1992), S. 27.

ergibt sich daraus eine dichte Verweis- und Ableitungskette, die in dem heute noch bestehenden Hampton Court ihren Anfang nimmt, um von hier aus auf die ehemalige Londoner Residenz des Königs hinzudeuten. Mit der Anspielung auf das *Holbein Gate* ist auch der ursprüngliche Ort angezeigt, an dem sich das berühmte Wandporträt Heinrich VIII. befand und das Charles Laughton im filmischen Tableau vivant so grandios personifiziert. Die Assoziationsmöglichkeit zwischen den beiden *Gaterways* von Hampton Court und dem ehemaligen *Holbein Gate* von Whitehall Palace birgt somit einen Verweis auf den Maler und deutet auf seine Gemälde voraus, die in HENRY VIII eine so tragende Aufgabe erfüllen werden. Auf diese Weise ist die filmische Zeitreise zurück in die Vergangenheit auch eine Reise ins Innere der Bilder.

»Wie ist es wirklich gewesen?« Zur Dynamik der Tableaux vivants

Der Schritt auf die ›andere Seite‹ der Tore, der wie ein Zeitsprung organisiert ist, stößt den Zuschauer inmitten zweier disparater, wiewohl eng aufeinander bezogener Ereignisse: erstens der Vorbereitung für die Hinrichtung von Anne Boleyn, der zweiten Ehefrau Heinrich VIII., nach der das Tor benannt wurde, durch das die Kamera die Zuschauer zu Beginn des Films hindurchführte, und zweitens der Hochzeitsvorbereitung für Jane Seymour, der baldigen Königin an Heinrichs Seite, und seiner Begleiterin auf dem berühmten Wandgemälde. In einer Parallelmontage miteinander verzahnt, heben beide Ereignisse die gegensätzlichen Charaktereigenschaften des Königs hervor und sind zugleich symbolträchtige Handlungen, die das Spannungsverhältnis zwischen Tod und Heirat vorzeichnen, in dem die gesamte Erzählung des Films sich bewegen wird. Durch die zentrale Position der Kamera inmitten beider Geschehen wird dem Zuschauer seine Anwesenheit am Ort und in diesem Sinne auch seine potentielle Möglichkeit der Mitwirkung an historischen Ereignissen vermittelt. Auch hier ist er der ›Zeitzeuge‹, der der historischen Handlung direkt beiwohnt: einmal bei den Hofdamen in der königlichen *Bed Chamber*, ein andermal als einer der Gaffer bei der Hinrichtung Boleyns, der er von der hinteren Zuschauerreihe aus zuzusehen wird. Obwohl keine dieser Szenen als klassisches Tableau vivant inszeniert ist, so vermitteln sie durch ihre spezifische Stilistik und ihren Detailreichtum gleichwohl einen starken genrehaften Eindruck. Sie sind geschickte Arrangements, die aus historisierenden Versatzstücken bestehen und durch die authentisch wirkenden Gewänder, Schmuckstücke, Frisuren und Kopfbedeckungen, wie auch durch das Interieur des Palastes zum Effekt von historischer Evidenz beitragen.

Anne Boleyns Tableau vivant

Noch bevor Charles Laughton als Holbeins Heinrich VIII. auftritt, ist es ein anderes Tableau vivant, das die Aufmerksamkeit der Zuschauer auf die Gemälde hin lenkt. Es handelt sich dabei um die Inszenierung von Anne Boleyn (Merle Oberon), die in ihrer Zelle im Tower auf die ihr kurz bevorstehende Hinrichtung wartet (Abb. 16). Die erste Einstellung dieser Sequenz zeigt sie in einer Nahaufnahme und stellt mit diesem Bildformat einen formalen Bezug zu jenem Porträt her, das ein unbekannter englischer Maler in der Zeit zwischen 1530–36 von der Königin angefertigt hat.[42]

Auf dem Porträt trägt die historische Anne Boleyn eine perlenumrandete Haube, die am Kopfende ansetzt und ihre dunklen, in der Mitte gescheitelten Haare freigibt. Ovale Kopfform, längliche Nase und geschwungene Augenbrauen sind die physiognomischen Kennzeichen der Porträtierten. Das auffälligste Detail des Bildnisses aber, und somit prädestiniert zum ikonischen Zeichen ihrer Person zu werden, ist der Anhänger der Perlenkette, der den Buchstaben »B« darstellt und an dessen Enden drei längliche Perlen angebracht sind.

Durch die Übernahme dieser gut zu memorierenden Details – Gestaltung des Kleides, vergleichbare Physiognomie und vor allem jener auffällige Anhänger – wird der filmischen Inszenierung von Merle Oberon als Anne Boleyn der nötige piktorale Identifikationszusammenhang garantiert. Zwar dominiert in der Sequenz nicht die Starre der klassischen Tableaux vivants, wie sie noch Antamoros CHRISTUS bestimmten, doch ist die Darstellung Boleyns durch eine deutliche Beruhigung und Langsamkeit in der Kamerabewegung gekennzeichnet. Ihre relative Dauer ermöglicht eine eingehende Betrachtung und assoziative Parallelisierung auf die Porträtvorlage hin. Die Bedächtigkeit der Kamera führt zu einer Hervorhebung des differenten Bildcharakters dieser Einstellung und macht sie zu einem besonderen (Stil-)Mittel der filmischen Narration.

Mit dieser langen Naheinstellung wird zunächst das Bildnis im Film etabliert, um anschließend in einer langsamen, zurückweichenden Kamerafahrt, die stufenweise die Distanz zum Zuschauer über die Einstellungsgrößen von Amerikanisch, Halbnah bis hin zur Halbtotalen ver-

---

42 1536 als das Todesjahr Anne Boleyns ist das Datum ante quem, auf das auch die Jahreszahl auf dem Türsturz im filmischen Tower-Zimmer Boleyns hinweist.

Abb. 16: links: HENRY VIII – Anne Boleyn (Ankleidungs- und Hinrichtungs-Sequenz, Stills); rechts: Unbekannt, englischer Maler – Anne Boleyn (1530-36, National Portrait Gallery, London)

größert,[43] das zu zeigen, was im Porträt sonst unsichtbar bleibt. Und das heißt in diesem Fall die private, noch nicht für den öffentlichen Blick zurechtgemachte Boleyn in voller Lebensgröße. Erst allmählich wechselt diese Sicht in eine offizielle, heißt mit dem Porträt zusammenfallende Darstellung über, dann nämlich, wenn Anne Boleyn sich für ihre Hinrichtung ankleidet.

Die Szene vor dem Kosmetiktisch, in der sie einen Handspiegel dazu benutzt, ihre Frisur hinten zu richten, erweitert nicht nur die räumliche Wahrnehmung der Zuschauer, sondern liefert auch eine markante Metapher für das Tableau vivant selbst. Der Spiegel, der die unsichtbare

---

43 Diese ursprünglich filmtechnischen Termini sind hier filmanalytisch verwendet. In Abhängigkeit von der Wahl des Objektivs erscheinen Menschen und Gegenstände dem Zuschauer entweder weit entfernt, so daß er sie in ganzer Figur sehen und ihre Handlungen gut überblicken kann (Halbtotale), oder ab den Knien aufwärts und damit nah genug, um den Ausdruck und die Beziehungen der Personen untereinander gut zu erkennen (Halbnah; Amerikanisch: ab der Hüfte). Die Nah- und Großeinstellung konzentriert sich bei der Darstellung von Menschen auf den Kopf und die Hände bzw. auf das Gesicht, um den psychologisch-mimischen Ausdruck einzufangen. So sind die Einstellungsgrößen wichtige Kategorien für die Wahrnehmungslenkung der Zuschauer.

Rückseite sichtbar macht, ist ein häufiges Motiv der Malerei, die ihre spezifischen illusionistischen Fähigkeiten gegenüber der Bildhauerei zu behaupten suchte. Aber er verweist auch auf den Wunsch der Allansichtigkeit, der an die Künste herangetragen wurde und der die Tableaux vivants seit dem 18. Jahrhundert motiviert:[44] Es ist ein Verlangen nach der Haptizität der Darstellung, nach dem »Tournez s'il vous plaît« also, das so bezeichnend ist für die Zuschauer in Goethes *Wahlverwandtschaften*. Mit dem Spiegelmotiv scheint der Film eine Symbolik aufzugreifen, die ihn meiner Ansicht nach selbst als ein ›absolutes‹ Lebendes Bild bestimmt, dann nämlich, wenn das Filmbild selbst zum Medium der Verlebendigung wird, das seine Figuren nicht mit dreidimensionalen, aber mit bewegten Körpern ausstattet.

Betrachtet man noch einmal die Inszenierung von Boleyn alias Oberon in der Eingangsequenz, so fällt eine Abweichung von der üblichen Detailtreue, mit der insbesondere die Historienfilme und Biopics an ihre Objekte herantreten. Es ist die hier fehlende Kopfbedeckung, die das Porträt der Königin abrundet, im Film aber bezeichnenderweise erst am Ende der Boleyn-Episode aufgegriffen wird (Abb. 16).[45] In diesem Detail spiegelt sich meiner Ansicht nach die grundsätzliche Frage wider, wie historische Erzählstoffe so zu narrativieren sind, daß sie in der filmischen Transformation ihre Glaubwürdigkeit beibehalten.

Der größere Zusammenhang, aus dem die Frage hervorgeht, und möglicherweise zu der in HENRY VIII vorliegenden Lösung geführt hat, liegt in den wissenschaftlichen Debatten um die legitime Geschichtsschreibung und Quelleninterpretation. Für Leopold von Ranke, auf den die moderne Geschichtswissenschaft zurückgeht, aber auch für viele seiner Nachfolger, bedurfte die moderne Geschichtsschreibung neben ihrer strengen Bezüglichkeit zu Originalquellen einer Interpretation. Und diese hatte sich durchaus an den stilistischen Möglichkeiten der Literatur zu orientieren, um so die historischen Funde in einen größeren narrativen –

---

44 Zur Funktion von Gemälden und Spiegeln siehe Stoichita, Victor I. (1998): Das selbstbewußte Bild. Vom Ursprung der Metamalerei, München: Fink.

45 Finanzstarke Produktionsstudios legten großen Wert auf die professionelle Recherche für historische Requisiten und Kostüme und betrieben ihre eigenen Research-Abteilungen, die auch für die Bearbeitung der Beschwerden von Zuschauern und Kritiken zuständig waren: »In part, research for a biopic was shaped by particular expectaions regarding what historical errors audience members and critics might catch. And what they were likely to overlook. Such slippage had to be avoided at all costs, for it could suggest that the production had been accorded less than the deluxe treatment« (Custen [1992], S. 35).

und das heißt immer auch einen lebendigeren – Rahmen zu stellen.[46] Folgt man Rankes Idee von moderner Geschichtsschreibung, so hat sie die aus heutiger Sicht brisante Aufgabe zu erfüllen, Wissenschaft und Kunst miteinander zu verbinden.[47] Wiewohl hatte man zuallererst nach strengen Prinzipien der kritischen Analyse zu verfahren, dabei ausschließlich beglaubigte Dokumente wie zuverlässige Augenzeugenberichte auszuwerten. Die Bedeutung von Augenzeugenschaft und einer dokumentbasierten Objektivität war für die Geschichtsschreibung der Zeit ein Novum. Allerdings lagen Rankes Bestrebungen nicht in einer Geschichtswissenschaft, die auf »Sammlungen der Tatsachen und ihre Aneinanderfügung« basierte, sondern sie hatte vielmehr »auf das Verständnis derselben gerichtet« zu sein.[48] So lag Rankes Augenmerk auf der interpretatorischen Leistung einer Geschichtswissenschaft.

Bezeichnenderweise fand Rankes Theorie der narrativen Quellenauslegung ihr Echo nicht nur in den Geisteswissenschaften, sondern auch in den freien Künsten. Die Epoche des klassischen Historismus in Literatur, Architektur und Malerei kennzeichnet eine überwältigende Anzahl an Historienromanen und Historienbildern, sowie die seit dem späten 20. Jahrhundert stetig steigende Menge von Kostümfilmen und Biopics muß in diesen Kontext eingerückt werden. Charakteristisch für sie ist ihr deutlich artikulierter Anspruch auf Glaubwürdigkeit.

Auch wenn Kordas Version der historischen Figur Heinrich VIII. eine populistische, teils groteske Form annimmt, spiegelt sie doch dieses ›Verständnis der Tatsachen und ihrer Aneinanderfügung‹ wider. Vor diesem Hintergrund betrachtet ist die Kopfbedeckung der porträtierten Boleyn zu einem dynamischen Element einer Bildquelle geworden, die der Film in eine freie Narration überführt, das heißt sie *interpretiert*. Seine Entkoppelung aus dem engen Zusammenhang eines in sich geschlossenen Gefüges, das das Porträt als Bilddokument darstellt, entspricht auf

---

46 Zur Einführung siehe Iggers, G. Georg (1996): Geschichtswissenschaft im 20. Jahrhundert: Ein kritischer Überblick im internationalen Zusammenhang, Göttingen: Vandenhoeck & Ruprecht, hier zu Ranke S. 17ff.; Krieger, Leonard (1977): Ranke. The Meaning of History, Chicago, London: The University of Chicago Press.

47 Ranke, Leopold von (1835/1975): »Idee der Universaltheorie«, in: Ders., Vorlesungseinleitungen. Aus Werk und Nachlaß, hg. v. Volker Dotterweich und Walther Peter Fuchs, Bd. 4, München, S. 72f.

48 Ranke zitiert in Iggers (1996), S. 20. Vgl. auch Ranke, Leopold von (1824/1990): Vorrede zu »Geschichten der romanischen und germanischen Völker von 1494 bis 1535«, in: Wolfgang Hardtwig (Hg.), Über das Studium der Geschichte, München: dtv Wissenschaft, S. 46.

diese Weise der erforderlichen Transkriptionsbewegung, die die frühere Geschichtswissenschaft durchaus legitimierte.

In der Narrationslogik des Films muß das Tableau vivant erst nach und nach auf das Porträt hin vervollständigt werden, denn die filmische Interpretation der Hinrichtung entwickelt sich über eine Schilderung des Ankleidens und Zurechtmachens der Verurteilten. Mit der fortschreitenden Geschichte bekommt die äußere Erscheinung Boleyns einen offiziellen Charakter und nähert sich sowohl formal als auch *en détail* dem Porträt an: Die Kamera zeigt die Protagonistin in Halbnah- und Großeinstellungen und Boleyn trägt nun die porträtgetreue Haube. Mit der erneuten Abnahme des Schmucks und der Kopfbedeckung auf der Hinrichtungsbühne endet die auf das Bildnis hin angelegte Erzählung und mit ihr die Episode der zweiten Ehefrau Heinrichs VIII.

Catherine & Anna: Zwei Tableaux vivants

Wie stark HENRY VIII von solchen ›dynamischen‹ Bildelementen bestimmt ist, davon zeugen zwei weitere Tableaux vivants, beide nach Holbeins Porträts von Catherine Howard und Anna von Kleve. Auch hier basiert das Erzählmuster auf dem Ineinandergreifen von piktoraler Historizität und fiktionaler Handlungsstränge. Nach bewährtem Muster verflechtet Korda zwei Erzählstränge miteinander, indem er die Episode der Vermählung mit Anna von Kleve mit der Anbandelung des Königs mit Catherine Howard verschaltet. In diesen beiden langen Episoden müssen, so scheint es, die Tableaux vivants gleicherweise gedehnt werden. Ihr Bezug zu den Porträtvorlagen ist prozessual, man könnte sagen, daß diese schrittweise inszenierten Tableaux vivants eine vorsichtige Herantastung und Vervollständigung der jeweiligen Bilder vornehmen. Indem die einzelnen Bilddetails wie Puzzlestücke auf mehrere Einstellungen verteilt werden, erzeugen sie den Eindruck, der Film lege eine verborgene Geschichte des jeweiligen Gemäldes nach und nach bloß. Was darüber hinaus simuliert wird, ist die Erzählfähigkeit des Bildes selbst. So löst sich der Singular der offiziellen Geschichtsschreibung in die Pluralität von (privaten bzw. pseudo-privaten) Geschichten auf.

Von besonderer Raffinesse ist in dieser Hinsicht die bereits angesprochene Maler-Sequenz, die die Figur Anna von Kleve in eine für die Konzeption des Biopics typische Situation zwischen Historizität und Gegenwart bringt. Anders als bei den tableauesquen Inszenierungen von Boleyn oder Heinrich handelt es sich bei dieser Szene um die Simulation einer historischen Situation, so wie sie dem Bildnis vorausgegangen sein könnte: Bei der filmischen Anna setzt der Film in der bereits bekannten

Abb. 17: links: HENRY VIII – Catherine Howard und Thomas Culpeper (Catherine-Episode, Stills) – unten: Heinrich VIII. hält um Catherines Hand an; rechts: Hans Holbein d. J. – Catherine Howard (1540-41, Toledo Museum of Art, Toledo/Ohio)

Weise auf die physiognomische Ähnlichkeit zwischen ihr und dem historischen Porträt (Abb. 14). Die ovale Kopfform, die schmale Oberlippe, die runde Stirn, unterstützt durch die Übereinstimmung mit der auffälligen Kopfbedeckung, die die Porträtierte trägt – all das zusammen erreicht die nötige Analogie, die nach beiden Seiten ihre beglaubigende Funktion erfüllt, wenn sie sowohl die filmische Figur (die dem Bildnis entspricht) als auch das Bildnis (das der filmischen Anna entspricht) mit Authentizität und Selbstbeglaubigung ausstattet. Die Nahaufnahme in Frontalansicht, die Anna vor dem Kachelofen zeigt, ist sowohl die Vorwegnahme des wenig später im Film auf der Staffelei ausgestellten Gemäldeporträts *als auch* ein ›filmisches Porträt‹ (Abb. 13/14).[49]

---

49 Unübersehbar handelt es sich bei diesem innerfilmischen Gemälde um eine
    mittelmäßige Kopie des Originals, das man angesichts der zahlreichen ›le-

Erst im Verlauf der Handlung fügen sich einzelne Details aus dem gemalten Porträt zu einem dynamischen Tableau vivant zusammen. Bei dem ersten Treffen mit dem König trägt Anna das ›Hochzeitskleid‹ des Bildnisses und festigt damit die Bezüge zu der historischen Vorlage in seiner dokumentarischen Funktion. Die Funktion eines solchen ›gestreckten‹ Tableau vivant hat man bereits bei Anne Boleyn kennengelernt. Auch hier handelt es sich um eine narrative Ausformulierung eines als Bilddokument begriffenen Porträts, wobei in diesem Fall die Entstehung eines historischen Gemäldes zum filmischen Handlungsgegenstand wird.

Daß diese dynamischen Tableaux vivants kein Zufall, vielmehr ein wesentliches Strukturmerkmal von HENRY VIII darstellen, beweist die Gestaltung der Figur Catherine Howards (Binnie Barnes) nach einem Porträt von Hans Holbein. Obwohl Catherine bereits in den ersten Filmszenen als eine der Hofdamen auftritt – durch ihre frechen Bemerkungen zieht sie das Interesse des Königs auf sich (Heinrich-Sequenz) –, ist sie typischerweise noch nicht in Anlehnung an das Porträt inszeniert. Ihre Ähnlichkeit mit der Bildvorlage kristallisiert sich sukzessive und wird erstmals deutlich in der Szene, in der sie ihrem Verehrer, Thomas Culpeper (Robert Donat), ihre Pläne, Königin werden zu wollen, offenbart (Abb. 17).

Die Übereinstimmungen zwischen der filmischen Figur und dem Holbeinschen Porträt von Catherine Howard liegen primär im Kostüm – in der weißen, edelsteinbesetzten Haube, im Schnitt des Kleides mit dem kleinen weißen Stehkragen, spitzen Dekolleté, den bauschigen, der Länge nach aufgeschlitzten Ärmeln – und der allgemein vergleichbaren Physiognomie. Obwohl die Aufnahme in der Kadrierung nicht dem Format des Gemäldes entspricht, nimmt die filmische Catherine durchaus eine der Porträtierten vergleichbare Haltung ein: ein leicht zur Seite gedrehter Oberkörper, der Kopf im Dreiviertelprofil. Die darauffolgende relativ lang andauernde Großaufnahme kann durchaus im Sinne eines ›filmischen Porträts‹ verstanden werden, das an die Jesus-am-Kreuz-Einstellung in Antamoros CHRISTUS erinnert und von der ein Zeitgenosse als von ›einem neuen Bildtypus‹ sprach, das eines Museums würdig wäre (Abb. 8).

Entsprechend der Narrationslogik der dynamischen Tableaux vivants trägt Catherine die in allen Porträtdetails vollständige Bekleidung (Brosche am Dekolleté) erst in einer späteren Einstellung, dann nämlich, wenn Heinrich um ihre Hand anhält (Abb. 17). Vergleichbar mit dem

---

benden Nachbildungen‹ der gemalten Personen lieber nicht in einer desillusionierenden Nahaufnahme zeigte.

Porträt Annas von Kleve und seiner Umsetzung im Tableau vivant wird auch hier das Gemälde als ›Hochzeitsbild‹ und auf die Verbindung mit dem König hin gedeutet bzw. narrativiert.

HENRY VIII
- Eine Zusammenfassung

Mit der Parzellierung und Verteilung von Bilddetails auf mehrere Filmszenen verfolgt Korda in HENRY VIII einen doppelten Zweck: Zum einen wird mit der Ausstellung von deutlichen Bildanalogien ein unmittelbarer Bezug zu historischen Porträts – und zwar im gesamten Film – hergestellt. Zum anderen hilft es, die Gemälde in eine fortschreitende Erzählung zu überführen. Dabei erlaubt die einmal etablierte Bezüglichkeit des Filmbildes zum historischen Original, die Entfaltung der Narration voranzutreiben, ohne dabei den Verlust an Glaubwürdigkeit zu riskieren. Der Film versucht somit eine Spur nachzuzeichnen, die er vorgeblich im Gemälde eingelagert vorfindet. Auf dieses Weise plausibilisiert er seine Erzählung als eine Zeitreise in die Vergangenheit, wo er den ›lebendigen Gegenstand‹ des Gemäldes antrifft. In dieses System eingebunden, wird das jeweilige Gemälde auf Historizität festgelegt. Mit dem Ergebnis, daß die Wesenheit des Gemäldes – sein vielfältiges Bezugssystem – hinter der Aufgabe eines Bilddokuments zum Verschwinden gebracht wird. Der Maler wird im Zuge dieser Adaption zum Historiographen.

Auf die von Ranke in seinem Entwurf einer modernen Geschichtsdisziplin gestellte Frage »Wie ist es eigentlich gewesen?« liefert der Film eine durchweg positivistische Antwort, indem er auf das Bild der Zeit (und Hans Holbein als Zeitzeugen) verweist: »So war es«, ist seine piktorale Antwort, denn das Gemälde muß hier für sich selbst sprechen. Aus einer ›toten‹ wird eine ›lebendige‹ Primärquelle, ein Tableau vivant, das die historischen Personen wieder zum Leben erweckt. Erst nach und nach fügen sich die Einzelstücke zu einer Gesamtansicht zusammen.

Dieses Verfahren gehört zu den wesentlichen Gestaltungsprinzipien von HENRY VIII und betrifft nicht nur die Umsetzung konkreter Porträts, sondern auch eine Vielfalt an unterschiedlichen Bildelementen und Arrangements, die den Anschein erwecken, Anleihen aus außerfilmischen Kontexten zu sein. In diese Kategorie der *sekundären Tableaux vivants* gehört die Darstellung des Hofstaates, charakterisiert durch bekannte historische Persönlichkeiten wie beispielsweise Thomas Cromwell oder den Erzbischof Thomas Cranmer (Lawrence Hanray), deren filmische Inszenierungen an Porträts erinnern, ohne daß diese *en détail* umgesetzt worden wären. Im direkten Vergleich mit den Porträts, die Holbein von den Persönlichkeiten des englischen Hofes malte, wird deutlich, wie stark der Film in einem Kompilations- und Transkriptionsverfahren einzelne Bildmotive verwendet, um auf diesem Wege die fiktionalen Narrationselemente zu plausibilisieren. Die Grenzen zwischen der filmischen Nachstellung eines Gemäldes und der freien Kreation von Einzelelementen sind fließend, so daß der Zuschauer nicht nur die Unterscheidungsmöglichkeit verliert, sondern zunehmend den Eindruck gewinnt, der Film selbst sei – und wenn auch nur partiell – ein ›historisches Dokument‹. Am Beispiel dieser sekundären Tableaux vivants zeichnet sich ein Wandel in der filmischen Gemälderezeption ab: Scheiterte der Verlebendigungswunsch des klassischen Tableau vivant an der Übertragungslogik der Gemäldestruktur, die die Körper in eine tödliche Starre zwang, so scheint dieser Film darauf bedacht zu sein, diesem Wunsch ohne auffällige Bewegungsstörungen nachzukommen.

Abb. 18: links: HENRY VIII – Heinrich wartend auf Annes Hinrichtung und seine Hochzeit mit Jane; rechts: Unbekannt – Boy looking through a casement (1529, Royal Collection, Hampton Court, London)

Mit HENRY VIII ist Korda eine tableauesque Gesamtanlage gelungen, die nach einer maximalen Verlebendigung der zitierten Bildvorlagen strebt und in dieser Inszenierung eine Aktualisierung der historischen Geschehnisse versucht. Indem Korda den Auftritt Heinrich VIII. als ein Lebendes Bild konzipiert, rückt er die historische Figur selbst in eine narrative Position zwischen Unterhaltung und historischer Legitimation. Der in die illusionistische Dreidimensionalität des Films umgesetzte Bildraum definiert den gesamten Film im Sinne eines wahrhaft bewegten Bildes (oder in die Pluralität der Bewegungsbilder). Hier wird nicht der natürliche Körper zum symbolischen, sondern der symbolische wird zum ›natürlichen‹ Körper des Films gestaltet – und dies durch die Umsetzung im filmischen Tableau vivant.

147

VISCONTI:
SENSO (1954)

Luchino Viscontis Film SENSO (Die Sehnsucht, I 1953/54) ist eine freie
Adaption der gleichnamigen Novelle von Camillo Boitos.[1] Vor dem Hintergrund des *Risorgimento* – der italienischen Unabhängigkeits- und Ei-
nigungskriege von 1848 bis in die 1860er Jahre –[2] erzählt der Film eine
Geschichte von (selbst-)zerstörerischer Leidenschaft zwischen der italienischen Contessa Livia Serpieri (Alida Valli) und dem österreichischen
Leutnant Franz Mahler (Farley Granger). Die Handlung beginnt während
einer Aufführung von Verdis *Il Trovatore* in dem Opernhaus *La Fenice*
in Venedig. Dies ist der Ort, an dem ein politisch motivierter Aufstand
gegen die österreichischen Besatzer die Filmgeschichte in Gang setzt. Im
Unterschied zum Roman, der eine Art Tagebuch mit monologisierenden
Rückblicken der Contessa ist, hat Visconti die Handlung auf einen Monat
komprimiert: Die Erzählung beginnt am 27. Mai 1866 und endet im Mor-
gengrauen des 27. Juni 1866, dem Tag nach der Niederlage der aufständischen Armee in der Schlacht von Custoza. Anders als in der Novelle
greift Livias auktoriale Stimme aus dem Off nur partiell in die Spielhandlung ein.

---

1   Einen guten monographischen Überblick über den Film, die literarische
    Vorlage und die historischen Hintergrunde bietet die Publikation von
    Lagny, Michèle (1992): Senso. Luchino Visconti, Paris: Nathan Université.
2   Der italienische Unabhängigkeitskrieg läßt sich in drei Phasen aufteilen:
    Den Anfang bildet der Krieg der Piemontesen, geführt von König Carl Al-
    bert, gegen die österreichischen Besatzer der Lombardei und Venetien im
    Jahr 1848. Den zweiten Unabhängigkeitskrieg führte Garibaldi in Sizilien
    im Jahr 1860 gegen die bourbonischen Könige an. Vereint mit Victor Em-
    manuel, dem Sohn und Nachfolger des piemonteser Königs Carl Albert,
    kämpften sie für die Vereinigung aller Königreiche und Republiken zu ei-
    nem souveränen Italien. Die Einnahme von Rom im Jahr 1870 bedeutete
    die dritte und letzte Phase der Unabhängigkeitskriege, die schließlich zur
    Einigung Italiens führte.

Obwohl SENSO in seiner Endfassung vordergründig ein klassisches Melodrama geworden ist, so hat er doch einige der ursprünglichen politischen Implikationen bewahren können, und dies trotz mehrmaliger Eingriffe seitens der italienischen Zensur, des italienischen Verteidigungsministeriums und einiger Verleiher, deren Anliegen es war, ausschließlich die Liebesgeschichte hervorzuheben.[3] Es hat ihn dennoch nicht von dem unpolitischen und melodramatischen Ende, der Füsilierung Franz Mahlers, bewahrt. Ursprünglich sollte der Film mit einer zufälligen Begegnung Livias mit einen jungen österreichischen Soldaten, der betrunken Siegeslieder grölte, doch dann plötzlich verstummen und zu weinen anfangen sollte, um schließlich herauszuschreien: »Es lebe Österreich!« Die Zensur untersagte dieses Ende, das sie politisch als zu brisant einstufte.

Vor dem Hintergrund der Besatzung Norditaliens durch die österreichischen Truppen und der italienischen Widerstandsbewegung entwickelt Visconti in SENSO ein komplexes sozio-psychologisches Beziehungsgeflecht zwischen vier Figuren: der Contessa Livia Serpieri, ihrem Mann (Heinz Moog), der mit den Österreichern kolloboriert, dem österreichischen Leutnant, der ihr Liebhaber wird, und ihrem Cousin Marchese Roberto Ussoni (Massimo Girotti), den sie in seinem Widerstandskampf gegen die Besatzer unterstützt. »Sono una vera Italiana« – der Satz, mit dem die Contessa sich selbst gegenüber dem Leutnant charakterisiert, bezeichnet nicht nur ihren anfänglichen Patriotismus, sondern auch ihre romantische Neigung zu einer Heroine. Denn in dieser politischen Selbstbeschreibung opponiert sie gegen ihren Ehemann und andere italienische Kollaborateure, von denen sie sich nachdrücklich abzusetzen versucht. Ihr Verhältnis zu dem Österreicher scheint zunächst gleicherweise politisch motiviert zu sein, was ihrem anfänglichen Engagement für die Widerständler entspricht. Livias vordergründiger Einsatz für die Aufständischen verkleidet in Wahrheit ihre erotische Zuneigung zu Roberto Ussoni und wird durch die nachfolgende Leidenschaft zu Franz Mahler abgelöst. Diese Ablösung ist radikal, denn Livia verrät die Revo-

---

3 Die Zensur tilgte vor allem jene Stellen, die sich mit den politischen Konsequenzen des Verrats der Contessa an den Freiheitskämpfern auseinandersetzten. Abgewandelt wurde auch das Verhältnis zwischen dem österreichischen Leutnant und dem italienischen Freiheitskämpfer. Auf Wunsch des Verteidigungsministeriums mußte die große Schlacht von Custoza geschnitten werden, da die Schlacht einen für die italienische, den österreichischen Truppen zahlenmäßig überragende Armee blamablen Ausgang genommen hatte, in den italienischen Geschichtsbüchern jedoch weiterhin an der Glorifizierung der Kämpfer festgehalten wurde bzw. wird. Vgl. Lagny (1992), S. 23.

lution, indem sie ihrem Liebhaber das ihr zuvor von Ussoni anvertraute Geld der Rebellen übergibt, um seinen illegalen Freikauf aus dem Armeedienst zu finanzieren. Sich des Verrats durchaus bewußt, setzt die Contessa alles auf ihre bedingungslose Liebe zu Franz, die sie wie eine Erlösung von ihrem schlechten Gewissen empfindet. In ihrer romantischen Hoffnung verfangen, glaubt sie, ihre bourgeoise Gesellschaftsrolle durch eine andere, eine heroische ersetzen zu können. Sie scheitert sowohl an diesem Vorhaben als auch an Franz, der sie auf zweifache Weise hintergeht: Sie als Italienerin verrät er durch die Denunziation ihres Cousins, sie als Frau, indem er ihr eine jüngere Prostituierte vorzieht. Das Filmende bestimmt die verzweifelte Rache der Contessa, die ihren einstigen Geliebten bei seinen Vorgesetzten anzeigt und damit zum Tod durch Erschießen verurteilt.

Die Parallelisierung der Ereignisse zwischen der ›kleinen Bühne‹, auf der sich das zwischenmenschliche Melodrama abspielt, und der ›großen Bühne‹ der Geschichte, bildet das kompositorische Gerüst des Films und verleiht SENSO seine Tiefendimension. Italien, das die große Schlacht von Custoza verliert, und Österreich, das für kurze Zeit noch Sieger über die annektierten Gebiete bleibt, stehen vor einem Umbruch, den die Protagonisten des Films nicht akzeptieren wollen. Ihr Niedergang hat seine Analogie in der Dekadenz der adeligen Gesellschaftsschichten.[4]

Viscontis filmische Tableaux vivants

SENSO ist gleichzeitig Viscontis erster Farb- und sein erster Kostümfilm. Die Tatsache, daß weder Visconti noch seine Kameraleute über Erfahrungen mit dem besondern Filmmaterial (Technicolor) verfügten, das heißt keine praktische Kenntnis über die Auswirkungen, die verschiedene Lichtverhältnisse und Farbeffekte auf das zu belichtende Material hatten, gab möglicherweise den Anstoß, sich an der Malerei angelehnten Farbchoreographie und der Gestaltung von tableauesquen Sets bis hin zur Verwendung von sekundären Tableaux vivants zuzuwenden. Beides stellte für das bis dahin vorgelegte filmische Werk Viscontis ein Novum dar. Die auffällige piktorale Dominanz geht nicht in einer beglaubigenden Funktion des Bildzitats wie in HENRY VIII auf, auch wenn das Piktorale in SENSO teilweise historisierende Aufgaben zu erfüllen haben. Und anders als in CHRISTUS ist hier nichts mehr von einer auratischen Funk-

---

4 Vgl. Nowell-Smith, Geoffrey (1973): Luchino Visconti, London: LoBFI Publishing, S. 98.

tionalisierung der Gemälde zu spüren. Ihre Besonderheit liegt statt dessen in der fulminant gelösten Verschmelzung von Gemälde und Filmbild. Vielleicht müßte man den piktoralen Zustand der Filmbilder drastischer zum Ausdruck bringen und von einer Okkupation des Films durch das Gemälde sprechen. Jedoch um wieviel wirkungsvoller als es noch Korda oder Antamoro vermochten, setzt Visconti das System des Gemäldes im Film um! Der Einsatz der Farbe, der spezifische Bildaufbau, die verlangsamte Kamerabewegung und die Langsamkeit der Protagonisten (wie die der Handlung insgesamt), die zu der spezifischen *durée* des Films beitragen – all diese Komponenten zusammenbetrachtet, machen aus SENSO ein *filmisches Tableau vivant*, bei dem der Regisseur zu einem mit der Kamera ›malenden‹ Künstler wird. Dabei fehlt den tableauesquen Szenen und Einstellungen von SENSO nicht an piktoralen Verweisen, ja der Film operiert sogar mit vielen Fresken und Gemälde innerhalb der Mise-en-scène (Abb. 28/29). Was er jedoch, von wenigen Ausnahmen abgesehen, entbehrt, ist die Rückbindung an konkrete Gemäldevorlagen, das heißt: nicht alle Szenen, die einen ausgesprochenen piktoralen bis tableauesquen Charakter vorweisen, lassen sich realexistierenden Gemälden zuordnen.

Abb. 19: SENSO – Panoramaschwenk um die Villa Aldeno alias Villa Godi in Lonedo/Vicenza (Sequenz-Stills)

Ein gutes Beispiel hierfür ist der Panoramaschwenk über die Landschaft von Aldeno, wo die Familie Serpieri ihren Sommersitz hat (Abb. 19). Man sieht eine liebliche, leicht hügelige und von trägen Flüssen durchschnittene Landschaft im satten Grün und Blaßblau der perspektivischen Fernsicht. Der lange Kameraschwenk mündet in der Einstellung auf die Villa und ihre weitläufige Terrasse, von wo aus man dieses weite Panorama genießen kann. Bei dieser Sommerresidenz handelt es sich um das tatsächlich in Lugo di Vicenza, Veneto, stehende und früheste Werk des Architekten Andrea Palladio, das er für die Familie des Adeligen Giolamo de'Godi baute (um 1538–42): »In Lonedo, im Vicentinischen, befindet sich der folgende Bau des Herrn Girolamo de'Godi. Er liegt auf einem Hügel mit herrlicher Aussicht und an einem vorbeifließenden Fluß, der der Fischerei dient.«[5]

Diese Beschreibung der Villa, die Palladio in seinen *Quattro Libri dell'Architettura* liefert, liest sich wie eine Anleitung zu den Filmaufnahmen. Daß die Situierung und der Aufbau der Villa mit ihren Sichtachsen im Verhältnis zur Landschaft stehen ist ein Befund. Daß es sich hierbei auch um Gemäldeanalogien handelt, ist gleicherweise unübersehbar. Wie ein solches Wechselverhältnis funktioniert, bezeugen beispielsweise die *Landschaftsfresken* von Gualliero Padovana, die einige Säle der Villa schmücken: Ehemals selbst die Natur zum Modell genommen, werden sie als Gemälde zum Spiegelbild der Situation, in der sich die Villa selbst befindet. Darüber hinaus sind sie auch das Vorbild des filmischen Panoramaschwenks. Ähnlich funktionieren auch die Filmaufnahmen von Venedig (Abb. 20). Denn die tableauesquen Plätze und Kanalansichten, die als Sequenzen nicht nur den Rhythmus der Erzählung bestimmen und durch ihre spezifische Bildästhetik wesentlich zum Filmstil beitragen, sind deutliche Anleihen aus dem Veduten-Repertoire eines Canaletto, ohne *en détail* Nachbildungen der Gemälde zu sein. Es verblüfft, zu sehen, wie ähnlich die Verbindungen zwischen Malerei und Tableau vivant bei Canaletto und Malerei, Tableau vivant und Film(bild) bei Visconti motiviert wurden: Da ist auf der einen Seite Giovanni Antonio Canale, genannt Canaletto (1697–1768), der berühmteste italienische Vedutenmaler des 18. Jahrhunderts, der von einer Familie von Bühnenbildnern abstammte und selbst am Theater tätig war, was sich in seinen bühnenhaft inszenierten Gemäldekompositionen durchaus bemerkbar macht.[6] Auch Visconti war in der Bühnenbildgestaltung bewandert, in-

---

5   Palladio, Andrea (1570/2001): Die Vier Bücher zur Architektur. Nach der Ausgabe Venedig 1570 »I Quattro Libri dell'Architettura«, Basel, Boston, Berlin: Birkhäuser, S. 186; zur Villa siehe auch Wundram, Manfred/Pape, Thomas (1988): Andrea Palladio. Architekt zwischen Renaissance und Barock, Köln: Benedikt Taschen, S. 10; zu Palladio und seinem Wirkungskreis siehe Forssman, Erik (Hg.) (1997): Palladio. Werk und Wirkung, Freiburg i.B.: Rombach.

6   Zu Canaletto und seinen Vedutenbildern siehe Bomford, David/Finaldi, Gabriele (1998): Venice through Canaletto's Eyes, [Ausst.-Kat. National Gallery London, 15.07.–11.10.1998], London: National Gallery; weiterführend Busch, Werner (1996): »Die Wahrheit des Capriccio: Die Lüge der Vedute«, in: Ekkehard Mai (Hg.), Das Capriccio als Kunstprinzip. Zur Vorgeschichte der Moderne von Arcimboldo und Callot bis Tiepolo und Goya, [Ausst.-Kat. Wallraf-Richartz-Museum Köln, 8.12.1996–16.02.1997) Köln, Mailand: Skira, S. 95–101; zu Biographie und Einzelanalysen

szenierte mehrere Opern und war seinerzeit mehr für diese vielgerühmte Arbeit bekannt als für seine Kinofilme.[7]

Abb. 20: links: Canaletto – Die Mole mit Bibliothek und Grand Canal gesehen in Richtung Zecca (ca. 1740, Privatsammlung); unten: Campo San Rocco (ca. 1735, Privatsammlung); rechts: SENSO – Plätze in Venedig, oben: Franz, Rückenfigur, unten: Livia, Rückenfigur

Für den malerischen Effekt von SENSO zeichnen meiner Ansicht nach drei Faktoren verantwortlich: die Komposition der Filmbilder, die gleichzeitige Reduzierung der innerbildlichen Bewegung (mit entsprechender Auswirkungen auf die Filmhandlung) und schließlich die profilierte Farbchoreographie. In dieser Trias hebt Martin Schlappner die konstitutive Funktion der Schauspieler in der Mise-en-scène hervor:

[Die Schauspieler] stehen vielmehr in ständigem Wechselgespräch mit den sie umgebenden Dingen, und die Ausstrahlung der Dinge, eines Zimmers, einer Landschaft, eines Gegenstandes ändert sich je danach, ob Menschen um sie oder ihnen fern sind. Diesem dichten Gewebe entspricht es denn auch, daß die Bildsprache sehr komplex wird. Es ist eine Komplexität, die sich ausspricht in

siehe Constable, William George (1989): Canaletto: Giovanni Antonio Canal, 1697-1768, Oxford: University Press.

7   Vgl. Geitel, Klaus (1975): »Das Welttheater Visconti«, in: Luchino Visconti, Hanser Reihe Film (4), München: Hanser, S. 41–54.

der Doppelschichtung von Beschreibung und Schilderung, von Teilnahme und Kritik.[8]

Welche Art der bildrhetorischen Komplexität in SENSO erreicht wird und welche Rolle dabei die Verwendung von Gemälden und Tableaux vivants spielt, möchte ich an zwei besonderen, zentralen Szenen darstellen, die ich im folgenden als die *Offizierssalon-* und die *Kuß-Sequenz* bezeichnen werde. Eine besondere Rolle kommt dabei den jeweiligen Standbildern zu, die sich von diesen beiden Sequenzen erhalten haben. Der Chronologie der Erzählung folgend beginne ich mit der Szene im österreichischen Soldatenquartier, der ein Beziehungsbruch zwischen dem Liebespaar Livia und Franz vorausgeht.

Livia, die eines Tages vergeblich auf ihren Geliebten in dem geheimen Mietzimmer gewartet hat, beschließt selbst die Unterkunft des Leutnants aufzusuchen. Diese herausragende Szene beruht auf einer Mise-en-scène der Blicke: In dem Salonzimmer der Offiziere sind es die Blicke der Kameraden und Kumpane ihres Geliebten, die ihr – der einzigen Frau in einer strickten Männergesellschaft – klar machen, daß sie in diesem Zimmer nicht eine Contessa, eine ehrbare Ehefrau und »una vera Italiana«, sondern eine von den vielen Italienerinnen ist, die für die Soldaten und eben auch für Franz Mahler kaum mehr als Dirnen sind. Diese Sequenz bietet dem Zuschauer eine sorgfältig arrangierte Szene in einem Zimmer, dessen Zentrum ein Tisch bildet, um den kartenspielende Soldaten gruppiert sind (Abb. 21). Eine kleine versprengte Figurengruppe akzentuiert den Hintergrund und betont das Fenster, das die natürliche Lichtquelle sein soll, welche die Licht- und Farbkontraste hervorbringt. Die auffällige räumliche Verteilung der Personen und der wenigen Gegenstände im Raum folgt einer bestimmten Figuren- und Farbchoreographie, die innerhalb des Films befremdlich bekannt und zugleich unfilmisch wirkt.

Diese erste Irritation hat zunächst strukturelle Gründe, denn das Arrangement sperrt sich gegen das dynamische Bewegungsbild des Films. Ausschlaggebend hierfür ist zum einen die Verlangsamung der Handlungsgeschwindigkeit: Das zögerliche Hereinleiten der Contessa, deren langes Kleid den Eindruck erweckt, sie schwebe mehr in den Raum hinein, als daß sie ihn betritt, die langsamen Stellungswechsel der Offiziere, das bedächtige sich Erheben und Drehen, die verzögerten Gesten – all das läßt die Zeit in dieser Sequenz zu einem paradoxen Moment der Dauer gerinnen, in der die gesamte Szene vom Rest des Films abgekop-

---

8 Schlappner, Martin (1975): »Linien des Realismus im italienischen Nachkriegsfilm«, in: Luchino Visconti, Hanser Reihe Film (4), München: Hanser, S. 31.

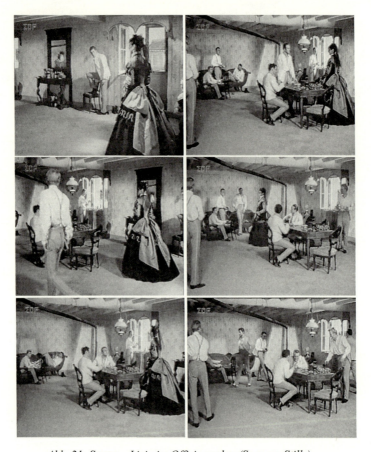

Abb. 21: SENSO – Livia im Offizierssalon (Sequenz-Stills)

pelt zu sein scheint. In dieser zeitlich veränderten innerfilmischen Situation etabliert sich eine spezifische Bildästhetik, die dem Zuschauer – bei aller filmischen Fremdheit – doch vertraut vorkommt, nicht zuletzt weil sie wohlbekannte Bildreferenzen eröffnet.

Es sind die auffällig niedrige Decke, die sich aus der leichten Untersicht der Aufnahme ergibt, und die klassische Staffelung der Bildebenen in Vorder-, Mittel- und Hintergrund bei einer gleichzeitigen zentrumsorientierten Ausrichtung der Hauptgruppe. Ferner sind es die Farben und die Ausleuchtung der Szene, die Anleihen aus der Malerei nehmen und von Viscontis überragenden stilistischen Übertragungsleistung zeugen, so daß man hier tatsächlich mehr geneigt ist, von einem leichten Pinselauftrag der Wasserfarben zu sprechen als von einer Kameraführung. Was die Sequenz von den üblichen Filmbildern jedoch am stärksten abhebt, ist die Geschlossenheit der Szene. Es ist diese spezifische tableauesque

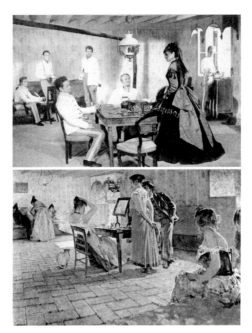

Abb. 22: oben: SENSO – Photogramm: im Offizierssalon;
unten: Telemaco Signorini – La toilette del mattino (1898,
Privatsammlung, Mailand)

Bildrhetorik, die das Gefühl einer »*versiegelten Zeit*« evoziert, um an dieser Stelle den Ausdruck eines anderen kunstinteressierten Regisseurs, Andrej Tarkowskij, einzuführen, der gleicherweise für Pier Paolo Pasolini noch von Interesse sein wird.[9]

---

9 Ich möchte an dieser Stelle betonen, daß es mir hierbei nicht um eine Gleichschaltung der erwähnten Regisseure geht, die sich in ihrem jeweiligen Kunstinteresse sehr voneinander unterscheiden. So ist Tarkowskij entschieden dagegen, zu eindeutige Bezüge zu bildenden Künsten im Film auszustellen, die seiner Ansicht nach das Filmbild mißbrauchen würden. In der Tat ist diese ›Gefahr‹ für das Filmbild gegeben, jedoch meine ich, daß diese spezifische Art und Weise, mit der zum Beispiel die hier von mir untersuchten Regisseure arbeiten, in der Akkumulation mit dem Bewegungsbild zu eigenen, durchaus filmischen Lösungen führen können. Tarkowskijs Kunstinteresse hingegen beruht vor allem auf dem Versuch einer filmischen Adaption der Malerei, die ihre Gemeinsamkeiten in der theoretischen Arbeit an der spezifischen Poetik hat. Wiewohl Tarkowskij in keinem seiner Filme ohne eine Gemäldedarstellung, zumeist als eine Reproduktion, auskommt. Vgl. Tarkowskij, Andrej (1984/1991): Die versiegelte Zeit. Ge-

Zeit bedeutet für Tarkowskij ähnlich wie für Bergson eine *subjektive Zeit*, in der die Vergangenheit zur realen Gegenwart werden kann. Es sind bestimmte Bilder – sowohl in der Malerei wie im Film –, die diese Simultanität einfangen und zum Ausdruck bringen können. Es sind Bilder, die ein Gefühl von Zeitlichkeit erzeugen, die sich im autonomen Raum, in einem Mikrokosmos, ereignet, und dort ihre eigene ästhetisch wie ethische Qualität entfaltet. Anders als Bergson hebt Tarkowskij, und mit ihm gleicherweise Deleuze, das *Zeit-Bild* hervor, das nicht per se nach den Gesetzesmäßigkeiten der Bewegung und ihr zugeordneter Nach- und Vorzeitigkeit organisiert werden muß. Von dieser spezifischen ›versiegelten‹ Zeitstruktur zeugen fast alle piktoralen Filmbilder Viscontis, wobei besondere Signifikanz dem Tableau vivant in der Szene des Offizierssalons zukommt.

Anders als bei den Vedutenansichten von Venedig, die Visconti im Sinne einer bildlichen Kompilation mehrerer Vorbilder inszeniert, läßt sich für diese Szene durchaus ein Gemälde benennen, das ihre Choreographie bestimmt und die Bezeichnung Tableau vivant am deutlichsten plausibilisiert: Es handelt sich bei der Vorlage um das Gemälde *Die Morgentoilette* von Telemaco Signorini (*La toilette del mattino*, 1898), das neben vielen Einzelmotiven, wie dem zentralen Tisch, der darüber hängenden Petroleumlampe, der Balkendecke oder dem Fensterbaldachin, insbesondere die Dramaturgie der Figurenkonstellationen vorgibt (Abb. 22 unten). Charakteristisch für das Gemälde ist der Eindruck von einer trägen, stagnierenden Zeit, aus der sich eine eigentümliche, den Raum ausfüllende Spannung ergibt.

Visconti hat beides außerordentlich treffend in die entsprechende filmische Salonszene transformiert und von der Morgentoilette der Frauen in die apathisch wirkende Zusammenkunft der Männer übersetzt. Dabei hat er die ursprüngliche Frauengruppe spiegelverkehrt als eine Gruppe von Männern inszeniert, die müßigen Beschäftigungen nachgehen, Karten spielen oder sich auf den Sofas fläzen. Ihre weißen Hemden und Jacketts strahlen Kühle und Frische aus, allerdings auch eine frivole Intimität, die durchaus mit derjenigen der sich ankleidenden Frauen des Gemäldes vergleichbar ist. Es ist die Contessa in ihrer dunklen Garderobe mit verschleiertem Gesicht, die überaus ›angezogen‹ wirkt und dabei nicht nur strukturell die Rolle des im Gemälde halb verdeckten italienischen Soldaten übernimmt. Die Bezeichnung der Szene als »Offiziersbordell« kann nur im Hinblick auf das Gemälde verstanden werden, das wiederum eindeutig ein Bordell darstellt.

---

danken zur Kunst, zur Ästhetik und Poetik des Films, Frankfurt/Main, Berlin: Ullstein.

Im direkten Vergleicht mit Signorinis Bild fällt die besondere räumliche Organisation der Figuren auf. Dazu gehört in erster Linie die Positionierung der Protagonisten um den zentralen Tisch, wobei ihre diagonale Ausrichtung eine deutliche Axialität des Filmbildes erzeugt. Ein weiteres Motiv ist die filmisch ungewöhnlich tiefe Untersicht der Balkendecke, die scheinbar kontrapunktisch von der Deckenlampe heruntergezogen wird. Die kleinen, durch ihre isolierte Stellung wie Inseln im Raum gruppierten Protagonisten sind in dieser axialen Dramaturgie gefangen, ihre Bewegungen gehemmt und verlangsamt.

Entlang der axialen Scheidelinie, die von links unten nach rechts oben zu ziehen ist, verläuft auch die dramaturgische Farb- und Lichtverteilung: Auf der linken Bildseite, auf die das gegenüberliegende Fenster helles, beinahe blendendes Licht wirft, dominiert das Weiß der Uniformjacketts und Hemden der Soldaten, wohingegen die rechte Seite im Schatten liegt und von der großen, aufrecht stehenden und in dunkle Farben gekleideten Contessa beherrscht ist. Ergänzend sei hier auf ein weiteres der Malerei entliehenes Gestaltungsprinzip hinzuweisen, nämlich die Bedeutungsperspektive. So ist die Contessa Livia auf die Art und Weise inszeniert, daß sie alle anderen Personen im Raum unverhältnismäßig an Größe überragt, ohne dabei gegen die subjektive Wahrnehmung des Zuschauers zu verstoßen.

Eine weitere piktorale Kompositionsanleihe stellt das bereits erwähnte geschlossene Figurensystem dar. Livia, die innerhalb der figuralen Choreographie anfänglich ein dynamisches Moment ausmachte, entwickelt sich zunehmend zu einem bildrhetorischen Mittel tableauesquer Inszenierung, denn trotz der innerbildlichen Bewegung der Figuren – drei Mal wechseln die Offiziere und zwei Mal die Contessa ihre Positionen – handelt es sich dabei nicht um eine handlungsmotivierte Bewegung, vielmehr um einen ›Stellungswechsel‹, mit dem die Binnenstruktur der Einzelgruppen wieder geschlossen wird. Die kurzen Strecken, die die Figuren von einer zur nächsten Position zurücklegen, sind nichts anderes als Überleitungen zwischen den innerbildlichen Stationen, ohne daß die Gruppierungen, und mit ihnen die Kompaktheit der Bildfiguration, aufgebrochen werden würden. Bezeichnend für das geschlossene Bildsystem ist die schnelle personelle Besetzung der freigewordenen (Bild-) Räume. So wechselt beispielsweise der zunächst am Fenster stehende Offizier seine Position erst dann, wenn er aus dem Hintergrund kommend den ursprünglichen Platz der Contessa am Tisch einnehmen kann. Sie wiederum bewegt sich um den Tisch herum nach hinten zu der an der Wand plazierten Gruppe, um anschließend das Zimmer zu verlassen. Ihr Abgang ist wie ein Kommando zur Auflösung dieses Tableau vivant.

Eine einzige Bewegung, die dem aufmerksamen Zuschauer als etwas ungewöhnlich auffallen wird, stört dieses Bildsystem und macht darauf aufmerksam, daß daran etwas filmfremd ist: Es ist der wenn auch kurze so doch markante Auftritt eines Soldaten, der in einem extremen Anschnitt den Bildvordergrund überquert (Abb. 21, links Mitte).

An dieser Stelle ist es durchaus lohnend, ein weiteres Filmbild, ein sogenanntes *Photogramm* für die Szenenanalyse heranzuziehen (Abb. 22). Unter Photogramm ist ein am Drehort von einem Standfotografen aufgenommenes Foto einer Filmszene zu verstehen, auch Standfoto genannt. Im *Sachlexikon Film* heißt es hierzu:

Standfotos geben eine Analogie zum Filmbild, sind ihm aber in der Komposition nicht exakt äquivalent. [...] Standfotos versuchen, entscheidende Momente der Szene festzuhalten, und benutzen entsprechend eigene, abweichende Stilisierungen, um diesen Eindruck zu erreichen.[10]

In der Tat bietet das Photogramm aus der Offizierssalonszene im Vergleich zu seiner Realisierung einige prägnante Abweichungen, die Einblicke in die bildästhetische Idee des Regisseurs ermöglichen. Die erste Auffälligkeit dieses fotografischen Tableaus liegt in dem Motiv des leeren, leicht zur Seite geschobenen Stuhls im Bildvordergrund. In vollendeter klassischer Manier markiert er die Eingangsstelle – die sogenannte Leerstelle – in das Bild, die in der realisierten Filmszene an Deutlichkeit verliert.

Auch zeigt das Photogramm eine stärker akzentuierte Bilddiagonale, indem die hell gekleideten Soldaten auf der linken Seite versammelt sind und so die dunkle Gestalt der Contessa auf der rechten Seite separiert auftritt. Folgt man der Anordnung der Figuren links beginnend, so gründet die fotografierte Komposition auf einer zirkulären Bewegung und zeugt damit von einer in gewisser Weise retardierenden, zum Stillstand neigenden innerbildlichen Konstellation: angefangen bei dem links im Hintergrund sitzenden Offizier, über die der Größe nach angeordneten Soldaten, weiter bis zu der Deckenlampe nimmt der Bewegungsbogen seinen weiteren Verlauf über Livias Gestalt zu dem leeren Stuhl im Bildvordergrund und von hier aus zu den daneben sitzenden Männern. Hier endet die Spiralbewegung in einer geschlossenen Komposition um eine Bildmitte, die von figuralen ›Ausläufern‹ und hinausdrängenden Bewegungen begleitet aber nicht aufgelöst wird. Im Spannungsverhältnis der beiden Grundkonzepte von Zentralität und Axialität entwickelt sich also als eine dritte, das Filmbild rhythmisierende Kraft, die *zirkuläre Bewegung*. Aus der Wechselwirkung dieser sich gegenseitig konturierenden

---

10 Rother, Rainer (Hg.) (1997): Sachlexikon Film, Reinbek: Rowohlt, S. 276.

Anordnungen resultiert die besondere piktorale Atmosphäre dieses Filmbildes, die in Senso nicht singulär, sondern auch an anderen Filmstellen
zu spüren ist. Ein Ergebnis der piktoralen Umformung der Filmbilder ist
die auffällige Dehnung der Zeit, die Senso kennzeichnet, und die in Differenz zu den durch Montage, Kadrierung oder Dekadrierung bestimmten
genuinen Filmbildern steht.

Noch stärker als in Henry VIII sind die innerfilmischen Räume von
Senso als *Loci* mit deutlichen Bezügen zum Bühnenbild gestaltet. Ob es
die Veduten, die Innenraumansichten in Venedig oder in Aldeno und
später in Verona sind, sie alle haben ihren strukturellen Ursprung in der
Bühnenszene der Oper *Il Trovatore*, mit der der Vorspann beginnt und
die das erste Drittel des Films bestimmt. Diese sekundären Tableaux vivants stehen für das *Prinzip der Akkumulation*, nach dem eine zentrale
Gruppe oder einzelne Figuren durch Leerräume separiert werden und
sich dabei additiv zueinander verhalten. Strukturell betrachtet erzeugen
diese Leerräume eine einfassende Situation, indem sie die sich darin befindenden Personen absondern und einer zentrifugalen Streuung der Motive wie der Erzählung gleichermaßen entgegenwirken. Eine solche ›Inselstellung‹ entspricht strukturell der Gemälderahmung.[11] Diese figuralen
bzw. motivischen ›Spationierungen‹ und Verdoppelungen tragen wesentlich zu innerbildlichen wie szenischen Rhythmisierungen bei.

Sie werden zudem durch einen gezielten Einsatz von Farbe verstärkt,
was man beispielsweise an einigen prägnanten Szenen in Venedig gut
beobachten kann: So tritt Livia an öffentlichen Plätzen nicht nur singulär
innerhalb verstreuter Grüppchen auf, sondern wird auch aus einer leichten Vogelperspektive von der Kamera mehr beobachtet als bloß aufgenommen, wodurch ihre Einsamkeit innerhalb der Gesellschaft versinnbildlicht wird. Eine andere Aufnahme zeigt sie aus einer leichten Frosch-
perspektive, ohne dabei einen monumentalen Charakter zu evozieren,
denn die hohe Häuserwand, die als Hintergrundkulisse dient, wirkt
übermächtig, womit sie die Figur im Vordergrund zu verschlucken droht.
Die bedrohlich-bedrückende Stimmung, die die Szene konnotiert, verstärkt die farbliche Korrespondenz zwischen der Hausfassade und Livias
Kleid, so daß die Figur noch einmal in der Einvernahme und Bedrohung
durch ihre Umgebung vereinsamt und verlassen vorgeführt wird. In glei-
cher Manier ist auch die Szene am *Canale* gestaltet, in der der Offizier
als weißgekleidete Rückenfigur inmitten von Pärchen und arbeitenden

---

11 Zum Rahmen und der Inselstellung des Bildes vgl. Simmel (1902/1998),
     S. 111–117; Spielmann, Yvonne (1994): Intermedialität. Das System Peter
     Greenaway, München: Fink; dort vor allem zu den Phänomenen der zentri-
     fugalen und zentripetalen Kräfte, die das Bild nach außen drängen bzw. es
     im abgesteckten Rechteck der ›Einrahmung‹ stauen.

Grüppchen erscheint und so wiederum seine Einsamkeit und Nichtdazu-
gehörigkeit ausgestellt wird.

Die spezifische Eigenheit dieser besonderen Filmbilder liegt nicht
nur in ihren piktoralen Bezügen. Sie ist wesentlich durch die formale *Figur der Mise-en-scène* bestimmt. Unter Mise-en-scène versteht man eine
Wiederholung einer Szene, eines Bildes, einer Erzählung oder eines
komplexeren Motivs in dem gleichen (Bild-)Ensemble, so daß eine Inei-
nanderschachtelung der Motive erzeugt wird.[12] SENSO weist eine ganze
Reihe solcher Szenen auf, die bezeichnenderweise alle ihren Ausgangspunkt jeweils in einem Tableau vivant nehmen. Auf zwei herausragende
Beispiele möchte ich im folgenden näher eingehen.

Die Kußszene: ein Tableau vivant

Wie das Tableau vivant nach Signorini so gehört auch die Kußszene im
Schlafzimmer der Sommervilla in Aldeno bzw. der Villa Godi zu den
wenigen mit einer konkreten Gemäldevorlage in Verbindung zu bringen-
den Tableaux vivants. Für die Kußszene war Francesco Hayez' *Der Kuß*
(Il bacio, 1859) Vorlage (Abb. 23/24).[13]

Obschon bei einem ersten direkten Vergleich die Unterschiede in den
Kostümen und der Gestaltung des Hintergrundes auffallen, so zeugt die
Stilistik der Szene von Viscontis tiefer Kenntnis des Gemäldes. Ähnlich
wie bei der Gestaltung des vorherigen Tableau vivant tauscht Visconti
auch hier die Farbgebung der Kostüme aus, indem er das Rot-Braun der
Kleidung des Mannes aus dem Hayez-Gemälde für das ausladende Kleid
der Contessa im Film verwendet. Das Weiß der österreichischen Uni-
formjacke und das Grau der Uniformhose korrespondieren hingegen mit
dem strahlenden weiß-blauen Atlaskleid der jungen Frau im Gemälde.

Auch wenn die Modifizierung der Kostüme auf den ersten Blick gravierend erscheint, so ist sie – betrachtet man insbesondere das Kleid der

---

12 Ein starkes Beispiel hierfür ist das *Arnolfini Bildnis* von Jan van Eyck, in
   dem die Hochzeitsszene, die frontal zum Betrachter dargestellt ist, in einem
   hinter dem Paar angebrachten Spiegel wiederholt wird. Theoretisch können
   solche Spiegelungen der einen Darstellung in einer anderen Darstellung ad
   infinitum geführt werden.

13 Auch *Il bacio di Giulietta e Romeo* genannt. Wahrscheinlich handelt es
   sich bei diesem Gemälde um eine Weiterentwicklung des von Hayez schon
   früher verwendeten Kuß-Motivs, worauf das 1833 entstandene Bild mit
   dem Titel *L'ultimo addio di Giulietta e Romeo* (Mailand, Privatsammlung
   Ferrara) verweist.

Protagonistin – in der Betonung einzelner Elemente auf ihre Weise konsequent. Dabei verschmelzen die kurzen weißen Puffärmel des Kleides mit dem langen Umhang des Mannes im Gemälde zu den spitz auslaufenden, voluminösen Ärmeln der Contessa. Aus der enganliegenden Faltendrapierung des pseudo-mittelalterlichen Atlaskleides bei Hayez entwickelt Visconti eine Kaskade aufgebauschter Falten, die statt durch einen dünnen Gürtel hier von einer kurzen Schleppe beschwert werden. Die auffälligsten Parallelen bieten jedoch die Handgesten, die mit großer Deutlichkeit mit dem Gemälde korrespondieren: der auf Franzens Schulter ruhende Arm Livias, seine gespreizte Hand, die den Hals und die Wange der Geliebten umschließt, und seine Linke, die in ihren Haaren verfangen ist. Und doch vermitteln sie bei all ihrer Adäquatheit mit dem Gemälde eine andere, eine aus der Leidenschaft erwachsene aggressive Stimmung.

Eine besondere Rolle kommt dem Hintergrund zu, der im Film eine wesentliche Umgestaltung erfährt. Steht das sich küssende Paar des Gemäldes vor einer neutralen Wand, deren Mauervorsprung die senkrechte Achse der Komposition betont und dem Abschiedskuß einen ruhigen, wenn auch leicht hoffnungslosen Hintergrund gibt, so sieht man im filmischen Pendant einen chaotisch unruhigen Inhalt eines Kleiderschranks. Dieses geordnete Chaos an Kleidungsstücken verleiht der Szene eine dramatische Note und symbolisiert auf diese Weise Livias inneren Zustand, ihre totale, verzweifelte Hingabe an Franz. Die Intimität des offenen Schranks betont die Intimität der Kußszene. Bei einer genaueren Betrachtung wird jedoch die Theatralik der Gesten augenfällig, die eine deutliche Überschreitung des Formvokabulars von Hayez ist.

Interessanterweise existiert auch zu dieser Kuß-Sequenz ein Photogramm, das in seiner Abweichung von der realisierten Szene Aufschluß über Viscontis Arbeitsweise mit Gemälden und Filmbildern gleichermaßen gibt (Abb. 24). Was zunächst am Standfoto auffällt, ist der durch die gesteigerte Theatralik der Pose erreichte Rückgang an Intimität. Zurückgenommen sind auch die Details, wie beispielsweise die lange Schärpe der Contessa, die akkurat nach hinten gezogen ist, wodurch die aufrührerische Stimmung des innerfilmischen Arrangements symbolisch gemildert erscheint. Am aufschlußreichsten ist jedoch der verspiegelte Hintergrund, wobei gleichzeitig das antikisierende Fresko der rechten Wandseite sichtbar wird. Umgeben von ›zertrümmerter‹ antiker Welt der Wandmalerei, verdoppelt in den Spiegeln der Schranktüren, verharrt das Paar im Photogramm in einer opernhaften Kulisse eines gemalten Chaos, wohingegen in der realisierten Filmszene das Chaos des Gefühls überwiegt.

Abb. 23: SENSO – Der Kuß in Aldeno (Sequenz-Stills)

Hier sind es die rechts und links des Paares plazierten Säulen, die eine Rahmensituation andeuten, ohne jedoch den Liebenden Halt zu geben. Die Dopplung der Einrahmung, die durch den Spiegel erzeugt wird, ergibt gleichwohl ein statisches und isoliertes Verharren. Auf diese Weise verändert sich die Situation des Photogramms zu einer kontrapunktischen Markierung, zu einem Kuß-*Motiv*, und läßt rückwirkend die realisierte Filmszene in einem anderen Licht erscheinen.

Beide überlieferten Standfotos sind in ihrer Komposition und Stilistik wesentlich stärker der Idee einer Gemäldenachstellung verpflichtet. Im Vergleich zu den realisierten Szenen des Films wirken sie wie piktorale Fingerübungen des Regisseurs entlang der Gemäldeoriginale, der das stilistische Konzept seines Films an einzelnen Schlüsselbildern exemplifiziert, bevor er sie in eine filmeigene Bildsprache transkribiert. Die in Standfotos sichtbare Extrapolierung verweist auf eine dem Tableau vivant verpflichtete Bildrhetorik, die den gesamten Film durchzieht. Auch wenn, oder besser gesagt: gerade weil die konkreten Bildvorlagen nicht mehr eindeutig die Filmbilder dominieren, verweisen sie auf Viscontis besondere Kenntnis der im Hintergrund virulenten Gemälde.

Die spezifisch filmische Transformation der Gemäldevorlagen mit all ihren Veränderungen ist Viscontis entscheidender Kunstgriff, denn das, was dem Zuschauer zunächst als eine gewöhnliche Kuß- oder Salonszene

Abb. 24: links: SENSO – Photogramm: »Der Kuß«; rechts: Francesco Hayez – Il bacio (1859, Pinacoteca di Brera, Mailand)

vorgeführt wird, verändert sich vor dem Hintergrund der Originalgemälde zu einer invertierten Bildrhetorik, und damit zu einer Sprache der alten Meister, die Pasolini als *altro linguaggio* – als die Sprache der (Bild-)
Tradition – bezeichnete, und Luchino Visconti in SENSO in diesem Sinne
zur Anwendung kommen läßt.

Wie stark Visconti Originalgemälde, Tableaux vivants, Opernszenen
und die Schauspieler selbst zu einem neuen filmischen Ensemble zusammenbringt, führen zwei im filmischen Kontext selten so offensiv ein-
gesetzte Bildverfahren der *Trompe l'œil* und der *Mise-en-abyme* vor.

Mise-en-abyme oder das Bild-im-Bild

Was ich bisher als ein geschlossenes Bildsystem (Tableau vivant) innerhalb einzelner Filmsequenzen vorgestellt habe, trifft in einer bestimmten
Weise auf den gesamten Film zu, der bei genauer Betrachtung selbst ein
aus wiederkehrenden Einzelmotiven, Handlungsverläufen, Szenen- und
Farbchoreographie zusammengesetztes und in sich geschlossenes System
der *Mise-en-abyme* ist.[14] Was ist damit in bezug auf SENSO gemeint?

---

14 Die Bezeichnung *Mise-en-abyme* (altfranzösisch, »in den Abgrund werfen«) kommt ursprünglich aus der Heraldik und bezeichnet eine Wiederholung des gleichen Bildes im Bild bzw. des Wappenmotivs im Wappen. Die

Abb. 25: SENSO – Livias erster Besuch im Offizierssalon (Sequenz-Stills)

Zunächst einmal kreist der Film konzentrisch um bestimmte Schlüssel-
motive und Schlüsselszenen, er baut sie mit gewissen Variationen aus
und wiederholt sie an einer anderen Stelle erneut. So ergibt sich ein en-
ges Verweisnetz, wo der Anfang bereits das Ende markiert oder vorweg-
nimmt: Beispielsweise wird in Verdis *Il Trovatore*, mit dem SENSO beginnt, sowohl die Bildchoreographie (die Farben des Films: Grün, Weiß,
Rot) als auch die Figurenchoreographie (die Beziehung von Livia, Ussoni und Franz) des gesamten Films festgelegt.[15] Ein zentrales Mise-en-
abyme-System bildet das *Offizierssalon*-Tableau-vivant nach Signorini,
das einen Wendepunkt in der Erzählung markiert. Denn diese Szene steht
nicht für sich alleine da, sondern wird von zwei weiteren Salondarstel-
lungen flankiert: einer ihr vorangehenden, in der Livia zum ersten Mal
das Soldatenquartier aufsucht, und einer das Ende des Film markierenden

---

Ausweitung des Begriffsbedeutung und -anwendung auf Narrationsstruktu-
ren der bildenden und Erzählkunst geht auf André Gide zurück, der bereits
von der Wiederholung der Charaktere innerhalb eines Kunstwerks sprach.
Vgl. Scheffel, Michael (1997): Formen selbstreflexiven Erzählens. Tübingen: Niemeyer.

15 Cuau, Bernard (1963): »Senso: Une symbolique des couleurs«, in: Études
Cinématographiques, 26-27, S. 34, [dt.: Bernard Cuau: Die Symbolik der
Farben in Senso, in: Aspekte des italienischen Films, Bd. 1, Frankfurt/
Main: Verband des Dt. Filmclubs e.V. 1969].

Salonbegegnung, bei der Livia auf Franz und die junge Prostituierte trifft. Mit dieser Trias der sich wiederholenden und aufeinander verweisenden Salonarrangements entsteht ein piktoral begründeter Subtext, der die jeweils vorangehende Salonszene um neue Facetten und Interpretationsmöglichkeiten erweitert. Betrachten wir kurz die Szene des ersten Besuchs Livias, und behalten gleichwohl das von mir ins Zentrum gerückte filmische Tableau vivant des späteren Salonbesuchs in Erinnerung (Abb. 25): Der erste Eintritt in den Salon der Soldaten ist der Beginn ihrer Liaison mit dem Leutnant, was durch den symbolischen Akt des Hutschleierlüftens markiert und in Variationen im Film wiederkehren wird. Hier ist es noch ein vorsichtiges Anheben des Schleiers, das nur so weit geht, um ihren Mund zum Kuß ›freizulegen‹. Ihre Augen bleiben hingegen verschleiert, und das durchaus im doppelten Sinne der Liebesblindheit. Im Gegensatz zu den späteren Ansichten wirkt die Räumlichkeit in dieser ersten Begegnung anheimelnd, intim und vom Licht des Seitenfensters mild ausgeleuchtet.

Die hier gleicherweise in Untersicht dargestellte Zimmerdecke erzeugt noch nicht die bedrückende Stimmung der späteren Einstellung, auch wenn sie das drohende Unheil bereits ankündigt. Dementsprechend ist in dieser hoffnungsvollen Begegnung die Deckenlampe als Symbol der beginnenden Liebe eingeschaltet, wo sie in der zentralen Salonszene aus bleibt und damit das Ende der Beziehung und die Hoffnungslosigkeit der Situation versinnbildlicht. Auch die Darstellung des Leutnants selbst, der in dieser ersten Salonszene voller Enthusiasmus aus dem Bildhintergrund auf Livia zueilt, ändert sich gravierend, denn er wird in der zentralen Szene durch einen ›gesichtslosen‹, da im starken Seitenlicht am Fenster stehenden Leutnant ersetzt. Die symbolische Bedeutung dieses überbelichteten – der englische Terminus *fade out* trifft es besser – Gesichts entspricht auf der anderen Seite der doppeltkonnotierten Verschleierung des Blicks bei Livia, die ihren Geliebten nie richtig sehen wird.

Die motivische Dopplung der Personen, Szenen, wie einzelner Motive wie beispielsweise des Schleiers mit sich verändernden Vorzeichen unterstreichen jenes geschlossene piktorale System, für das ich den Begriff der Mise-en-scène entliehen habe. Die dynamische Wiederaufnahme von gleichen oder verwandten Motiven und Einstellungen – ich werde gleich auf die dritte und letzte Salonszene und ihre motivischen Variationen eingehen – erzeugen ein komplexes Netz von (Bild-)Verweisen, das den gesamten Film zu einem statischen, piktoral-tableauesquen und in sich geschlossenen System machen. Wie hermetisch dieses tableauesque System entwickelt ist, zeigen die letzten Szenen des Films, in denen Livia voller Hoffnung ihren Geliebten in Verona aufsucht, um mit ihm für immer zusammenzubleiben (Abb. 26).

Abb. 26: SENSO – Salonszene in Verona (Sequenz-Stills)

Auch dieses Treffen findet in einem Salon statt, der in seiner Gesamtanlage an die vorherigen anschließt. Man sieht den ins Zentrum gestellten Tisch, eine niedrige Balkendecke in leichter Untersicht, und auch die bauschige, bereits aus den anderen Sequenzen bekannte Deckenlampe fehlt nicht. Das Baldachinfenster ist mit schwerem Samt behängt und frontal aufgenommen. Trotz einzelner Detail- und Farbdifferenzen ist die Mise-en-abyme-Anlage unübersehbar. So ist das Rot des Sofas aus dem zentralen *Offizierssalon*-Tableau-vivant hier zum Rot der Wände geworden – zuvor tauchte es schon in der Wandbespannung der Kutsche auf, mit der Livia zu Franz eilte.

Der Tisch im Soldatenquartier, an dem die Offiziere Karten gespielt haben, wird in Verona zum Ort einer emotional aufgeladenen Ausei-

Abb. 27: SENSO – Salonszene in Verona; ›Entschleierung‹ (Sequenz-Stills)

nandersetzung zwischen Franz und Livia. Das, was als Liebesspiel begonnen wurde und sich über Betrug und Verrat weiter entwickelte, wird hier sein tödliches Ende nehmen. Wenn Livia in diesem Liebesspiel ihre letzte Karte ausspielt und den denunzierenden Brief an den österreichischen General übergibt, so leitet sie nicht nur die Hinrichtung des Deserteurs Franz Mahler, sondern auch ihr eigenes gesellschaftliches Ende ein. Schließlich wird diese Mise-en-abyme noch ergänzt durch die Hinrichtungsszene in *Il Trovatore*, die am Anfang des Films zu sehen war, und die Franzens Hinrichtung am Ende des Films schon vorwegnahm.

War Livia bei den vorherigen Salonszenen eine außenstehende Dame der besseren Gesellschaft und »una vera Italiana«, die auch noch beim zweiten Besuch des Offiziersquartiers die Männer auf Distanz halten konnte, so ist sie in der letzten Begegnung mit Franz unentrinnbar ein Teil dieser niederen Gesellschaft geworden. Sie folgt Franz und der Prostituierten ins Zentrum dieses filmischen (Mise-en-abyme-)Tableau vivant an den Tisch (Abb. 27), den sie in den vorangegangenen Salonszenen nur umrundete, um schließlich die Wahrheit zu erfahren, der sie lange nicht ins Auge blicken wollte.

Das Motiv des Schleiers, den Franz bei ihrem ersten Besuch vorsichtig anhebt, um ihre Lippen für den Kuß freizulegen, kehrt hier in einer brutalen Geste des Herunterreißens des schwarzen Schleiers samt Hut wieder. Seine Entfernung, die ein Symbol der Augenöffnung und des

Entblößtwerdens darstellt, macht Franz noch einmal im Filmmonolog deutlich:

Ich bin nicht dein... romantischer Held! Und ich liebe dich nicht mehr. Ich wollte Geld. Ich habe es bekommen. Schluß! Ach, – ich habe vergessen... ich bin ja auch – Denunziant. Ich war es, der deinen Vetter bei der Polizei angezeigt hat. Und das hast du natürlich von Anfang an gewußt, aber du hast getan, als wüßtest du nichts, weil du unsere Liebe nicht gefährden wolltest.[16]

Der Reigen, den das Paar im Umkreisen des Tisches vollführt, endet mit dem Platznehmen auf jenem Stuhl, der in der zentralen Salonszene noch unbesetzt war, und diesen nun Livia innerhalb einer Gesellschaft einnehmen muß, zu der sie sich bis dato nicht zählen wollte (Abb. 26/27). Franz ist es, der erneut ausspricht, was die Choreographie der Szene symbolisch bereits vorführt:

Sag mal, für was hältst du dich eigentlich? Du denkst wohl, daß du zu fein bist, um mit einer Dirne am Tisch zu sitzen? [...] Was ist denn der Unterschied zwischen euch beiden? Ich werde ihn dir sagen. Sie ist jung... und ist schön. Die Männer bezahlen sie. Du dagegen... (Er lacht) [...] Versuch mal, mich so zu sehen, wie ich bin... und nicht so, wie mich deine Einbildung geschaffen hat.[17]

Die übervoll mit Gemälden und Stichen behängten Zimmerwände fungieren als Metaphern für die Bildzitate und Bildanspielungen, die die Grundstruktur von SENSO bilden. In der Diegese der Szene porträtieren sie das Bürgertum und Kleinbürgertum samt ihrer biederen Moral, ihrer Geschichtsauffassung und ihrer eigenen Positionierung darin.

Von einem ganz anderen Selbstverständnis und einer differenten Bedeutung zeugen hingegen die Wandfresken, die Visconti in die Mise-en-scène der Landvilla Aldeno/Godi einbaute und das ich mit dem *Effekt des Trompe l'œil* beschreiben möchte.

---

16 Visconti, Luchino (1961): »Senso« [Drehbuch, zusammen mit Suso Cecchi d'Amico, Mitarbeit an den Dialogen: Tennessee Williams, Paul Bowles], in: Enno Patalas (Hg.), Spectaculum. Texte moderner Filme, Frankfurt/ Main: Suhrkamp, S. 334.
17 Visconti (1961), S. 333f.

Filmische Effekte des Trompe l'œil

Mit dem *Trompe-l'œil-Effekt* zwischen den Freskendarstellungen in der historischen Landvilla und den Protagonisten des Films schafft Visconti eine neue Variante der Tableaux vivants, die teilweise aus früheren Theater- und Kunstinszenierungen bekannt ist – man denke an die Verbindung von Malerei und Skulptur bei dem Tafelbild des unbekannten mittelalterlichen Kölner Künstlers (Abb. 3), oder an die Verbindung von gemaltem Hintergrundprospekt und lebendiger Bildnachstellung auf der Theaterbühne. Daß aber eine so starke Koinzidenz zwischen Malerei und lebender Figur im Film stattfindet, ist mir in dieser programmatischen, durch Wiederholung untermauerten Form nicht bekannt.

Zu der eindringlichsten dieser grenznivellierenden Szenen zählt die Schlafzimmersequenz in Aldeno alias Villa Godi, in der Franz hinter dem Bett der Contessa sein Versteck vor den Suchtrupps des Comtes findet (Abb. 28). Hinter einem durchsichtigen Vorhang verborgen – der Zuschauer sieht ihn gleichzeitig als eine Rückenfigur im Frisierspiegel –, lehnt er sich an ein Wandfresko mit der Darstellung von zwei Männern, von denen der ältere einen roten Samtvorhang zur Seite rafft. Das Besondere dieser Darstellung liegt im Trompe-l'œil des Vorhangs.[18] Zwischen der gemalten Geste des Zur-Seite-Schiebens des Vorhangs und Franzens Sich-Anlehnen gegen das Fresko entsteht ein medialer Grenzübergang, durch den die Figuren des Freskos und der Protagonist des Films im kurzen Moment der Einstellung einen gemeinsamen Film-Bild-Raum haben. Die illusionistisch gemalte Draperie entfaltet ihre Metaphorik gewissermaßen zu beiden Seiten des Bildes, denn sie lädt die Filmfigur ein, ins (Wand-)Bild einzutreten, so wie sie auf der anderen Seite die beiden Männer ins Filmbild einbezieht und damit den innerfilmischen Aktionsraum verlängert. Strukturell betrachtet, markiert der Vorhang einen ›Riß‹, der beide Bilder aufeinander hin öffnet (oder voneinander trennt). Narrativ fügt sich der gemalte Vorhang in die vorhergehende Szene ein, in der Livia unter den Draperien ihres Baldachinbettes sitzt und hinter den Schleiern den nur schemenhaft sichtbaren Franz betrachtet. So führt die gemalte Szene das aus, was Franz (stellvertretend für den Betrachter) hier hätte tun sollen: den Vorhang (so wie den Schleier) lüften und einen unverstellten Blick auf die Szene, auf Livia und schließlich auf sich selbst liefern.

---

18 Zur Trompe-l'œil-Malerei siehe Hollmann, Eckhard/Tesch, Jürgen (Hg.) (2004): Die Kunst der Augentäuschung, München: Prestel Verlag, S. 74ff.

Abb. 28: SENSO *– Schlafzimmerszene: Franz vor dem Fresko in der Villa Godi (Sequenz-Stills)*

Warum ich es für legitim erachte, bei diesen Kompilationen von gemalter und filmischer Person, wenn auch mit gewissen Einschränkungen so doch von Tableaux vivants zu sprechen, liegt begründet in der bildimmanenten Logik dieser Inszenierungen, die deutlich an jene Bildideen anschließt, wie sie beispielsweise Gaudenzio Ferrari in seinem Werk vertritt: wo die Malerei und die Skulptur in einem einzigen Bildakt von räumlicher Ausdehnung miteinander vereint sind (Abb. 1). Es ist dieses scheinbare Heraustreten der gemalten Figur in die reale Welt und das Hineintreten der realen Figur in die Scheinwelt des Bildes, die von der Verbindung von Leben und Kunst zeugen, deren inhärente Logik das Tableau vivant verinnerlicht.

Der Saal, in dem die Schlafzimmerszene spielt, bietet eine interessante Interpretationsergänzung,[19] denn es handelt sich hier um den sogenannten *Venus-Saal* der realen Villa Godi, der neben der erwähnten, illusionistisch ausgemalten Nische auch die Allegorie der Mäßigung zeigt. Sie kann als eine Mahnung an beide Protagonisten interpretiert werden:

---

19 In Anbetracht der Berühmtheit dieser Villa konnte Visconti zumindest bei der klassisch gebildeten Schicht der potentiellen Zuschauer, an die sich der Film größtenteils richtete, mit einem Wiedererkennen der Bildzitate rechnen.

der zynische Kommentar betrifft sowohl die Geldgier des Gigolos als auch Livias Verlangen nach Liebe.[20]

Abb. 29: SENSO – Livia vor dem Fresko in der Villa Godi (Sequenz-Stills)

Eine weitere *Trompe-l'œil*-Szene, dieses Mal ist es Livia, die vor einem Fresko positioniert ist, unterstreicht die Bedeutung der Gemälde in ihrer Wechselwirkung mit den Protagonisten und damit auch mit dem genuinen Filmbildern selbst (Abb. 29). Es handelt sich dabei um ein Fresko im *Saal des Triumphes* der Villa Godi. Während Livia einen Boten ihres Cousins Roberto Ussoni empfängt, stützt sie sich mit beiden Händen gegen das Wandbild mit der Darstellung eines höfisch gekleideten Mannes ab, der in einer illusionistisch gemalten Nische sitzt. Auffällig an ihrer Haltung ist ihre körperliche Hinwendung zum Gemälde bei gleichzeitiger Abkehr vom Boten und damit weg vom Zuschauer. Und auch hier bedeutet die Malerei in Verbindung mit Livias expressiver Geste mehr als nur eine Wanddekoration. Das Scheinfenster hinter der gemalten Bank eröff-

---

20 Ergänzend hierzu siehe die kurze Interpretation der Schlafzimmerszene bei Capano, Leonardo (2002): »Iconografia dei Vinti«, in: Giacomo Agosti/ Costanza Mangione, Camillo Boito e il sistema delle arti, Padova: Il Poligrafo, S. 151–157. Capano sieht in dem auf der Ottomane liegenden Franz ein Tableau vivant nach der Skulptur *Paolina Borghese Bonaparte als siegende Venus* von Canova (dort vgl. S. 153).

net dem Betrachter ein illusionistisches Landschaftspanorama, in dem der *Raub des Ganymed* zu sehen ist. Nach Homers *Ilias* wurde der trojanische Königssohn auf Geheiß Zeus' von Jupiter in der Gestalt eines Adlers gen Himmel gehoben, wo er den Göttern als Mundschenk dienen sollte. Die zurückgelassenen bellenden Hunde und seine Gefährten versinnbildlichen die menschlichen Begierden, wohingegen Ganymed wegen seiner Schönheit und Reinheit, die als Reinheit der Seele zu verstehen ist, von Jupiter geliebt wurde. Sein Aufstieg in den göttlichen Himmel ist christlich als Elevation der reinen Seele und ihre Vereinigung in Liebe mit Gott zu interpretieren, womit ein Beispiel der *mens humana* und gleichzeitig ein Exemplum der *vita contemplativa* gegeben ist.[21]

In diesem Kontext muß auch der vor der Landschaft mit dem Ganymed-Raub sitzende Mann mittleren Alters interpretiert werden. Seine Fingerhandschuhe und das kurze Schwert an seiner rechten Seite weisen ihn als einen *homo nobilis* und möglicherweise den Bauherrn der Villa und Doktor der Jurisprudenz Girolamo Godi. Sein Schwert wäre das der Justitia, das sich nach Cesare Ripa »weder in Freundschaft, noch in Haß biegen [darf], sondern der Aufrechterhaltung des Staates dienen und den Verdiensten der Menschen und den Gesetzen Gottes entsprechend urteilen [muß].«[22] Der auffällig seitlich gerichtete Blick des Dargestellten geht zum Fresko der Justitia und unterstreicht damit seine noble Gesinnung in juristischer Aufgabe.

Die Haltung, mit der Livia sich gegen den *homo nobilis* wendet, entspricht ihrer verlogenen Haltung gegenüber den Aufständischen, die für die Befreiung Venetiens und Vereinigung Italiens kämpfen, und die sie wegen ihrer Leidenschaft für Franz Mahler verraten wird. Und doch ist sie es, die stellvertretend für den Zuschauer die Leerstelle innerhalb des Bildes auf der Bank neben dem Adligen einnehmen darf. Noch, so wird suggeriert, ist das Gewissen nicht gänzlich annulliert, der mahnende Blick des Adligen in Richtung Justitia gibt den richtigen Weg (auch für den Zuschauer) vor. Mit dem Trompe-l'œil-Effekt läßt Visconti die im *Triumph-Saal* versinnbildlichte Gerechtigkeit, den ruhmreichen Sieg Alexanders des Großen[23] und das Anbrechen einer Friedenszeit zu einer

---

21 Zu dem *Ganymed*-Fresco und seiner mythologisch wie christologischen Bedeutung siehe Lehmann-Jacobsen, Maja (1996): Das Bildprogramm der Villa Godi in Lonedo di Lugo, Köln (u.a.): Böhlau, S. 120ff.

22 Ripa zitiert nach Lehmann-Jacobsen (1996), S. 122.

23 Die Darstellung der Schlacht bei Gaugamela soll auf die siegreiche und friedensbringende Figur Alexanders des Großen als moralisches Vorbild verweisen. Und nicht zuletzt auch auf die lange Friedensperiode, die sich seinem Sieg anschloß und vom römischen Kaiserreich weitergeführt wurde. Vgl. Lehmann-Jacobsen (1996), S. 129ff. Zu ergänzen ist, daß die häu-

moralischen ›Instanz‹ des Films werden, der ansonsten aus der Perspektive der Contessa sich eines solchen Kommentars enthält. Von hieraus betrachtet, ist die ablehnende Haltung Livias auch eine Abwehr gegen den Einbruch des Gemäldes mit seiner historischen Wahrheit und politisch-christlichen Ideologie in ihr romantisch verklärtes, selbstbezogenes Dasein, das sie nicht aufgeben will.

Der große Verrat an den ursprünglichen Idealen »una vera Italiana« geschieht im *Saal der Musen*, der in SENSO als Arbeitszimmer dient. Hier ist es, wo Livia das Geld der Aufständischen an Franz verschenkt, damit er sich vom Militärdienst freikaufen kann. Inmitten der Darstellungen von Dichtern und Musen, eingerahmt durch eine von Karyatiden getragene Scheinarchitektur, sind Livia und Franz in einer Bilderwelt eingeschlossen, die ideale Reinheit und Gerechtigkeit symbolisiert, und damit ein ethisches Spiegelbild für ihre Taten abgibt. Auf der anderen Seite ist diese Welt doch nur eine Scheinwelt der Kunst, voller romantischer Fluchtorte, an denen beide Protagonisten verzweifelt festhalten, um ihre ›alte‹ Welt der adligen oder großbürgerlichen Konventionen zu verlängern. Das Zusammenspiel von filmischer und gemalter Figur und Szene schafft ein enorm aufgeladenes, ein erweitertes Filmbild, das sich auf eine andere Realität hin öffnet und die Rezeption des Films erweitert.

Mit der schmerzlichen Enttäuschung, die Livia am Ende des Films erfährt, ändert sich auch der filmische Einsatz der Gemälde: Auf der Suche nach ihrem Geliebten wie auf der Flucht vor dem das Geld einfordernden Boten verläßt Livia die Landvilla und begibt sich in eine ihr fremde Welt der Kleinbürger, heruntergekommenen Moral und sozialer Enge. Ab jetzt sind die Mise-en-scènes klein und von düsteren Farben dominiert. Livia besteigt eine im Inneren rot bespannte, stickige Kutsche und kommt in einer regennassen, bereits dunklen Stadt an. Franzens Appartement wird zum entscheidenden und vielleicht dem einzig echten Handlungsort des Films. Den engen Salon, in dem sich das Paar zusammen mit einer Prostituierten wiederfindet, dominieren auffällig viele, kleine und kleinteilige, eng gehängte Gemälde, Drucke, Stiche oder Radierungen (Abb. 26).

Sie überwuchern das Filmbild und kadrieren es im Sinne eines *frame-within-frame*. Hier erinnert nichts mehr an die großen, erhabenen Wandfresken der Landvilla, nirgends gibt es einen Fluchtweg aus der Enge der Situation. Ein großformatiges Bild einer Schlachtdarstellung

---

fig in venezianischen Villen anzutreffenden Bildzyklen mit Sinnbildern von Frieden und Gerechtigkeit auf die *Pax-Veneziana*, das heißt den nach langen kriegerischen Auseinandersetzungen, namentlich nach den Wirren der Liga von Cambrai (ca. 1508-1529), den endlich in Venetien erreichten Frieden verweisen.

gibt sinnbildlich den Hintergrund für die letzte Auseinadersetzung zwischen Franz und Livia ab. Franzens verzweifelte Geste, mit der er sich gegen die Wand lehnt (Abb. 27), entspricht formal der von Livia am *Ganymed*-Fresko. In dem bilderüberwucherten, kleinbürgerlichen Appartement aber ist keine große, freie Geste mehr möglich, hier herrscht nichts anderes als Ernüchterung, kleinbürgerlicher Exzeß und Verzweiflung zugleich.

Die Realität dieser ›Bilderwände‹ ist eine Realität des gerahmten und damit bürgerlich ›gezähmten‹ Bildes. Waren die Protagonisten bisher durch unterschiedliche Rahmungen wie beispielsweise durch die Logen des Opernhauses (erste Filmsequenz), die Gemälde- und Spiegelrahmen etc. eingefaßt, gerahmt oder entrahmt und damit Mitspieler in gesellschaftlichen Tableaus, so stehen sie am Ende ohne einen sozialen Rahmen da: Sie sind im metaphorischen Sinne *aus dem Bild* gefallen und damit haltlose Gestalten, die sich in der neuen Realität nicht mehr zurechtfinden können, wie Franz in der letzten Filmsequenz zum Ausdruck gibt:

In ein paar Jahren wird Österreich... erledigt sein. Und eine ganze Welt wird verschwinden... und zwar die, zu der sowohl du als auch ich gehören. Und die neue Welt, von der dein Vetter [der Rebelle] spricht, ist für mich völlig uninteressant. Es ist viel besser, nicht in diese Sachen verwickelt zu sein... und das Vergnügen dort zu holen, wo man es findet. [...] Im übrigen denkst du genauso wie ich... sonst hättest du mir nicht Geld gegeben, um sich eine Stunde Liebe zu kaufen.[24]

Claire Aziza spricht von dominanten Zeit-Bildern, in denen die Protagonisten leben, und die sie als die »Zeit der Gemälde« bezeichnet.[25] Diese Zeit ist in dem roten Salon des Leutnants zu Ende gegangen, danach gibt es nur noch den Tod (für ihn) und eine tief schwarze Nacht (für Livia), in den Straßen von Verona. Es ist eine ›blinde‹ Nacht, die an die des Nachtwächters von Klingelmann erinnert, in der angesichts der gesellschaftlichen Ernüchterung keine ›schönen Tableaux vivants‹ mehr stattfinden.

---

24 Visconti (1961), S. 334.

25 Aziza, Claire (1990): »Mélodrame expérimental«, in: Michèle Lagny (Hg.), Visconti: Classicisme et Subversion, Paris: Sorbonne Nouvelle, S. 124.

Viscontis Kunst der Transkription: Malerei, Oper, Theater

Für *Der Kuß* von Hayez und *Die Morgentoilette* von Signorini, der beiden am stärksten im klassischen Sinne der Tableaux vivants filmisch umgesetzten Gemälde, bleibt noch etwas nachzutragen, was die piktoralen Verflechtungen von SENSO und sein engmaschiges Bildsystem deutlich vor Augen führt. Es geht um Viscontis Auswahl der Maler. Denn es war offenbar nicht nur die Frage nach der Bildästhetik, die den Regisseur dazu bewogen hat, explizite diese Kunstverbindung zum Film herzustellen.

War bereits das Bildprogramm der Villa Godi politisch konnotiert, so zeigt sich am Beispiel der beiden Maler Hayez und Signorini, die der Bewegung des *Risorgimento* angehörten, daß für Visconti »Bildpolitik« durchaus wörtlich zu nehmen ist. Unter den freischaffenden italienischen Künstlern der 1890er Jahre war das Engagement für die Unabhängigkeits- und Befreiungsbemühungen Italiens keine Ausnahme.[26] Viele von ihnen arbeiteten im Sinne des *Risorgimento* und gegen die Besatzer des Landes, so z.B. auch Giuseppe Verdi, mit dessen *Il Trovatore* SENSO beginnt: Während der Aufführung werfen italienische Nationalisten grün-weiß-rote Flugblätter und Blumenbuketts ins Parkett, wo das österreichische Offizierscorps sitzt. Dieses ›politische Konfetti‹ in den Farben der italienischen Trikolore ergibt nicht nur eine gelungene Farbdramaturgie innerhalb der Mise-en-scène, sondern ist vor allem ein Politikum. Historisch ist zwar dieser spezielle Aufruhr nicht zu belegen, allerdings war das Opernhaus in der Zeit des *Risorgimento* durchaus ein beliebter Protestort. Visconti historisiert die Szene, indem er die enthusiastischen Italiener »Viva La Momma« und »Viva VERDI« ausrufen läßt, denn dieser harmlos wirkende Gruß ergibt ein Akronym für »[Viva] *V*ittorio *E*manuele *Re D'I*talia« (»[Es lebe] Victor Emmanuel, der König von Itali-

---

26 Zur Kunst im *Risorgimento* siehe Boime, Albert (1993): The Art of the Macchia and the Risorgimento: Representing Culture and Nationalism in Nineteenth-Century Italy, Chicago, London: University Chicago Press; weiterführend auch Falkenhausen, Susanne von (1993): Italienische Monumentalmalerei im Risorgimento, 1830-1890. Strategien nationaler Bildersprache, Berlin: Reimer; und unter politischen Implikationen: Kroll, Thomas (1999): Die Revolte des Patriziats: Der toskanische Adelsliberalismus im Risorgimento, (Bibliothek des Deutschen Historischen Instituts Rom, Bd. 91), Tübingen: Niemeyer.

en«), der in den 1860er Jahren ein politisch subversiver Ausruf nach einem befreiten und geeinten Italien bedeutete.[27]

Bei den Gemälden ist es insbesondere *Der Kuß*, den Francesco Hayez während des zweiten Unabhängigkeitskrieges malte,[28] der versteckt unter seiner mittelalterlichen Erscheinung die politische Bedeutung transportiert. Es zeigt den Abschied eines Patrioten von seiner Braut kurz vor seinem Aufbruch in den Krieg. Die Szene dominiert die Zartheit der Gesten, wenn auch nicht unbedingt die Entschlossenheit zu der bevorstehenden patriotischen Tat. Im Filmkontext ist der *bacio* zu einer tableauesquen Geste gefroren, deren Zynismus in der Verkehrung der Situation liegt: Der leidenschaftliche Kuß, den Franz Livia gibt, soll ihn im besten Fall von dem ›patriotischen‹ Tod in der Schlacht retten. Für beide Filmprotagonisten symbolisiert die Szene in Wahrheit den endgültigen Abschied von den romantischen Idealen, von der Romantik des Sieges auf seiten Franzens und von der moralischen Anständigkeit und dem Patriotismus auf seiten Livias.

Auch wenn *Die Morgentoilette* – entstanden erst nach der Einigung Italiens im Jahr 1898 – keine vergleichbare politische Anspielung bereithält, so ist auch Telemaco Signorini ein dem *Risorgimento* besonders verbundener Maler gewesen, zudem ein Mitbegründer der Gruppe *Macchiaioli*, die sich gegen die überkommenen Lehren der Kunstakademien und politisch für die Unabhängigkeit und Einigung Italiens aussprach.[29] Der *Macchiaioli* gehörte auch Giovanni Fattori an, dessen Schlachten-

---

27 Vgl. *Visconti* (1975): Luchino Visconti, hg. v. Martin Schlappner, München, Wien: Hanser Reihe Film (4), S. 41ff.

28 Francesco Hayez (1791-1881) wandte sich von der Stilrichtung des Klassizismus ab und wurde zum führenden Maler der romantischen Bewegung, die beispielhaft in *Der Kuß* vorgeführt ist; vgl. Marelli, Isabella (2001): Il Romanticismo storico – Francesco Hayez e Pelagio Palagi, [Ausst.-Kat. Pinacoteca di Brera Milano, 01.12.2001–28.02.2002], Milano: Electra; *Hayez* (1998): Hayez – dal mito al bacio, [Ausst.-Kat. Palazzo Zabarella Padova, 20.07.1998–10.01.1999], Padova, Venezia: Marsilio.

29 *Macchiaioli* bedeutet in der freien Übersetzung »Farbfleckmaler« (it. macchia: Fleck). Haupttätigkeitszeit der Künstlergruppe (gegründet in Florenz 1855), der Signorini als Theoretiker in gewisser Weise vorstand, sind die 1860er Jahre, in denen sich die Künstler im Café »Michelangiolo« in Florenz trafen. Die von den Künstlern vertretene Malrichtung zeichnete sich durch klare Leucht- und Farbkontraste wie eine allgemeine Vereinfachung der Darstellung aus, was wiederum das Ergebnis der Konzentration auf die ›Wahrheit‹ in der Wiedergabe der Wahrnehmung (Nähe zu den späteren Impressionisten) sein sollte. Vgl. Boime (1993); Di Piero, W.S. (1990): »Modern instances: The art of the Macchiaioli«, in: New criterion, 9/2 (Oct.), S. 19–29.

gemälde wie *Die Schlacht von Custoza* (La battaglie di Custoza, 1876/80), *Das italienische Lager nach der Schlacht von Magenta* (Il campo italiano dopo la battaglia di Magenta, 1862) und *Kavalleriecorps auf einer Dorfstraße* (1888) zur tableauesquen Filmszenen in SENSO umgesetzt wurden (Abb. 31).[30]

Neben den politischen Implikationen ist allen drei Künstlern ein spezifischer Malstil eigen, der die Vorstellung von einer subjektiven und dadurch realistischeren Weltsicht und Weltwiedergabe ausdrückt. Es ist die besonders auffällige und an dieser Malerei orientierte Farbchoreographie und das Zusammenspiel tableauesquer Mise-en-scène in SENSO, die meiner Ansicht nach Schlüsselphänomene im Verständnis Viscontischer Bildsysteme bilden.

Viscontis Wirklichkeitsentwurf und die Kunst der Farben

Wenn man Viscontis Filmen häufig eine auffällige, teils störende Theatralik und Opernhaftigkeit attestierte, und im gleichen Zug – und sicherlich zu recht – auf seine große Karriere als Theater- und Opernregisseur hinwies, so wurde dabei übersehen, daß diese Art der Theatralik ihren Ursprung auch in der bildenden Kunst hat. Piero Tosi, Viscontis damaliger Kostümbildner, bemerkt dazu: »Il costume non come elemento esteriore, decorativo, ma vita. […] Così ci siamo imposti di sottolineare prima i sentimenti, poi la ›buccia‹ dei personaggi.«[31] Tosi sieht beispielsweise in den Kostümen keine historischen oder historisierenden Elemente, als vielmehr Stimmungs- und ›Lebens‹-Vermittler. Bezeichnenderweise stehen die Schlachtengemälde anders als in HENRY VIII die Porträts nicht in beglaubigender und autorisierender Funktion, auch wenn es sich bei SENSO gleicherweise um einen sogenannten Kostümfilm handelt. Wiewohl Viscontis Film aus komplexen Bildtranskriptionen besteht, sind

---

30 Giovanni Fattori (1825-1906), Mitglied der *Macchiaioli*. Zu seinem Œuvre gehören viele stimmungsvolle Landschafts- und Genrebilder, aber auch Gemälde, die das Leben der Soldaten und Kriegsschauplätze zum Thema haben. Zu Fattori siehe weiterführend: Scotti, Aurora (1997): »Von »Magenta« zur »Porta Pia«: Italienische Schlachtenmalerei von der Florentiner Ausstellung 1861 bis zur Nationalausstellung in Mailand 1872«, in: Stefan Germer/Michael Zimmermann, Bilder der Macht, Macht der Bilder. Zeitgeschichte in Darstellungen des 19. Jahrhunderts, München: Klinkhardt & Biermann, S. 435–460.

31 Piero Tosi zitiert in Santi (1987), S. 45.

neben den figurativen Formationen, der Lichtregie auch Farb- und Musikmotive wesentlich für die Film(bild)gestaltung zuständig. Man muß Martin Schlappner darin zustimmen, wenn er Viscontis Filme als »Klangfülle des Visuellen« zusammenfaßt,[32] nicht zuletzt weil Visconti ein weites System von Verweiszeichen über seine Inszenierungen streut: »[E]r fängt mit dem Netz, zu dem er alle Bezugspunkte verknüpft, jene befremdende, herausfordernde Größe ein, vor der sich der Bertachter klein fühlt – im Kino wie im Theater.«[33] Musik und bildende Kunst – dazwischen die Literatur – sind die stärksten Bezugnahmen, aus denen sein *melodramatischer Realismus* entsteht. Was zunächst widersprüchlich klingt – Zeitgenossen haben Visconti den Verrat am Neorealismus vorgeworfen –,[34] ist in Wirklichkeit der Versuch, die Realität mit ästhetischen Mitteln zu steigern. Wie Visconti es selbst formulierte, ging es ihm dabei um eine neue Wirklichkeit, um eine *Wirklichkeit der Kunst.*[35] In der Filmzeitschrift *Cinema* vom 25. September 1943 schrieb Visconti einen Artikel mit dem Titel »Il cinema antropomorfico« (»Das anthropomorphe Kino«), der Züge eines (film-)ästhetischen Manifestes trägt. Dort heißt es:

Das Kino, das mich interessiert, ist ein anthropomorphes Kino. Vor allen Aufgaben, die ich in meiner Eigenschaft als Realisator zu übernehmen habe, passioniert mich deshalb die Arbeit mit den Schauspielern: menschliches Material, mit dem man neue Menschen schafft, die ihrerseits die neue Wirklichkeit, die sie zu leben berufen sind, erzeugen, die Wirklichkeit der Kunst.[36]

---

32 Schlappner (1975), S. 31f.

33 Geitel (1975), S. 42.

34 Den Begriff des *Neorealismus* prägte Umberto Barbaro, ehemals Leiter des »Centro Sperimentale di Cienematografia« in Rom, als er in der Zeitschrift *Film* 1942 im Kontext der filmischen Nachkriegsproduktion, die soziopolitische Aktualität stark machte. Er sprach vom Neorealismus im Kontext einer erneuernden Bewegung, die die früheren realistischen Tendenzen im italienischen Film wieder aufnahm. Aus dem Begriff ist ein Prädikatzeichen geworden für Filme, die in einem sozialen Milieu, das Spannungen zwischen arm und reich, zwischen Sozialismus bzw. Kommunismus und Kapitalismus aufzeigen. Es liegt auf der Hand, daß eine solche Thematik spezifische Veränderungen im Stil der Filme nach sich ziehen mußte, wie z.B. die Ablehnung aller Künstlichkeit, womit sich ein Gegensatz zum klassischen Hollywood-Film herausbilden konnte. Zu Visconti und zum Neorealismus vgl. Bacon, Henry (1998): Visconti. Explorations of Beauty and Decay, Cambridge: University Press, S. 6–59.

35 Schlappner (1975), S. 7.

36 Ebd. (in der Übersetzung vom Autor).

So ist der Realismus im Film für Visconti nur über Kunst und damit über eine stilistische Überbietungsform zu erreichen. Ich werde noch genauer auf diesen besonderen Aspekt der Realitätssteigerung eingehen, denn Visconti hat ihn mit Pasolini gemeinsam, dessen zwei Filme ich im Anschluß vorstellen werde.

Visconti experimentierte mit den Rollen und den Schauspielern, indem er – wie in SENSO oder in IL GATTOPARDO (Der Leopard, F/I 1963) – bevorzugt theatralische und zugleich gescheiterte, negative Helden aus ihnen machte. Er experimentierte mit dem Film, mit der Bühnenkunst, mit der bildenden Kunst, indem er diese einzelnen Bildmedien zu einer neuen hybriden Film-Form und darin zu einem komplexeren bildsprachlichen System kompilierte. SENSO kann man durchaus als das beste Beispiel einer solchen mehrfach überkreuzten Vereinigung von Film, Malerei und Oper bzw. Theater betrachten. Daß Visconti stärker noch als Pasolini ein ›Bilder-Macher‹ war, davon zeugt meiner Ansicht nach seine überragende Farbstilistik, mit der er seine Filme durchkomponierte.

Kommen wir noch einmal auf den Vorspann zurück, auf den vierten Akt von Verdis *Il Trovatore*, in dem grüne, weiße und rote Blumen und Flugblätter von den Logen herunterrieseln. Claire Aziza beschreibt Viscontis Farbchoreographie wie folgt:

La symbolique des couleur dans Senso est aussi valable pour les décors, et même pour la pellicule. La passion et le bonheur sont associés, dans le film, aux couleurs chaudes, les ors, les rouges, qui sont aussi les couleurs emblématiques du théâtre. Au contraire, aux moments de désespoir, de lâcheté, sont associées des couleurs froides comme le bleu (la couleur de Franz) ou le vert. La dernière entrevue des amants passe du jaune au vert, rendant leurs visages plus décomposés encore. Cette attention porté à la couleur est montrée dès le générique: le titre apparaît en même temps que la mention technique de la couleur (technicolor).[37]

Und Bernard Cuau:

Pour Visconti, le rapport dynamique des couleurs s'orchestre dans Senso autour de deux dominantes: le rouge de Venise et le vert bleuté, en passant par toute la gamme des blonds et des ors. L'ocre et le brun ainsi que le rouge, symbolisent l'espoir ct la joie, tandis que les scènes de lâcheté et de déchirement sont traitées dans les tons verts.[38]

---

37 Aziza (1990), S. 131. Zur Farbmetaphorik in SENSO siehe auch Braure, Bruno (1990): »La question dramaturgique dans Senso«, in: Michèle Lagny (Hg.), Visconti: Classicisme et Subversion, Paris: Sorbonne Nouvelle, S. 95–119.

38 Cuau (1963), S. 64, hier zitiert in Braure (1990), S. 110.

Cuau situiert die Farben im ethischen Handlungskontext, Aziza interpretiert sie verstärkt im Hinblick auf die Stimmungen und Zustände der Protagonisten. Darüber hinaus macht sie auf die theatrale Emblematik der Farben aufmerksam. Viscontis Farbkonzept erinnert, so Cuau, an die Farbintention Vincent van Goghs, da er über die bloße Farbgebung und ihre Symbolik hinaus auf die menschlichen Leidenschaften schlechthin verweist.[39] Visconti, so Cuau, hat ein Universum von Referenzen und Symbolen geschaffen, in dem jede Farbe mit Bezug auf andere Farben, Konstellationen oder Accessoires zu bestimmten Relationsordnungen führt. In diesem Kontext ist es sicherlich mehr als nur Dekor, wenn beinahe jede Sequenz, das heißt jedes Set mit Gemälden und Stichen ausgestattet ist.

Das Blau und das kalte, stark reflektierende Weiß, auf das überraschenderweise beide Autoren nicht eingehen, stehen den warmen Tönen, dem Rot und Braun gegenüber: Sie sind Stimmungsträger und Metaphern des Films zugleich. Daneben pointieren sie die Motive innerhalb des Films, so wie sie auch helfen, die Motivationen der Protagonisten zu unterstreichen. In der Tat führt Visconti eine Licht- und Farbchoreographie, deren Tonalität die bloße Realitätswiedergabe eines Farbfilms negiert:

Particular sequences and locations each have a tonality of their own, inspired often by different styles and genres of nineteenth-century painting. Venice by day is pastel and insubstantial, like a watercolour […]. By night it has a tonality which is prevailingly bleu.[40]

Für die Darstellung der Soldaten verweist Goeffrey Nowell-Smith auf Goya, die Vorliebe für das tiefe Rot mag von Tizian stammen. In diesem Kontext verwundert es nicht, daß die Musik, in ihrer empfindungserzeugenden und -steigernden Funktion mit der von Farben vergleichbar, eine entsprechende Aufgabe erfüllt. So wird die mit der ersten Sequenz von SENSO eingeführte Verdi-Oper zum musikalischen Leitmotiv des Films und korrespondiert mit der Leitmotivik der Farben.[41] Dabei eignet sich die Oper als ein komplexes Gesamtkunstwerk, das unterschiedliche Darstellungskünste zusammenbringt, am besten, um zu einer globalen Metapher für den gesamten Film aufzusteigen.

---

39 Ebd.
40 Nowell-Smith (1973), S. 91–92.
41 Zur Funktion musikalischer Motive in SENSO siehe vor allem Bacon (1998), S. 77ff.

Die versiegelte Zeit des Filmbildes.
Eine Zusammenfassung

Wie eng Visconti die Verzahnung zwischen der Opernbühne und der innerfilmischen Realität vorantrieb, wird im Laufe des Films an dem zunehmend zu einer Theaterbühne festfrierenden Leben von Livia und Franz deutlich, das in *Il Trovador* seine Entsprechung hat. Livia findet sich gespiegelt in Leonora, die ihren inhaftierten Geliebten, Manrico, beweint, ihn jedoch nur allzu bald vergessen und verraten wird. Manrico wiederum gibt ein deutliches Spiegelbild des von der Contessa verratenen Cousins ab, des Idealisten Ussoni, trägt aber auch erkennbare Züge von Franz, der von Livia schließlich auch verraten und an die österreichische Direktrice ausgeliefert wird.[42]

Bezeichnenderweise entwirft Visconti in der ersten Filmsequenz eine Situation, in der Franz, Livia und Leonora, die Protagonistin der Opernbühne und die des Films also, in einem Spiegel einer Loge für einen kurzen Moment gemeinsam zu sehen sind. Ohne Frage gilt diese Spiegelmetapher nicht nur für die beiden Liebesgeschichten, sondern ebenso für die Kunst selbst und damit im besonderen Maße für das Tableau vivant, das, wie ich bereits dargelegt habe, prädestiniert ist, das Leben in Kunstpose erstarren zu lassen. Das Melodrama, zu dem die tableaueske Inszenierung wesentlich dazugehört, erfährt bei Visconti eine Umwertung. Sie wird, wie Henry Bacon es formuliert,[43] zu einer Metapher radikaler Reinterpretation der Geschichte und historischer Zusammenhänge, indem gerade mittels einer Überbietungsgeste eine kritische Perspektive in die Geschichtsbetrachtung hineingelegt wird. Der Spiegel als Motiv der Selbsterkenntnis hat hier eine weitere wichtige symbolische Tragweite.

Senso ist ein Film, in dem die zur Anwendung gekommene Kunst – und mit ihr die spezifischen Formen der Tableaux vivants – ein Paradoxon herausbildet, das auf eine gesteigerte Realitätsdarstellung hinausläuft: Nicht die Geschichte, sondern die Gegenwart wird aus der Perspektive der Geschichte erzählt. So faßt Visconti die Historie nicht als eine abgeschlossene, sondern als eine sich gegenwärtig wiederholende Zeit (Parallelismus der Filmmotive) oder die in die Gegenwart hineinwirken-

---

42 Zu den verschiedenen Verbindungen zwischen der Oper und den innerfilmischen Protagonisten siehe ausführlich bei Braure (1990), S. 95–107. Vgl. auch Partridge, Colin (1991): Senso: Visconti's Film and Bioto's Novella: A Case Study in the Relation between Literature and Film, Lewiston (N.Y.): Edwin Mellen Press, S. 83ff.

43 Vgl. Bacon (1998), S. 72. Dort auch zu dem Verhältnis von Geschichte und Melodrama bei Visconti.

de Tradition auf. Von Tradition zu sprechen, bedeutet für Visconti – und an diesem Punkt stimmt er erneut mit Pasolini überein –, immer eine *lebendige Tradition* im Sinn zu haben, die aktuelle Diskurse aufzugreifen ermöglicht, um sie als Kritik an den soziopolitischen Zuständen wirksam werden zu lassen.[44]

Die piktoralen Kompositionsübernahmen, die Farbchoreographie und die sekundären Tableaux vivants des Films haben in diesem Kontext gesehen nicht mehr die sprengende Kraft eines apodiktischen Fremdzitats. Ihre Besonderheit liegt, anders als bei den hier vorab vorgestellten Filmen, nicht im einfrierende Moment des Stillstands, nicht im Déjà-vu in bezug auf ein spezielles Gemälde, sondern in einer, wie Pier Marco De Santi sie nennt, »prä-existenten Struktur«,[45] auf deren Basis Visconti eine neue Bildsprache im Film und des Films etabliert. Erneut zeigt sich das Tableau vivant prädestiniert, um das Anliegen des Regisseurs zu verwirklichen, das er als die *Wirklichkeit der Kunst* beschreibt.

Die Fusion von Malerei und Theater schafft eine spezifische Bühnensituation mit entsprechender Tendenz, die Schauspieler zu Objekten umzuformen, was wiederum ermöglicht, den Zuschauer auch emotional auf Distanz zum Geschehen zu halten. Verstärkt wird diese tableauesque Eigenart der Mise-en-scène durch die distanzierte Kameraposition, die das Geschehen von außen beobachtet. So auch die Farbrhetorik, die entsprechend kalkuliert emotionale wie symbolische Ebenen anspricht. In der Tat benutzt Visconti die figurativen und farblichen Kompositionen, die er der Malerei entlehnt, um die jeweiligen Szenen als psychologische und dramatische Knotenpunkte zu determinieren.

Motive der Rahmung und Entrahmung bestimmen die beiden Tableaux vivants des *Offizierssalons* und des *Kusses* in der Villa und haben eine zweifache, das heißt eine bildinwendige und filmimmanente Wirkung: bildinwendig in bezug auf die spezifischen Bildkompositionen, in denen sich die Figuren in einem eng abgezirkelten Terrain (›Puppenhaus‹ oder ›Locus‹) bewegen, oder gleich isolierten Inseln innerhalb der Mise-en-scène verharren; filmimmanent hingegen durch die Ausweitung von tableauesquer Bildstilistik auf den gesamten Film. Auf diese Weise wird SENSO selbst zu einer ›globalen Bühne‹, auf der Gemälde wie Opernstücke zur Aufführung kommen.

Was ich bereits als »versiegelte Zeit« in Anlehnung an das Buch Andrej Tarkowskijs beschrieben habe,[46] bestimmt meiner Ansicht nach glei-

---

44 Zur impliziten Kritik des Films an der postfaschistischen Gesellschaft und Politik in Italien der Nachkriegszeit siehe Partridge (1991), S. 98ff.

45 Vgl. Santi (1987), S. 45.

46 Der Ausdruck »versiegelte Zeit« entspricht nicht wörtlich dem Vokabular Tarkowskijs, sondern beruht auf einer freien Übersetzung. Tarkowskij

cherweise das Besondere Viscontischer Filmbilder, indem es sie stärker an die Struktur der Gemälde bindet. Denn das Spezifische eines gemalten Bildes liegt, so möchte ich es hervorheben, wesentlich in der Zeit, und zwar in der *Zeit des Bildes* gleicherweise wie in der *Zeit für das Bild*. Die Zeit des Gemäldes entspricht in der konkreten Mise-en-scène dem, was ich für das Charakteristische Viscontischer Filmbilder halte. Eine solche »versiegelte Zeit« läßt sich an der kurzen Szene aufzeigen, die die Vorbereitung des Contes zum Rückzug des Paares auf den Landsitz zeigt (Abb. 30).

Abb. 30: SENSO – In Venedig: Mägde beim Packen, Livia als Rückenfigur (Still)

Eingepackte, kleinteilige Wertgegenstände, eingerollte Teppiche, abgehängte Bilder – sie alle bilden eine Apanage der Contessa, nicht nur im Sinne ihres Besitztums, sondern vor allem als ihre dinglichen Entsprechungen und in diesem Sinne als Charakteristika. Im wohlgeordneten, langsamen aber stetigen Treiben der Mägde stellt Livia eine klassische, dem Zuschauer spätestens aus der niederländischen Malerei des 17. Jahrhunderts wohlbekannte Rückenfigur dar, und wendet damit die Szene in ein filmisches Tableau vivant um, in dem die Zeit versiegelt oder innerhalb der Sequenz zirkulär ist.

Trotz der deutlichen motivischen Verweise auf diese besondere Genremalerei, man beachte beispielsweise das Motiv der Mägde bei der Arbeit, die Zimmeransicht mit den offenen Butzenfenstern, den Einfall des

---

selbst spricht vom »Abdruck der Zeit« im Sinne Bazins, und hebt damit stärker den indexikalischen aber auch den ikonischen Moment der Filmbilder hervor (hier im deutlichen Bezug auf die mystische Entstehung von Ikonen bzw. der Urikone »Vera Icon«). Zu Tarkowskij siehe Turowskaja, Maja/Allardt-Nostiz, Felicitas (1981): Andrej Tarkowskij. Film als Poesie – Poesie als Film, Bonn: Keil; Michałkowicz, Władimir (1995): »Energia obrazu« [Energie des Bildes], in: Kwartalnik Filmowy: »Andrej Tarkowski« [Themenheft], 8-10 (Wiosna-Lato), S. 81–106

Abb. 31: von oben links nach unten: Giovanni Fattori – »Kavalleriecorps auf einer Dorfstraße« (1888, Museo d'Arte Moderna, Lugano); »La battaglia di Magenta« (1862, ebd.); »La battaglia di Custoza« (1880, Galleria Nazionale d'Arte Moderna, Rom); rechts: Senso – Schlachtenszenen (Stills)

Lichts etc., ist sie als Rückenfigur, die zum wesentlich Zeitfaktor der Szene wird: »Die geschilderte Situation«, so Fatma Yalçin in bezug auf Terborchs Rückenfiguren, »beinhaltet in der Schwebe gehaltene Momente. Da die Figuren nicht mit dem Betrachter kommunizieren, entziehen sie sich ihm.«[47] Hier – was aber gleicherweise für den gesamten Film

---

47 Yalçin, Fatma (2004): Anwesende Abwesenheit. Untersuchung zur Entwicklungsgeschichte von Bildern mit menschenleeren Räumen, Rückenfi-

Geltung hat – ist der Zuschauer wie vor einem Guckkasten plaziert, in dem ein anderes Leben seinen eigenen Gang geht und ein anderer Rhythmus herrscht; die Zeit dieses spezifischen Tableau vivant fällt nicht mit der eigenen (subjektiven) Zeit in eins: Sie ist in der Schwebe und gleicherweise ›versiegelt‹. Die abgehängten Gemälde und das verpackte Interieur sind darüber hinaus Sinnbilder einer Kulisse, Requisiten, die, wenn man so will, jederzeit zu einem Tableau vivant wieder aufgebaut werden können. Sie sind Viscontische Gemäldetranskriptionen und Metaphern, und verweisen gleicherweise auf die Kontinuität der sekundären (mobilen) Tableaux vivants, die den gesamten Film beherrschen.

Eine andere exponierte ›tableauesque Bühne‹ in SENSO, mit dessen Schilderung ich das Kapitel beschließen möchte, ist die Darstellung der Schlacht von Custoza, der Visconti lange Sequenzen widmet. Sie sind nahezu an Originalschauplätzen um Valeggio in der Po-Ebene gedreht worden, doch ihre Besonderheit liegt auch hier nicht in der möglichen beglaubigenden Geste »So ist es gewesen«, sondern in ihrer stilistischen Anlehnung an Schlachtengemälde des 19. Jahrhunderts (Abb. 31).

Die langen Sequenzen der Frontkämpfe wirken wie eine Reihe von ineinander verschachtelten, filmischer ausgedrückt: überblendeten Gemälden. An keiner Stelle setzte Visconti die für Kampfdarstellungen typische Überblickseinstellung (Muster shot) ein, so daß die Kampfhandlungen wie einzelne Bilder im Kader, damit parzelliert und ohne einen sinnstiftenden (Schlachten-)Zusammenhang erscheinen.

Zwar stellen diese Szenen keine Schlachtenbilder von Giovanni Fattori *en détail* nach, aber sie treffen die trostlose Stimmung eines verlorenen Krieges und des sinnlosen Sterbens, die die Gemälde des Malers charakterisieren. Einige Motive benutzte Visconti als Versatzstücke, die beinahe in jeder Mise-en-scène der Front-Einstellungen auftauchen: der Planwagen, die Reiterkolonnen, die Kanonen, nur um einige wenige zu nennen.

Die Kamera begleitet Ussoni, den Cousin Livias und Hauptprotagonisten bei den aufständischen Truppen, der in einer offenen Kutsche durch die Kampfreihen fährt, wobei das rote Hemd seines Begleiters zum Ortungspunkt innerhalb der chaotischen Schlachtenbilder wird (Abb. 31). Auf diese Weise schließen sich die einzelnen Szenen zu einem ›Panoramagemälde‹ einer endlosen, ununterbrochenen Schlachtdarstellung. Immer wieder wird dem Zuschauer die Sicht auf den Kampf verstellt, mal ist es ein Heuwagen, der den Bildvordergrund verdeckt, mal sind es militärische Planwagen oder schnelle Reiterkolonnen. Diese extremen An-

---

guren und Lauschern im Holland des 17. Jahrhunderts, München, Berlin: Deutscher Kunstverlag, S. 78. Vgl. auch Kapitel I dieser Arbeit.

sichten und expressiven Motive wirken sich störend auf den tableauesquen Aufbau der Szenen aus, doch simulieren sie andererseits gerade darin dramatisch-bewegte Momente, derer ansonsten die Schlachtensequenzen entbehren und durch auffällige Statik gekennzeichnet sind.[48] So beispielsweise die Szene vor den Toren eines Städtchens: Während einzelne Soldatenverbände den Vordergrund des Bildes passieren, bleiben die Soldaten im Hintergrund gänzlich ohne eine Regung in kleinen separierten Grüppchen stehen. Ähnlich funktioniert die Szene einer Heuernte. In Einzelmotiven an Goyas Radierungen erinnernd ist sie in ihrem tableauesque Gesamtarrangement den Opern- oder Theaterbühnen verwandt. Die Künstlichkeit des idyllischen Beisammenseins von Dorfbewohnern, Bauern und Soldaten, die Enge der Handlungsräume einer überladenen Bühne sprechen eine eindeutige Sprache. Beispiele dieser malerischen Szenengestaltung ließen sich für SENSO in großer Zahl benennen. Sie sind es, die zu der spezifischen ›Atmosphäre‹ des Films beitragen. Symptomatisch für die malereiorientierte Bildkompositionen sind außerdem jene Einstellungen, die lange Zimmer- und Türfluchten zeigen und damit die Erfindung der Zentralperspektive in der Malerei zitieren.

Zusammenfassend kann man sagen, daß Viscontis singuläre Filmbildwelt, deren »flavour« und ihre »innere Tonalität«, wie Youssef Ishaghpour es ausdrückt,[49] durch die besondere Farbgebung und den generelleren Einsatz eines piktoralen, auf Malerei basierenden Stils beruht. Es ist sicherlich die Farbe, die neue Montageformen schuf, aber es sind die Tableaux vivants und tableauesquen Szenen, die als Metaphern des Films, als Sinnbilder eines gesellschaftlichen Zerfalls und für das Ende einer sich selbst überlebten feudalen Zeit stehen. Sie sind Metaphern für gescheiterte, handlungsunfähige Antihelden wie Livia und Franz. In diesen Kontext eingerückt, unterstreichen die Tableaux vivants gerade durch ihre teilweise Ablösung von den Originalvorlagen die stereotype, nur ihrem Äußeren nach romantische Situation, in der sich die Protagonisten befinden. Ihre Gesten sind starr, nicht ohne die Viscontische Melodramatik: »I love melodrama because it is located at the borders of life and theatre… Theatre and opera, the world of the baroque: these are the motives which tie me to melodrama.«[50]

Eine gesellschaftspolitisch veränderte Zukunft muß – interpretiert man Visconti richtig – vor allem durch das Nadelöhr der Überlieferung: einer Überlieferung von Kunst und Kultur, die in den ›Bildverlebendi-

---

48 Vgl. Lagny (1992), S. 103.

49 Vgl. Ishaghpour, Youssef (1984): Visconti – Le sens et l'image, Paris: La Différence, S. 74.

50 Visconti im Interview mit Henri Chapler in »Arts Magazine« von 1958, hier zitiert in Bacon (1998), S. 62.

gungen‹ Luchino Viscontis allenthalben sichtbar wird. Denn, so Thomas Mann, dessen Werke Visconti als Filme und Bühnenstücke inszenierte: »Zu erben muß man auch verstehen, Erben – das ist am Ende Kultur.«[51]

---

51 Thomas Mann in einem Brief an Klaus Mann zu dessen Roman *Der Vulkan* (Juli 1939). Neben Viscontis berühmter Verfilmung von *Tod in Venedig* gibt es zumindest zwei bekannte Filmprojekte, die Manns Novelle bzw. Roman *Tonio Kröger* und *Zauberberg* betreffen aber von Visconti nicht verwirklicht werden konnten. Zu *Mario und der Zauberer* verfaßte Visconti ein Regiebuch und inszenierte es schließlich 1956 als sein einziges Ballettstück an der Mailänder *Scala*.

IV.

DIE KONTAMINATION DER FILMBILDER: PASOLINIS LA RICOTTA UND IL DECAMERON

›Vorspann‹

Der folgende und abschließende Teil meiner Untersuchung zu Tableaux vivants in Spielfilmen widmet sich zwei Filmen des italienischen Regisseurs Pier Paolo Pasolini. Die gewisse Sonderstellung, die seinem Werk hierdurch zuteil wird, erklärt sich aus seiner faktischen Affinität zur Kunst, insbesondere zur Malerei, die in vielen seiner Filme und filmtheoretischen Texten deutlich hervortritt.

Anders als bei den vorangehenden Filmbeispielen, in denen die Tableaux vivants entweder aus der Bewegung heraus gebildet (CHRISTUS) oder in die Bewegung der Filmbilder aufgelöst (HENRY VIII und SENSO) werden, hat man es in LA RICOTTA mit einer frappanten Überdeterminierung des statischen Tableau vivant zu tun. Hier wird dem Zuschauer nicht nur eine ›fixierte‹ Filmszene als eine Gemäldenachstellung vorgeführt, sondern darüber hinaus auch als solche sprachlich erläutert. Damit schließt diese filmische Darstellung einerseits an die historischen Tableaux vivants der Salon- und Theatervorführungen, andererseits an Stummfilme wie CHRISTUS von Antamoro an.

IL DECAMERON hingegen ist ein Film, in dem die Tableaux vivants als Visionen und das heißt als innere Bilder und imaginäre Orte inszeniert sind. Sie sind in Zeitlupe gedrehte, aus mehreren Gemäldevorlagen eines Malers kompilierte filmische Bild-Adaptionen. Mit diesen ›fließenden‹ filmischen Tableaux vivants schließt IL DECAMERON seinerseits an die tableauesquen Filmbilder von SENSO an. Auffällige Gemeinsamkeiten gibt es auch zwischen den beiden Regisseuren: Visconti, der sich als einen filmischen Maler entwirft, und Pasolini, der malende Regisseur, der sich in IL DECAMERON die Rolle des Giotto-Schülers sichert.

PASOLINI:
LA RICOTTA (1962)

Der nur wenig bekannte Kurzfilm LA RICOTTA (Der Weichkäse, I 1962)
stellt einen von insgesamt vier Filmbeiträgen des von Alfredo Bini pro-
duzierten Episodenfilms ROGOPAG dar.[1] Das gemeinsame Thema der
Episoden bleibt vage um, wie Bini sagt, »die fröhlichen Prinzipien des
Weltuntergangs« gruppiert.[2] Bereits kurz nach der Fertigstellung erfolgte
das Verbot von ROGOPAG. Der Grund dafür war Pasolinis Beitrag, den
das konservative Italien der 1960er Jahre als blasphemisch aburteilte und
die Ausstrahlung des Films untersagte.[3]

Der circa 35minütige Kurzfilm LA RICOTTA ist ein sogenannter *Film-
im-Film*, dessen narrative Struktur durch zwei ineinander verschaltete
Handlungsebenen bestimmt wird: Die erste thematisiert das Filmema-
chen selbst, die zweite stellt den zu drehenden Film dar. Auf der ersten

---

1   Dieser etwas ungewöhnliche Titel ist eine Kompilation aus den Anfangs-
    buchstaben der beteiligten Regisseure, namentlich Roberto Rosselini (IL LI-
    BATEZZA/Jungfräulichkeit), Jean-Luc Godard (IL NUOVO MONDO/Die neue
    Welt), Pier Paolo Pasolini und Ugo Gregoretti (IL POLLO RUSPANTE/Das
    Freilandhuhn).

2   Vgl. Joubert-Laurencin, Hervé (1995): Pasolini. Portrait du poète en ciné-
    aste, Cahiers du cinéma, (Oct.), S. 84f.

3   Das bereits wenige Tage nach seiner Uraufführung verhängte Verleih- und
    Vorführverbot bedeutete nicht nur einen finanziellen Verlust für den Pro-
    duzenten, sondern verunmöglichte auch jedwede Rezeption seitens des Pu-
    blikums und der Filmkritik. Für die ausführliche Darlegung des Falles sie-
    he *Pasolini* (1994): Pier Paolo Pasolini. Dokumente zur Rezeption seiner
    Filme in der deutschsprachigen Filmkritik 1963-85, hg. v. Freunde der
    Deutschen Kinemathek, Berlin: Freunde der Deutschen Kinemathek e.V.
    (Heft 84), S. 56–61; zur Pasolinis Schilderung der Ereignisse siehe in Hal-
    liday, Jon (1969/1995): Pasolini über Pasolini. Im Gespräch mit Jon Halli-
    day, Wien, Bozen: Folio, S. 70f., (Originalausgabe unter dem Titel und
    Pseudonym: Pasolini on Pasolini. Interviews with Oswald Stack, London:
    Thames & Hudson/The BFI); und Joubert-Laurencin (1995), S. 84–93.

Handlungsebene werden die kleinen und großen Probleme des Regisseurs und der Filmcrew bei den Dreharbeiten zu einem Passions- bzw. Christusfilm geschildert. Von dem Passionsfilm der zweiten Handlungsebene erfährt der Zuschauer wenig, denn die gezeigten Szenen sind kurz und immer wieder von Unzulänglichkeiten technischer und schauspielerischer Art gestört. Das Ineinandergreifen der zwei Filmebenen ist durch vielfältige Motiv- und Themenwiederholungen charakterisiert, wodurch sich ein spezifische Mise-en-abyme entwickelt, dessen Relais das Motiv des Tableau vivant ist. Bereits die Kulisse des Films-im-Film macht das inner- und außerfilmische Verweissystem der Inneinaderschachtelung deutlich. So stellt die hügelige, ausgedorrte Gegend der römischen Vororte, Borgata genannt, sowohl den realen Drehort von LA RICOTTA als auch den des Films-im-Film dar. Darüber hinaus ist sie sowohl der imaginäre heilige Ort der filmischen Passion, an dem die Tableaux vivants entstehen, als auch der reale Ort der *Pratone della' Acqua Santa* der Borgate, an dem wundertätige, heilige Quellen in Höhlen entdeckt wurden.

Den heiligen Quellen immer näher rückend ist am Horizont bereits das ›neue Jerusalem‹ als das Rom der Plattenbauten zu sehen, in dem vorwiegend die aus dem Süden Italiens kommenden Armen, die Subproletarier, ihre Wohnung bezogen haben. Sie sind die Unorte der Großstadt, aus denen die Komparsen, Assistenten und nicht zuletzt auch Stracci (Mario Cipricini), die Hauptfigur von LA RICOTTA und der Gute Schächer im Film-im-Film (dem Passionsfilm), kommen. Dagegen wurden die Hauptrollen des Films mit bürgerlichen Schauspielern besetzt. So spielt Laura Betti die Maria in den Tableaux vivants und Orson Welles stellt den innerfilmischen Regisseur des Passionsfilms als eine kapitalistische, wenn auch intellektuelle Künstlerfigur dar.

Die Dreharbeiten zum Passionsfilm gestalten sich für diesen innerfilmischen Regisseur – er selbst bleibt den ganzen Film über namenlos – schwierig, da er das Kunststück vollbringen muß, einen religiösen, künstlerisch ambitionierten und zugleich kassenwirksamen Spielfilm zu drehen. Um die Passion Christi nicht zu einem konventionellen Kostümschinken verkommen zu lassen, entwickelt er ein Konzept, das auf Nachstellungen von berühmten »Altar-Gemälden«, wie sie im Film selbst genannt werden, basiert. In diesen Film bekommt der Zuschauer wenig Einblick. Es sind vor allem zwei lange Sequenzen, die eine ungefähre Vorstellung dem Passionsfilm geben, und in denen zwei Gemälde mühsam nachgestellt werden. Weitere Szenen der Kreuztragung und Kreuzigung verweisen zwar auf den Passionsfilm, müssen aber durch das ambivalente Auftreten der Statisten, die einerseits als Statisten des Films und andererseits als Figuren der Passion zu sehen sind, als Schanierstellen zwischen den beiden Narrationsebenen betrachtet werden. Und auch die

Schlußszene des Films orientiert sich mit der Aufstellung der drei Kreuze an der letzten Passionsstation, doch dient sie hier dem Empfang der Römischen High Society als Kulisse, die offenbar geladen worden ist, um das Ende der Dreharbeiten zu feiern. So bleiben tatsächlich nur die beiden prominent in Farbe gedrehten Tableaux vivants, die den zu drehenden Passionsfilm repräsentieren. Beiden Tableaux vivants dienten herausragende Werke des Italienischen Manierismus als Vorlage: die *Kreuzabnahme* von Rosso Fiorentino (1521) und die *Beweinung* (auch *Kreuzabnahme* genannt) von Jacopo da Pontormo (ca. 1528; Abb. 33).

Zwar bleibt der Passionsfilm für den Zuschauer – vielleicht auch für den innerfilmischen Regisseur – nur ein Stückwerk, für die Tiefenstruktur von LA RICOTTA aber ist er ein sowohl stilistischer wie narratologischer Dreh- und Wendepunkt. Allein die Tatsache, daß lediglich die beiden Tableaux vivants sowie der Vor- und Abspann, auf den ich noch zurückkommen werde, in Farbe gedreht sind und sich somit prominent aus dem ansonsten schwarzweißen Film abheben, markiert ihre innerfilmische Sonderstellung. Hierin liegt das kontrapunktische Erzählverfahren Pasolinis, Bilder wie Handlungsstränge in einem Mise-en-abyme-System in- und gegeneinander zu setzen, um so eine Erweiterung der Narration zu erreichen: Die bild-ästhetisch zubereitete Passion Christi wird konterkariert durch die Leidensgeschichte des hungrigen Subproletariers Stracci, diese wiederum steht gegen die ›Passion‹ des intellektuellen Regisseurs, der frustriert seinem Christusfilm arbeitet. In diesem kontrapunktischen System liegt, wenn man so will, die blasphemische Note, die das zeitgenössische Publikum der 1960er Jahre an LA RICOTTA moniert hat.

Der Antipode zum innerfilmischen Regisseur ist Stracci, dessen Existenz auf Essensbeschaffung für seine Familie und für sich selbst ausgerichtet ist. So nimmt sein ›Passionsweg‹ seinen Anfang mit dem an seine Familie abgetretenen Lunchpaket. Nun muß er die Essensration für sich selbst durch eine List beschaffen, indem er sich als Maria Magdalena verkleidet und doch noch an sein zweites Lunchpaket kommt. Da ihm keine Zeit bleibt, das Essen an Ort und Stelle zu verspeisen, versteckt er es in den nahegelegenen Höhlen der *Acquae Santae*, muß aber später feststellen, daß das verwöhnte Hündchen der Filmdiva (der Maria-Darstellerin) es bereits gefressen hat. Von Verzweiflung und Enttäuschung überwältigt, verkauft er schließlich den Hund an einen vorbeigehenden Journalisten. Mit Hilfe dieses illegal erworbenen Geldes kann er endlich seinen enormen Hunger stillen, indem er sich ein großes Stück Weichkäse (*la ricotta*) kauft. Zurückgezogen in eine der »heiligen Höhlen« verspeist er nicht nur den Käse, sondern auch unglaubliche Mengen an Nahrung, die ihm die Filmleute wie einem wilden Tier zuwerfen. Sein vulgäres Hineinstopfen und Verschlingen wird von großem Gelächter und Spott begleitet, wobei die Sequenz dieses ›großen Fressens‹ unentscheidbar zwischen Traum und Realität angelegt ist. Das Ende von LA RICOTTA markiert Straccis Tod: Drei Kreuze mit Jesus Christus, dem Bösen und dem Guten Schächer, den Stracci spielt, stehen vor einer langen und üppig gedeckten Tafel (Abb. 32).

Abb. 32: LA RICOTTA – Festmahl vor den Requisitenkreuzen (Still)

Während er am Requisitenkreuz angebunden ist, um seine einzige kurze Sprechszene zum Besten zu geben, erstickt er an dem Ricotta und im übertragenen Sinne an dem unermeßlichen Hunger eines Subproletariers. Seine profane Hunger- und Freßpassion endet damit am Kreuz eines weiteren Tableau vivant, das man für die geladenen Gäste der römischen High Society inszeniert hat. Mit der Borgate im Hintergrund wird diese Festtafel zum Leichenschmaus, an dem der tote Stracci als ein ›verlebendigtes‹ Bildmotiv des Guten Schächers teilnimmt.

Parallel zu Straccis Geschichte verläuft die Erzählung um den namenlosen Regisseur und seinen Passionsfilm. Als Übergänge zwischen den beiden Handlungssträngen stehen jene Sequenzen, die zwar am Set spielen, sich aber bereits auf den innerdiegetischen Film beziehen, wie zum Beispiel das Anbinden der Schauspieler an die Kreuze, der Transport an den Aufstellungs- und Drehort oder das Herbeischaffen unterschiedlicher Requisiten. Der Wechsel zum eigentlichen Passionsfilm geschieht mit dem handlungsanleitenden Ausruf des Regisseurs: Nach dem »Azione« formieren sich Schauspieler nach strikten Anweisungen der Regie zu lebenden Altarbildern der *Kreuzabnahme* und der *Beweinung*, sie erstarren zu den akkurat festgelegten Positionen und bewegen stumm ihre Lippen zu einer aus dem Off vorgetragenen Rede. Kompositionen von Scarlatti haben für die adäquate musikalische Gemütsunterstützung zu sorgen, doch werden sie immer wieder durch falsche Einspielungen von profaner, kapitalistischer (da amerikanischer) Twist-Musik gestört.

Manieristische Farbgebungen dominieren die Aufnahmen und unterstreichen die ihnen eigene künstliche und unwirkliche Note. Was diese Tableau-vivant-Sequenzen neben ihrer formalen Andersartigkeit charakterisiert, ist die Tatsache ihres auffälligen Scheiterns. Es ist das Scheitern einer künstlerischen Ambition, das Scheitern am Gelächter der Komparsen, am Twist, der die religiöse Thematik sabotiert, und letztlich auch an der realen Armutspassion Straccis, dessen Kreuztod zum Gegenbild der tableauesquen Ästhetisierungen wird.

LA RICOTTA spiegelt in der kleinen Welt der Filmleute die große Welt der italienischen Gesellschaft der Nachkriegszeit wider, die Pasolini zwischen der noch bäuerlich geprägten Kultur des Subproletariats einerseits und der bourgeoisen und kleinbürgerlichen Konsum- und Bildungsgesellschaft andererseits aufspannt. An der Rolle des Guten Schächers entzündet sich die subversive Ironie des Films; von hier aus erhalten alle anderen Szenen ihre komplementäre Bedeutung. Das Filmprinzip beruht somit auf den Antipoden der realen Marter des Komparsen und der in Künstlichkeit erstarrten, konsumistisch vereinnahmten Passion Christi. Auf der Strukturebene der Filmbilder ist es die Zusammenführung antagonistischer Modalitäten wie Künstlichkeit und Natürlichkeit, Bewegung und Stillstand, Schwarzweiß und Farbe, die von den Opponenten *Stracci* und *Tableau vivant* symbolisiert werden. Sie sind Figurationen zweier Bildsysteme, die die gesamte Struktur von LA RICOTTA bestimmen: des bewegten Filmbilds (Stracci) und des statischen Gemäldes (Tableau vivant und der tote Gute Schächer).

Ähnlich den Tableaux vivants in Goethes *Wahlverwandtschaften* stellen auch die Lebenden Bilder von LA RICOTTA einen perfektionistischen Versuch dar, dem Gemälde nicht nur zu entsprechen, sondern es zu übertreffen. Die Verwandlung des gemalten Körpers in den lebendigen Körper vor der Kamera ist entscheidend für den filmischen Einsatz der Bilder. Als lebende Nachstellungen, das heißt als Schauspieler unter Schauspielern, scheinen die Tableaux vivants sich zunächst der figurativen Organisation der übrigen Filmbilder unterzuordnen. Doch der Perfektionismus, dem der Regisseur in bezug auf die Nachstellungen anhängt, führt zu einer Entblößung des Tableau vivants und der Hervorkehrung seiner spezifischen Anschaulichkeit, die die des Gemäldes ist. Pasolini hat die manieristischen Bilder von Pontormo und Rosso Fiorentino wie durch die Hintertür in den Film eingebracht, um so ihre subversive Kraft in die Filmstruktur einzutreiben. So stellen die hinter den Tableaux vivants stehenden Gemälde die eigentlichen Leitlinien des Films dar, an denen sich die Rhetorik zwischen Lebendigkeit und Künstlichkeit (Manieriertheit), zwischen Realismus und Kunst entfaltet. Ihr ästhetischer

Einsatz hat wichtige Auswirkungen auf den übrigen in Schwarzweiß gehaltenen Film, wie ich im folgenden zu zeigen versuchen werde.

Das Pastiche als Strategie und die Mimesis als Bildverfahren der Tableaux vivants

Es ist wichtig, sich noch einmal der befremdlichen, anachronistischen Situation zu vergegenwärtigen, die sich mit dem Eintritt der farbigen Tableaux vivants ins schwarzweiße Filmbild ergibt, nicht zuletzt, weil damit deutlich an die im 19. Jahrhundert etablierte Form erinnert wird: So sind die filmischen Tableaux vivants wie ihre Vorläufer a) in der Bewegung erstarrt, b) stark an der akkuraten Wiedergabe der Kostüme und Farbe interessiert und c) suchen die Darstellung durch einen emotionssteigernden Einsatz von Musik zu überhöhen. Minuziös und geradezu penibel ist die Sorgfalt, die der innerfilmische Regisseur – und mit ihm Pasolini, dessen *alter ego* Welles darstellt – auf die filmische Umsetzung der beiden Gemälde von Rosso Fiorentino und Pontormo verwendet. Überaus gewissenhaft versucht er die Farbgestaltung und die für die Tableaux vivants immer problematische Lichtchoreographie zu meistern.[4] Pasolini löst das Problem auf eine effiziente Weise, indem er die Tableaux vivants in Farbe dreht und sie dadurch anschaulich von den anderen Narrationsebenen und Handlungsorten absetzt. Auf der strukturellen Filmbildebene werden sie zu dem ›Differenten‹ schlechthin, womit sie die Antinomie zwischen dem Filmbild und dem Gemälde zunächst ausstellen. So werden die Tableaux vivants als Orte etabliert, die andere Bildsysteme einführen und damit das Potential haben, andere Geschichten und diese auf eine andere Weise erzählen zu können.

Mit dem bewegungsdominierten Filmbild einerseits, das in seiner extremen Ausprägung mit den Sequenzen in Zeitraffer vorgeführt wird – ich werde darauf noch eingehen –, und den vom Stillstand dominierten Tableaux vivants andererseits verwirklicht Pasolini sein filmisches Konzept der/des »*poesia cinema*«, das man sowohl als poetisches Kino als auch als cinematographische, filmische Poesie übersetzen kann.[5]

---

4 Das Problem der Beleuchtung und ihre vielfältige Bedeutung für die Struktur eines Gemäldes siehe Jooss (1999), S. 164ff. und S. 300.

5 Pasolini hat in vielen seiner Texte und Interviews die Bedeutung der *poesia cinema* ausgeführt, ohne jedoch einen programmatischen Entwurf zu liefern, daher verweise ich an dieser Stelle auf Literatur, die das Thema grundsätzlicher angehen: Halliday (1969/1995); Zigaina, Giuseppe (1995): »Der Tod als poetisches Kino«, in: Christa Steinle/Giuseppe Zigaina (Hg.):

Abb. 33: links: Rosso Fiorentino – Kreuzabnahme (1521, Kathedrale, Volterra); rechts: Jacopo da Pontormo – Beweinung (ca. 1528, Capponi-Kapelle, Santa Felicità, Florenz)

Sein filmästhetischer Entwurf basiert auf dem, was er *stilistisches Pastiche* bezeichnet. »Pastiche«, ursprünglich ein Genre in der Malerei des 17. Jahrhunderts,[6] hier als ein Darstellungsverfahren eingeführt, meint im allgemeinen die Nachahmung eines vorgängigen, nicht selbst entwickelten Stils. Dagegen ist Pasolinis bildgebendes Verfahren weit davon entfernt, eine subalterne Ausrichtung nach fremden Stilen und bloßer Motivwiederholungen aus der Malerei zu sein. Pastiche bedeutet bei Pasolini vielmehr eine *Kontamination*, das heißt die Verunreinigung eines als genuin zu geltenden Stils mit anderen Kunststilen, mit Bildern, Dialekten, Musikrichtungen etc.

Pier Paolo Pasolini oder die Grenzüberschreitung. P. P. Pasolini. Organizzar il trasumanar, (zweispr. Ausgabe), [Ausst.-Kat. Neue Galerie am Landesmuseum Joanneum Graz, 08.07.–10.08.1995], Venezia: Marsilio, S.42–86; und vor allem: Pasolini, Pier Paolo (1967/1983): »Das Kino der Poesie«, in: Peter W. Jansen/Wolfram Schütte (Reihe-Hg.), Pier Paolo Pasolini, München, Wien: Hanser Reihe Film (12), S. 49–84.

6   Vgl. Hoesterey, Ingeborg (2001): Pastiche, Cultural Memory in Art, Film, Literature, Bloomington/Indianapolis: Indiana University Press.

*Abb. 34: LA RICOTTA – Tableau vivant nach Rosso Fiorentino
(Teil 1, Sequenz-Stills)*

Zu stören heißt dann folgerichtig, Pluralitäten zu schaffen, die ursprünglich dem Regime eines dominant gewordenen Stils geopfert wurden. Bezogen auf das Kino ging es Pasolini um den an der Prosaerzählstruktur
orientierten Film, dessen Hauptmerkmal darin liegt, den Narrationsfluß
homogen zu gestalten und dementsprechend die Bildanschlüsse bruchlos
zu montieren.

Seit der modernen Ästhetik bezeichnet »Pastiche« aber auch, eine
Markierung von intermedialen (intertextuellen, interpiktoralen) Verfah-

*Abb. 35: LA RICOTTA – Tableau vivant nach Rosso Fiorentino
(Teil 2, origi. Farbe, Sequenz-Stills)*

rensweisen künstlerischer Produktion wie sie beispielsweise die Parodie ist. Und LA RICOTTA trägt deutliche parodistische Züge, indem dort verstärkt auf Distanznahme zum zitierten Werk oder Autor (die Malerei, die Passion im Stile von Hollywood) gesetzt wird.[7] Pasolini vergleicht sein

---

7   Vgl. Hempel, Wido (1965): »Parodie, Travestie und Pastiche. Zur Geschichte von Wort und Sache«, in: Germanisch-Romanische Monatsschrift, 15, S. 150–176; Karrer, Wolfgang (1977): Parodie, Travestie, Pastiche, München: Fink.

Werk oder sein »Atelier« selbst mit einem Laboratorium,[8] in dem er – der Pasticheur – die unterschiedlichen Medien und Stile zu einem unauflösbaren Geflecht verbindet, wobei die Ursprünge der Zitate und Übernahmen gleichermaßen ausgestellt werden.[9] Seine Arbeit »changier[t] zwischen Autobiographie und Poesie, Stilisierung und Profanierung«, wie Benjamin Meyer-Krahmer sie treffend beschreibt.[10]

Kontamination als Verfahren des Pastiche bedeutet also eine ›Verunreinigung‹ des einen Stils mit einer anderen Kunstsprache. Es ist die Einführung eines anderen Kunstdiskurses, wobei die mediale Differenzierung, die eine solche Kontamination häufig begleitet, für das Konzept der *poesia cinema* nur eine untergeordnete Rolle spielt. Pasolini war nicht daran gelegen, zwischen den Medien Bild und Filmbild einen paragonalen Kampf auszutragen. Wo hingegen die mediale Differenz ihre Aufgabe erfüllt, ist die ästhetische Erweiterung des Filmbildes im Anzeigen oder Durchscheinen anderer Bild- und Kulturkontexte. Damit vollführt die Pasolinische *poesia cinema* einen Balanceakt, in dem die Bilddifferenz kein Selbstzweck bleibt und die von Pasolini postulierte Kontinuität in der Kultur nicht in einem Wertekonservatismus enden soll. So hat das Filmbild in diesem poetischen Filmentwurf seine Eigenart zu behalten, wiewohl es auf der anderen Seite vom Gemälde affiziert wird. Es muß die piktorale Differenz zur eigenen Profilierung verwenden, um desto pointierter auf sich selbst als ein spezifisches Film-Bild zu verweisen. Ein auf diese Weise kontaminiertes Filmbild hat einen labilen Charakter, der den unterschiedlichen Bildpoetiken Rechnung trägt. Indem filmfremde Bilder wie Tableaux vivants differente Codes ansprechen, schaffen sie einen Zuwachs an teilweise widersprüchlichen Bedeutungen, die wiederum die feste Struktur eines, im Sinne Pasolinis, prosaischen Filmbildes aufbrechen. Dagegen verhält sich die *poesia cinema* nicht naturalistisch (mimetisch) gegenüber der Wirklichkeit, sondern sucht gerade mit artifiziellen Mitteln ihre Intensität zu steigern. Die Wirklichkeit in ein künstli-

---

8   Pasolini, Pier Paolo (1972/1979): Ketzererfahrungen: Schriften zu Sprache, Literatur und Film – »Empirismo eretico«, München, Wien: Hanser, S. 65.

9   Vgl. Meyer-Krahmer, Benjamin (2005), S. 113: »Pasolinis Weg zum Film – vom Dichter über den Romancier und Drehbuchautor zum Storyboardzeichner und schreibenden, schauspielenden, filmenden Regisseur – deutet bereits an, wie sich in seiner künstlerischen Produktion verschiedene Medien synchron und diachron überlagern, gegenseitig kommentieren und komplexe Beziehungen zueinander unterhalten« (»Transmedialiät und Pastiche«, in: Bernhard Schwenk/Michael Semff (Hg./Kuratoren), ›P.P.P. – Pier Paolo Pasolini und der Tod‹, [Ausst.-Kat. Pinakothek der Moderne München, 16.11.05–05.02.2006], München: Hatje Cantz).

10 Meyer-Krahmer (2005), S. 112.

ches Licht zu rücken, bedeutet also einen Versuch, mit dem Kunstmittel der stilistischen ›Verunreinigung‹ etwas hinter der sichtbaren Realität zu erfassen, das in diesem Sinne realer ist als das bloß Naturalistische.

Die Tendenz, die piktoralen, von Tableaux vivants kontaminierten Filmbilder von den übrigen Filmbildern zu separieren, ist, wenn auch in unterschiedlicher Intensität, allen hier vorgestellten Filmbeispielen eigen. Denn das Tableau vivant ist durch seine spezifische Struktur prädestiniert, ein besonderer Bedeutungsträger innerhalb des Films zu sein, der aufgrund seiner stilistischen Eigenheit die Aufmerksamkeit des Zuschauers – durchaus im Sinne der Theaterpraxis bei Diderot – auf sich lenkt. Um so mehr die beiden Tableaux vivants von LA RICOTTA, nicht zuletzt, weil hiermit zwei beeindruckende Vertreter des italienischen Manierismus zitiert werden, einer Stilrichtung, die durch ihre Exponiertheit der Geste und die überaus aufgeladene Formsprache eine besondere Stellung innerhalb der Kunst einnimmt. Augenfällig sind diese formalen Merkmale des Manierismus in den überlangen Körpern, gewundenen Gliedmaßen und überdeterminierten Gegenständen und Mustern. Im Versuch, den Manierismus aus seiner negativen Bestimmung einer ›Manier‹ zu lösen, definiert Arnold Hauser diese Stilrichtung auf der Grundlage der *discordia concors*, der Vereinigung unversöhnlicher Gegensätze:

Entscheidend für den verfolgten Effekt [des Manierismus] ist die Opposition gegen alles bloß Instinktive, der Protest gegen alles rein Vernünftige und naiv Natürliche, das Betonen des Hintergründigen, Problematischen und Doppelsinnigen, die Übertreibung des Partikularen, das durch diese Übertreibung auf sein Gegenteil – auf das in der Darstellung Fehlende – hinweist: die Überspannung der Schönheit, die zu schön und darum irreal, der Kraft, die zu kräftig und darum akrobatisch, des Gehalts, der überfüllt und darum nichtssagend, der Form, die selbständig und damit entleert wird.[11]

Hausers Beschreibung des Manierismus läßt sich nahtlos auf das Pasolinische Konzept der Kontamination und des Pastiche anwenden und hilft darüber hinaus, sein Verfahren in einen kunsthistorischen Kontext zu stellen. Denn in den typisch übersteigerten, zudem sich wiederholenden Figurationen auf der einen Seite und dem Widerstreit der Formen auf der anderen Seite, wird der Manierismus zum Ausdruck des Pluralen, Paradoxen, Gedoppelten und Dialektischen par excellence. Wenn der Manierismus gegen die Vorherrschaft der Vernunft, der Wissenschaft oder der

---

11 Hauser, Arnold (1964): Der Manierismus. Die Krise der Renaissance und der Ursprung der modernen Kunst, München: Beck, S. 13; vgl. auch weiterführend Braungart, Wolfgang (2000): Manier und Manierismus, Tübingen: Niemeyer.

Moral, gegen die Prinzipien des Maßes, der Ordnung und der Regeln rebelliert, so ist dieser Stil (in diesem Sinne) antihumanistisch und spiritualistisch zugleich.[12] Übertragen auf das Werk Pasolinis wird eine so verstandene ›Manier‹ zum pluralistischen und damit antiklassischen Kunststil, und reiht sich damit ein in die von Pasolini häufig angeführten Thesen zum *plurolinguismo*, der *sublanguage* und des *stilistischen Pastiche*.[13] Was sich in seiner Kontamination, in der ›Verunreinigung‹ des kanonisch gewordenen Filmstils durch ein Pastiche der Stile widerspiegelt, entspricht also im wesentlichen einem manieristischen Verfahren einer Clusterbildung, die sich gegen die Ideologie eines patriarchalen Stils, des *monolinguismo*, wendet. Seine eigene Rolle als Pasticheur erläutert Pasolini im Interview mit Jon Halliday folgendermaßen:

Ich verwende das unterschiedlichste stilistische Material – Mundartdichtung, die Dichtung der Dekadenz, manche Versuche der sozialistischen Dichtung. Meine Arbeiten sind alle stilistisch unrein, ich habe keinen wirklich persönlich entwickelten eigenen Stil, auch wenn man meinen Stil recht einfach erkennt. Aber man erkennt mich nicht, weil ich ein Erfinder einer stilistischen Formel bin, sondern aufgrund der Intensität der »Verunreinigung« und der Vermischung unterschiedlicher Stile.[14]

Manierismus und Pastiche verstanden also als eine Kakophonie von Stilmerkmalen, Dialekten und Motiven, deren Bedeutungsvielfalt sich gegen die von Pasolini als faschistoid wie kapitalistisch begriffenen Universalästhetik eines führenden, von den vielfältigen Einflüssen gesäuberten, das heißt zuoberst liegenden Stils wendet. Vergleichbar mit der Dantesken Sprach- und Bezugsvielfalt, dem *plurolinguismo*, muß das manieristische (Film-)Werk seine Interaktionsfelder ausstellen, indem es sie ungesäubert und ›unversöhnt‹ zur Erscheinung kommen läßt.

Gleichzeitig betont Pasolini gerade den Realismus seiner lyrischen Filme, deren Bezug zum realen Leben mit dem Einsatz dieses Stilmittels besser und nachhaltiger erreicht werden soll. Und auch in diesem scheinbaren Paradox eröffnet sich eine Parallele zum historischen Manierismus:

Der Widerstreit der Formen drückt hier [im Manierismus] die Polarität alles Seins und die Ambivalenz aller menschlichen Haltungen, das heißt jenes dia-

---

12 Vgl. Hauser (1964), S. 8ff.

13 Zu den Ausführungen um *mono-* und *plurolinguismo* siehe Pasolini, Pier Paolo (1972/1979), S. 11–35 (»Die Frage der Sprache oder Die Geburt einer einer Nationalsprache«).

14 Halliday (1969/1995), S. 40.

lektischen Prinzips aus, von dem das ganze manieristische Lebensgefühl bestimmt ist. Es kommt dabei nicht auf die faktische Gegensätzlichkeit der Daseinselemente und den gelegentlichen Kontrast der Erlebnisse an, sondern auf die unvermeidliche Zweideutigkeit im Großen wie im Kleinen, auf die Unmöglichkeit, sich je auf ein Eindeutiges festzulegen.[15]

Und auch Pasolini versteht den Realitätsbegriff nicht im Sinne einer ursächlichen und unmittelbaren Verbindung zur anschaulichen Welt. Wiewohl sich die Dinge wie die Menschen im Film, so Pasolini,»durch sich selbst« darstellen, so hat ihre Darstellungsform selbst nichts mit einer bloßen Nachahmung der realen Verhältnisse gemeinsam. Die menschliche Wahrnehmung, die vielfältig durch kulturelle Codes bedingt ist, kann keine singuläre Größe darstellen, nach der die Wirklichkeit zu bemessen wäre. So plädiert Pasolini für ein lyrisches Kino, für eine *poesia cinema*, mit seinen spezifischen Darstellungsverfahren und Bildformaten: der kurzen Einstellung, der harten Montage, der Vermischung der Stile, der malerischen Planimetrie des Filmbilds. Diese Verfahren sind in der Lage, so Pasolini, Einschnitte in den prosaischen *Monostilismus* zu treiben – sie entsprechen laut Pasolini mehr den ›genuinen‹ Wahrnehmungsverfahren und der selektiven, assoziativen Gedächtnisleistung des Menschen, als es die vermeintlichen realitätsabbildenden Filmdokumente à la Andy Warhol tun.[16]

Pasolinisches Verständnis von Realität bzw. Realismus reflektiert also die Vorstellung von einer durchweg synthetischen Wahrnehmungsform, insofern die wahrnehmbare Wirklichkeit für ihn künstlich determiniert ist:

Ah, bosco, deterso dentro, sotto i forti
Profili del fogliame, che si spezzano,
Riprendono il motivo di una poesia rustica
Ma raffinata – il Garruti? Il Mollezza?
Non Correggio forse: ma di certo il gusto
Del dolce e grande manierismo,
Che tocca col suo capriccio dolcemente robusto
Le radici della vita vivente: ed è realismo...

Oh, inwendig gesäuberter Wald,
Unter den kräftigen Profilen des Laubwerks, das sich bricht,
Nehmen – Garruti? Molleza? – das Motiv einer derben aber raffinierten Dichtung auf?
Nicht Correggio vielleicht: aber sicher die Vorliebe

---

15 Hauser (1964), S. 13.
16 Vgl. Pasolini (1972/1979), S. 232f.

Für den süßen und großen Manierismus,
Der mit seiner sanft-robusten Laune
Die Wurzeln des lebendigen Lebens berührt: und es ist Realismus...[17]

Die Kunst als Werk und die künstlichen Einschnitte als Verfahren haben bei Pasolini also einen wirklichkeitskonstituierenden Sinn, ohne die das Leben eine unerträgliche Dauer von Belanglosem wäre.[18] Die Tableaux vivants sind in zweifacher Hinsicht an dem Pasticheverfahren beteiligt, insofern sie zum einen selbst manieristische – um nicht zu sagen: manierierte – Kunst darstellen, zum anderen weil sie deutliche Einschnitte in die genuin filmische Struktur treiben.

Aber, so bleibt es zu fragen, wie sieht das Verhältnis des filmischen Tableau vivant zu seiner Vorlage aus, zu dem manieristischen Gemälde von Pontormo oder Rosso Fiorentino, das in bestimmten Sinne seinen ›ersten‹ Realitätsbezug darstellt?

Die Mimesis der Tableaux vivants

Der Fotografie und dem Film wird häufig stillschweigend ein mimetisches oder ein indexikalisches Verhältnis in bezug auf die Realität bescheinigt. Auch wenn man gelernt hat, daß beide durch kein einfaches Abbildverhältnis zur Realität bestimmt sind, neigt man im gewöhnlichen Umgang mit diesen Medien dennoch dazu, sie in mimetischer Abhängigkeit von der Welt, die sie ablichten, zu sehen. Eine solche Neigung ist verständlich, arbeiten beide Medien doch mit Bildern, die der Zuschauer auf den ersten Blick problemlos mit seiner gelebten Realität abgleichen kann, zumal der Mythos des *Pencile of Nature* (Talbot),[19] des durch die

---

17 Zitiert in Costa, Antonio (1995): »Un ›Capriccio Dolcemente Robusto‹. Realismo e manierismo nell'universo figurativo di Pier Paolo Pasolini«, in: Pier Paolo Pasolini: Dai Campi del Friuli, [Ausst.-Kat. Villa Manin di Passariano Udine, 26.08.–10.12.1995], S. 31; Originaltext in Pasolini, Pier Paolo (1975): Le Poesie, Milano: Garzanti, S. 328–329. Für die Übersetzung danke ich herzlich Michael Cuntz.

18 Hierzu ausführlich bei Pasolini (1972/1979), S. 232ff.

19 Talbot, William Henry Fox (1844–1846/1969): Pencil of Nature [1844-1846], Reprint, New York: Da Capo Press. Talbot ist der Erfinder des Negativ-Positiv-Verfahrens in der Fotografie. »The Pencil of Nature« ist das erste Fotografiebuch der Geschichte, in dem er sein Ablichtungsverfahren anhand verschiedener Fototafeln vorstellt. Eines der Beispiele (Tafel III, Porzellansammlung) kommentiert er folgendermaßen: »[...] Und sollte einmal ein Dieb diese Schätze entwenden, dann würde sicher eine neue Art

Natur abgedrückten Schattens oder der Spur auf dem Fotomaterial, seine Wirkung noch nicht gänzlich eingebüßt hat. Was den Gedanken der Abbildhaftigkeit angeht, so zeigt er sich in vielerlei Hinsicht auch in unserer postmodernen Zeit der digitalen Bilder sehr resistent.[20]

Noch etwas problematischer ist die Mimesis des Tableau vivant, dessen Verhalten eindeutig nachahmend ist, doch nur insofern sich seine abbildende Bewegung auf ein Kunstwerk, zumeist auf ein Gemälde, richtet. Mehr noch: Diese Mimesis wird offensiv ausgestellt und bildet sogar die Basis für das Verständnis und die gelungene Performance des Tableau vivant, die sich auf die klassische Kunstvorstellung stützt, wonach es bei der abbildenden Kunst um eine möglichst enge darstellerische Annährung an die realen Dinge der Welt gehe. Goethe selbst hält in gewisser Wiese das mimetische Verfahren in der Kunst hoch, indem er – ich habe es in dem Eingangskapitel erörtert – das Tableau vivant als die Vollendung der Malerei darstellt, als die zu sich selbst gekommene Malerei, nämlich als das Bild was wieder Fleisch geworden ist. Was er dabei außer Acht läßt, ist die Konsequenz einer mit dem lebenden Körper performativ arbeitenden Kunst, die auf die Auflösung der Malerei im Realen zustrebt. Richtet man die Aufmerksamkeit jedoch verstärkt auf die nicht minder konstitutiven Störfaktoren, die innerhalb der Bedingungen der Tableaux vivants selbst liegen, so entdeckt man darin Kräfte, die sich der einfach gedachten Nachahmung und Rücküberführung des Gemalten in die Körperlichkeit der Dinge widersetzen. Den Ausgangspunkt in der Konterkarierung dieses reproduzierenden mimetischen Verfahrens bildet die vermeintliche Originalvorlage, auf die ich bereits hingewiesen habe, so daß an dieser Stelle nur eine kurze Zusammenfassung der Erinnerung dienen soll.

Vermeintlich ist ihre Originalität nur insofern, als die tatsächlichen Gemälde den Tableaux vivants de facto nie oder zumindest selten als Vorlagen gedient haben. Es kann nicht einmal davon ausgegangen werden, daß sie von den Darstellern oder den ›Regisseuren‹ der Lebenden Bilder jemals mit eigenen Augen gesehen worden sind. Ihr Bekanntheits-

---

der Beweisführung entstehen, wenn man das stumme Zeugnis des Bildes gegen ihn bei Gericht vorlegt. [...]« (zit. in: Kemp, Wolfgang (1980): Theorie der Fotografie, Bd. 1, 1839–1912, München: Schirmer & Mosel, S. 61).

20 Die kontinuierliche Fortführung der Vorstellung vom mimetischen Verhalten der Kunst, die ihren historisch verbürgten Anfang in Plinius' Erzählung von dem Wettstreit zwischen den antiken Malern Zeuxis und Parrhasios hat, stellt sehr anschaulich die erwähnte Untersuchung von Bryson (1983/2001), insb. in den Kap. »Die natürliche Einstellung« und »Die essentielle Kopie« dar.

und Verbreitungsgrad beruhte vor allem auf ihrer breiten Distribution durch Reproduktionsmedien. Pasolini selbst hat die Tableaux vivants nach Buchvorlagen inszeniert, und insbesondere Detailvergrößerungen benutzt, wie man sehr eindrücklich auf einer der Fotografien vom Drehort an LA RICOTTA sehen kann.[21] Was also erst recht den historischen Tableaux vivants als Vorlage diente, waren seitenverkehrte, im besten (oder schlechtesten) Fall kolorierte Zeichnungen, Radierungen und Stiche, die nicht selten die ursprünglichen Bildkompositionen bewußt reduzierten. Mit anderen Worten: Sie waren manipulierte und manipulierende Reproduktionen von Gemälden, deren ›Originalität‹ weder den Darstellern, den Gestaltern noch den Zuschauern bekannt war, oder, dies muß man bei aller Kritik mitbedenken, offenbar nicht zum Wesen des Gemäldes gezählt wurde. Sich nach diesen Vorlagen zu richten, mußte wenn nicht einer vollkommenen Neuschöpfung, so doch zumindest einer partiellen Neugestaltung des Bildes im Tableau vivant gleichkommen.[22] So besehen beruhte die Mimesis des Tableau vivant auf einer sukzessiven Transformation des originären Gemäldes. Damit war die Bewegung der Zurückübersetzung des Gemäldes in die lebendige Szene – unabhängig davon, wie sinnvoll oder nicht sie an sich zu denken wäre – grundsätzlich nicht vollzogen. In diesem Sinne schufen die Tableaux vivants, erst recht in ihrer filmischen Variante, durchaus etwas, das man als ein neues Bildsystem bezeichnen könnte. Mit Michael Taussig gesprochen: »Mit anderen Worten, die Fähigkeit zu mimen, und gut zu mimen, ist eine Gabe, Ander(e)s zu werden.«[23] Dieses Andere oder das Anders-Werden, von dem Taussig hier spricht, ist das Ergebnis einer Mimesis, deren Ziel in gewisser Weise eine doppelte Besessenheit ist, insofern sowohl das Urbild als auch die Nachahmung von jeweils dem anderen ergriffen werden kann. In diesem Kontext betrachtet kann das Tableau vivant des Films durchaus als das ›besessene‹ Andere interpretiert werden, als ein piktoral-filmisches Bild, das den Abdruck des Gemäldes mit sich führt, ohne daß es mit dem Gemälde in eins fällt.

Beurteilt man das Tableau vivant unter der Prämisse seines Anspruchs auf Vervollkommnung des Gemäldes, dann muß man gleichwohl jede dieser Nachstellungen als gescheitert ansehen. Andererseits ist es gerade dieses Scheitern, das eine Potenz evoziert, die in dem filmisch inszenierten Tableau vivant zur Enthüllung des »Optisch-Unbewußten« (Taussig) führen kann. Taussig selbst bezeichnet die Kamera und den

---

21 Für Abbildung siehe Halliday (1969/1995), S. 22.
22 Zum Verhältnis von Vorlage und Original siehe Jooss (1999), S. 300. Vgl. auch Folie/Glasmeier (2002), S. 19f.
23 Taussig, Michel (1992/1997): Mimesis und Alterität. Eine eigenwillige Geschichte der Sinne, Hamburg: Europäische Verlagsanstalt, S. 30.

Film als »mimetische Maschinen«, die ein magisches Ritual der Okkupation vollführen; sie sind eine Epiphanie der Dinge im bewegten Bild.[24] Vor diesem Hintergrund betrachtet, sind die filmischen Tableaux vivants von LA RICOTTA mimetische Zwitterwesen, weder ganz lebendige Körper, noch reine Bilder. In der Interaktion mit anderen Bild- (Gemälde, Filmbild), Sprach- (Dialekte) und Musikformen (Twist und Scarlatti) wirken sie wie alchimistische Substanzen, die in der Lage sind, rezeptionelle Prozesse in Gang zu setzen, indem sie konventionelle Strukturen verstören.[25] Denn sie kolportieren durch ihre subalterne Bildsprache ein fremdartiges, ein woanders bereits aus- oder vorformuliertes Moment in die Bild- und Narrationsstruktur des Films. Auf diese Weise wird das Tableau vivant als ein vom Gemälde ›besessener‹ Körper zum Trojanischen Pferd der Filmbilder. Patrick Rumble spricht an dieser Stelle von einem *Echo-Effekt*, dabei ist weniger an ein »second hand image« zu denken, das, »have the feel [...] of past images«,[26] sondern an ein mehrfach gebrochenes Echo, das in der Struktur der Filmbilder nachhallt, indem es sich dort vervielfältigt. Seine ursprüngliche Quelle, dieses angenommene »past image«, ist nicht als vergangenes, sondern als ein gegenwärtiges Anderes anwesend. Vom vorgängigen Original ist nur eine Matrix zurückgeblieben, die das Versprechen des Tableau vivant nach Verlebendigung vordergründig aufrecht erhält.

Der konkrete Versuch einer Reanimation der bekannten Bildformel deckt die trügerische Sicherheit einer einfach verstandenen Mimesis in der Kunst auf, indem es daran scheitert: Die Spur, die ursprünglich noch auf ein bestimmtes Gemälde hindeuten sollte, verändert sich in der Transformation durch das Tableau vivant und deutet aus dem Filmbild heraus auf ein Verweissystem, das jenseits des konkreten Zeichens oder *marque*, wie es bei Jacques Derrida heißt, liegt.[27] Mit den Verfahren der Spurenlegung, des Pastiche, der Zitation, der Wiederholung und der erneuten Rekontextualisierung entfaltet Pasolini in LA RICOTTA die ›Manier‹ zur Methode in extenso. Sein Verfahren beruht vordergründig auf der Wiederaufnahme bekannter oder bekannt erscheinender Bild- oder

---

24 Ebd.
25 Hierzu vgl. Vallora, Marco (1976): »Alí dagli occhi impuri: Come nasce il manierismo della narratività di Pasolini«, in: Bianco i nero, (Jan.-Apr.), S. 156–204, insb. S. 173.
26 Rumble, Patrick A. (1996): Allegories of Contamination. Pier Paolo Pasolini's Trilogy of Life, Toronto, Buffalo, London: University of Toronto Press, S. 29.
27 Zur Iteration und Zitation siehe bei Derrida, Jacques (1972/1999): Randgänge der Philosophie, Wien: Passagen, darin insb. das Kap. »Signatur Ereignis Kontext«, S. 325–353.

anderer Zeichen, die in neue Kontexte eingefügt, eine Brechung der Erwartung und damit einhergehend eine Erweiterung der ursprünglichen Markierung nach sich ziehen.

Fragen wir konkret, was man beispielsweise in dem *Tableau vivant der Beweinung* von LA RICOTTA sieht, so wird ein in der Kunst bewanderter Zuschauer sicherlich an das *Gemälde der Beweinung* von Pontormo denken. Ein direkter Vergleich könnte ihm schnell verdeutlichen, was Pasolini im Film selbst thematisiert, daß es nämlich unmöglich ist, ein Gemälde im Tableau vivant auferstehen zu lassen, noch daß ein Tableau vivant *das* Gemälde sein kann, das es vorgibt zu verlebendigen. Um so mehr wird dem Zuschauer der piktorale Stil, der Einsatz der Farbe in einem Schwarzweißfilm auffallen und der Manierismus – der historische wie der filmische – der Szenen aufgehen. Ein weniger in der Bildästhetik oder der Kunstgeschichte bewanderter Zuschauer wird vermutlich das filmische Tableau vivant auf kein bestimmtes Gemälde zurückführen können, doch auch er wird begreifen, daß ihm hier etwas anderes geboten wird, etwas, was mit dem genuinen Film wenig zu tun hat. Die Tableaux vivants von LA RICOTTA sind insofern ein spezieller Fall, denn sie drängen auch dem ahnungslosen Zuschauer geradezu ihre Verwandtschaft zu Altargemälden auf, indem sie diese selbst bezeichnen.

Für beide Zuschauertypen markiert das Tableau vivant eine Stelle im Film, die mit einem außerfilmischen Bild- und gleichzeitig mit einem anderen Narrationssystem verbunden ist. Anders ausgedrückt: Indem Pasolini in LA RICOTTA die Tableaux vivants einführt, verweist er auf die Tradition des Altarbildes, auf die Macht der Bilder im sakralen Kontext überhaupt, aber auch auf die ursprüngliche Frömmigkeit und den ungebrochenen Glauben an die Wunder der ›guten Tat‹. Doch er läßt auf der anderen Seite eben diese Verweise nie ganz zu sich selbst kommen, er vollendet sie nie: Am Ende scheitern alle Tableaux vivants und werden dem profanen ›Kreuzestod‹ des Komparsen Stracci gegenübergestellt. Damit, und das heißt: mit der Brechung eines tradierten Zeichensystems, begeht Pasolini in den Augen der Moralisten eine Blasphemie, weil er vor allem ihren Glauben als eine Mumifizierung entlarvt, als eine Mumie, die Lebendigkeit vortäuscht, jedoch toter als das in einer lebendigen Tradition stehende Altarbild ist.

Zusammenfassend kann man sagen, daß das filmische Tableau vivant vor allem mit Zeichen- oder Verweisketten zu tun hat, deren Fluktuation keine prädestinierte Intention mehr zuläßt, so daß die rekursive Bewegung zum vor-filmischen Gemälde hin nicht mehr *das* bestimmte Gemälde evozieren kann. Sie mündet vielmehr in einem Feld von fluiden Bezügen, in dem das ursprünglich *gemeinte* Gemälde zwar rekonstruiert werden kann, jedoch selbst nicht mehr in seiner Originalität angetroffen wird, nicht zuletzt (aber nicht nur) weil es auf eine audio-visuelle, das heißt auf eine komplexere Rezeption hin neu entworfen worden ist. Von einer ähnlichen Veränderung in den Sinn- und Kontextzusammenhängen muß auch im Hinblick auf das Filmbild gesprochen werden, das mit dem ›bild-besessenen‹ Tableau vivant in Berührung kommt. Das Tableau vivant, das dem Zuschauer im Film begegnet, funktionalisiert Pasolini also zu einer Bilderfalle um, deren primäre Aufgabe darin besteht, visuelle Dominanz und bildliche Eindeutigkeit auszustrahlen. Erst dann kann die stilistische Kontamination beginnen, wobei auch das Gemälde davon nicht unberührt bleibt.

Dieser manieristische Stil, der das gesamte Pasolinische Werk auszeichnet, läßt sich grundsätzlich beschreiben als ein Prozeß der Zirkulation, der unaufhörlich Bezugs-, Bedeutungs- und Anschlußmöglichkeiten produziert, kontaminiert und neu hervorbringt. Der Filmtitel LA RICOTTA ist hierfür programmatisch, denn *la ricotta* ist ein Weichkäse, der durch das Aufkochen der Milch und ihr erneutes Wiederkochen entsteht. Hervé Joubert-Laurencin, der in seinem Aufsatz zu LA RICOTTA auf dieses Verfahren aufmerksam macht, sieht darin das prozessuale Gesetz des Films schlechthin.[28] Das Wiederkochen des Käses findet seine Entsprechung in dem ›Wiederkochen‹ der Symbole und Bedeutungsmarkierungen, die auf diese Weise fortwährend neue Anschlußmöglichkeiten ausbilden und eine endgültige Intentionalisierung des *marque* (oder des Bild-Zeichens) verhindern. In der permanenten Verschiebung und Weichenstellung von Verweisketten obliegt dem Gemälde im Tableau vivant die zentrale Rolle eines Abdrucks oder einer Spur, an der die Narration immer wieder neu aufgenommen werden kann. Als funktionalisierte Weichenstellung steuert das Tableau vivant ein ›Wiederkochen‹ von Verweisen, die ihrerseits zu Verschiebungen in den Konnotationen führen. Zur Verdeutlichung und als Abschluß dieser Teilüberlegungen nun zwei Beispiele aus LA RI-COTTA:

Was sich dem Zuschauer zunächst als eine einfache Erzählung vom Set darbietet, verändert ihre Aussage, nachdem die Tableaux vivants in die Handlung eingeführt wurden. Denn von nun an steht die zu drehende Passionsgeschichte nicht mehr im üblichen Verhältnis zu einem tatsächlichen oder möglichen historischen Ereignis, sondern zeigt auf etwas, was nicht mehr oder nicht nur das Passionsereignis beinhaltet. Mit Walter Benjamin gesprochen, das Tableau vivant mit seinem Verweis auf das differente Bildsystem entäußert sich in einem Aufblitzen in die Gegenwart des Films.[29] Es löst im Moment seines Erscheinens die engsten bi-

---

28 Joubert-Laurencin (1995), S. 83–93 und zum Herstellungsprozeß des Käses S. 88.
29 Vgl. Benjamin (1936/1977), S. 164.

blischen Bezüge auf und ermöglicht gleichwohl, daß der Tod Straccis – symbolisch für das Leiden der untersten Gesellschaftsklassen angesichts des Überflusses der kapitalistischen Welt – im Kontext oder auch anstelle des göttlichen Opfers gesehen werden kann. Mit der Einführung der Tableaux vivants und der damit einhergehenden Verstärkung des piktoralen Systems wird gleichzeitig mit der Dominanz der Schriftreferenz vor Bildreferenz gebrochen. Im zweiten Schritt des ›Wiederkochens‹ kommt den gleichen Tableaux vivants aber eine entgegengesetzte Aufgabe zu, nämlich die Körper der Schauspieler in einem disziplinierenden Akt an die Kunst anzupassen, sie zu verkünstlichen und damit an die bestehenden politischen und sozialen Ideologien anzugleichen.

Das zweite Beispiel betrifft die Funktion der Farben in LA RICOTTA. Ihr plötzlicher Einsatz in einem Schwarzweißfilm symbolisiert zunächst die von Pasolini als Profanisierung und heuchlerische Deformierung empfundene Inszenierung der Passion Christi, wie sie seiner Ansicht nach in den von Hollywood propagierten Monumentalfilmen zu sehen war. Kaum mehr als eine bunte Parade von verkleideten Schauspielern und falschen Requisiten, verkam die Passion Christi zu einer kommerziellen Farce, so daß Pasolini die heiligen Symbole, wie zum Beispiel die Dornenkrone, der Lächerlichkeit preisgibt, indem er die Assistenten und Komparsen permanent nach ihr schreien und einen Schäferhund danach bellen läßt. Die gleiche Farbgebung aber hat auf der anderen Seite die explosive Kraft eines manieristischen Werks, das das erneuernde Prinzip gegen den *monolinguismo* – im Sinne Pasolinis und Arnold Hausers – vertritt.

Die Reihe dieser Iterationsformen und ihrer ›wiederkochenden‹ Bedeutungsverschiebungen läßt sich in LA RICOTTA um weitere Beispiele erweitern, auf einige davon werde ich im folgenden noch genauer eingehen. Abschließend möchte ich aber noch auf die Frage nach dem piktoralen Antrieb – nach dem Gemälde – des filmischen Tableau vivant und den Auswirkungen auf den Film eingehen.

Das Gemälde und der Tod

Es ist, so hoffe ich, in den vorangehenden Kapiteln deutlich geworden, daß es mit der Einführung des Tableau vivant in den Film zu einer Modifizierung der nachfolgenden Bild- und Narrationsorganisationen kommt. Die Fähigkeit des Tableau vivant, wenn man so will, piktoral das Narrativ des Films zu verändern, beruht auf dem spezifischen Verhältnis, das das Tableau vivant zum Gemälde unterhält, und das ich mit dem Begriff der mimetischen Paradoxie zu deuten versucht habe, die gleichzeitig

Nachahmung, Überbietung und das Bedürfnis ist, ein Anderes sein zu wollen.[30] Nachahmend ist das Tableau vivant bestrebt, eine symbiotische Einheit mit dem Gemälde einzugehen. Als Überbietung tendiert es dazu, sich anstelle des Gemäldes zu setzen, ohne jedoch auf die Rückbezüge zum Vorbild verzichten zu können.

Das Spezifische seiner mimetischen Annährung liegt in dem Versuch, sich das Original anzueignen, es zu okkupieren und auf diese Weise in die eigene Struktur überzuleiten. Diese Mimesis kann die Differenz von Nachahmung und Urbild nicht nivellieren, weil sie mit einem nicht einholbaren Rest operieren muß, der sich als das Andere im Tableau vivant selbst spiegelt und es in seiner paradoxen Existenz sichert. Einem Pendel gleich bewegt sich das Tableau vivant zwischen dem (fremden) Pol der Bildzeichen und dem (begehrten) Pol einer absoluten Identität als eigenständiger *Bild-Körper*. Für die Konstituierung eines Tableau vivant müssen beide unerreichbar bleiben. In der mimetischen Bewegung zum Gemälde hin liegt noch ein weiterer, für das Tableau vivant konstitutiver Grund der Aneignung. Es ist die Partizipation an dem Auratischen des Originals, das LA RICOTTA mit Antamoros CHRISTUS gemeinsam hat.[31] Vordergründig erreicht die Nachbildung beim Zuschauer einen durchaus befriedigenden Effekt: Sie versetzt ihn ins Staunen. Aber das eigentliche Ziel der Tableaux vivants liegt nicht in einem solchen einfachen Effekt, sondern im Magischen, das sich auf diesem Weg dem Zuschauer mitteilen soll. Eine akkurate Nachahmung en détail reicht hierfür nicht aus. Und nur vor diesem Hintergrund läßt sich der Aufwand begreifen, der in LA RICOTTA – gleicherweise wie schon in Goethes *Wahlverwandtschaften* oder Antamoros CHRISTUS – betrieben wird, um jene Stimmung zu erzeugen, die schließlich auf die *Verinnerlichung* hinausläuft. Das filmische Tableau vivant als eine Verkörperung des Bildes, soll sich in den Betrachter hineinbegeben, soll auf diese übertragene Weise selbst andere Körper mimetisch ›besetzen‹. Nur so kann man sich erklären, warum Pasolini auf die Tableaux vivants angesprochen, ihre Funktion und Inszenierung herunterspielte, und nur lakonisch auf die beiden manieristischen Maler verwies. Es verärgerte ihn, daß die Kritiker beispielsweise MAMMA ROMA (Mamma Roma, I 1962) im Hinblick auf Mantegnas *Beweinung* als mögliches Bildzitat und filmisches Tableau vivant untersucht

---

30 Zur Mimesis als Prinzip der Kunst siehe Gebauer, Günther/Wulf, Christoph (1992): Mimesis. Kultur, Kunst, Gesellschaft, Reinbek: Rowohlt; Jauß, Hans Robert (Hg.) (1964): Nachahmung und Illusion, Kolloquium Gießen Juni 1963, München: Eidos.

31 Für den Zusammenhang von Mimesis und magischer Übertragungsbewegung des Auratischen vom Original auf die Nachbildung siehe wie erwähnt Taussig (1993/1997).

haben, ohne über das bloße Wiedererkennen der Vorlage hinauszukommen.[32]

Im Schatten des Tableau vivant von LA RICOTTA hat sich also das Gemälde eingenistet und bestimmt aus dem Halbverborgenen heraus das zwitterhafte Wesen der Lebenden Bilder. Dieser problematischen Position des Tableau vivant war sich Pasolini bewußt, und so ruft sein innerfilmischer Regisseur den Schauspielern, als sie versuchen, aus der Starre des nachgestellten Bildes auszubrechen, ermahnend zu: »Ihr seid Figuren eines Altarbildes!« (Abb. 35/36). Gleichzeitig sind es gerade diese Störungsmomente, die dem Tableau vivant für einen Augenblick die Unabhängigkeit von dem Vorbild geben, so daß es auf sich selbst als das Andere verweisen kann. Die Spur des Gemäldes, die gut gehütet in den Schichten der Rekurse abgelegt ist, erfährt dabei eine Umdeutung vom Original zum Sekundären, indem das Gemälde zum ›Vorläufer‹ abgestuft wird.

Verschleiert wird hier also nicht die Tatsache des Ursprungs eines Tableau vivant, vielmehr die permanente Abhängigkeit zum ›Vor-Bild‹, in die sich das Tableau vivant begeben muß, will es in der mimetischen Bewegung an der Aura des Gemäldes partizipieren. Unfähig, die Spur des Gemäldes aus der eigenen Struktur zu tilgen, muß das Tableau vivant um seiner Existenz willen sie dennoch als Störung verleugnen. Dabei ist es gerade die Paradoxie dieser ›labilen Stabilität‹, die dem Tableau vivant eine prädestinierte Stellung im Film einräumt, an der sich alle Bedeutungs- und Verweisketten entzünden. Es ist das vordergründige Versprechen, ein bestimmtes Gemälde zu verkörpern, das das Tableau vivant dem Zuschauer gibt, und das gleichzeitig dazu beiträgt, die Selbständigkeit des Tableau vivant zu zerstören, um das Dahinterliegende – das Gemälde – wahrzunehmen. Dieses Versprechen bedeutet für die Narration der Bewegungsbilder ein kritisches Moment, denn der Zuschauer ist angehalten, das außerfilmische Bild im Tableau vivant zu suchen.

Und genau in dieser Krisis zeigt sich das Wesen des ›Vor-Bildes‹, das in den Erörterungen zum mimetischen Manierismus, der das pasolinische Verfahren der Kontamination auf die Spitze treibt, bereits durchschien: Denn der Einsatz des Gemäldes in einem Medium, das auf Bewegung und Sukzession angelegt ist, hat seinen Preis im Stillstand des Lebendigen. Das Auratische, das sich Filme wie CHRISTUS mit dem Einsatz von Tableaux vivants erkaufen, fordert vom Lebendigen den Tod.

---

32 Vgl. Galluzzi, Francesco (1994): Pasolini e la pittura, Roma: Bulzoni, S. 62f.; Weis, Marc (1995): »›Ah Longhi, greifen Sie ein!‹ Pasolinis frühe Filme zwischen Realismus und Kunstinterpretation«, in: Steinle/Zigaina (Hg.), Pier Paolo Pasolini oder die Grenzüberschreitung, S. 193f.

Pasolini artikuliert das in LA RICOTTA sehr deutlich, indem er einmal die Schauspieler den tödlichen Stillstand der Tableaux vivants boykottieren läßt, ein anderes Mal ist es Stracci, der das Wesen des Tableau vivant ausstellt, indem er zu einem echten, wiewohl zynischen ›Stilleben‹, zu einer wörtlichen *natura morta* wird, als er am Requisitenkreuz des Tableau vivant stirbt (Abb. 38).

Der Tod und die tödliche Erstarrung als die Spur jenes ›Anderen‹, das mit dem Tableau vivant in den Film gelegt wird, sind nicht nur konstitutiv für LA RICOTTA, sondern auch für das gesamte künstlerische Schaffen Pasolinis. Sterbend entäußert sich das Lebendige, was bleibt ist – so Pasolinis These – das Wesentliche, das von der Belanglosigkeit des Lebens bereinigt ist. Für Pasolini ist es die bildende Kunst, der poetische Film, das Theater, die Lyrik, schlußendlich sind es alle Medien, die zu einer essentiellen Synthese fähig sind. Ihnen ist, so Pasolini, die Metaphorik des Todes gemeinsam, denn

[…] ein Leben mit allen seinen Handlungen [ist] mit allen seinen Handlungen vollständig und wahrhaftig erst nach dem Tode dechiffrierbar: dann zieht seine zeitliche Extension sich zusammen, und das Bedeutungslose fällt von ihm ab. Seine grundsätzliche Behauptung ist dann nicht mehr einfach »Sein« […].[33]

Wie ein Akkumulator entfaltet das filmische Tableau vivant die Fähigkeit, die Kontinuität einer ›belanglosen Wirklichkeit‹ zu unterbrechen, denn es verfügt gleichermaßen über die Möglichkeit des tödlichen Einschnitts, der das Lebendige in die Starre zwingt. Allerdings verursacht dieser Einschnitt gleichzeitig ein kritisches Moment im Film, da es durch den Stillstand droht, die Souveränität des Films, seine Einheit von Bewegung und Bild, zu zerstören.

Zusammenfassend betrachtet, bedeuten die filmischen Tableaux vivants von LA RICOTTA ein separates und separierendes Bild-System, das im Film die höchste Manieriertheit repräsentiert. Neben dem Tableau vivant führt LA RICOTTA noch andere ›Manierismen‹ auf wie den Zeitraffer, die Farbe versus Schwarzweiß, die subproletarische Sprache – sie alle zusammen machen das Pasolinische Pastiche-Verfahren aus. Mit diesem Verfahren evoziert Pasolini eine neue Ästhetik des Films, der nicht mehr die ›Hegemonie des Homogenen‹ (der Prosaerzählung, der normativen Filmbilder, des Stils etc.) eigen ist, und wie Derrida schreibt: »wo die Falten glattgestrichen und geglättet werden.«[34] Die Zitationen von LA

---

33 Pasolini (1972/1979), S. 235.

34 Kurzzitate vgl. Derrida, Jacques (1997): »Die Einsprachigkeit des Anderen oder die Prothese des Ursprungs«, in: Anselm Haverkamp (Hg.), Die Spra-

RICOTTA sind immanente Verweise auf das Andere, auf das Differente, das sich einem dauerhaften Zugriff entzieht, so wie das vermeintlich klar situierte Tableau vivant mit seinem Versprechen auf das konkrete Gemälde sich im entscheidenden Moment dem Zuschauer entziehen kann: zum Beispiel dann, wenn es in sich zusammenfällt und wieder bewegtes Filmbild wird.

Der »mimetische Manierismus«, eine Bezeichnung, die zunächst paradox erscheint, hat im Denken und Schaffen Pasolinis durchaus seine Berechtigung, da sie eine Möglichkeit anzeigt, die verschlungenen Beziehungen zwischen Realität und Kunst zusammenzubringen. Das spezifisch mimetische Abbild der Wirklichkeit, so wie es Pasolini sah, kann nur dort Bedeutsamkeit hervorbringen, wo es Überdeterminierungen schafft. Das Tableau vivant als eine solche Überdeterminierung erweitert das Feld der Signifikanten, woraus der pluralistische Stil erwächst, dessen Maxime aber die Störung selbst ist.

»Effetto dipinto«:
Zoom, Planimetrie, Tableau vivant

Obwohl Pasolini sich vehement gegen die Anwendung des Stilbegriffs in bezug auf sein Filmschaffen aussprach, hat er mit der piktoralen Überdeterminierung seiner Filme zweifelsohne einen überaus charakteristischen Stil geschaffen. Seine Vorlieben für die Maler der Frührenaissance, Giotto und Masaccio, für die Manieristen, besonders Pontormo und Fiorentino, oder auch für den frühbarocken Caravaggio sind hinlänglich bekannt. Aber es sind nicht nur die Motivanleihen – hierbei wäre die Liste der von Pasolini verarbeiteten Gemälde um einige mehr zu erweitern –, die man als Resultat seiner intensiven Kunststudien betrachten sollte. Was von grundlegender und gewissermaßen subversiver Auswirkung auf die Interdependenz von Filmbild und Malerei ist, betrifft die strukturellen Stilmittel der Bildgestaltung selbst.

Blickt man von LA RICOTTA auf andere Filme Pasolinis, so kann man deutlich erkennen, daß sie sich durch eine Bildästhetik von unterschiedlich ausgeprägter manieristischer Intensität auszeichnen. Das stärkste und auffälligste Merkmal dieses Verfahrens bleibt das Tableau vivant, doch liegt der spezifische Manierismus von ACCATTONE, MAMMA ROMA, EDIPO RE (Bett der Gewalt, I 1967), MEDEA (Medea, I 1969) oder IL DE-

---

che der Anderen. Übersetzungspolitik zwischen den Kulturen, Frankfurt/Main: Fischer, S. 28.

CAMERON nicht nur in der Exponierung bestimmter Gemäldetopoi. Es ist sicherlich richtig, wie Marc Weis ausführt, daß sich in Pasolinis Filmen nur wenige eindeutige Bildzitate finden lassen und diese eine »meist kontrastierende oder persiflierende Funktion« haben.[35] Aber geben nicht gerade diese Bildzitate Hinweise auf tiefere Bezüge zur Malerei, die die grundsätzliche Frage nach der inneren Struktur und Wesensart Pasolinischer Filmbilder berühren?

Was ich als Visionen im Kopf habe, als Sichtfeld, sind die Fresken von Masaccio und Giotto... Ich kann keine Bilder, Landschaften und Figurenkompositionen verstehen, die keinen Bezug haben zu dieser meiner anfänglichen Leidenschaft für die Malerei des 14. Jahrhunderts, die den Menschen zum Mittelpunkt jeder Darstellung hat.[36]

Pasolinis Aussage ist in diesem Kontext wichtig, da sie auf zwei Aspekte aufmerksam macht: auf seine enge Beziehung zur Kunst und auf die Art und Weise der Umsetzung dieser Beziehung. Es ist das Sichtfeld, auf das es hierbei ankommt. So verfügen Filme wie MAMMA ROMA, LA RICOTTA oder IL DECAMERON über deutliche Bildverweise, die über eine stilistische Eigenpräsenz verfügen und dadurch fähig sind, die Aufmerksamkeit des Zuschauers auf sich zu ziehen. Und dennoch stehen gerade die Tableaux vivants in einem artifiziell bereits vorbereiteten Umfeld der übrigen Filmbilder. Das, was im Sichtfeld der Kunstbezüge steht, sind nicht die Bildzitate, sondern die weniger buchstäblichen Stilübernahmen.

Wie bereits dargelegt, benutzte Pasolini seine strukturellen wie motivischen Adaptionen aus der Malerei im verfahrenstechnischen Sinne der Kontamination eines dominant gewordenen Filmstils, zu dem er auch den neorealistischen Film zählte. Seine ›Verunreinigungen‹ betreffen nicht nur die filmische Einführung von Tableaux vivants und anderer den Prosastil brechender ›Materialien‹, sondern auch die Mise-en-scène überhaupt und haben konkrete Auswirkungen auf die Aufnahmetechnik seiner Filme. So ist LA RICOTTA von einer piktoralen Struktur bestimmt, die in Unabhängigkeit vor den Tableaux vivants zu sehen ist. Sie zeichnet sich durch einen mehr oder weniger durchgehenden statischen Charakter der Szenen aus, der die Handlung nur langsam zur Entfaltung kommen läßt. Die Darstellung ist arm an Tiefenräumlichkeit bzw. Tiefenschärfe, wiewohl versehen mit starken Kontrasten und dominiert durch ungewöhnliche Lichtverhältnisse, hingegen ist die Szenographie in der figura-

---

35 Weis (1995), S. 193.

36 Pasolini zitiert in Briganti, Giuliano (1989): »Aveva negli occhi Giotto e Pontormo«, in: »La Repubblica« vom 01.07.1989, S. 25.

tiven Ausgestaltung auffällig reduziert. Das Filmbild aber tendiert deutlich zur Ausbreitung in die Fläche.

Diese hier summarisch eingeführten Beobachtungen mögen bei einzelnen Filmbeispielen an Bilder von Giotto, Masaccio, teils an Caravaggio erinnern, aber, und das ist wichtig herauszustellen, sie tun das ausschließlich im Sinne einer filmischen Einvernahme ›malerischer‹ Mittel. Das heißt, daß Pasolini Verfahren der Malerei in filmische Verfahren umzusetzen suchte, und das in der Tat noch bevor er konkrete Gemäldezitate in die Filmbilder einführte. Anders als sein Landsmann Visconti – und obwohl ansonsten zwischen Viscontis und seinem Filmverständnis große Übereinstimmungen zu finden sind – hat Pasolini den Film nicht als eine ›bewegte Malerei‹ gestaltet, sondern letztendlich über die stilistische Kontamination zu einem neuen, einem ›poetischen‹ Filmstil gelangen wollen. Das Prinzip der *poesia cinema* fundiert somit auf einem komplexen Verhältnis zwischen den Verfahren der Kontamination und des Pastiche, der Szenographie im Zusammenspiel mit dem spezifischen Einsatz der zum Teil neusten Filmtechnik.

Pasolinis Verärgerung über die eindimensionalen Betrachtungen seiner ›Bildkontaminationen‹, die er nicht nur in Interviews, sondern auch in der lächerlichen Figur eines Reporters in LA RICOTTA zum Ausdruck brachte, wurde nicht selten mißverstanden und als Verheimlichung der künstlerischen Bezüge oder gar als Anachronismus aufgefaßt:

Ach Longhi, greifen Sie ein, erklären Sie, daß es nicht genügt, eine Figur in perspektivischer Verkürzung mit den Füßen im Vordergrund zu zeigen, um vom Einfluß Mantegnas sprechen zu können? Haben die Kritiker denn keine Augen?[37]

Dieser an seinen ehemaligen Kunstprofessor gerichtete ironisch-verzweifelte Aufruf legt gleichwohl auch Zeugnis ab von Pasolinis Anspruch, den er an den Zuschauer richtete, sehr wohl den stilistischen Pastiche zu erkennen, ihn allerdings als eine umfassende Bildästhetik zu begreifen, ganz im Sinne jener stilistischen Kontamination, mit der Pasolini neue Filmbilder schaffen und neue Geschichten erzählen wollte.

---

37 Pasolini, Pier Paolo (1977): Le belle bandiere. Dialoghi 1960-65, Roma: Riuniti, S. 230, hier zitiert in Weis (1995), S. 195. Roberto Longhi, an den sich der rhetorische Aufruf richtet, war Pasolinis Kunstprofessor in den Jahren 1939-43, ihm verdankt er, laut Selbstaussage (Widmung des Films MAMMA ROMA), die »figurative Erleuchtung«.

Die »sakrale Aufnahmetechnik«

Wie ich bereits angedeutet habe, gehört die *Planimetrie*[38] zu den auffälligsten strukturellen Merkmalen in Pasolinis Filmen. Bei der Planimetrie geht es, vereinfacht gesagt, um die Flächigkeit, genauer: um die flächige Inszenierung von Körpern und um die Verflachung von Räumen. Die Flächigkeit des Filmbildes beschreibt keine konzeptionelle Zweidimensionalität im Bildaufbau, sondern begreift das Bild als eine in Schichten unterteilte Fläche, womit noch keine grundsätzliche Aussage über die Tiefendimension gemacht ist. Die Abstufung der Größenverhältnisse, die Überschneidungen von Formen, die Luft- und Lichtperspektiven und schließlich auch die Farbchoreographie können eine Tiefendimension erzeugen, ohne daß das Konzept der Flächigkeit aufgegeben werden müßte. Max Imdahl beschreibt die planimetrische Komposition als die »Norm des Bildfeldes als einer Setzung«:

Dagegen geht die planimetrische Komposition, insofern sie bildbezogen ist, nicht von der vorgegebenen Außenwelt, sondern vom Bildfeld aus, welches sie selbst setzt. Unter der Norm des Bildfeldes als einer Setzung und nicht unter der Norm außerweltlicher Vergangenheiten stiftet die planimetrische Komposition in selbstgesetzlichen und selbstevidenten Relationen – in Richtung im Verhältnis zu Richtungen, Linien im Verhältnis zu Linien, Farben im Verhältnis zu Farben sowie in Maßen im Verhältnis zu Maßen – eine invariable formale Ganzheitsstruktur, welche ein entsprechend formales, sehendes, nämlich auf jene selbstgesetzlichen und selbstevidenten Relationen gerichtetes Sehen bedingt.[39]

Auf den Film übertragen, meint eine planimetrische Komposition die Gestaltung und Erfassung des filmischen Raums nach (planen) Ebenen und ihrer hintereinander geschalteten Anordnung. Das planimetrische Konzept bestimmt gleicherweise Figuren als Flächen in bezug auf andere sie umgebende Flächen. Sie sind durch ihre frontale Ausrichtung und Kargheit in der Komposition gekennzeichnet, die zusätzlich durch eine entsprechende Lichtchoreographie unterstützt wird, die auf Kontraste von hell und dunkel setzt. »Das Elementare ist absolut geworden«, sagt Pasolini und bezieht sich dabei auf die Aufnahmetechnik, auf die Wahl

---

38 Der Terminus geht auf den Kunsthistoriker Heinrich Wölfflin zurück, vgl. Wölfflin, Heinrich (1915): Kunstgeschichtliche Grundbegriffe. Das Problem der Stilentwicklung in der neueren Kunst. München: H. Bruckmann, S. 98ff.

39 Imdahl, Max (1980/1996): Giotto. Arenafresken. Ikonographie, Ikonologie, Ikonik, München: Fink, S. 26–27.

des Objektivs, auf die Kameraposition, das Filmmaterial und auf die Aufnahmen bei natürlichen Lichtverhältnissen. Hierin und nicht in der direkten Zitation sieht er die Möglichkeit, das figurative Modell bei-spielsweise Masaccios auf das Kino zu übertragen.[40] So sind Accattone, der Protagonist des gleichnamigen Films, und Stracci aus LA RICOTTA als Figuren häufig nur dunkle, im Gegenlicht aufgenommene Flächen, die sich gegen das blendende Hell des Himmels oder des Hintergrunds abheben. Dieses stilistisch-strukturelle Prinzip verdeutlicht am besten die Figur des innerfilmischen Regisseurs von LA RICOTTA (Abb. 36).

Abb. 36: LA RICOTTA – Der »regista« alias Orson Welles (Still)

Wie kaum eine andere Figur ist er *als* schwarze Fläche *aus dem* planime-trischen Hintergrund heraus entwickelt; beinahe klecksig breitet sich sei-ne schwarze Voluminösität innerhalb des Bildkaders aus. Programma-tisch für diese Komposition ist die symmetrische Anordnung und Spar-samkeit in der Formgestaltung innerhalb der Kadrierung. Wo sie sich über das Weiß des Hintergrunds ergießt, entsteht die begrenzende Kontur der aufeinanderstoßenden Flächen. In ähnlicher Weise gestaltet Pasolini die Figur des Christus oder die der Muttergottes (gespielt von Pasolinis Mutter) in IL VANGELO SECONDO MATTEO (Das erste Evangelium – Matthäus, I 1964), wo er die Körper in graphische Strukturen auflöst. Als weiße oder schwarze Flächen stoßen sie an die ihnen komplementär zu-geordneten, benachbarten Felder, von denen man kaum mehr behaupten kann, daß sie im herkömmlichen Sinn Hintergründe sind. Gepaart mit dem nur wenig in die Tiefe entfalteten Handlungsraum und der zurück-genommenen Handlung innerhalb der Kader erinnert dieser planimetri-sche Stil an einige Stummfilme, auch an Antamoros CHRISTUS, zumal IL

---

40 Naldini, Nico (1989/1991): Pier Paolo Pasolini. Eine Biographie, Berlin: Klaus Wagenbach, S. 208.

VANGELO durch den besonderen Musikeinsatz verstärkt auf eine emotionale Anbindung des Zuschauers und die Steigerung der Bildwirksamkeit setzt. Man kann in diesem Kontext auch von »heratischen Gemälden« sprechen, wie Otto Schweitzer es in bezug auf Pasolinische Bildkompositionen tut.[41] Heratisch sind sie, insofern die Farbe bzw. das Schwarzweiß in seiner Verteilung über die Fläche eine symbolische Bedeutung erhält und gleichzeitig die Form in ihrer Aussage bestimmt.

Die nur wenig in die Tiefe entwickelten Handlungsräume in den frühen Filmen Pasolinis stellen ihre Vorbilder aus der Malerei des 14. und 15. Jahrhunderts aus. Pasolini selbst hat häufig genug auf Giotto, Piero della Francesca, Fra Angelico und Masaccio verwiesen – und häufig genug die strukturellen Übernahmen hervorgehoben. Seine filmischen Mise-en-scène erinnern nicht ohne Grund auch an Theaterinszenierungen, hat Pasolini doch selbst Theater und Kino in nächster Verwandtschaft gesehen, auch wenn seine Ansichten darüber nicht immer einer konsistenten Argumentation folgen:

Meine semiologischen Studien haben mich dazu geführt, zwischen Theater und Kino einen sehr engen theoretischen Zusammenhang zu sehen. Das Theater ist wie eine lange Einstellung und hat mit dem Kino viel gemeinsam: beide stellen die Wirklichkeit durch die Wirklichkeit dar. […] Im Theater wie im Kino wird ein Körper durch einen Körper dargestellt, ein Gegenstand durch einen Gegenstand.[42]

Natürlich ließe sich an dieser Stelle einwenden, daß der Körper im Film mitnichten ein realer Körper wie im Theater ist. Der Unterschied zwischen diesen beiden Körpern wird nicht zuletzt am Beispiel der Tableaux vivants sehr deutlich. Allerdings muß man betonen, daß Pasolini bei seiner Überlegung stärker die körperliche Selbst-Repräsentation als das tatsächliche Vorhandensein des Körpers im Blick hatte. So repräsentiert sich der filmische Körper durch sich selbst, wie auch der reale im Theater durch keinen anderen Körper ersetzt wird.[43] Vor dem Hintergrund Pa-

---

41 Vgl. Schweitzer, Otto (2000): Pasolini, Reinbek: Rowohlt, S. 72.

42 Halliday (1969/1995), S. 147.

43 Zur Semiologie des Films bei Pasolini ist die Literatur umfangreich; besonders lesenswert: Pasolini (1967/1983), S. 49–84; Rumble, Patrick/Bart, Testa (Hg.) (1997): Pier Paolo Pasolini. Contemporary Perspectives, Toronto, Buffalo, London: University of Toronto Press; Bruno, Giuliana (1997): »The Body of Pasolini's Semiotics: A Sequel Twenty Years Later«, in: Patrick A. Rumble (1996), Allegories of Contamination. Pier Paolo Pasolini's Trilogy of Life, Toronto, Buffalo, London: University of Toronto Press, S. 88–105; Ward, David (1997): »A Genial Analytic Mind:

solinischer Manierismusmethode liegt es auf der Hand, daß die filmische Präsentation des Körpers nicht zwangsläufig mit einer »natürlichen Einstellung«[44] zusammenfallen muß:

Ich hasse Natürlichkeit. Ich rekonstruiere alles. Wenn ich eine längere Einstellung drehe, gibt es nie jemanden, der der Kamera den Rücken zuwendet, er muß direkt in die Kamera sprechen. In keinem meiner Filme gibt es eine Stelle, in der die Kamera irgendwo steht und sich die Leute irgendwo abseits miteinander unterhalten [wie im Neorealismus]. Ich drehe immer *champ contre champ* [Bild für Bild/Einstellung für Einstellung].[45]

Aus diesem Grund sind die Einstellungen, die Pasolini favorisiert, immer kurz. Die Schauspieler betreten den Handlungsraum, sagen ihren Text auf und verlassen ihn wieder. Natürlich bleibt eine solche theatrale bzw. piktorale Auffassung von Raum-Fläche-Beziehungen und Handlungschoreographie nicht ohne Auswirkungen auf die Aufnahmetechnik und umgekehrt.

Für die Planimetrie des Filmbildes zeichnet das *Zoomobjektiv*, auch Tele genannt, verantwortlich, das Pasolini in LA RICOTTA zum ersten Mal verwendet. Noch stärker als das Normalobjektiv verfügt das Zoom nur über lange Brennweiten, so daß man damit lediglich einen beschränkten Bildbereich scharf stellen kann. Der Vorteil des Objektivs liegt jedoch in der Möglichkeit, eine Bildkadrierung zu ändern, ohne die Kamera selbst zu bewegen. Es gestattet ein stufenloses Vor- und Zurückspringen von einer Totalen über eine Großaufnahme bis hin zum Detail, und dies in der Kontinuität einer einzigen Blickachse. Das bedeutet gleichzeitig, daß mit der Annäherung an ein Objekt keine weitere Veränderung in der Ansicht, keine zusätzlichen Details gezeigt werden müssen, die üblicherweise erst in der Montage eliminiert worden wären.

Die Wirkung dieser Aufnahmetechnik kommt am deutlichsten in den Tableaux vivants von LA RICOTTA und IL DECAMERON zum Tragen,

---

›Film‹ and ›Cinema‹ in Pier Paolo Pasolini's Film theory«, in: Rumble/Bart (Hg.): Pier Paolo Pasolini. Contemporary Perspectives, S. 127–151; Greene, Naomi (1990): Pier Paolo Pasolini. Cinema as Heresy, Princeton (N.J.): Princeton University Press.

44 Zum Ausdruck der »natürlichen Einstellung« siehe Husserl (1913/1980), S. 52f.), dort heißt es: »Die ›Wirklichkeit‹, das sagt schon das Wort, finde ich als daseiende vor und nehme sie, wie sie sich mir gibt, auch als daseiende hin. Alle Bezweiflung und Verwerfung von Gegebenheiten der natürlichen Welt ändert nichts an der *Generalthesis der natürlichen Einstellung*«.

45 Halliday (1969/1995), S. 133.

wenn Pasolini von einer Weitwinkelansicht zu einer Großaufnahme stufenlos innerhalb einer Einstellung wechselt. Die Bildplanimetrie bleibt ungestört; gleichzeitig verstärkt sich beim Zuschauer das Gefühl, an das Bild heranzurücken. Denn das Zoomobjektiv eröffnet – darin dem Auge eines Bildbetrachters vergleichbar – keine größere Tiefendimension, statt dessen bietet es eine Bildfläche in Detailansicht.[46]

Wenn deshalb meine Bilder in Bewegung sind, dann so, als bewegte sich das Objektiv auf ihnen wie auf einem Gemälde; ich verstehe den Hintergrund immer als den eines Gemäldes... Also bewegt sich die Filmkamera auf Hintergründen und Figuren, die im Wesentlichen als unbewegt empfunden werden und tief ins Helldunkel getaucht.[47]

Mit dem Einsatz des Zooms muß Pasolini bewußt geworden sein, daß gerade diese Optik – technisch betrachtet ihr Manko – zu keiner besonderen Tiefenschärfe fähig ist und dadurch die Figuren und Gegenstände verhältnismäßig flach wiedergibt. Es sei nur am Rande erwähnt, daß Pasolini im Gegensatz zu seiner eigenen Einschätzung zu den ersten Regisseuren gehört, die die Zoomoptik verwendet haben, um es im stilistischen, piktoralen Sinn einzusetzen.[48] Diese spezifische Optik bot Pasolini nicht nur die Möglichkeit einer unvermittelten Inbesitznahme von Flächen, Dingen und Figuren, sondern auch die einer stilistischen Verfremdung.

Bereits Antonio Bertini machte auf den malerischen Gestaltungswillen des Regisseurs aufmerksam, der einen malerischen (»*pittorico*«) Bereich im Filmbild erreichen wollte.[49] Es ist kein Zufall, daß Pasolini diesen ›malerischen‹ Stil auf den Einfluß von Masaccio zurückführt, dessen

---

46 Pasolini als Schüler von Longhi kannte wahrscheinlich den Kurzfilm seines Kunstgeschichtsprofessors mit dem Titel CARPACCIO (I 1948), der sich mit der Kunst des gleichnamigen Renaissancekünstlers beschäftigt. Hier versucht Longhi über den Wechsel von Total- und Detailansichten eine Bildnarration zu entfalten, in der das Heranrücken an das Gemälde die subjektive Sicht eines unmittelbaren Bildbetrachters suggeriert. Vgl. Weis (1995), S. 197; Ottenbacher, Albert (o.J.): Heilige im unreinen Licht. Pier Paolo Pasolini, das Trecento und der Manierismus, München [Kopieexemplar der kunsthist. Bibliothek], S. 33.

47 Pasolini zitiert in Briganti (1989), S. 25.

48 Zum Einsatz verschiedener Objektive und der sich daraus entwickelnden technischen Stilistik siehe vor allem die ausführlichen Erläuterungen in Bertini, Antonio (1979): Teoria e Tecnica del Film in Pasolini, Roma: Bulzoni.

49 Bertini (1979), S. 23.

Bilder sich durch eine kraftvoll-monumentale Bildsprache, eine klare Erfassung des Raums und der dort plazierten Figuren auszeichnen:

> Ein Zoom zu verwenden ist die einfachste Sache der Welt. Ich bin durch einen bloßen Zufall darauf gekommen. Ich sah, daß man damit gewisse Effekte erzielen kann, und habe es daher verwendet. Anstatt eine echte Nahaufnahme zu machen, habe ich eine 250er-Optik verwendet und die Einstellung aus der Entfernung gedreht. Wodurch sich eine Wirkung ergab wie bei einem Bild von Masaccio, und das hat mit gefallen.[50]

Um die Flächigkeit und Andersartigkeit der Tableaux vivants in LA RICOTTA zu exponieren, benutzte Pasolini neben Zoom und Farbe auch das *Panorama*- bzw. *Breitwandformat* (Cinemascope, 1,66:1 Bildverhältnis) in einem ansonsten auf Normalformat (Academy Format, 1,33:1) gedrehten Film. Diese drei Komponenten – und zwar in der hier vorgestellten Reihenfolge – potenzieren das Filmbild zu einer expressiven Bildaussage, die zunächst nichts anderes als ihre Evidenz ausstellt, ein piktoral differentes Bild zu sein. Gleichzeitig wird dadurch die stilistische Hervorhebung der Tableaux vivants ermöglicht und in ihrer Wirkung gesteigert.

Diese Art des planimetrischen Stils nennt Pasolini »technische Sakralität«, die durch eine »sakrale Aufnahmetechnik«[51] erzeugt wird. Die Wahl der religiösen Begrifflichkeit unterstreicht Pasolinis Verhältnis zum Film wie zu den Bildern überhaupt. »Sakral« ist das, was an der Unmittelbarkeit partizipiert oder diese hervorbringt; »Sakralität« besitzt das, was uns unmittelbar erfaßt. An dieser Stelle läßt sich durchaus an Roland Barthes *punctum* denken, an das, was uns beim Anblick eines Bildes ›trifft‹, uns angeht in all seiner Unmittelbarkeit.[52]

Durch das Fehlen der *sfumatura*, der Schattierung und Nuancierung, die die Bildfläche sonst zum dreidimensionalen Raum hin modellieren würde, sind die Pasolinischen Filmfiguren in ein unvermitteltes, ein körniges Licht eingetaucht, das alles exponiert, was daran Kunst, Reflexion und Bildrhetorik ist im Verhältnis zu einer vermeintlich objektiv erfaßbaren Realität und ihrer »natürlichen Einstellung«. Eingefaßt von einer begrenzenden Konturlinie oder Konturfläche – man denke insbesondere an die Nah- und Großaufnahmen in ACCATTONE und IL VANGELO –,[53] sind die Figuren in ein Feld eingespannt, das auf der symbolischen Ebene für ihre Vereinsamung und damit aber auch für ihre Souveränität als

---

50 Halliday (1969/1995), S. 69.

51 Schweitzer (2000), S. 72; Pasolini spricht auch häufig vom »sakralen Stil«, vgl. auch Halliday (1969/1995), S. 92.

52 Vgl. Barthes (1980/1989).

53 Vgl. Barck (2005b), S. 149–160.

Einzelne steht, was wiederum mit Pasolinis Begriff der Sakralität zusammenfällt. Sie sind aus ihrer profanen Umgebung herausgehoben und ›geheiligt‹ durch die Lichtsymbolik der Aufnahmen (»sakrale Aufnahmetechnik«). Pasolinis Figuren und ihre Orte sind in einer bestimmten Weise real und mystisch zugleich. Sein Realismus entspricht im wesentlichen dem Realismus einer religiösen Kunst, so wie Pasolini sie bei seinem Kunstgeschichtsprofessor Roberto Longhi kennengelernt hat. Giotto, Masaccio, Caravaggio sind für Longhi Maler einer archaischen, unmittelbaren Welt – ich werde darauf im entsprechenden Kapitel zu IL DECAMERON ausführlicher eingehen. Es ist die »fetischistische Liebe zu den Dingen selbst«,[54] die Pasolini dazu bringt, diese zu »weihen« (oder zu entweihen), sie also in ein mystisches Licht – das Gegenlicht seiner Aufnahmen – zu tauchen, das zweierlei anzeigen kann: als Sonne ist es das Licht der Lebendigkeit und des Lebens überhaupt; als blendendes Gegenlicht ist es das Licht der absoluten Göttlichkeit und der göttlichen Macht, die den Menschen vernichten kann. Der Blick in die Sonne zeichnet viele Aufnahmen Pasolinis aus: In LA RICOTTA ist es Stracci, der zunächst von der Sonne geblendet wird, als vor ihm die ›Magdalena‹, eine subproletarische Komparsin, ein Striptease vorführt. In einer der letzten Einstellungen des Films sind es die Zuschauer, die vom Licht geblendet werden, während Stracci am Kreuz stirbt. In ACCATTONE sind es die armseligen Plätze, die in ein sengendes, blendendes Weiß getaucht sind. Und in TEOREMA (Teorema, I 1968) ist es die heilig gewordene Hausmagd, die über einem Dach schwebend – auch sie bildet eine schwarze Fläche gegen das Weiß des Hintergrunds ab – im Gegenlicht aufgenommen ist. Am Ende zu einer Seherin geworden, bedarf sie der Augen nicht mehr.[55]

Dieses Auge, das sich der Sonne in all ihrer Glorie öffnet, um sie in ihrer Nacktheit Auge in Auge zu betrachten, ist kein Befund meiner Vernunft: es ist ein Schrei, der mir entfährt. Denn in dem Augenblick, in dem das Leuchten mich blendet, bin ich der Fetzen eines zerbrochenen Lebens, und dieses Leben – Angst und Taumel –, das sich einer unendlichen Leere öffnet, zerreißt und erschöpft sich mit einem Schlag in dieser Leere.[56]

---

54 Pasolini (1972/1979), S. 221.

55 Zu TEOREMA und dem Topos der Augen, des Lichts und der Blendung siehe Tong, Janice (2001): »Crisis of Ideology and the Disenchanted Eye: Pasolini and Bataille«, in: Contretemps, 2 (May), Internetzeitschrift unter: www.usyd.edu.au/contretemps vom 13.12.2007.

56 Bataille, Georges (1953/1999): Die Innere Erfahrung, nebst Methode der Meditation und Postskriptum, München: Matthes & Seitz, S. 109.

Diese existentielle Erfahrung des Lichts, die Georges Bataille beschreibt, entspricht der »Leidenschaft für das Leben«,[57] die Pasolini selbst empfand und die ihn zugleich zu einer provokativen und mystischen Überhöhungen des Lebens führte, zu der »sakralen Aufnahmetechnik« und zu dem »nur scheinbar zufälligen Gegenlicht mit seinen Blitzern«.[58]

Albert Ottenbacher sieht in den vielfältigen Beschreibungen des Lichts im Werk Pasolinis, sei es im Film oder in seinen Schriften, eine »brennende Beschwörung« und einen »geheimen Abwehrzauber«:

Die »glühende Sonne der Mittagszeit«[59], der »glühende Brei der Mittagssonne«[60] sind keine zufälligen tageszeitlichen Ereignisse. Sie sind keine Zeichen, sind unmittelbare lebensgeschichtliche Erfahrungen. Sie bedeuten nicht, stehen nicht für etwas. Sie sind ursprüngliches, nicht weiter aufzuschlüsselndes Element.[61]

Wiewohl die Protagonisten bei Pasolini immer einer realen, soziokulturell klar definierten Umwelt entstammen, sind sie gleichwohl auch ästhetisch überformte Figuren. Diese Spannung zwischen politischem und künstlerischem Anspruch hat für Pasolinis Gesamtwerk eine essentielle Funktion. Die ›Manier‹ in der Darstellung und die ungeschminkte Realität in den Inhalten werden nur dann verständlich, wenn man den spezifischen Manierismus Pasolinis als ein Verfahren akzeptieren kann. Nur vor diesem Hintergrund läßt sich die Aufladung erfassen, die etwa in der Frontalität seiner Figuren liegt, in der klaren Ausstellung ihrer Körper und Gesichter, die dem Blick der Zuschauer ungeschützt preisgegeben und maniert zugleich sind. Ihre Künstlichkeit hat ihren Ursprung in der, wie Hauser es für den Manierismus formuliert, ›Überspannung der Form‹, zu der die »sakrale Filmtechnik« führt. Sie ist wesentlich das, worauf die Sprache der *poesia cinema* basiert:

Man spürt die Kamera also aus guten Gründen. Der Wechsel verschiedener Objektive, einmal mit einer 25er, dann einer 300er Optik auf demselben Gesicht, die verschwenderische Anwendung des Zoom mit seinen ganz hohen Brennweiten, die die Gegenstände aufquellen lassen wie zu stark gesäuerte Brote, das ständige, nur scheinbar zufällige Gegenlicht mit seinen Blitzern auf dem Film, die Bewegung der Handkamera, die ausgedehnten Fahrten, die absichtlichen

---

57 Pasolini in Halliday (1969/1995), S. 41.
58 Pasolini (1967/1983), S. 75. Das Zitat in der vollen Länge siehe weiter unten.
59 Pasolini (1962/1982): Mamma Roma, München: Piper, S. 52.
60 Ebd., S. 73.
61 Ottenbacher (o.J.), S. 15; zum Licht bei Pasolini siehe ebd., S. 1ff.

falschen Montagen, die irritierenden Anschlüsse, das endlose Verharren auf einem und demselben Bild etc. etc.: dieser ganze technische Code ist gleichsam aus Überdruß an den Regeln entstanden […].[62]

Spätestens angesichts dieser Aussagen, kann man nicht umhin, zwischen dem spezifischen Stil seiner Filme und dem Stil der Manieristen eine Parallele zu ziehen. Es ist nicht nur, wie ich bereits dargelegt habe, die antinaturalistische Wesensart, die beide kennzeichnet, sondern auch ihr Verhältnis zur Wirklichkeit und ihr Bewußtsein der Künstlichkeit, die sie umgibt. Darin läßt sich kein naiver, von vermeintlicher Spontaneität und göttlichen Gaben bestimmter Kunstgestus mehr finden, sondern ein reflexives *Kunstwollen*. Beide – die historischen Manieristen und der Filmemacher Pasolini – schaffen eine sich ihrer ›Künstlichkeit‹ bewußte, von der Naturnachahmung befreite Kunst. Die Realität, auf die sie sich beziehen, ist eine kulturell und medial bereits überformte Realität. Das, was dem postmodernen Rezipienten dabei so selbstverständlich erscheint, muß durchaus als ein Verdienst der Manieristen anerkannt werden, die als erste das Kunstwollen jenseits der Harmonie und der Schönheitsideale in ihren Werken reflektierten.[63] Das gilt auch für Pasolinis Filmschaffen, das dezidiert Malerei als eine der wichtigsten Bezugsquellen ausstellt, zumal er sich dabei mit Vorliebe auf eben jene manieristischen Maler beruft.

Die ›Ansteckung‹ seiner Filme mit differenten Bildsystemen manifestiert sich am deutlichsten in einem Typus der Filmbilder, bei dem die Figuren in ein spezifisches Verhältnis zu den sie umgebenen Orten eintreten. Aus der Dialektik von Ort und Figur erwächst Pasolinis filmische Poesie oder der poetische Film. Ihn charakterisiert eine Film-Bild-Ästhetik, an der auch die auditive Seite des Films Anteil hat.[64] Es sind

---

62 Pasolini (1967/1983), S. 75.

63 Vgl. Hauser (1964), S. 28ff.

64 Da ich im Kontext der Arbeit nicht im vollen Umfang auf die Bedeutung der Musik in Pasolinis Oeuvre eingehen kann, verweise ich an dieser Stelle auf die Untersuchungen von Jungheinrich, Hans-Klaus (1983): »Überhöhung und Zurücknahme/Musik in den Filmen Pasolinis«, in: Jansen/Schütte (Reihe-Hg.), Pier Paolo Pasolini, S. 35–48; Giusti, Luciano de (2001): »L'oralità poetica nel cinema«, in: Peter Kuon (Hg.), Corpi/Körper. Körperlichkeit und Medialität im Werk Pier Paolo Pasolini, Frankfurt/Main (u.a.): Peter Lang, S. 107–114, und Calobretto, Roberto (2001): »Corpi danzanti nel cinema e nella narrativa di Pier Paolo Pasolini«, in: Kuon (Hg.), Corpi/Körper, S. 63–80; die Internetpublikation Molteni, Angela (o.J.): »La musica nei film di Pier Paolo Pasolini. Con qualche cenno ri-

die irrationalen Handlungsweisen der Pasolinischen Figuren, ihre, um mit dem Regisseur zu sprechen, tiefe und schamlose Verzweiflung, die durch die Ästhetik der Orte motiviert ist. Symptomatisch für ihr Dasein ist letztlich nicht die sie charakterisierende Handlung, sondern die Form der Dinge und die Orte selbst, an denen sie existieren. Die piktorale Ästhetik evoziert eine unwirkliche, ›kalte‹ Atmosphäre, in der die Protagonisten isoliert und vereinsamt agieren. Aber es ist zugleich die besondere Lumineszenz der Schwarzweißaufnahmen, ihre fluoreszierende Helligkeit, in die sie eingetaucht sind und die ihnen einen Ausdruck verleiht, der an Erhabenheit grenzt und typisch ist für Pasolinis subproletarische Antihelden wie Accattone oder Stracci. »Ich bin, aber ich habe mich nicht«, die Absage Helmuth Plessners an die Vorstellung von einem souveränen Subjekt,[65] entspricht sowohl der realen Situation der Subproletarier, wie Pasolini sie sah, als auch ihrer ästhetischen Gestaltung und zwar im Sinne des *effetto dipinto* als einen malerischen oder piktoralen Effekt des Filmbildes. Die Klarheit des von allem Überflüssigen bereinigten Bildes läßt die dargestellten Dinge in einem transzendenten Glanz erscheinen – als eben jene »technischen Sakralitäten«, von denen Pasolini spricht. Vorherrschend sind keine eloquenten und anspruchsvollen Bildkadrierungen oder Raumerweiterungen, an deren Hermeneutiken Pasolinis Meinung nach die Bourgeoisie und das Kleinbürgertum ihr Bildungswissen evaluieren könnten, sondern eine rohe Überschaubarkeit des Bildes. Die Erschaffung des Körpers als kraftvolle, sich ausbreitende Fläche stellt für Pasolini die einzig adäquate Möglichkeit dar, den Menschen in all seiner Menschlichkeit zu präsentieren. An diesem Punkt angelangt, avanciert das planimetrische (Film-)Bild selbst zum Ausdruck des Heiligen und Mythischen. Das Tableau vivant, zugleich profane Manieriertheit und kraftvoller Manierismus, toter Körper und sakrale Planimetrie, verbleibt in diesen antithetischen Dichotomien, die sowohl für die gesamte Filmhandlung, als auch für die spezifische Bildhermeneutik bestimmend sind.

---

guardante anche alcune scelte pittoriche del poeta-regista«, unter: http://www.pasolini.net/cinema_musicaneifilm.htm vom 11.12.2007.

65 Plessner, Helmuth (1976): Die Frage nach der Condition humana, Frankfurt/Main: Suhrkamp, insb. S. 56ff.

»Laßt uns sie Farben nennen«

»LA RICOTTA war also einfach: ich habe nur genau die Farben reproduziert, die Pontormo und Rosso Fiorentino verwendet haben« – soweit Pasolini selbst.[66] Aber war es wirklich so ›einfach‹? Waren es bloße Farbreproduktionen, die Pasolini mit den beiden Tableaux vivants in den Schwarzweißfilm von LA RICOTTA hineinprojizierte? Und schließlich sagte er auch, daß man, um einen wirklich guten Farbfilm machen zu können, ein Jahr bräuchte: »[…] nur dann könnte man für jedes Bild die richtigen Farben wählen, die Farben, die man wirklich braucht, und nicht die zwanzig, dreißig Farben, die man im Kino immer sieht.«[67]

Pasolini verwendet in LA RICOTTA zum ersten Mal den Farbfilm (Kodak Eastmancolor)[68] offenbar ohne die stilistischen Probleme, die andere Regisseure bei ihrem Wechsel vom Schwarzweiß- auf Farbfilm mit der Farbe hatten. Aber Pasolini hält daran fest, daß er nicht mehr tat, als lediglich zu reproduzieren. Daß seine lakonische Aussage kaum den Kern seines Interesses an Farbe trifft, wird schnell anhand der Plazierung der Farbszenen innerhalb des Films (Tableaux vivants und der Vor- und Abspann) und Pasolinis künstlerischen wie theoretischen Arbeiten als Maler und Schriftsteller deutlich. Von ›einfach‹ kann man auch angesichts der (nicht nur technischen) Schwierigkeiten, die die ersten echten Farbfilme mit sich brachten, die nicht bloß nachträglich kolorierte Filme waren, kaum sprechen.

---

66 Pasolini in Halliday (1969/1995), S. 70.

67 Ebd.

68 Es sei nur am Rande angemerkt, daß der häufig in der Literatur verwendete Begriff »Technicolor«, den Pasolini sogar selbst im Zusammenhang von LA RICOTTA benutzt (bspw. in »Messagero«, zitiert in Joubert-Laurencin [1995], S. 84), nur als eine Farbmetapher verstanden werden kann. Als Terminus technicus ist er falsch, denn in LA RICOTTA wurde Eastmancolor verwendet, der im Vergleich zum echten Technicolor sich vor allem durch technische Verbesserungen im Herstellungsverfahren unterscheidet. Technicolor (ein spezielles Dreifarbenverfahren) zeichnete sich durch herausragende Farbintensität aus, die im Laufe der Farbfilmentwicklung als zu künstlich empfunden wurde. Eastmancolor konnte sich neben Agfacolor durchsetzten, wobei er für kräftigere Farben als der letztgenannte stand, und wurde von allen Rohfilmherstellern übernommen. Was blieb, war der *Mythos ›Technicolor‹* für tiefe, im Ausdruck gesteigerte Farbwiedergabe. Zur Entwicklung des Farbfilms siehe Koshofer, Gert (1988): Color. Die Farben des Films, Berlin: Volker Spiess.

Mit dem Aufkommen des Farbfilms sahen die frühen Filmtheoretiker und Cineasten den Untergang des Films als Kunst gekommen.[69] Was die Filmfarbe für sie damals bedeutete, erinnert deutlich an den Vorwurf, den man der Malerei lange Zeit machte, nämlich den der bloßen Nachahmung der Natur. Ein ganzer Film in Farbe bedeute in den ersten Jahren seiner Entwicklung, das heißt in den 1920ern,[70] eine »sklavische Nachahmung der Natur«, wie der bekannte Filmtheoretiker Béla Balázs 1924 urteilte.[71] Für Balázs, der seine Abneigung gegen den Farbfilm bereits 1930 als Irrtum korrigierte,[72] wurde Farbe schließlich zu einer Bewegung (»Bewegungsfarbe«), einer Farbe also, die Suggestionskraft besitzt und damit etwas intensivieren kann, was im Filmbild angelegt ist. Gekoppelt an die Bewegung im Film war die »Bewegungsfarbe« sicherlich von Balázs zu eng gesehen worden, und ohne zu erkennen, daß die Sukzession durch Farbe auch oder gerade, wie Pasolini es später erkennt, in einem formal starren Bildmedium wie die Malerei wirken kann. Zugleich einen Vorzug und einen Nachteil des Farbfilms sah Balázs in der Tiefenwirkung der Farbe, die sich gegen die Fläche in den Raum hinein entwickelt. War dies einerseits positiv zu bewerten, so verhinderte die Farbe gleichwohl das, was Balázs am Film – am Schwarzweißfilm – als Kunst schätzte, nämlich seine Flächigkeit, da sie sich der Montage nicht widersetzte. Im Farbfilm befürchtete er also den Konflikt zweier Strukturen und die zu harte Unvereinbarkeit der in der Montage zusammengesetzten Farben, die einen Bruch in der optischen und narrativen Kontinuität bedeuten würden. Daß man Farbbilder auch flächig gestalten konnte, war für Balázs noch undenkbar, weil er das Farbbild des Films ausschließlich unter dem Begriff der »Bewegungsgestalt« sah:

---

69 Balázs, Béla (1924/2008): Der sichtbare Mensch. Eine Filmdramaturgie, Frankfurt/Main: Suhrkamp, dort »Dem Farbfilm zum Gruß«, S. 141–143. Zu den frühen Kritikern gehörten neben Béla Balázs auch Vsevolod Pudowkin (»vulgäre Imitation«, 1928) und Rudolf Arnheim (»kunstfremde Forderung nach möglicher ›Natürlichkeit‹«, 1932). Zur historischen Ablehnung des Farbfilms als Verführungskunst vgl. den Aufsatz von Schmidt, Julia/Feindt, Hendrik (1996): »Farbe im Film – Ein traumatisches Verhältnis?«, in: Frauen und Film: Farbe – Film - Musik, 58/59 (Juli), S. 59–75. Der Aufsatz schließt mit einer ausführlichen Literaturzusammenstellung zum Thema Farbe und Film.

70 Der erste abendfüllende Spielfilm im Dreifarbenverfahren von Technicolor war BECKY SHARP (USA 1935) von Rouben Mamoulian.

71 Balázs (1924/2008), S. 141–143.

72 Vgl. Balázs (1930/2001), S. 107–112 (»Farbenfilm und andere Möglichkeiten«).

Darum dürfen auch in der Farbe nicht die Einzelbilder bereits »gestaltet« werden, weil sie sonst zu abgeschlossenen Gestalten, zu Gemälden werden, die nicht zueinander hinüberleiten. Die eine Bewegungsgestalt zerbröckelt dann in tausend stehende Bilder.[73]

In der Tat bedeutet diese ›Gestaltung der Einzelbilder‹ eine Gefahr für die homogene Narration, aber sie ist, so wie Pasolini sie als Pasticheverfahren eingesetzt hat, auch eine Möglichkeit des Films, andere visuelle Modelle einzuführen und damit der Filmkunst im Sinne Balázs näher zu kommen. Balázs hielt die Kamerafahrt in die Tiefe für unentbehrlich, denn nur so sah er die Gefahr der Farbfilmbilder, nämlich der Stockung, die einen narrativen ›Sprung‹ auslösen könnte, gebannt.

Die Kamera wird wohl in den Raum, der sich vor ihr öffnet, hineinfahren müssen und so der frontalen Richtung der Montagebewegung eine Tiefenrichtung geben. Die Kamera wird die Tiefen, die sie zeigt, nicht überspringen, sondern sie wird sie zum Premierplan machen, indem die heranfährt.[74]

Pasolini war die Möglichkeit dieses ›Sprungs‹ in seiner kontaminatorischen Funktion offenbar sehr willkommen, um gerade gegen die »leichten Fluten der Bilder ohne Stockung, ohne ›Sprung‹«[75] anzugehen. Und so setzte er die Kamera in LA RICOTTA vor allem statisch ein. Sie verhält sich distanziert, sie fährt nicht in das Geschehen hinein, sondern bleibt wie ein Bildbetrachter außen vor. In diesem Zusammenhang macht Bertini auf das Objektiv aufmerksam, das die Kamera bei Pasolini in Bewegung versetzt:

Das Objektiv ist vergleichbar mit einem Pinsel in der Hand des Malers, einem leichten und flinken Pinsel, der dennoch die Fähigkeit hat, das schwere, massive Material mit einer strengen Akzentuierung des Helldunkel [*chiaroscuro*] wiederzugeben.[76]

Bertini führt diesen Gedanken nicht weiter aus, doch seine kurze Anmerkung reflektiert in zwei wesentlichen Punkten das Bildverständnis des Regisseurs. Neben der kompositorischen Umsetzung in planimetrische Felder ist es der ästhetische Effekt des *chiaroscuro*, der durch einen dosierten Einsatz von dunklen und hellen Bereichen eine gemäldeähnliche Plastizität erzeugt. Die Dramatik, die damit zum Ausdruck kommt, er-

---

73   Ebd., S. 108.
74   Ebd., S. 110.
75   Ebd.
76   Bertini (1979), S. 24.

eignet sich zwischen den Flächen, die in den Tableaux vivants zu Farbflächen werden. Um die von Balázs angesprochene Tiefenwirkung der Farbe abzumildern, hält Pasolini die Kamera auf Distanz. Es ist das Zoomobjektiv, das ihm ermöglicht, die Farbe gewissermaßen aufzutragen, ohne dabei den Körper zu dimensionieren. Denn das Objektiv erfaßt und entwirft die Dinge nur an der Oberfläche.

War es das technische Manko, das das Zoomobjektiv für Pasolini interessant machte, so kam ihm ein weiteres technisches Unvermögen bei der Gestaltung der Filmbilder zupaß. Dieses Mal war es die *Emulsion* des frühen Farbmaterials, das nur eine relativ geringe Möglichkeit der Tiefenschärfe ausbildete, wodurch es auch dem üblicherweise als unerwünscht empfundenen Ausdruck von Flächigkeit erzeugte. Positiv betrachtet, führte dieses Filmmaterial, das in den ersten Jahren der Farbfilmentwicklung in Kauf genommen werden mußte, zu Experimenten mit filmischen Raumkonzeptionen und damit zu neuen Bildgestaltungen in Farbfilmen der 1960er Jahre.[77] Insofern LA RICOTTA den Farbfilm ausschließlich auf die Tableaux vivants beschränkt, pointiert er nicht nur ihre ›exzentrische Positionierung‹ im Film, sondern darüber hinaus auch die filmische Umsetzung originärer Gemälderäume. Ganz im Gegensatz zu den frühen Mitstreitern für einen farbfreien Film hat Farbe für Pasolini keine einfache Dimension, die man in bezug auf die vermeintlich natürliche Farbigkeit der realen Welt erklären könnte. Wie man an ihrem Einsatz in LA RICOTTA sehen kann, gleicht Farbe für Pasolini mehr einer enkodierten Form als einer natürlichen Gegebenheit. Zwar haben Farben für ihn eine große Symbol- und Assoziationskraft, hierin stimmt er sicherlich mit Balázs überein, doch gehört Farbe nicht mehr (wie seit der Antike) der Naturanschauung an. »Farbe«, so Michael Kohler, »ist ein Aberglauben. Ein vergangenes, liegengelassenes Rätsel, das nur noch verführt, den Blick zurück ins nunmehr Beschauliche zu wenden.«[78] Das ›Beschauliche‹ ist bei Pasolini allerdings die bäuerliche, archaische Welt der Bilder, die überall dort zum Ausdruck kommt, wo die ursprüngliche Lebenskraft sich zeigt – das heißt auch im Manierismus eines Pontormo oder Rosso Fiorentino.

---

77 Vgl. hierzu Bordwell, David (1997): »Modelle der Rauminszenierung im zeitgenössischen Europäischen Kino«, in: Andreas Rost (Hg.), Zeit, Schnitt, Raum, Frankfurt/Main: Verlag der Autoren, S. 26. Bordwell macht darauf aufmerksam, daß der Farbfilm aufgrund seiner geringeren Lichtempfindlichkeit bis heute hin, vor allem bei Studioaufnahmen, eine Unschärfe produziert, die sich bei der Wiedergabe und Austarierung der Hintergründe negativ auswirkt.

78 Kohler, Michael (2000): »›Mehr Trieb als Bedeutung‹. Farbe im Film«, in: Filmbulletin, 42/228, S. 43.

Farben als Transformationen des Lichts, als Modulationen der Fläche und Form und schließlich als bedeutungsträchtige Symbolik, deren Dekodierung jedoch nicht das primäre Anliegen ist, bestimmen bei Pasolini das Interesse am Bild, das von einem ausgeprägten Drang nach Mystifizierung geleitet ist: »*Farben, die einem mitten ins Herz strahlen. Farben? Kann man das noch Farben nennen...Ich weiß nicht...*«, heißt es in der Szeneneinleitung des Drehbuchs zu LA RICOTTA.[79] Pasolinis nach eigener Aussage fanatische Verehrung der lebendigen Dinge der Welt, die sein gesamtes Schaffen beeinflußte, findet in der Beschreibung der Farben ihren literarischen Ausdruck:

Wenn ihr Klatschmohn nehmt, der bei Friedhofshitze im Sonnenlicht eines melancholischen Nachmittags gelegen hat, wenn alles schweigt (»denn nie sang eine Frau um drei Uhr Mittags«) – wenn ihr diese Blüten zerstampft, so dringt aus ihnen ein Saft, der sogleich trocknet; näßt ihn ein wenig und verteilt ihn auf einem weißen Leinentuch, und sagt einem Kind, es möge mit einem nassen Finger über diese Flüssigkeit fahren: Dann wird in der Mitte ein ganz blasses Rot erscheinen, fast ein Rosa, doch leuchtend durch das strahlende Weiß des Leintuchs; und an den Rändern wird ein Saum aus kräftigem kostbarstem, kaum verblassendem Rot entstehen; es wird sogleich trocknen, wie auf einer Hand aus Gips... Doch gerade in diesem papiernen Verblassen wird es, tot, seine ganze lebendige Röte erhalten.[80]

Hinter der Beschreibung steht das Bild der *Beweinung* nach Pontormo, so wie sich Pasolini seine filmische Transkription in ein Tableau vivant vorstellte. Die Manieriertheit der Sprache gibt den Farbnamen – dem Rot, Grün und Gelb – das Sinnliche zurück, das die Farben im Visuellen unmittelbar haben, »damit man mehr sieht als man weiß«, wie Frieda Grafe es ausdrückt.[81] Auffällig an der Metaphorik der Beschreibung ist, daß erst der Tod das Leuchten der Farben wenn nicht hervorbringt, so doch manifestiert. Der Tod ist es auch, der die farbenprächtige Darstellung der *Kreuzabnahme* thematisch bestimmt – und es ist auch der Tod, den Pasolini als Metapher für die Montage verwendet:

Der Tod bestimmt das Leben – so empfinde ich [...]. Wenn das Leben zu Ende ist, gewinnt es einen Sinn; bis zu diesem Augenblick hat es keinen; sein Sinn ist aufgeschoben und daher zweideutig. Um ehrlich zu sein, muß ich jedoch hinzufügen, daß der Tod für mich nur wichtig ist, wenn er nicht durch Vernunft ge-

---

79 Pasolini, Pier Paolo (1965/1990): Alí mit den blauen Augen. Erzählungen, Gedichte, Fragmente, München (u.a.): Piper, S. 89.

80 Ebd.

81 Grafe, Frieda (1988): FarbFilmFest, Berlin: Stiftung Deutsche Kinemathek, S. 18.

rechtfertig und erklärt wird. Für mich ist der Tod der Augenblick des Epischen und Mythischen.[82]

Sterbend entäußert sich der Klatschmohn – der ein vitalistisches und alchimistisches Pulver ist – auf der Leinwand des Bildes. Dies geschieht nicht als Abglanz eines Gewesenen, sondern geradezu als das Lebendige selbst. In der Farbe auf der Leinwand ist »seine ganze lebendige Röte *erhalten*«. Statt der im Namen beanspruchten Lebendigkeit des Tableau vivant ist es der Tod, der die Lebenden Bilder ihrem Wesen nach begleitet. Die ›Farbwerdung‹ der Blume ist zwar mit dem Sterben verbunden, aber sie muß zuallererst als ein transformatorischer Vorgang verstanden werden, in dem eine mystische Aufladung der lebendigen Dinge stattfindet. »In der Friedhofshitze eines melancholischen Nachmittags…«, liest man bei Pasolini, und an einer anderen Stelle: »…abends, wenn die Glocken läuten, die Frauen auf den Türschwellen singen, und die Nacht sich über die noble Stille des Gartens legt.«[83] Hier ist ein magisches, ein alchimistisches Moment zu spüren,[84] in dem die Realität in die Farbe eines Bildes transformiert wird. Bei Pasolini entsteht aus der Farbe eine okkulte Substanz, die einem Lebenskondensat entspricht. Der Vorgang der Farbwerdung wird selbst zu einem priesterlichen Ritus gesteigert, bei dem die Prozedur des visuellen Konglomerats von Realität und Magie vollzogen wird. Strahlend weiß, und damit bereits als immaterielles, überirdisches Licht konnotiert, ist der Untergrund, die Leinwand, auf der die *unschuldig* aufgetragene Farbe ihre Fähigkeit entfaltet. An dieser Stelle wird noch einmal der magische Mimesisbegriff deutlich, der meiner Ansicht nach Pasolinis Bildverständnis – Gemälde und Filmbild – bestimmt:

Das Grün… Das Grün ist das Blau der Blätter des Bassins… Abends, wenn die Glocken läuten, die Frauen auf den Türschwellen singen, und die Nacht sich über die noble Stille des Gartens legt, wie der Schatten eines Gewitters: Die Blätter schwimmen reglos unter der Wasseroberfläche und färben sich immer blauer, bis sie grün werden. Aber, ist es Grün oder Blau? So haben sich jahrhundertelang gewisse grausame Soldaten gekleidet, Landsknechte oder die SS, und sind losgezogen, um die Beinhäuser der Welt mit der Erinnerung an diese Kleidung zu füllen – verborgen im Dämmerlicht eines Gewitters.[85]

Die Unentschiedenheit der Farben, die Pasolini thematisiert, mutet nur dann paradox an, wenn man die standardisierte Farbenlehre zum Aus-

---

82 Pasolini in Halliday (1969/1995), S. 62.
83 Pasolini (1965/1990), S. 89.
84 Vgl. Kohler (2000), S. 43–48.
85 Pasolini (1965/1990), S. 89–90.

gangspunkt nimmt.[86] Pasolinis Beschreibung wirkt dagegen wie ein Ge-
genentwurf zu dem rationalen Verständnis von Malfarben, das Imdahl
zum Ausdruck bringt, wenn er meint, daß »man mit Rot nicht ein Grün
malen, wohl aber mit roter wie mit grüner Farbe eine Figur zeichnen
[kann].«[87] Zeichnung, Konturziehung und Bestimmung der Figur von
den Rändern her entsprechen nicht dem Pasolinischen Modell der planimetrischen (Film-)Bilder, das wiederum an die Farbideen der Manieristen angelehnt ist. Farbe bedeutet hier in erster Linie eine von ihrem Gegenstand befreite Fläche, doch ist sie damit nicht befreit von dem, was
sie ehemals ›bekleidete‹. Als Soldaten- und SS-Bekleidung zum Beispiel
kann die Farbe nicht nur Grausamkeit bedeuten – sie kann grausam *sein*.
Von hier aus gedacht, kann man durchaus mit Grün auch Blau malen:

Doch neben dem Blau, das sich in den Adern und dem Samt der Wasserblätter
grün färbt, bleibt noch das wirkliche Grün: das derbe Grün der Heilkräuter,
leicht braungefleckt von der etwas schlammigen Erde.[88]

Pasolinis Farbentwürfe in den filmischen Tableaux vivants evozieren einen Kult des Metaphysischen, mit dem der Regisseur die lebendigen wie
unbelebten Dinge überformt. Ihr symbolisches Gewicht ist kaum zu spüren, auch wenn das Gefühl der Enkodierung jede Farbnote begleitet. Mit
der Malerei im Film verläßt Pasolini die tradierte, akademische Farblehre
und versucht, (wie in der Sprache) den lebendigen Wurzeln der Dinge
näher zu kommen. Die Farbe wird, so Kohler, zum »Medium der gene-
rellen Wandelbarkeit der Welt.«[89] Der Vorgang, bei dem die Farben des
Gemäldes in das Tableau vivant des Films kolportiert werden, ist nicht,
wie zunächst behauptet, bloß ein Kopieren nach dem ›Schnittmuster‹, das
ihm Pontormo liefert. Es ist Pasolinis eigener ›Farbauftrag‹, der sich über
den Schwarzweißfilm von LA RICOTTA legt. Verbleibt man in dieser Metaphorik, so wirkt das Gemälde mit seinen Farben wie eine Emulsion, die
durchlässig genug ist, um das Schwarzweiß des ›Maluntergrunds‹, den
Film über den hungrigen Stracci als symbolischer Träger dieser Mal-
schicht nämlich, durchscheinen zu lassen.

---

86 Zu den Primärfarben zählt neben Grün und Blau noch das Rot, das Pasolini
    an erster Stelle beschreibt; auf dieser Farbpalette bauen die meisten heute
    in Anwendung befindlichen digitalen Farbdarstellungen, was man als das
    RGB-Verfahren bezeichnet; ein anderes (Druck-) Verfahren ist das
    CMYK, das auf vier Farben basiert: Cyan, Magenta, Yellow und Black.
87 Imdahl (1980/1996), S. 56.
88 Pasolini (1965/1990), S. 89–90.
89 Kohler (2000), S. 44.

Die Wirksamkeit der Farben, »*die einem mitten ins Herz strahlen*«, bewegt sich entlang der für Pasolini typischen Bipolarität von einem als sakral verstandenen Realismus und einer bäuerlich-subproletarischen Sakralität. Ich habe versucht, darzulegen, daß es im Werk Pasolinis gerade um die vermeintlichen Unvereinbarkeiten und ihre Potentialität im Zusammenwirken geht. Wenn also die subproletarischen Protagonisten von ACCATTONE, MAMMA ROMA und vor allem von LA RICOTTA von einem strahlenden Licht erfaßt werden, der sie heilig und schuldig zugleich spricht, so ist die Farbe der Gemälde gleichzeitig Überfluß und Magie in einem.

Für Pasolini ist der Film dasjenige Medium, in dem sich die Personen und Gegenstände durch sich selbst auszudrücken vermögen und auf diese Weise mit ihrem Bild in eins fallen.[90] Am Ende eines fiktionalen Dialogs mit Umberto Eco zu der Frage nach dem Code eines Zeichensystems führt Pasolini zusammenfassend an: »In der Schichtung der Systeme bietet sich das untere System als Material für die ›doppelte Gliederung‹ des darüberliegenden Systems an.«[91] Auf die Tableaux vivants von LA RICOTTA bezogen, ist es das Gemälde, das den unteren Code der Tableaux vivants darstellt, auf den Film bezogen, ist es gleichzeitig der noch vor dem Film legende Code. Man muß hierbei die »doppelte Gliederung« bemühen, von der Pasolini gegenüber Eco spricht, da es im Pasolinischen Bildersystem immer um ein zweifaches geht: um den Körper des Schauspielers, der das Tableau vivant und sich selbst durch sich selbst darstellt, und um das Bild von Pontormo (oder Rosso Fiorentino) als vor-kinematographischen Bildkörper, der aber kein lebender, sondern im positiven Sinne gedacht, ein toter, nämlich ein bedeutungsgenerierter ›Körper‹ ist. Weil der physische Körper der Last des Bildes – seines unteren Codes – nicht standhalten kann, brechen die Schauspieler des Tableau vivant unter dem lebendigen Körper des Christus-Darstellers zusammen. Wohingegen der ›Bildkörper‹ den toten ›Körper‹ Christi tragen kann. In der Sequenz des auseinanderfallenden Tableau vivant visualisiert Pasolini das Auseinanderbrechen zweier aufeinander bezogener Systeme.

Pasolini beschwört an vielen Stellen seiner Kinotheorie, die für ihn eine Semiologie der Wirklichkeit darstellt, unermüdlich die archaische Kraft der eidetischen Suggestion. Das Bildzeichen, das der Film ist, besitzt für ihn eine lebendige Kraft, die in der Reproduktion der Wirklichkeit begründet liegt. Die Wirklichkeit des Gemäldes kann jedoch nur ästhetisch erreicht werden – hier gibt es keine Wirklichkeit der Körper, sondern nur die Wirklichkeit der Farben. Um die beiden Wirklichkeiten

---

90 Pasolini (1972/1979), S. 229–236 (»Ist Sein natürlich?«).
91 Ebd., S. 265–274, Zitat S. 274 (»Der Kode des Kodes«).

zusammenzubringen, muß der ›wirkliche‹ Körper des Schauspielers tot sein. Die letzte Einstellung der Geschichte – der tote Stracci am Kreuz – und die letzte Einstellung des Films – das Stilleben des Abspanns (Abb. 39) – machen deutlich, mit welcher Konsequenz Pasolini diese Bildwerdung verfolgt. Auf diesen Aspekt werde ich noch genauer eingehen, doch zunächst noch abschließend auf die Farbe zurückkommen, die Pasolini den Gemälden der Altäre ›entliehen‹ hat.

Als Film-Bilder sind die Tableaux vivants enkodierte Malflächen, enträumlichte Räume und entzeitlichte Zeitzustände, um zwei Begriffspaare von Dietmar Kamper zu verwenden.[92] Sie haben ihre eigene Realität, die Pasolini mit einer mythischen Bedeutung auflädt und, den Gemälden vergleichbar, ihre Zeit auf Dauer stellt. Im arretierten Bild schwebt der vom Kreuz abgenommene Christus für immer in seiner labilen Stellung und die trauernde Muttergottes ist für immer in der Klagegeste gehalten. Hier gibt es kein Ankommen und kein Aufhören, kein Zeitvergehen im Sinne einer sukzessiven Bewegung von einem Punkt zum nächsten. Die Zeit, die in einem piktoralen Bild zum Ausdruck kommt, ist die Bergsonsche *durée*, jener subjektive Zeitfluß, der nicht meßbar und damit auch endlos ist. Eine solche *durée* haftet der Farbe in LA RI-COTTA an, die dem Zuschauer die durch sie zum Ausdruck kommende ›Bewegung der Zeit‹ als seine eigene Zeitempfindung anzeigt. So konstituiert das Rot beispielsweise nicht in erster Linie den räumlichen Vordergrund, wie man aus der Wahrnehmungspsychologie weiß, da es vor allen anderen Farben zu liegen scheint, sondern ein zeitliches ›Zuerst‹. So macht der Einsatz der Farbe die Tableaux vivants zu einem demonstrativen *Zeit-Bild* im Film, dessen ›Bewegung‹ in der *durée* liegt. Der Tod, der nach Pasolini aus dem Leben, das als eine endlose Einstellung zu denken ist, das planimetrische, enkodierte Bild entstehen läßt, suspendiert die sukzessive Bewegung und damit die sukzessive Erzählperspektive des von Pasolini abgelehnten prosaischen Films. Nicht der Körper verlebendigt das Bild, sondern allein die Farbe. Erst die Farbgebung, auf die Pasolini nicht umsonst in langen Passagen des Drehbuchs eingeht, gibt den Bildern ihre unmittelbare Wirkung zurück. Darin meistert er die Aufgabe, die der Filmtheoretiker Siegfried Kracauer in bezug auf die Malerei im (Farb-)Film postuliert: »[…] durch die historisch gewordenen Bildelemente hindurch zur ursprünglichen Konzeption vorzustoßen.«[93]

---

92 Kamper, Dietmar/Wulf, Christoph (Hg.) (1984): Das Schwinden der Sinne, Frankfurt/Main: Suhrkamp.

93 Kracauer, Siegfried (1938/1974): »Film und Malerei«, in: Ders., Kino. Essays, Studien, Glossen zum Film, hg. v. Karsten Witte, Frankfurt/Main: Suhrkamp, S. 55, (Originaltext erschien in der »N.Z.Z.« vom 15.05.1938).

Die Farbmystik nach Pasolini

Man könnte zusammenfassend sagen, daß Pasolinis filmische Tableaux vivants im wesentlichen Farbimaginationen sind. Nicht illuminierte lebendige Körper sollen hier entstehen, vielmehr sakral inszenierte oder mystische Farbkörper, ähnlich den Klangkörpern in der Musik:

Dieses Gelb und dieses Rosa – welche die große Leere der Körper füllen, die an den Rändern von Klatschmohn, Trester, Erdbeeren und Wasserblättern schäumen –, sind keine Farbtöne, sondern ein Hauch: ein zarter, unregelmäßiger und mächtiger Hauch wie ein unauslöschlicher Feuerschimmer oder Sonnenlicht, das auf ein hügel- oder turmförmiges Rauchgebilde fällt.[94]

Es ist verblüffend, wie groß die Ähnlichkeit zwischen Pasolinis filmischen und gemalten Bildern ist, die offenbar beide durch die gleiche Vorstellung von einer ihnen innewohnenden, nach Pasolinis Empfinden magischen Kraft bestimmt sind. Zu den charakteristischen Papierarbeiten Pasolinis gehören fraglos die Porträts von Maria Callas: Auf einem größeren Blatt Papier entwarf Pasolini mehrere sich in Form und Ausführung ähnelnde Profile der Sängerin, die er mit einem Fettstift äußerst sparsam zeichnete – »nüchterne, flinke Notizen«[95] – und in geometrischen Dreier- oder Viererreihen anordnete. Als nächstes ließ Pasolini das Gezeichnete mit unterschiedlichen Stoffen und Substanzen kontaminieren. Sein langjähriger Freund Giuseppe Zigaina beschreibt, wie Pasolini bei solchen zumeist spontan entstehenden Zeichnungen alles benutzte, was an seinem typischen ›Arbeitstisch‹ vorzufinden war:

Es handelt sich hier fast immer um eine Tafel, an der eben ein Essen stattgefunden hat; Obst, Brot und Wein sind noch da, meistens auch Blumen und bisweilen brennende Kerzen – von diesem Tisch also nimmt er eine Rose, drückt die Blütenblätter auf der Schläfe des gezeichneten Gesichts aus, färbt die Wange mit den zerdrückten Kernen weißer Trauben, schüttet auf Haare etwas Rotwein und läßt manchmal – man beachte – auf all diese wasserlöslichen Substanzen von einer brennenden Kerze Wachs tropfen.[96]

---

94 Pasolini (1965/1990), S. 90.

95 Zigaina, Giuseppe (1987/1989): Pasolini und der Tod. Mythos, Alchimie und Semantik des »glänzenden Nichts«. Eine Studie, München: Pieper, S. 46, siehe dort auch die Abbildung der Zeichnung.

96 Ebd.; Zigaina entwirft in seinem Text das Bild von Pasolini, das einem Künstler-Propheten gleicht, der die Welt mit den Augen eines Alchimisten betrachtet, für den der Tod ein entsprechender finaler Schritt ist, um das bisherige Leben in einen anderen, einen synthetischen ›Aggregatzustand‹ zu bringen. So vermutet Zigaina, daß Pasolini, der 1975 brutal ermordet wurde, in gewissem Sinne auf seinen eigenen Tod hingearbeitet hat.

Schließlich wurde das Blatt entlang der Bildfelder mehrfach gefaltet, und so zusammengelegt, daß sich die darauf ausgeschütteten Stoffe in Quadrate verteilten. Beim Entfalten der Zeichnung ergaben sich neue, unvorhergesehene Farbstrukturen und Verwischungen, die die Zeichnung entscheidend veränderten. Zigaina setzt diese ›Regeneration‹ der Zeichnung einem alchimistischen Prozeß gleich, bei dem verschiedene chemische Verwandlungsstufen zu einem magischen, mystischen oder, wie Pasolini es häufiger bezeichnet, ›sakralen‹ Ergebnis führen. Ein mittelalterlicher Text, auf den Zigaina in seinen Recherchen gestoßen ist, läßt den Kontext der spezifischen Pasolinischen Mystik deutlich: »Zerreibe den Stein zu einem sehr feinen Pulver, und bringe [dieses] in klarsten, himmlischen [*coelestino*] Essig, und sofort wird [es] gelöst zu philosophischem Wasser.«[97]

Eine weitere mittelalterliche Alchimiebeschreibung, die Carl G. Jung in seiner *Psychologie der Alchemie* zitiert, unterstreicht die Funktion des Schmelztiegels als einen Ort, an dem die ansonsten nicht miteinander zu vereinbarenden Substanzen zu einer neuen Form oder einem neuen Zustand finden.[98] Dazu im Vergleich Pasolinis eigene Auffassung aus dem Gedichtband *Poesia in forma di rosa*:

> ...ich erfreue mich derselben Freude, wie bei der Saat,
> mit der Glut, die Mischung von unversöhnlichen
> Materialien schafft, Magma ohne Amalgam...[99]

Für Pasolini muß das Medium Film selbst als eine solche »Mischung von unversöhnlichen Materialien« vorgekommen sein, wenn im Projektorstrahl des Filmapparats, der auf gewisse Weise auch ein Aufnahmegerät ist bzw. im technischen Ursprung es war, sich etwas neues, ein neues Bild herauskristalliert und in diesem Sinne materialisiert. Der Film wird also verstanden als ein »Magma ohne Amalgam«, als ein Bildmedium, das aus anderen Bildern und anderen ›Stoffen‹ erzeugt wird: aus den Gemälden und den imaginierten Bildern der Tag- und Nachtträume, aus der Musik und der Sprache. Wie Pasolinis Zeichnungen, so bedürfen die ›neuen‹ Bilder nicht nur einer Trägerschicht, sondern auch eines Fixativs, das sie zusammenhält. Beides scheint der Film leisten zu können

---

97 Zigaina zitiert dieses Stelle nach Jung, Carl Gustav (1937/1984): Psychologie und Alchemie II. Erlösungsvorstellung in der Alchemie, Olten, Freiburg i. Br.: Walter Verlag, S. 18.

98 Vgl. ebd., S. 28.

99 Pasolini, Pier Paolo (1964): Poesia in forma di rosa, Milano: Garzanti, S. 196; hier in der Übersetzung von Bettina Kienlechner in Zigaina (1987/1989), S. 46.

– »Kino machen«, so Pasolini, »heißt auf brennendes Papier schreiben.«[100] Auch hier begegnet uns wieder die Alchimie. Man erinnere sich noch einmal Pasolinis Farbbeschreibungen der Gemälde:

Wenn ihr Klatschmohn nehmt, der bei Friedhofshitze im Sonnenlicht eines melancholischen Nachmittags gelegen hat, wenn alles schweigt […] und an den Rändern wird ein Saum aus kräftigem kostbarstem, kaum verblassendem Rot entstehen; es wird sogleich trocknen. […] Doch gerade in diesem papiernen Verblassen wird es, tot, seine ganze lebendige Röte erhalten.[101]

Diese Verwandlung von lebendigen Dingen in lebende Farbe geschieht in der Malerei im Sterbensprozeß, in dem das Essentielle der Dinge herausgezogen wird und übrig bleibt, und wodurch die Farbwerdung an der ›Sakralität der Dinge‹ teil hat. Nun versucht in LA RICOTTA der innerfilmische Regisseur, jener doppelt konnotierte Welles/Pasolini, eine ähnlich magische Bewegung vom Altargemälde zu den Tableaux vivants zu vollziehen, um auf diesem Weg zu einer lebendigen Passion Christi zu gelangen. Dieser Versuch, mittels der Farbe an der Sakralität des (Altar-) Gemäldes teil zu haben, ist auch in Antamoros CHRISTUS zu beobachten, denn hier hat man tatsächlich die Farbe auf das Zelluloid des Films aufgetragen, wie Abate berichtet.[102]

Farbe als Saboteur

Der Farbe in LA RICOTTA kommt außer der strukturellen oder der ›mystischen‹ Umwandlung des Filmbildes noch eine besondere Aufgabe der Sabotage zu, nämlich der Verunklarung jener anfänglich klaren Zuordnungen von Natürlichkeit und Künstlichkeit. Im Vergleich zu dem Hauptfilm wirkt die Farbe der Tableaux vivants weitaus artifizieller als die in Schwarzweiß gehaltenen Filmaufnahmen. Weit davon entfernt, natürlich oder realistisch zu sein, wie ihre ersten Gegner befürchteten, bekommt die filmische Farbe inmitten des kontrastreichen Schwarzweiß eine beinahe surrealistische, traumhafte Impression. In diesem Punkt scheint Pasolini Siegfried Kracauers Empfehlung zu verwirklichen, die der Filmtheoretiker schon 1937/38 in seinen Farbfilmkritiken äußerte. So heißt es dort, der Filmemacher möge sich an Gemälde halten, weil diese

---

100 Pasolini (1972/1979), S. 232.
101 Pasolini (1965/1990), S. 89.
102 Abate (2002); siehe auch Kap. I dieser Arbeit (Antamoros CHRISTUS).

die bloße Reproduktion der Phänomene blockieren.[103] Durch das Studium der Malerei oder wie in einigen Fällen unmittelbar durch die Umsetzung der Gemälde könne die Farbe im Film zu sich selbst kommen und es darin den Gemälden gleichtun, indem sie »aus der Verworrenheit des Klischees herausbricht.«[104] Kracauer erwähnt lobend den Film GARDEN OF ALLAH (Garten Allahs, USA 1927, Rex Ingram), in dem interessanterweise nur kurze Farbpassagen bei einem ansonsten in Schwarzweiß gehaltenen Gesamtfilm realisiert wurden. Doch hätte er bei seiner Empfehlung sicherlich nicht mit einem solchen Sabotageakt gerechnet, in dem das nach einem Gemälde entworfene Filmbild die Künstlichkeit des Schwarzweißfilms geradezu in Natürlichkeit ummünzt.

In diesem umgekehrten Relationsverhältnis ist Farbe etwas Artifizielles, Schwarzweiß bekommt hingegen einen Original- und Wirklichkeitscharakter, was gleichzeitig zur Moralisierung der Inhalte führt: Angesichts der Passion Straccis, die sich in dem sakral inszenierten Licht des *chiaroscuro* ereignet, wird die Passion in Farbe zu einer Veranstaltung ›made in Hollywood‹ – die Farbe wird zum Konsumkitsch. Auf die Tableaux vivants übertragen, bezieht sich die Kritik auf ihre sinnentleerten, konsumistischen Posen einer Gesellschaft von Pin-up-Bildern. Darin den christologischen Erlösungsgedanken zu verorten, bedeutet eine Profanisierung, und dramatischer ausgedrückt: eine Entweihung der Bilder-Orte, an denen die Passion (noch) stattfindet. Um so mehr, da die Vereinnahmung der sakralen Themen durch die Tableaux vivants unter dem Postulat der Ästhetisierung geschieht, und damit zu einem absurden Maskenspiel an der Schwelle zur tödlichen Erstarrung zu werden droht. Die vermeintliche Vervollkommnung des Lebens durch die Annäherung an die Kunst, die das Tableau vivant perfektionierte, hatte »nur die Schönheit, nicht die Bitterkeit [der] Tränen, nur die malerische, nicht die jammernde Stellung«[105] hervorzukehren. So auch LA RICOTTA, wo Stracci einen ›ästhetischen‹ Tod am Kreuz eines Tableau vivant erleidet und die Passion ihrer immerwehrenden Vergegenwärtigung beraubt, das heißt sie vulgarisiert, indem er sie realisiert. Aber der Ort ihrer Aktualisierung, das wahre Lebende Bild, konnte nicht im ästhetisierten Zeichen liegen. Vielmehr mußte er im Leben selbst, in »der Bitterkeit der Tränen«, welche die Passion begleitet, neu situiert werden.

---

103 Vgl. Kracauer, Siegfried (1937/1974): »Zur Ästhetik des Farbfilms«, in: Ders., Kino. Essays, Studien, Glossen zum Film, S. 48–53 (Originaltext erschien in »Das Werk« vom Sep. 1937 unter dem Titel »Über den Farbfilm«), und Kracauer (1938/1974), S. 53–61.

104 Kracauer (1937/1974), S. 52f.

105 Paul (1927), S. 217f. Siehe auch das Kap. I dieser Arbeit.

Die tägliche Passion der Armen ereignet sich also im Helldunkel des *chiaroscuro*. Nüchtern fällt hier der Schlagschatten und verdunkelt das eben noch bis ins Unerträgliche ausgeleuchtete Gesicht des Komparsen am Kreuz. Die Großaufnahmen und Naheinstellungen bei Pasolini sind als Orte echter Verlassenheit inszeniert. Ihre Differenz zu den Tableaux vivants in Eastmancolor ist kaum größer zu denken. Schwarzweiß versus Farbe – in diesen beiden Termen konstatiert sich der Unterschied von vermeintlicher Authentizität versus ausgestellte Künstlichkeit.

Entsprechend der Mise-en-abyme oder der Metapher des Wiederkochens, dem sich der Käse *ricotta* verdankt, gibt es in LA RICOTTA immer auch eine komplementäre Seite der Motive. Gemäß diesen beiden verwandten Prinzipien hat auch die Farbe der Tableau-vivant-Sequenzen eine zweite, tiefer liegende Bedeutung. ›Wiedergekocht‹ symbolisiert die Farbe nicht mehr den religiösen oder kulturellen Ausverkauf, sondern die Möglichkeit zur Befreiung von dem Automatismus einer bilderproduzierenden Maschinerie. Einer Maschine also, zu deren Aufgabe gleichermaßen das Ordnen, Klassifizieren und Ausweiden von Bildern gehört. Diese einmal verbrauchten Bilder sind scheinbar aus dem kulturellen Fundus eliminiert. Sie werden entweder obsolet oder fallen dem unaufhörlichen Kreis der Wiederholung anheim. Passionsdarstellungen gehören zu den meist kanonisierten und damit vom Kitsch am stärksten bedrohten Bildern. Im System der Mise-en-abyme erhält die Farbe der Tableaux vivants, die Pasolini in seinem Sinne noch einmal lyrisch nachzeichnet, ihre Ursprünglichkeit zurück: Sie wird wieder zur Farbe der Manieristen, womit sie über die bloße Naturnachahmung hinausweist und damit auch wieder zur Farbe des Altarbildes wird. Als Störung im Fluß der Schwarzweißbilder exponiert die Farbe den *effetto dipinto*, der die festgesteckten Grenzen des narrativen Filmbildes durch seine ›Verunreinigung‹ des Stils wieder porös und für andere Einflüsse durchlässig macht.

Schließlich ist es Pasolini selbst, der sein Alter ego, den innerfilmischen Regisseur – und damit sich selbst – in Schutz nimmt, wenn er dem imaginierten Publikum im Drehbuch erzählt, warum er dem Leser so lange Beschreibungen der Farben zumutet:

Warum habe ich so darauf bestanden, kultivierten Personen das Gemälde von Pontormo und seine Farben zu beschreiben? Weil, um gegen die Produzenten, die Kapitalisten, das Kapital zu rebellieren, muß man entweder eine schwierige, spezialisierte, selbst dann wenn sie wahnsinnig ist, und raffinierte Kultur benutzen: im ganzen nicht integrierbare … aber greifen wir noch nicht vor: wir werden es bei der letzten Szene sehen.[106]

---

106   Zitiert in Joubert-Laurencin (1995), S. 88.

Mit der Doppelwendigkeit der Objekte und ihren symbolischen Bedeutungen verläßt Pasolini das Terrain der prosaischen oder narrativen Gradlinigkeit eines Mainstreamkinos. Das Mise-en-abyme, das Pastiche oder die Kontamination – sie alle sind, trotz ihrer im einzelnen unterschiedlichen Ausformulierungen, tragende Säulen einer Filmästhetik, die die Pasolinische *poesia cinema* bestimmt. LA RICOTTA ist weit davon entfernt, bloßer Bilderclash zu sein, in dem sich Filmbild und Kunst als Paragone gegenübertreten: »Vorfahren sind weder ein Alptraum, noch gehören sie der Geschichte an«, sagt Frieda Grafe und trifft damit den Kern Pasolinischer Kontamination als eines Aktualisierungsverfahrens.[107] Entsprechend diesem Prinzip haben auch die Tableaux vivants ein ›zweites Gesicht‹, das an einem (innerfilmisch betrachtet) imaginären Ort sichtbar wird.

Die imaginären Orte der Bildverwandlung

Anders als die Schwarzweißszenen, die unzweideutig in der realen Gegend der Borgate spielen, finden die Aufnahmen der Tableaux vivants an einem unbestimmten Ort statt. Der abrupte Wechsel von Schwarzweiß zu Farbe soll irritieren, denn hier findet eine gravierende Verschiebung vom Realen ins Imaginäre statt. Wo der Sitz der Bildnachstellung ist, bleibt unklar: Man hört Stimmen des Regisseurs und seiner Assistenten aus dem Off, ein Musikband wird abgespielt, eine schmale künstliche Bühne ist besetzt von stark ausgeleuchteten, in starren Posen verharrenden Schauspielern. Unterstützt wird dieser schwebende, ortlose Zustand der Tableaux vivants durch den harten Montageschnitt, der den Gegensatz mit all seinen Implikationen von Schwarzweiß- und Farbaufnahmen betont, ohne den narratologisch häufig präferierten weichen Übergang zu wählen. Unvermittelt erscheinen die Schauspieler, die man noch aus der grellen Realität des Schwarzweißfilms her kennt, in der farbigen Welt einer nicht weiter definierten ›anderen Seite‹.

Diese Orte der Farbe sind die Kehrseite jenes Schwarzweißfilms, der seine dokumentarische Wahrheit evident machen will und das Kino der Dokumentarfilme, das *Cinéma Vérité* oder das amerikanische Pendant *Direct Cinema* der 1950er bis 1960er Jahre, zitiert. Dagegen handelt es sich bei den Farbszenen um Imaginationsräume, die zum Ort mystischer Verwandlungen vom Filmbild zum filmischen Tableau vivant und noch einmal zum Gemälde werden. »Es ist meine Art, die Realität wie eine

---

107 Grafe, Frieda (2002): Filmfarben, Berlin: Brinkmann & Bose, S. 34.

sakrale Erscheinung zu sehen«, sagt Pasolini,[108] und hier entsteht aus der sakralen Erscheinung der Farbe die Realität eines lebendigen Bildes.

In der Metamorphose der Farbe spiegelt sich die Metamorphose der Schauspieler wider. Ihre Verwandlung vollzieht sich nur in Farbe, denn die Ästhetisierung der Körper im Versuch der Bildwerdung scheitert an dem Einbruch der Bewegung – der des Filmbildes wie der im Filmbild – und das heißt an der Lebendigkeit der Körper, die unter dem realen Gewicht eines Christusdarstellers zusammenbrechen (Abb. 37). Ihre Verwandlung zu piktoralen Figuren eines Altarbildes mißglückt also im Verkörperlichungsversuch, nicht aber in der mystischen Bedeutungsaufladung, an der sie – wenn auch nur kurz – durch die Farbe partizipieren.

»[…] Laß uns sie Farben nennen...«, schreibt Pasolini in dem Drehbuch,[109] und kennzeichnet damit einen Mangel der Sprache, die nicht dem gerecht werden kann, was durch die Farben von Pontormo und Rosso Fiorentino unmittelbar zum Ausdruck kommt. Der Ort, an dem aus Farbe Bildersprache wird, ist ein dunkler, unbestimmter Ort, den nur ein diffuses, quellenloses Licht ausleuchtet. Bezeichnenderweise nimmt auch Jean-Luc Godard eine ähnliche Situierung der Tableaux vivants in seinem Film PASSION (Passion, F 1982) vor, wenn er die Lebenden Bilder in eine unüberschaubar große (Fabrik-)Halle setzt, um dort dem »Geheimnis der Gemälde« – der Farbe und dem Licht – unter anderem am Beispiel von Rembrandts *Nachtwache* nachzugehen.[110] Dafür verdunkelt er zunächst den Ort der Tableaux vivants, um dann jeweils nur ein Detail oder eine Gruppe im Spotlicht aus der Dunkelheit farbig hervorzuholen. Godard versucht also in der Vermittlung durch die Tableaux vivants der ›Sakralität‹ der Gemälde auf die Spur zu kommen, Pasolini hingegen macht deutlich, daß es die Struktur ist, was das ›Sakrale‹ am Bild ausmacht.[111]

---

108 Pasolini in einem Interview im französischen Fernsehfilm PASOLINI L'ENRAGÉ (Pasolini, der Zornige; Jean André Fieschi. Erstausstrahlung im französischen Fernsehen am 15.11.1966), abgedruckt in: *Pasolini* (1994), S. 6.

109 »Chiamali colori« ist in der deutschen Textversion mit »Kann man das noch Farben nennen...« übersetzt, vgl. Pasolini (1965/1990), S. 89.

110 Vgl. Paech, Joachim (1989); Müller, Jürgen E. (1997): »Jean-Luc Godard und die Zwischen-Spiele des Films«, in: Volker Roloff/Scarlett Winter (Hg.), Godard intermedial, Tübingen: Narr, S. 108–127.

111 Vgl. Pasolini im Interview mit Jean André Fieschi, in: *Pasolini* (1994), S. 6.

Körper haben und Bild sein

REGISSEUR (off-screen): Kamera ab!
KLAPPENMANN (off-screen): Vierhundertzweiundvierzig, die Erste.
REGISSEUR (off-screen): Action!
FIGUR VON HINTEN IN FARBE: Maria, Maria!
REGISSEUR (off-screen): Nicht so … wiederholen Sie es … verzückter, frommer...
FIGUR VON HINTEN IN FARBE: Maria, Maria!
REGISSEUR (erregt, off-screen): Stopp! Ich habe Ihnen gesagt, Sie sollen still stehen. Fuchteln Sie nicht so mit den Ellenbogen herum … Ruhig, ruhig! Sie sind eine Figur aus einem Altarbild, verstanden? Still! Kamera ab!
KLAPPENMANN (off-screen): Vierhundertzweiundvierzig, die Zweite.
REGISSEUR (off-screen): Action!
FIGUR VON HINTEN IN FARBE: Maria, Maria!
REGISSEUR (verzweifelt, off-screen): Beschwörender, beschwörender!
FIGUR VON HINTEN IN FARBE: Maria, Maria… […][112]

Bei dieser Nachstellung von Pontormos *Beweinung* ist man Zeuge des schwierigen Unterfangens, lebende Körper unter das Regime des Bildes im Tableau vivant zu bringen. Man hört die frustrierte Stimme des Regisseurs, der versucht, die Schauspieler in eine optimale Position zu dirigieren. Und optimal heißt bewegungslos, stimmlos und möglichst exakt der Gemäldevorlage nachempfunden.

Was sich hier abspielt, ist eine theatralische Inszenierung, die nicht gelingen will, ja nicht einmal gelingen kann. Und das aus zwei Gründen: Zunächst ist da der hohe künstlerische Anspruch des innerfilmischen Regisseurs, einen Film zu machen, der die gewöhnlichen Maßstäbe der Filmproduktionen – zumal der Passionsfilme – durchbricht. Seine kulturellen Ambitionen lassen sich deutlich an der Akribie ablesen, mit der er die Tableaux vivants arrangiert.

Den unreinen, von Bedürfnissen befleckten, eben den gewöhnlichen Körper auszustellen, heißt für den innerfilmischen Regisseur zu schauspielern. Folgerichtig tabuisiert er das theatrale Pathos, das den gestischen Dialog im Passionsbild und damit das Sakrale im Bild verunreinigen würde. Die Umsetzung der Passion darf nicht in einem bloßen Schauspiel enden, das in letzter Konsequenz nur eine Komödie abgeben würde. »Ihr seid keine Figuren der *Comédie Française*!«,[113] so sein verzweifelt-erboster Ausruf, in dem sich das Wissen um die Gefahr widerspiegelt, das Sakrale des Gemäldes könnte zu einer Farce verkommen. Aus dieser Be-

---

112   Pasolini (1965/1990), S. 91f.
113   Dieser Ausruf kommt nicht mehr in dem publizierten Drehbuch vor.

Abb. 37: LA RICOTTA – Tableau vivant nach Pontormo (Teil 1, Sequenz-Stills)

fürchtung heraus erklärt sich zum Teil auch die penible Detailtreue, mit der die Gestaltung der Tableaux vivants vorangetrieben wird.

Neben der Schauspielerei ist es der lebende Körper, der der Umsetzung des beschwörenden Satzes »Ihr seid die Figuren eines Altarbildes« im Weg steht. Es geht in letzter Konsequenz um die Eliminierung des profanen, unkeuschen Körpers aus dem Tableau vivant einer religiösen Darstellung. Man erinnere sich noch einmal an die Verbote von Passionsspielen, die die amerikanischen Theater betrafen, und an den gleich

246

*Abb. 38: LA RICOTTA – Tableau vivant nach Pontormo
(Teil 2, origin. Farbe, Sequenz-Stills)*

zeitigen Enthusiasmus, der den gefilmten Tableaux vivants der Passionsspiele entgegengebracht wurde. Das Filmbild vollbrachte hier offensichtlich etwas, das nach Ansicht der religiösen Würdenträger das Tableau vivant näher an die sakrale Erhabenheit der Altarbilder rückte und das man
als eine ›Entkörperung des Körpers‹ beschreiben könnte. In der Mimesis
des Tableau vivant wurde der Körper zu einem ›natürlichen‹ Bildnis und
gleichsam zu seinem mumifizierten Double. Die Tilgung des Profanen
geschah durch die Transzendenz des Leiblichen, das im Moment seiner
Transformation zu einem Wesen ›wie aus einer Altartafel‹ werden konnte.

Auf dem Weg dahin hatte der Körper alles abzulegen, was ihn als lebendig und weltlich charakterisieren würde: die Bewegung, die Sprache,
die Mimik und die Gestik. Aber es war vor allem die ergreifende Unmittelbarkeit, die die Gefahr einer Aktualisierung der christologischen Ge-

schichte mit sich brachte, welche von den amerikanischen Methodisten, Lutheranern, Protestanten u.a. im thearalen Tableau vivant befürchtet wurde. Zu bannen war dies offensichtlich durch die filmische Rückübersetzung des Körpers auf eine, wenn auch bewegte Fläche.

Wie bereits dargelegt, wäre eine Aktualisierung der Passion durch die realen, das heißt vitalistischen Körper der Schauspieler in den Augen des innerfilmischen Regisseurs von LA RICOTTA gleichbedeutend mit einer Profanisierung und Vulgarisierung des Leidenswegs Christi. So hatte sich die Dramatik der Darstellung auf der Filmleinwand wie auf einer Altartafel und nicht in der schauspielerischen Eigenleistung zu artikulieren. Was die Schauspieler leisten sollten, entsprach einer Mumifizierung ihrer Körper im Moment des erhabensten Ausdrucks, was allerdings auch im Moment der höchsten Anspannung bedeutet. Allein diese Methode schien dem Regisseur der Passion geeignet zu sein, die kultisch beglaubigte Heiligkeit und Wahrhaftigkeit des Altarbildes auch für das Tableaux vivants zu verbürgen. Zu schauspielern war angesichts der anstehenden Transformation des Sakralen zum Tableau vivant unakzeptabel. Es widersprach dem Wunsch nach Auratisierung gleichermaßen wie der Seriosität des Unterfangens selbst und mußte um jeden Preis vermieden werden.

Wie beständig das Problembewußtsein mit den religiösen Tableaux vivants gekoppelt war, zeigte sich schon am Beispiel der berühmten Passionsspiele von Oberammergau. Denn hier standen ihre sakrale Ausstrahlung und damit ihre Wahrhaftigkeit in völliger Abhängigkeit von den Darstellern und ihrem Status als Laienschauspieler. Und nicht nur das: Sie verwiesen zugleich auf ihre rechtschaffenen, darin geradezu ›biblischen‹ Berufe, wie zum Beispiel Schreiner, und versuchten auf diese Wiese dem Vorwurf der Profanisierung, des Betrugs und der Kommerzialisierung zu entgehen.[114]

---

114 Charles Musser berichtet von den Laiendarstellern des Dorfes Oberammergau, die den Gästen der Passionsspiele gerne Rede und Antwort standen und sich jenseits ihrer Auftritte als überaus offenherzig, schlicht und in ihrem jeweiligen Beruf verhaftet zeigten. Fotografien, die das einfache Leben der Darsteller dokumentierten, waren neben den Tableau-vivant-Karten beliebte Kaufobjekte und Andenken, die bspw. anders als bei den Diven des Films, nicht die Schauspielerinnen in ihren Rollen dokumentierten, sondern das Zusammenfallen der Privatperson und seiner Darstellung im Tableau vivant, damit ihre schlichte Aufrichtigkeit evident machen sollten. Vgl. hierzu Musser (1999), S. 29–79 und Raschke, Jens (1999): »Das ›Nein‹ aus Oberammergau. Gescheiterte Passionsprojekte«, in: Reinhold Zwickel/Otto Huber (Hg.), Von Oberammergau nach Hol-

Schauspieler *und* originäre Bildfigur zu sein, dieser Aufgabe konnten die Darsteller von LA RICOTTA nicht gewachsen sein. Als vitale und aktuelle Personen drängten sie zum gestisch-mimischen Ausdruck und damit zu einer körperlichen Verinnerlichung der Passion. Sie wollten gute Darsteller *und* gute Gläubige sein, womit sie die Passion mit einer Inbrunst spielten, die zur Überhöhung tendierte. Die zwangsläufige Konsequenz ihrer Bestrebungen war die pathetisch-theatrale Geste, an der der innerfilmische Regisseur zu verzweifeln droht.

Die Aufnahmen führen deutlich die Anstrengung der subproletarischen und proletarischen Komparsen vor Augen, die den Sinn der Ästhetisierung ihrer Körper nicht begreifen. Ihre einfache, alltägliche Religiosität hat ihre Entsprechung im Pathos des Ausdrucks, der für die Verwirklichung der Tableaux vivants als falsche Theatralik abgelehnt wird: »Fuchteln Sie nicht so mit den Ellenbogen herum!«,[115] so die genervte Antwort des Regisseurs auf die Versuche seiner ambitionierten Darstellerin. Vor dem Hintergrund des künstlerischen, teils mystischen Anspruchs ist die Darbietung für den *regista* bar jeder sakralen Transkription und damit nichts anderes als ein Komödien- und Schmierentheater. Eine Vermittlung der Idee an die Darsteller ist dem Regisseur nicht gelungen, und so produzieren sie eine Reihe von Defekten und Störungen bei der Darstellung der Tableaux vivants, die sie nicht begreifen. Das Tableau der *Kreuzabnahme* kennzeichnen beispielsweise vor allem die Unzulänglichkeiten organisatorisch-kompositioneller Art, die zu subalternen Kontaminationen innerhalb des größeren Stilpastiche führen. Dazu gehören das anfängliche Vertauschen der Musikbänder, die statt der weihungsvollen Scarlatti-Klänge den profanen Twist abspielen, da bohrt der Joseph-Aphanasius-Darsteller aus selbstvergessener Langeweile in der Nase, der Mohr hat einen falschen Auftritt, eine allgemeine Unkonzentriertheit und Langeweile breitet sich aus, in der die Schauspieler nicht still stehen können und ihre Anspannung schließlich im grundlosen Gekicher entladen. Die Zurechtweisung, die die Maria-Darstellerin vom *regista* erfährt, stellt eine Schlüsselszene dar, in der sie mit einer possenhaften Figur aus der *Comédie Française* verglichen wird.

Die Verärgerungen des Regisseurs über ihre Fehlleistung bringen noch einmal das zweite Dilemma der Tableaux vivants zum Ausdruck, denn hier ziemt es sich nicht, die Maria *zu spielen*, hier, das heißt im Tableau vivant, hat man die Figur der Maria *zu sein*. Mit dem Verweis auf die Comédie-Française, wo Tableaux vivants häufig zum Einsatz kamen,

---

lywood. Wege der Darstellung Jesu im Film, Köln: Katholisches Institut für Medieninformation, S. 83–116, dort mit Abbildungen.

115 Pasolini (1965/1990), S. 92; deutlicher im Film heißt es aber »Bewegen Sie keinen Bizeps!«.

zwingt sich eine weitere Parallele auf, nämlich zu den Pariser Revuethea-
ter *Folies Bergères* (*Die tollen Schäferinnen*, in Anspielung auf die Schä-
ferspiele des Rokoko), die aus den Tableaux vivants eine Varieté-Show
mit »erotisch-pikanten Schaureizen«[116] machten. Der vom innerfilmischen Regisseur verbal hergestellte Bezug zum Theater ist kein zufälli-
ger. Gleich mehrere Filmstellen zeugen von Pasolinis Kenntnis historischer Vorbilder und theatraler Tableau-vivant-Praxis. Bereits die musikalische Untermalung mit den tragenden Klavierstücken von Scarlatti und
dem begleitenden Kommentar aus dem Off sind Anleihen aus der frühen
theatralen Praxis der Tableaux vivants und sakralen Aufzüge. Im Barock-
theater oder in der Barockoper beispielsweise konnten die Tableaux vivants von einem Erklärer oder Ausleger gedeutet werden, der in bezug
auf LA RICOTTA wie eine Vorstufe des dort eingesetzten Off-Screen-
Kommentators wirkt, zumal der historische Konterpart häufig auf einer
Nebenbühne postiert und somit für das Publikum nicht unmittelbar sichtbar war.[117]

Konnte der *regista* bei dem ersten Tableau vivant noch Hoffnung auf
ein Gelingen und damit auf die Disziplinierung der widerspenstigen Körper hoffen, so werden in der Nachstellung zu Pontormos *Beweinung*
grundsätzliche Probleme sichtbar, die den Erfolg der Tableaux vivants
prinzipiell in Frage stellen. Das wiederholte Vertauschen der Musikbänder erscheint hier nicht mehr als ein harmloser, amüsanter Einzelfall.
Durch seine Wiederholung wird es vielmehr zu einem akustischen Leitmotiv von rebellischer Tendenz. Die übertriebenen Gesten der Maria
Magdalena und ihre laute Artikulation des Textes, der realiter jener körperlosen, ›himmlischen‹ Stimme aus dem Off zukäme, stellen bereits
grobe Verstöße gegen das Diktat der Ästhetisierung und Sublimierung
dar. Aber erst der Sturz des Christus-Schauspielers, verursacht durch die
Komparsen (zwei engelgleiche Figuren), die ihn in der schwierigen Körperhaltung nicht mehr halten können, hat die völlige Zerstörung des Tableau vivant zur Folge. Dieser strukturelle Zusammenbruch ist im Paso-

---

116 Sucher (1996), S. 255.

117 Dieser Art der kommentierten Tableaux vivants ging eine andere Art
     voraus, die in den *Trionfi* der Renaissance, den Triumphzügen, und den
     Entrées, den aufwendigen Aufmärschen bei fürstlichen Besuchen oder
     Bällen, Anwendung fand. Hierbei handelte es sich um Titelüberschriften
     (*inscriptio* oder *lemma*) und Unterzeilen (*subskriptio*), welche die em-
     blematischen Tableaus in ihrer theologischen, allegorischen oder mytho-
     logischen Bedeutung erklärten. Die Rolle des Kommentators läßt sich
     schließlich auf die Person des Bänkelsängers zurückverfolgen, der auf
     mittelalterlichen Märkten Bilder oder Texte erklärte und zu einer eigenen
     Erzählung ausschmückte. Vgl. Komza (1995), S. 78.

linischen Sinne eine ›häretische Handlung‹, die sowohl gegen die Ästhetisierung des Lebens als auch gegen die falsche Moral der bloß ästhetischen Gesten angeht. Was hier scheitert, ist der Versuch einer endgültigen Domestizierung des ›barbarischen‹ Körpers, so Pasolini, der für das bürgerliche Konsumsystem zu viele Spuren des Animalischen und des unbesetzten Verlangens mit sich trägt.

»Una bestia«: Die Disziplinierung zum Bild

Stracci stellt den Prototypen eines Pasolinischen Subproletariers dar, der sich bis zu seinem Tod als einziger seiner Domestizierung entzieht, denn Stracci (genauer: sein Körper) verharrt in triebgesteuerten Grundbedürfnissen. In LA RICOTTA verkörpert er auf eine besonders eindringliche Weise jenes ›Tier‹ – *una bestia* wie er im Drehbuch zynisch genannt wird – der vorindustriellen Zeit, das es zu unterwerfen galt, weil seine Triebe noch zu sehr an die Möglichkeit anderer gesellschaftlicher Formen erinnerten. Straccis animalische Verhaltensweisen, ob es der Sexual- oder der Freßtrieb ist, werden selbst von seinen Standesgenossen verlacht, die bereits die konsumistische Sublimierung ein Stück weit gelernt haben. Daß dieses ›Tier‹ Stracci keine Aggressionen zeigt, mehr noch, daß es weinen und vergeben, Leid, Gerechtigkeit und Verantwortung empfinden kann, ändert zunächst nichts an der Tatsache seiner vermeintlichen Animalität. Ist Stracci also *una bestia*, nur weil er dem Fressen nachjagt, rülpst, verschlingt und schließlich krepiert?

In der Tat scheint erst sein Kreuztod auf etwas in dieser *bestia* zu verweisen, was sie zum Menschen macht. Erst in der letzten Filmszene, angebunden an das doppelte Symbol der göttlichen Menschlichkeit und der menschlichen Grausamkeit, offenbart Stracci seine humane Natur, die zu seinen Lebzeiten negiert wurde. Bei dieser ›Humanisierung‹ der *bestia* rückt der Zuschauer abwechselnd in die Rollen des Täters und des Richters. Er ist wie der griechische Seefahrer Hanno, der um 510 v. Chr. die Küsten Afrikas bereiste und dort am Ufer eines Sees behaarte Wesen sichtete. Parallelen zwischen dem »häßlichen Affen«, wie Stracci von seinen Kumpanen genannt wird, und den behaarten Wesen, die Hanno schließlich gefangennahm, sind durchaus vorhanden. Denn als Hanno seine Gefangenen nicht zähmen, das heißt sie für den begutachtenden Kennerblick nicht still stellen konnte, ließ er sie kurzerhand töten. Erst im Zustand des Todes konnte der erste Eindruck, den die Griechen angesichts dieser Wesen hatten, bestätigt werden: Sie wurden endgültig als

Abb. 39: LA RICOTTA – Freßorgie: Stracci in der Höhle (Sequenz-Stills)

Menschen identifiziert und so konnte die zivilisierte Welt erst nach ihrer Arretierung zum ›Stilleben‹ von ihnen Kenntnis nehmen.[118]

Ähnlich wie bei diesen afrikanischen ›Wilden‹ resultiert die Animalität Straccis – für Pasolini stellvertretend für das Subproletariat und das Bauerntum – aus dem Fehlen einer erkennbaren Identität. Die an ihn gerichteten Zuschreibungen oszillieren nicht nur zwischen Mensch und Tier, sondern auch zwischen Mann und Frau. Bezeichnenderweise verkleidet sich Stracci mit einer langhaarigen, blonden Perücke und einer kleidähnlichen Tunika, um an ein weiteres Lunchpaket heranzukommen.

---

118 Die Geschichte ist im *Periplus*, dem Reisetagebuch des Seefahrers Hanno, nachzulesen; hier zitiert in Sofri, Adriano (1995/1998): Der Knoten und der Nagel. Ein Buch zur Linken Hand, Frankfurt/Main: Eichborn, S. 28–29.

Ein notdürftig verhülltes Gesicht, ein langes Gewand und lange blonde Haare genügen, um für die anderen aus Stracci eine Frau zu machen. Dies geschieht um so überzeugender, je stärker Stracci dem Animalischen verbunden ist, das zum Teil auch an die Frau attribuiert wird. Seine Identitätsbildung scheitert also an mangelnder Polarität (Abb. 39).

Folgt man der Argumentation von Adriano Sofri, so beruht gerade die kapitalistische Kultur auf der Herausbildung von Gegensätzen, die eine Klassifizierung und Legitimierung ermöglichen: rechts/links, Tier/ Mensch, Mann/Frau, gut/böse, Kultur/Natur etc.:

Die Kultur entdeckt den Unterschied, vertieft ihn, erhärtet ihn bis zur Abspaltung und Verselbständigung. Alles, was noch gemeinsam bleibt und Ähnlichkeit und Vermischung bezeugt, wird sorgfältig zurückgedrängt, bis es gelöscht ist. Identität bildet sich durch Spaltung und Gegenüberstellung. Kultur scheint auf diese Weise einen biologischen Differenzierungsprozeß zu begleiten, nach und nach selbständiger zu werden und in sich selbst die Unterschiede zu finden, an denen sie arbeiten kann. Ihre mächtige Tendenz bekämpft Vermischung und Austausch, zieht es vor, klare und geschlossene Identitäten festzulegen, starre und überwachte Grenzen zu ziehen.[119]

Tatsächlich gewinnt *una bestia* erst mit und in der deutlichen Dualität eine Identität, die sie zum Menschen und das heißt vor allem zum Mann macht. In seiner Ambivalenz kann Stracci aber sowohl eine Frau verkörpern wie ironischerweise auch mit Hunden kommunizieren; übrigens besitzt in LA RICOTTA auch ein Schäferhund das Vermögen zu sprechen bzw. der Zuschauer das Vermögen ihn zu verstehen, als jener nach der Dornenkrone bellt. In seiner unsteten Bewegung und Verwandlung kann Stracci nicht ›identifiziert‹ werden und bleibt so lange das Andere, das kein Mensch/Mann ist, bis der Moment des Todes seine Domestizierung einläutet. Erst in diesem echten Tableau vivant ist er stillgestellt und klassifizierbar. Nun kann die zivilisierte Welt seine menschliche Bedürftigkeit *im Bild*, das heißt in der christologischen Festschreibung eines Tableau vivant ausmachen.

Am Ende des Films desillusioniert dieses neukomponierte und von einer konkreten Vorlage unabhängige Tableau vivant mit dem toten Stracci am Kreuz (Abb. 42) die Hoffnung auf eine Rebellion, die Pasolini ursprünglich in dem vitalistischen Potential der Subproletarier und Bauern sah. Die symbolische Kraft einer solchen kulturellen Volksbewegung aus den untersten Ständen heraus liegt im Bewegungsbild selbst, das Pasolini zum Antagonisten des Tableau vivant wählt, worauf ich noch zurückkommen werde. Bereits das Tableau vivant nach Pontormo, das die

---

119   Sofri (1995/1998), S. 22–23.

mißglückte Disziplinierung der Körper par excellence vorführt, enttäuscht diese Erwartungshaltung, weil es zuletzt doch zu einer geordneten Figuration am Kreuz zurückfindet. Bezeichnenderweise war es gerade der raffinierte, schwebende Figurenaufbau der *Beweinung* – das fehlende Kreuz wird durch die Anordnung der Körper simuliert (Abb. 33) –, an dem sich die Dualitäten von Bewegung und Stillstand, archaischer Bauernkultur und verfeinerter Konsumästhetik entzünden. Entsprechend der filmischen Binärlogik kommt die Disziplinierung der subproletarischen Körper der Diva zu. Sie, die an höchster Stelle der pyramidalen Kreuzfiguration situierte Engelsfigur, verkörpert eine mit der Macht dieser topographischen Stellung ausgestattete hierarchische Symbolgestalt. Natürlich repräsentiert sie auch die einzige ›wirkliche‹ Schauspielerin und Künstlerin am Set. Schließlich ist sie auch eine Bürgerliche, deren soziale Stellung sie dazu befähigt, den desolaten Zustand der subproletarischen Körper im Tableau vivant wieder zur Räson zu bringen. Ihre in stummer Mimik und Lippenbewegung hervorgebrachte Züchtigung ist eine perfekte Umsetzung des tableauesquen Ästhetisierungs- und Sublimierungsgedankens. Ausgestattet mit einer erst in der Synchronisierung hörbaren Stimme aus dem Off und einem schwerelosen Körper, stellt sie die Idealfigur eines Tableau vivant dar.

DIVA (im Tableau vivant in reiner Lippenbewegung): Schluß! Ihr seid Idioten! Schluß!
ASSISTENT (off-screen): Ja gnädige Frau! Ja, ja!
[Die Tableau-vivant-Statisten hören auf zu lachen und gruppieren sich schnell und ernst zum Altarbild.] [120]

Die Diva bewegt die Lippen, an denen der Zuschauer nur durch ihre überdeutliche Artikulation die Worte ablesen kann. In vollendeter Stummfilmmanier spricht sie ohne Stimme und ohne Bewegung. Es verwundert nicht, daß gerade sie das Sakrileg begreift, das die lebendigkomischen Komparsen an der Nachstellung des Altarbildes begehen. Mit ihren vitalen Körpern zerstören sie die spezifische Ordnung des Bildes, indem sie diesem autonomen, zeitlosen Ort des Tableau vivant jene Komponente des Lebens hinzufügen, die die Vergänglichkeit, die *Vanitas*, symbolisiert, nämlich die sich in Bewegung entäußernde Handlung, auf die der Zusammenbruch der ästhetischen Formation folgt.

Einzig der *ciachista*, der aus dem Off die körpergewordenen Gemälde souffliert, kann die Transformation perfektionieren und vollenden:

---

120 Diese Szenenbeschreibung und der Monolog bzw. der Dialog sind nicht in dem literarisch bearbeiteten Drehbuch Pasolinis enthalten, sondern folgen dem Filmverlauf.

Seine überirdische, da körperlose und dabei allgegenwärtige Stimme unterstreicht die Entrücktheit des Tableau vivant und hebt die körperliche Nachbildung auf eine sphärische, zeitlose Stufe der Betrachtung. Eine solche soufflierende Figur ist im historischen Zusammenhang der Tableaux vivants durchaus bekannt und erinnert vor allem an die vergleichbare Rolle des Pierrots in den Vaudeville-Theatern des 19. Jahrhunderts.[121] Obwohl er dort durchaus lebendig zwischen den Figuren des Tableau vivant wanderte und seine Kommentatorenrolle auf der Bühne ausübte, stellte er gleichwohl eine mehr oder weniger entrückte, nicht reale Person dar, deren individuelle Gesichtszüge unter einer weißen Schminke nivelliert oder ins Abstruse verändert wurden.

Der bewegte Beweger oder
der Einsatz der Zeitraffer

Neben dem Retardierungsmotiv von LA RICOTTA, das im Einsatz der Tableaux vivants konstitutiv wird, gibt es ein zweites, nicht minder bedeutendes Leitmotiv des Films, das auf den ersten Blick in der Idee eines Slapsticks aufzugehen scheint. Die Rede ist von den *Zeitraffer-Sequenzen*, in denen Stracci in beschleunigter Bewegung gezeigt wird. Bedeutete die Einführung des Tableau vivant eine Störung im Fluß der Bewegungsbilder, so erzeugt der Zeitraffer eine Exponierung dieses kinematographischen Prinzips, die eine andere Störung der homogenen Narration verursacht.[122] In diesem Sinne sind beide, die Retardierung und die Beschleunigung, wie man schon beim Schwarzweiß- und Farbfilm beobachten konnte, zwei Seiten einer Sache, oder um mit Pasolini zu sprechen: zwei Wahrheiten einer Realität. Und auch hier begegnet uns Pasolinis bipolares Kontaminationsmodell.

Auf der Handlungsebene determinieren die Aufnahmen in Zeitraffer das Leben des Komparsen Stracci. Entsprechend der ideologischen Haltung Pasolinis wird das primärste aller Grundbedürfnisse – das Bedürfnis nach Essen und die existentielle Frage nach der Möglichkeit seiner Beschaffung – zum Anstoß für die Handlungsfähigkeit des Subproletariers schlechthin. Straccis Leben am Set kreist ausschließlich um das begehrte

---

121 Komza (1995), S. 65.

122 Zur Frage nach der außertechnischen Bedeutung von Zeitraffung und Zeitdehnung, versehen mit frühsten Abhandlungen zu den beiden Phänomenen siehe Becker, Andreas (2004): Perspektiven einer anderen Natur. Zur Geschichte und Theorie der filmischen Zeitraffung und Zeitdehnung, Bielefeld: transcript.

Lunchpaket, also um die Essenbeschaffung. Ergänzend kommt das sexuelle Bedürfnis hinzu, das mit dem von seiner Kollegin improvisierten Striptease, auch dieses teilweise in Zeitraffer, deutlich akzentuiert wird. Man sieht, wie Stracci in beschleunigtem Tempo das erste Lunchpaket an seine Familie überbringt, wie er das zweite Paket mit List für sich selbst erkämpfen kann und es in den benachbarten Höhlen versteckt. Schließlich sieht man Stracci zu einem Bauern rennen, auf dem Weg dorthin sich mechanisch vor einem Wegeskreuz bekreuzigen, Ricotta kaufen und in der umgekehrten Richtung der Vorgänge zu seinem Höhlenversteck zurückhetzen – und all das aus einer einzigen Bewegung heraus. Aber selbst noch die ersehnte Befriedigung des Bedürfnisses wird zur atemlosen Hetze, die das Vergnügen am Erreichten abwürgt. So auch beim Striptease, wo sich der Genuß gleicherweise nicht einstellen kann: Während die Stripperin sich vor seinen Augen auszieht, gerät ihre Darbietung durch den Zeitraffer ins Groteske. Stracci bleibt ans Kreuz gefesselt, von wo aus er ohnmächtig dem schnellen und unbefriedigenden Ende der sexuellen Reizentfaltung entgegenblickt. Straccis einziges (Ersatz-)Charakteristikum scheint die gehetzte Bewegung zu sein.

Dieser Zeitraffer ist zum Synonym der Stummfilmkomik geworden, der sich in einem Film der 1960er Jahre auffällig anachronistisch ausmacht. Seine Funktion liegt in der stilistischen Kontamination, die Pasolinis Gesellschaftskritik in zweifacher Hinsicht zum Ausdruck bringt. Da ist zunächst die Sichtweise der (Klein-)Bürgerlichen und Bourgeoisen – für Pasolini zwei gleichermaßen konservative, kapitalistische und schließlich faschistoide Gesellschaftsschichten. Aus ihrer Sicht determiniert der Zeitraffer Stracci zu einer, wie dargelegt, uncharakteristischen, lächerlichen Figur, welche nur ihren primären Trieben folgen kann. Vor dieser Gesellschaftsschicht kann der Komparse im besten Fall nur eine amüsante Figur machen. Damit existiert Stracci nur im und durch den Zustand seiner Bedürftigkeit.

Der Einsatz der slapstickartigen Komik wäre kein Pasolinischer, wenn er nicht auch eine zweite, gleichsam ›wiedergekochte‹ Seite hätte. Aus der Perspektive eines Pasticheurs ist der Zeitraffer ein Stilmittelzitat, das an die Filme von Charly Chaplin oder Buster Keaton erinnert.[123] Vor diesem Hintergrund erscheint Stracci in einem anderen Licht: Was einstmals nur lächerlich wirkte, gewinnt jetzt an tragischer Struktur. Er ist trotz oder gerade wegen seiner Einfältigkeit, seiner Häßlichkeit (»häßlich wie ein Affe«) und Trotteligkeit, ganz und gar ein tragisches Individuum. Der Name Stracci hat eine begriffliche Nähe zum italienischen

---

123 Pasolini (1965/1990) macht in seinem Drehbuch selbst darauf aufmerksam. Dort heißt es zur näheren Erläuterung der Szenen: »wie in Dick-und-Doof-Filmen« (S. 80) und »wie im Stummfilm« (S. 85).

Wort *stracciato*, was zerrissen, zerfetzt heißt, und zum *straccio*: Lumpen, Lappen. Alles, was mit diesem ›zerrissenen Lumpen‹ geschieht, trägt den Stempel des Kontingenten, des Vergänglichen und des Abstrusen. Stracci konträr stehen Tableaux vivants, deren Handlung überaus ›ausgedrückt‹, abgeschlossen und mit Sinn gefüllt ist. Im bloßen Sein befangen, ist Stracci hingegen eine ganz und gar vitalistische Figur ohne ›Sinn‹, doch im Einklang mit dem physischen Leben und dem ›Vergehen der Zeit‹: »Es kommt nicht ein Augenblick vor, an dem dieser Einklang nicht vollkommen wäre.«[124]

Die soziale Peripherie, an der Stracci und mit ihm die einfachen Zuarbeiter und Komparsen von LA RICOTTA situiert sind, wird als ein kontaminatorisches ›Bildpotential‹ eingesetzt, das gegen die Homogenisierungstendenzen und die damit einhergehende Kulturleere des Kapitalismus agieren soll.[125] Aus ihrem ursprünglich dörflichen und ländlichen Zusammenhang herausgelöst und an die Ränder der Großstädte verpflanzt, sind die Subproletarier für Pasolini zunächst geographisch Entwurzelte, ohne aber ihre ureigene Kultur oder ihre kulturellen Grundparameter verloren zu haben. Dieses kulturelle Gepäck, das durch den Familienzusammenhang, die Religion und sicherlich auch durch die Armut stabilisiert und konserviert wurde, ist zunächst der Grund für jene deutliche Separierung von der bourgeoisen und kleinbürgerlichen Kultur des Kapitalismus. Anders als die vom kapitalistischen Gedankengut durchsetzte Arbeiterklasse sind die Subproletarier für Pasolini Hoffnungsträger, deren konsumistisch noch unverdorbene Lebensauffassung neue kulturelle Räume innerhalb der verkrusteten Scheinwelten des Bürgertums hätte freisetzten können. Dieses kulturell Andere, das für den Regisseur an einer, wenn auch durchaus problematisch zu rezipierenden Ursprünglichkeit und Lebendigkeit teilnimmt, ist in LA RICOTTA als eine Utopie der Erneuerung konzipiert. Das Tragische an Straccis Leben entfaltet seine dramatische Wirkung, je enger es an die Komik der Darstellung und die starre Feierlichkeit der Tableaux vivants geknüpft ist. Straccis Hunger ist im Vergleich zu den Tableau-vivant-Körpern ein ›unfaßbarer‹

---

124 Für die Kurzzitate siehe Pasolini (1972/1979), S. 235.

125 Vgl. hierzu das Kapitel »Hintergrund« in Halliday (1969/1995), S. 23–55; aufschlußreich auch Moravia, Alberto (1983): »Der Dichter und das Subproletariat«, in: Jansen/Schütte (Reihe-Hg.), Pier Paolo Pasolini, S. 7–12 und Kammerer, Peter (1983): »Der Traum vom Volk. Pasolinis mythischer Marxismus«, in: Jansen/Schütte (Reihe-Hg.), Pier Paolo Pasolini, S. 13–34. Schließlich ist auch auf zwei frühe Romane Pasolinis hinzuweisen: *Ragazzi di vita* (1955/1990), Berlin: Wagenbach und *Una vita violenta* (1959/1963), München: Piper.

Hunger nach Leben, nach Lebendigsein, der sich in explosionsartiger Bewegung oder im Verschlingen von Essen äußert.

Der Vorwurf der Naivität, den man Pasolini im Zusammenhang der Subproletarier und des ihnen zugesprochenen Erneuerungspotentials häufig machte,[126] hat angesichts der Spuren, die auf eine Relativierung der Utopie hindeuten, keine Berechtigung. So zum Beispiel in der Freßorgie, wo Stracci im wilden Gebaren alles Eßbare in sich hineinstopft. Diese Szene ist doppeldeutig zwischen Traum und Realität angelegt, da hier keine sichere Konkretisierung des Handlungsortes vorgenommen werden kann. Handelt es sich hierbei um eine Höhle der *Acqua Santa*, in der eine wunderbare Vermehrung des Essens stattfindet? Auch bleibt es unklar, woher die Filmcrew kommt und die Tafel mit dem Essen – mit der *Natura morta*, auf die ich noch zu sprechen komme – herbeischafft. ›Barbarisch‹ ist diese Szene durch das maßlose Verhalten des Komparsen. In dieser Maßlosigkeit scheint etwas anderes hindurch, die sie von der Szene um den verkauften Hund der Diva unterscheidet, mit der alles seinen Lauf nimmt.[127] Konnte man Straccis Verhalten angesichts des von dem Hund gefressenen Lunchpakets noch in Parenthese zum Brechtschen Moralsatz sehen, so nicht mehr in der Freßszene. Auch wenn seine soziale Situation unverändert geblieben ist, ist sein Bedürfnis nach Sättigung hier zügellos geworden. Losgelöst von der ursprünglichen Notwendigkeit, zeigt das vulgäre – und darin für die kleinbürgerliche Gesellschaft komische – Hinunterschlingen und Reinstopfen des Essens neben der subproletarischen Verzweiflung bereits auch eine kapitalistische Unmä-

---

126 Pasolini, Pier Paolo (1975/1979): »Enge der Geschichte und Weite der bäuerlichen Welt«, in: Ders., Freibeuterschriften. Die Zerstörung der Kultur des Einzelnen durch die Konsumgesellschaft, Berlin: Wagenbach, S. 44–48; Moravia (1983), S. 7–12.

127 Nachdem der Komparse entdeckt hat, daß sein in der Höhle verstecktes Mittagessen von dem Hund der Diva verspeist wurde, bricht er in seiner Wut und Verzweiflung zunächst in Tränen aus. Er moralisiert die Handlung des Hundes, indem er dem reichen und immer satten Tier das begangene Unrecht zu verdeutlichen und ihn zur Reue zu bewegen versucht. Die Sequenz oszilliert zwischen Komik und beschämender Verzweiflung eines subproletarischen Hungerleiders, der seinen gesellschaftlichen Wert unter den eines ›bourgeoisen‹, reinrassigen Hundes stellt. Die Ironie, die hier die Komik ablöst und das eigentliche Fundament des gesamten Films offenlegt, liegt in der sichtbaren Reue des Hundes, der die Ausschimpfung anerkennt und seine Beschämung über die Tat zum Ausdruck bringt. Schließlich verkauft er kurzentschlossen den Hund an einen vorbeikommenden Journalisten, um sich von dem Geld das große Stück Ricotta zu kaufen.

ßigkeit an. Straccis Fressen entspricht nicht mehr dem einfachen Hunger eines mittellosen Bauern; es verkommt zu einer Pervertierung der Bedürfnisse in einer kapitalistischen, konsumbestimmten Gesellschaft, der Stracci allmählich näher zu kommen scheint. Zweifelsohne ist diese fortwährende Gier nach mehr noch eine naive. Ausgerichtet auf Nahrung und Nahrungserwerb, bildet sie eine Zwischenstellung, an welcher der Übergang von Lebensnotwendigkeit zum überflüssigen Konsum fließend ist, um so mehr als bei Stracci eine konkrete Bedürftigkeit deutlich im Vordergrund steht.

Es sind also die unerschütterliche Vitalität im Kampf um die Nahrung und die ausgeprägte Sexualität des Komparsen, die Anlaß zu einem kinematographischen Bewegungsrausch (der Filmbilder) geben, in dem der Zeitraffer zum Lebenssymbol schlechthin wird. Aber dieses in der Bewegungsmetapher transportierte Leben hat auch eine monströse, eine vernichtende Seite, der Straccis Körper nichts entgegenzusetzen hat. Für ihn gibt es kein Anhalten und kein Ausruhen, das die ›entfesselten‹ Bewegungsbilder dem erschöpften Körper gönnen würden. Sie verschlingen im gleichen Maße den Körper, der sie bewegt, so wie das Tableau vivant es wiederum in die tödliche Bewegungslosigkeit bringt. Eine Atempause für Stracci hieße, ihn an einen festen Ort zu binden, was im Film zwei Mal geschieht: Während des Striptease und am Filmende wird Stracci an das Requisitenkreuz der Tableaux vivants gebunden. Aus der ›tödlichen Monstrosität‹ seines Vitalismus erwächst die ›tödliche Barmherzigkeit‹ eines angehaltenen Bildes. So wird aus der Requisite das reale Kreuz und vice versa; die Grenzen zwischen real und fiktiv verflüchtigen sich an diesen Stellen, das mit der Kunst kontaminierte Filmbild steht nicht mehr für eine eindeutige Referentenzuordnung frei.

Straccis Kreuz, selbst ein gedoppeltes Symbol der Befreiung und der Marter, ist also der Ort, an dem der Komparse von seiner Bedürftigkeit erlöst wird. Erst der Tod, den Stracci als Guter Schächer neben dem kommunistischen Christus-Darsteller erleidet, läßt das kapitalistische Bürgertum, das sich vor der Kulisse der drei Kreuze zu einem Schlemmergelage eingefunden hat, einen Moment lang innehalten, um die Existenz des Anderen wahrzunehmen. Für Stracci bedeutet es, daß er zum ersten Mal als Individuum wahrgenommen wird. Nur im Moment der gestauten, angesichts des Todes synthetisierten Zeit findet er kurzfristige Beachtung: »Das besagt, daß im Film die Zeit zu Ende ist, sei es auch durch eine Fiktion.«[128]

---

128   Pasolini (1972/1979), S. 235.

Abb. 40: La Ricotta – Sterbender Stracci am Kreuz
(Sequenz-Stills)

Im Hinblick auf seine symbolische Bedeutung ist der Zeitraffer eine die Zeitstruktur aufhebende Kraft des ›Anstoßes‹. Ohne einen festen Ort und bar einer Zeitchronologie (das heißt ohne eine homogene Narration) bewegt sich Stracci wie ein Beschleunigungsvektor zwischen den wohlgeordneten Filmbildern. In Anlehnung an Roland Barthes ist Stracci nichts anderes als ein *punctum*, der seine Funktion im Durchstoßen und Anstoßen (von Flächen wie auch von Gedanken) erfüllt.[129] Stracci, vom Hunger in Bewegung gesetzt, wird selbst zum *bewegten Beweger*, der sich in seiner Auflehnung gegen den Stillstand – gegen den Tod – zum Antagonisten der Tableaux vivants entwickelt. Wie ein Pfeil durchbohrt die Bewegung, zu deren Metapher Stracci geworden ist, die starre Struktur der Tableaux vivants, bringt die Schauspieler zu Fall und entlädt sich schließlich in ihrem Stolpern und Lachen. Die von Stracci ausgehende Bewegung ist die Kraft, die, darin dem Gemäldesystem vergleichbar, die Zeitstruktur aufheben kann.

Am Ende des Films ist der tote Stracci ein piktorales Filmbild und das heißt ein Pasolinisches Tableau vivant geworden (Abb. 40). Aus dem vitalistischen Körper des Komparsen ist ein filmgeneriertes, ein neues Tableau vivant entstanden, das die beiden vorherigen Nachbildungen der *Kreuzabnahme* und der *Beweinung* um das zentrale Thema der *Kreuzigung* selbst ergänzt. Der Film gerät zu einer fragment- und zitatbasierten Passion, deren Zusammensetzung auf eine Metapher eines Altarbilds zusteuert; ich werde im Abschluß näher darauf eingehen.

---

129   Vgl. Barthes (1980/1985).

Der Regisseur als Kunstkörper
und die *Natura morta*

»Da ist er, der ›metteur en scène‹; er sitzt einsam wie Capaneo auf einem Strandstuhl da, sinnt nach, tief ins Bewußtsein der Kunst eingedrungen, ganz Geist und Beklemmung: Er ißt nicht« (Abb. 36), heißt es im Drehbuch zu LA RICOTTA.[126] Gemeint ist damit der innerfilmische Regisseur alias Orson Welles. Der vulgäre Hunger und der enorme Bewegungsantrieb eines Stracci sind hier längst abgestreift worden. Umgeben von lauter hungernden, unbefriedigten und rastlosen Gestalten bildet Welles einen doppelt konnotierten Kunst- und Künstler-Körper, der des Essens nicht bedarf. Die Dopplung ist auffällig: Pasolini und Welles – zwei Schauspieler, zwei Regisseure, der Regisseur vor und der hinter der Kamera; sie verlieren in der selbstreflexiven Geste die Schärfe ihrer jeweiligen Identitäten und gehen in einen einzigen reziproken Körper ein. Die Namenlosigkeit des innerfilmischen Regisseurs ist dabei programmatisch. Sie ist die Voraussetzung für seine mimetische Dopplungsfähigkeit, aus der ein hydraähnlicher *Kunst- und Film-Körper* entsteht, angelegt zwischen einer monumentalen Leibesfülle einerseits und der Kargheit der Erscheinung andererseits.

Die Körper-Beziehung zwischen Welles und Pasolini vollzieht sich in einem kontradiktischen Verhältnis. Hier ist es die enorme Leibesfülle des Alter ego, des namenlosen *regista*, die dem realen, ausgezerrten Körper des Regisseurs von LA RICOTTA eine symbolische Ruhestatt geben kann. Denn diese gravitätisch thronende, darin feierliche Körpermasse verfügt über eine selbstevidente Bestimmtheit, an der es Pasolinis homosexuellem, unbeständigem und regelwidrigem Körper mangelt. Wie Birgit Wagner aufzeigt, ist diese ungleiche Körper-Beziehung von dem Wunsch nach Würde durchdrungen, dessen Verwirklichung die damalige Gesellschaft einem Homosexuellen verwehrte.[127] Auf der Untersuchung von Laura Mulvey rekurrierend kann man den Körper von Welles – später auch den imaginären Giotto-Körper in IL DECAMERON – als ein *Körper-Image* und auf diese Weise als eine Identifikationsfigur begreifen. Es ist sein Körper, »der über die Figuren der ›Ähnlichkeit‹ und des ›Unterschieds‹ die narzißtische Libido zu stärken imstande ist, und zwar in er-

---

126 Pasolini (1965/1990), S. 82.
127 Wagner, Birgit (2001): »La Ricotta. Körper, Medien, Intermedialität«, in: Kuon (Hg.), Corpi/Körper, S. 89.

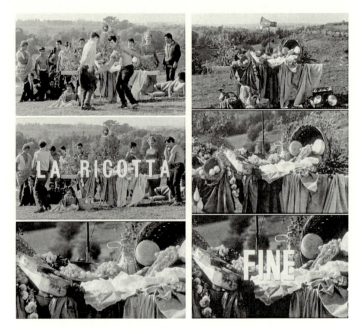

*Abb. 41: LA RICOTTA – links: Natura morta, Vorspann; rechts:
Abspann (im Original Farbe, Sills)*

ster Linie für den Regisseur Pasolini selbst.«[128] Aber dieser feierliche
›schwarze‹ Körper des innerfilmischen *regista*, der die Befähigung hat,
das Zentrum einzunehmen, wie in LA RICOTTA vor Augen geführt wird,
ist vor allem ein vereinsamtes Idol. Seine gesellschaftliche, durch die
Isolation innerhalb der Filmcrew symbolisierte Sonderposition als Künstler markiert deutlich der Kreis, aus dessen Mitte heraus Welles/Pasolini
eine Beobachterposition einnimmt. Aus dieser topographischen wie figurativen Präsenz bzw. Isolation heraus wird er zu einem antithetischen
Dispositiv, an dem die anderen medialen Figurationen ihre jeweiligen
Spezifika entfalten.

Schließlich verfügt der mimetisch gedoppelte Körper Welles/Pasolini
noch über einen weiteren Gegenpol, nämlich den unsichtbaren und damit
körperlosen Assistenten oder Souffleur, dessen Stimme aus dem Off den
sakralen Horizont der Tableaux vivants erschafft.

---

128 Vgl. Mulvey, Laura (1999): »Visual Pleasure and Narrative Cinema«, in:
Sue Thornham (Hg.), Feminist Film Theory. A Reader, Edinburgh: Edinburgh University Press, S. 58–69, hier zitiert in Wagner (2001), S. 89.

SOUFFLEUR (aus dem Off während die *Kreuzabnahme* nach Pontormo zu sehen ist; es soll sich hier um die Stimme Gottvaters handeln): »Die Seele ist herausgetreten. Sohn der Verschwundenen! Vergifteter Sohn! Sohn, weiß und vermigliorot! Sohn ohnegleichen!« (Eine Endloswiederholung folgt.)

Ohne Frage stellt er die ›himmlische‹ Analogie zu dem im Filmbild nicht anwesenden, jedoch vom Regisseur selbst heranzitierten Altarbild her. Der Verweis ist überaus deutlich: nur körperlos, gleichsam vergeistigt, kann das Göttliche vermittelt werden.

Vergeistigt ist auch der Körper des Künstlers und so braucht er auch nicht zu essen, kommentiert Pasolini in seinem Drehbuch ironisch, vor allem dann nicht, wenn er offensichtlich schon so viel konsumiert hat. Sein Verhältnis zum Essen und vielleicht zur Sinnlichkeit überhaupt spiegelt sich in den künstlerischen Essensarrangements, in den *Stilleben*, die dem Zuschauer in vier verschiedenen Filmsequenzen vorgeführt werden.

Zum ersten Mal erscheint das Stilleben im Vorspann als eine üppig gedeckte Tafel, auch sie ist wie die zwei Tableaux vivants des Films in Farbe gedreht (Abb. 41). Entsprechend der zwitterhaften Position des Vorspanns zwischen Noch-nicht-Film und Schon-Film ist seine Darstellung und die Tatsache seiner Farbigkeit zunächst noch unklar. Doch schon bald wird das Stilleben zu einem wiederkehrenden Motiv einer Verbindung zwischen Künstlichkeit und Lebendigkeit. Mit seinen manieristischen Farben schließt es an die filmischen Tableaux vivants an, aber mit einem wesentlichen Unterschied: Das, was hier wirklich Natura morta – die tote Natur – heißt, ist in Wahrheit äußerst lebendig, die summenden Fliegen sind keine bloßen Trompe-l'œil-Effekte.

Dieses Natura-morta-Tableau-vivant taucht einige weitere Male innerhalb des Films, meistens nur en passant und zunächst scheinbar etwas unmotiviert auf. Dann schließlich ist es in einer besonderen Rolle in der Sequenz der Freßorgie Straccis zu sehen, hier in Schwarzweiß (Abb. 39). Die Tafel mit dem darauf arrangierten Essen – es ist sehr wahrscheinlich das im Vorspann und in den darauffolgenden Aufnahmen gezeigte Arrangement – wird von den Komparsen in die Höhle hineingetragen, in der Stracci bereits das riesige Stück Ricotta verspeist. Indem sie Stracci das Obst zuwerfen, lösen die Komparsen die ästhetische Form des Stillebens auf und vollziehen auf eine unmittelbare Weise die im Tableau vivant angestrebte Reversibilität des Kunstwerks: Einem Wunder gleich geschieht in der Höhle der *Acqua Santa* eine Umwandlung der Nature morte in lebendige und eßbare Nahrung. Eine vorsichtige Parallele zur christologischen Konsekration von Brot und Wein ist durchaus gegeben. Subtiler, wenn auch nicht minder deutlich artikuliert, ist die darin eingespannte Kritik an der Ästhetisierung des Lebens, die um so blasphemischer ausfällt, je drastischer der Kontext ist, in dem sie vollzogen wird. Angesichts Straccis realen Hungers ist das Arrangement aus Eßbarem ein dekadenter Anachronismus.

Die Frage nach der Konsequenz, die sich aus der Sublimierung des Körpers ergibt, weist in zwei entgegengesetzte Richtungen. An einem Ende steht die Erstarrung, in der der lebendige Körper seine endgültige Sublimierung, nämlich die Vernichtung erfährt. Dem diametral entgegengesetzt und doch aus der gleichen Bewegung heraus entwickelt, steht die Bestialisierung des Menschen, die im Moment der Entfesselung seiner Triebe einsetzt. Stracci wird zu *una bestia*, zum ›tierischen Menschen‹, denn er verlebendigt das Tableau vivant der Nahrung, indem er die Natura morta verschlingt. Er vergeht sich an der Ästhetisierung, da er sie unterläuft, sie nivelliert und die paradoxe Vereinigung von Verlebendigung und Tod im Tableau vivant ad absurdum führt.

Die ›blasphemische‹ Ästhetisierung, die Ästhetisierung des Todes, ist damit allerdings nicht bezwungen. Das Gemälde, das außerhalb der schützenden Grenze seines ursprünglichen Systems, das heißt der Rahmung, im Tableau vivant entfesselt wird, rehabilitiert sich erneut in der letzten Filmsequenz der finalen Kreuzigung von LA RICOTTA. Bei seiner triumphalen Rückkehr erfaßt es das gesamte Ereignis, das bei dem Ausruf »*azione*!« wie zum Hohn des Regisseurs zum echten Stilleben, zu einem Lebenden Bild der Kreuzigung gefriert. Hier, erneut im Augenblick der höchsten Anspannung, geschieht das Unvorhersehbare: Die Kunst transformiert das Leben in eine *tote Natur*, indem sie Stracci tötet. In der metaphorischen Entsprechung zu Straccis ›großem Fressen‹, bei dem er die Kunst des Stillebens negiert hat, ist er es nun, der verschlungen wird. Das Stilleben zeigt sich als eine unverdaubare Kunst – und die Malerei zeigt darin ihre irreversible Bildstruktur. Die Umarmung des Todes, in der sich das Tableau vivant stets befindet, erreicht am Ende auch Stracci, der als ›bewegter Beweger‹ bisher sich der Sublimierung zu entziehen wußte. Im Moment seiner Arretierung im Tode aber wird er zu einem faßbaren Körper, der, anders als bei den Körpern des Tableau vivant, nur von innen heraus getötet werden konnte.

Nach dem Tod Straccis bleibt ein weiteres Tableau vivant zurück: Die in Farbe gefilmte, mit Früchten gedeckte Tafel, an die die Kamera heranzoomt. Es ist das Stilleben, das im Vorspann bereits zu sehen war, und das ein wenig an Caravaggios Stilleben mit Amor erinnert. Der Kreis scheint sich zu schließen. Straccis Körper ist zu einem echten Stilleben geworden – zynisch ist dieser Schluß insofern, als der kleine häßliche Subproletarier, bedacht mit einem Namen, der an zerrissene Lumpen denken läßt, sich nur als ›totes Arrangement‹ auszudrücken vermag. Zu mehr hat es auch hier nicht gereicht. Sein Tod berührt die Gäste aus Rom nur, weil er peinlich und störend ist, wo man gerade im Begriff war, sich an das Kalte Büffet zu begeben, worin auch eine ironische Anspielung liegt. Der Abspann endet mit einem gelben »FINE«, das über dem Stilleben-Tableau-vivant liegt (Abb. 41). Diese letzte Aufnahme hat im Pasolinischen Bilduniversum eine synthetisierende Bedeutung: »Nach dem Tod gibt es diese Kontinuität des Lebens nicht mehr, aber dann gibt es einen Sinn. Entweder unsterblich sein und ohne Ausdruck oder sich ausdrücken und sterben.« [129]

In der Metaphorik der zweifachen Nature morte – die des Stillebens und die der Tableaux vivants – spiegelt sich gleichermaßen der reale politische Hintergrund wider mit dem Umbruch von einer bäuerlichen zu einer industriellen Gesellschaft und der Vorherrschaft der Kommerzialisierung:

STRACCI: Mir könnts so gut gehen im Erdenreich!
CHRISTUS-DARSTELLER: Bestimmt, bei deinem Hunger!
STRACCI: Tja, man muß darben, muß viel Geduld haben auf dieser Erde, wußtest du das nicht? Der eine kommt zum Tanzen auf die Welt, und der andere zum Singen…
CHRISTUS-DARSTELLER: Und 'n anderer zum Einsacken! Ist doch alles beschissen! Obwohl deine Partei regiert!
STRACCI: Pff, und du glaubst, deine wär' besser! Die sind doch alle gleich!
CHRISTUS-DARSTELLER: Was soll das? Ich kapier dich nicht: bist immer halbtot vor Hunger aber stellst dich hinter die feinen Leute, die dich verhungern lassen!
STRACCI: Jeder hat seine Berufung. Meine wird halt die sein, zu verhungern! [130]

Straccis Tod zerstört die ästhetisch aufbereitete Realität und drängt den Gästen der feinen Gesellschaft die Häßlichkeit des Realen auf. Verstimmt und peinlich berührt, drehen sie die Köpfe von diesem rohen Schauspiel weg, das ihnen keine Kompensation mehr ermöglicht: »[…] mit erhobenen Häuptern und enttäuscht, von den Kreuzen aus gesehen, verziehen [sie] die Münder, nun, da sie durch diesen Streik gewahr werden, daß Stracci gewesen ist.« [131] Nun sehen sie sich der Tatsache des unästhetischen Todes ausgesetzt, der die delikaten Tableaux vivants – »echter als das Leben selbst« wie Goethe in *Wahlverwandtschaften* sagen läßt – stört. Angesichts der realen Passion sind sie selbst, wiewohl unbewußt, ›von den Kreuzen aus gesehen‹ im echten Stilleben angekommen.

Doch die Störung der Konvention bleibt auch für Pasolini schließlich eine Utopie. Wie ein zynischer Kommentar taucht das schöne Stilleben,

---

129   Pasolini (1972/1979), S. 235.
130   Pasolini (1965/1990), S. 88–89.
131   Ebd., S. 95f.

das Tableau vivant par excellence, im Filmabspann wieder auf. Begleitet von Twist, der Musik, die für Pasolini die kapitalistische Konsumgesellschaft symbolisiert,[132] ist der gedeckte Tisch erneut in Farbe zu sehen. Am Ende des Films angelangt, wird man nun an den Vorspann erinnert: Dort erschien das Stilleben als ein gefälliges, zunächst eher bedeutungsloses Hintergrundbild. Im Rückblick betrachtet, ergeben die beiden Stilleben des Vor- und Abspanns eine Parenthese, in der sich die gesamte Metaphorik des Films bewegt. Eingefaßt zwischen den Polen von Tod (Stilleben, Tableau vivant) und Vitalität (Bewegung, Sexualtrieb, Fressen) scheitert der häßliche Stracci an seiner Unfähigkeit zur Ästhetisierung, was auch heißt an der Unmöglichkeit der Entkörperlichung. Er scheitert an der unüberwindbaren Diskrepanz zwischen dem, was er ist: ein Subproletarier, und dem, woran er glaubt: an die bürgerliche und bourgeoise Kultur und Politik.

Das dritte Tableau vivant

Ich habe bisher von zwei Gemälden gesprochen, die Pasolini für die filmischen Tableaux vivants verwendete, und habe damit vorerst unterschlagen, daß es noch ein weiteres, von der wissenschaftlichen Literatur unbeachtet gebliebenes Bild gibt, das allerdings im Film selbst nicht realisiert wurde. Die Rede ist von dem Gemälde *Christus mit der Dornenkrone* von Jacopo da Pontormo, das nur in dem literarisch überarbeiteten Drehbuch beschrieben ist:

Zack – schlagartig haben wir in seinen vollen Farben, den Farben, die einen mitten ins Herz treffen, Pontormos Bild »Christus mit der Dornenkrone« vor Augen: den Hintergrund im Grün des Wassers eines Sumpfweihers, die blutroten Lendentücher, die an den stämmigen Hüften der blonden Krieger flattern. Mitten unter ihnen Christus […].[133]

Man muß zunächst davon ausgehen, daß es sich bei dieser Divergenz zwischen Drehbuch und Film um eine nachträgliche Veränderung handelt, denn in der realisierten Fassung von LA RICOTTA gibt es an seiner Statt das Tableau vivant nach Rosso Fiorentinos *Kreuzabnahme*.[134] Es ist

---

132 Giusti (2001), S. 107–114.
133 Pasolini (1965/1990), S. 78.
134 Möglich, obwohl etwas ungewöhnlich, wäre die Vorstellung, daß der ursprüngliche Plan nicht realisiert wurde und daß die überarbeitete Drehbuchfassung auf dieses unrealisierte Vorhaben zurückgreift.

Abb. 42: LA RICOTTA – ›Das filmische Triptychon‹ (v. links nach rechts: Tableau vivant nach Rosso Fiorentino, Sterbensszene Straccis, Tableau vivant nach Pontormo)

nicht einfach, nachzuvollziehen, warum Pasolini eine solche Veränderung vorgenommen hat, wo ansonsten das publizierte Drehbuch in allen wesentlichen Punkten dem Film folgt. Vielleicht war Pasolini die Thematik der im Film realisierten Altarbilder zu ähnlich, so daß er sie nachträglich modifizieren wollte. Auch wenn diese Erklärung nur eine hypothetische Annährung ist, schärft sie dennoch den Blick für die umgesetzten Gemälde.

In Reihe hintereinander montiert, das heißt in einem Verfahren zusammengebracht, daß ganz und gar der Pasolinischen Vorstellung von der Montage als bedeutungsgenerierende ›Abkürzung‹ entsprechen müßte, ergibt sich das Bild einer groben szenischen Bewegung, die von der Kreuzabnahme nach Rosso Fiorentino zu dem bereits abgehängten Körper Christi bei Pontormo verläuft. Betrachtet man diese beiden Tableaux vivants als eine Handlungsabfolge, so fehlt ihr der Anfang, mit dem dieser Teil der christologischen Passionsgeschichte beginnt, nämlich die Kreuzigung selbst. Diesen Anfang findet man – wie so häufig bei Pasolini – schließlich am Ende:

Der Mensch drückt sich durch sein Handeln – nicht in einem rein pragmatischen Sinne verstanden – aus, weil er damit die Realität modifiziert und auf den Geist einwirkt. Aber diesem seinem Handeln fehlt es an Einheit oder auch an Sinn, *solange es noch nicht vollendet ist.* […] Erst der Tod macht eine fulminante Montage aus unserem Leben, d. h. er wählt dessen wirklich signifikative (und nun nicht mehr durch andere gegensätzliche oder inkohärente, modifizierbare) Momente aus und stellt sie in eine Folge. Er macht aus unserer infiniten, unstabilen und unsicheren und also linguistisch nicht beschreibbaren Gegenwart eine klare, stabile, sichere und also linguistisch (eben im Rahmen einer

Allgemeinen Semiologie) genau beschreibbare Vergangenheit. *Nur dank des Todes dient uns unser Leben dazu, uns auszudrücken.*[135]

Im Moment des Todes am Requisitenkreuz bildet Stracci selbst dieses (neue) Bild der Kreuzigung (Abb. 40), das an die als Neuschöpfung eines filmischen Altarbildes bejubelten Großaufnahmen des Gekreuzigten in Antamoros CHRISTUS erinnert (Abb. 8). So wird die Darstellung des sterbenden Stracci zu dem dritten in der Reihe fehlenden Tableau vivant. In einer experimentellen ›Montage‹ habe ich es zu einem ›neuen, filmischen Altarbild‹, einem fiktiven Triptychon zusammengestellt (Abb. 42).

Betrachtet man die drei Tableaux vivants hintereinander – Kreuzigung, Kreuzabnahme und Beweinung –, dann ergibt sich ein annährend flüssiger Bewegungsverlauf, der im Tableau vivant selbst untersagt war, nun aber seine logische Konsequenz in dem zu Boden fallenden Christus-Darsteller hat, der die labile Formation des Gemäldes nicht halten kann. Anders als in den Altarbildern, mit denen Pasolini die ›Kraft der Vergangenheit‹ assoziiert, bildet diese Kreuzigung im Film kein triptychonales Zentrum einer piktoralen Erzählung. Anders ausgedrückt: Straccis Kreuzestod geschieht nicht in flankierender Wiederholung seiner Selbst, wie es in den Triptychen der Retabeln häufig der Fall ist, und wie ich es hier in meinem Montageexperiment dargestellt habe. Indem Pasolini die Erzählung von der Passion des Komparsen zwischen die Tableaux vivants montiert, die alle den bereits toten Christus thematisieren, läßt er Stracci außerhalb der christologischen Reihe sterben. So erweist sich die filminhärente Passionsgeschichte schließlich als das, was Pasolini am meisten in seinem künstlerischen Tun motiviert: als eine Kontinuität der Tradition mit neuen (kontaminatorischen) Mitteln. Was am Ende bleibt, sind die Tableaux vivants als Generatoren eines neuen filmischen Bildes.

LA RICOTTA – eine Zusammenfassung

»Ce n'est pas une image juste, c'est juste une image!«, diese doppeldeutige Aussage von Jean-Luc Godard kennzeichnet eine spezifische Bildproblematik, deren Zuspitzung auf ähnliche Weise durch den mimetischen Manierismus der Tableaux vivants von LA RICOTTA artikuliert wird.[136] Angesprochen ist damit die Frage nach der Wahrheit in den Din-

---

135 Pasolini (1967/1983), S. 83f.
136 Godard, Jean-Luc (1962): »Interview avec Jean-Luc Godard«, in: Cahiers du Cinéma, 138 (Déc.), S. 173ff.

gen, nach der Wahrheit in der Kunst, oder punktueller formuliert: nach der Wahrheit im Bild. Wenn Pasolini, gefragt nach seinen kinemato-graphischen Vorbildern und Lehrmeistern, die Malerei und insbesondere die italienischen Maler der Frührenaissance und des Manierismus nennt, dann spiegelt diese Aussage nicht nur die formalen Wurzeln seines Schaffens wider. Mit dem Ausstellen vom piktoralen Wissen in der An-wendung auf das Filmbild wird in LA RICOTTA oder in IL DECAMERON ein Bilddiskurs geführt, der eng mit einer rustikalen Kulturvorstellung italienischer Prägung zu tun hat, die einen explizit Pasolinischen Ideen-aufdruck trägt. Es ist die Idee einer Kunst, die sich unmittelbar und kraftvoll an den Glauben des einfachen, bäuerlichen Volkes richtet, um dort widergespiegelt zu werden. Für Pasolini hatte die ursprüngliche Kunst – »die Vormoderne« –, die Fähigkeit, Dinge zu verändern, ihre an-dere Seite hervorzukehren, um so der Welt etwas zu entreißen, was bis-her im Verborgenen lag. Pasolini bewegte sich im Zusammenhang der Malerei häufig in der Rhetorik des Sakralen. Seine Zitationen, unabhän-gig von der Schärfe ihrer Umsetzung, stellen metaphorische Zäsuren da, deren Zielsetzung in der Heiligsprechung und Erhöhung der profanen Dinge des Lebens, der Wirklichkeit liegt. Die Idee des Tableau vivant ist, wie Hervé Joubert-Laurencin es formuliert,[137] an sich unmoralisch, weil es die Vielfalt des Bildes und damit die des realen Lebens gleicherweise beschneidet. Dem könnte man entgegnen, daß die Tableaux vivants – das heißt die kontaminierenden Tableaux vivants – eine Torfunktion erfüllen, durch deren Eingang der Zuschauer die Welt durch ›die Augen der Male-rei‹ betrachtet, und sie damit anders oder als ein Anderes wahrnehmen kann. Auch könnte man mit Joubert-Laurencins eigenen Worten argu-mentieren, daß Pasolini im Tableau vivant die »grande peinture« und die »corps bassement matérialistes« zusammenkommen läßt, damit sie sich auf diese Weise gegenseitig kontaminieren.[138]

Pasolinis Kritik an der kapitalistischen, bürgerlichen Welt entzündet sich in LA RICOTTA an den prachtvoll in Farbe inszenierten Tableaux vi-vants, deren Farbigkeit sich von dem tristen Schwarzweiß der übrigen Aufnahmen, das heißt der realen Welt, abhebt. Es ist der Gedanke einer gelebten Künstlichkeit, wie sie die bürgerliche Gesellschaft des 18. und 19. Jahrhunderts im ›Goetheschen‹ Tableau vivant als ein ästhetisches Ideal proklamierte, mit welcher Pasolini seine subproletarischen Prota-gonisten konfrontierte. Durch die Zuspitzung auf die Figur des kleinen Komparsen Stracci eröffnet sich ein antagonistisches Spiegelverhältnis beider Handlungsorte: das Leben am Set und das metaphorische Sterben

---

137 Vgl. Joubert-Laurencin (1995), S. 88.
138 Vgl. ebd., S. 88.

im Tableau vivant. Während der Kolossalfilm die Passion Christi in Technicolor nach prächtigen Gemälden umzusetzen versucht, um durch das Bildzitat die Authentizität der Darstellung zu untermauern, durchlebt der Komparse seine eigene, lebendige Passion des einfachen Mannes. Die Tragik, die seiner Person eigen ist, entsteht aus der stilistischen Überkreuzung einer vorchristlichen Vitalität[139] und der Erlösungs- oder Ausdrucksmetaphorik des Todes. Seine Versuche, den pathetischen Ausdruck des Todes zu durchbrechen, scheitern immer wieder an dem Regulativ der Obrigkeit (Regisseur, Regieanweiser, Diva). Stracci entwickelt sich zu einer vitalistischen Störung im Getriebe der kapitalistischen Einvernahme einer religiösen Thematik des Leidens. In der ihm beigeordneten Metaphorik agiert er als der ›bewegte Beweger‹ gegen die Ästhetisierung des Lebens, das nur in seiner kontinuierlichen Entfaltung wahrhaftig ist. So ist es vor allem seine lebendige Hast, die immer von neuem zum Anstoß gegen den sich in der Agonie der Starre befindenden Muskel ausholt und den Bizeps, auf den die »todte Vorstellung von den Bildern«[140] übertragen worden ist, wieder zum Leben erweckt. Als Zerstörer der ästhetisierten Einheit von Leben und Kunst stellt er einen Fremdkörper dar, gegen den sich die Struktur des Tableau vivant auflehnt, ja auflehnen muß, um als Kunstwerk bestehen zu können. Seine anschließende Marter am Kreuz ist die Marter der Bewegungslosigkeit im erzwungenen Tableau vivant.

Die Idealisierung, nach der Pasolini die Figur des Komparsen gestaltet, soll die unbändige Vitalität als ein Potential erneuernder Kraft hervorheben, die gegen den Faschismus der Waren, in dem die Pervertierung der Heilsgeschichte zu einem Höhepunkt inszeniert wird, angehen kann. Stumme Lippenbekenntnisse, manieristische Gesten und die farbige Pracht erstarrter Lebendigkeit ergeben ein Szenario, das im *L'art pour l'art* sein Heil oder die Flucht sucht. Dagegen agitiert Stracci mit seinem humoristischen Slapstick, seiner ›anstoßenden‹ und ansteckenden Bewegung, die die Schauspieler der Tableaux vivants aus dem Lot der vorgegebenen starren Ordnung bringt. Künstliche Kontemplation zerbricht von neuem an dem archaischen Drang zum Leben, der für Stracci gleichzeitig auch den tragischen Zwang zum Überleben bedeutet. Der in gleißendes Licht getauchte Ort vor den Toren Roms, an dem Stracci seine Passion erlebt, wird in der lyrischen Stilistik der Filmbilder zu einer heiligen Stätte, an der sich ein mythisches Thema vollzieht. Dieser Ort bildet eine Antithese zu dem nicht lokalisierbaren, zeitlosen Locus, an dem die Tableaux vivants situiert sind.

---

139 Pasolini zitiert in Schweitzer (2000), S. 72.
140 Bätschmann (1992), S. 237–278.

Die Passion, die schließlich die Geschichte der Wiedererweckung zum neuen Leben ist, erlebt im Tableau vivant eine Ästhetisierung, die ihre einstige Kraft der Altarbilder zu Gunsten einer künstlichen Körperlichkeit eliminiert hat. Ist die Version der *Passion à la Hollywood* eine Schau der prächtig in Szene gesetzten, stummen Körper, die unmittelbar an den Warencharakter der Kunst gekoppelt sind, so entzieht sich die *Passion Straccis* der Gefahr einer Ästhetisierung. Die Banalität der Ursache der ›echten‹ Passion, das Überfressen, mindert das Pathos des Todes, der seinen Schrecken einbüßt. Am Kreuze gefesselt, zu einem echten Tableau vivant verwandelt, aus Fleisch und Blut und doch vollkommen bewegungslos, gewinnt Stracci gleichzeitig an Größe, die ihm nur der Tod verleihen und in der Quintessenz seines Lebens die Bedeutungsmomente herausschälen kann. Von einer nicht mehr menschlichen Höhe hinabschauend führt die Kamera dem Zuschauer die Perspektive des Todes vor, von der aus alles, was lebendig war, sich zu einem Tableau vivant fügt und aus dem flüchtigen Moment die Dauer extrahiert. Dem innerfilmischen Regisseur kommt die Erkenntnis jener Tragödie zu, deren Struktur in LA RICOTTA aus der Differenz von Dynamik und Statik aufgebaut wird: »Er mußte erst sterben, um sich auszudrücken.«

Die zentralen Themen von LA RICOTTA kreisen also um zwei Ästhetisierungen: Einmal ist es die Ästhetik der Malerei, die im Film in der Technik, im Zoom, in der Planimetrie und vor allem in der Mystifizierung der Farbe zum Ausdruck kommt. Diese ästhetische Überformung entspricht einer positiven Alchemie. Die zweite Ästhetik des Films ist eine Ästhetisierung des Körpers, die als eine negative Ästhetik zu verstehen ist. Dabei gilt die Frage weniger dem medienbedingten Verschwinden des Körpers, das durch die Film- und Fotokamera evoziert wird.[141] Das Beispiel der Tableaux vivants thematisiert vielmehr seine Sublimierung – ästhetisch, christologisch, historisch etc. –, die durch die explizite Transformation des ehemals Gemalten ins Gegenständliche hervorgehoben wird. Zu betonen ist also die Umwandlung des triebgesteuerten und in diesem Sinne natürlichen Körpers in einen ›intellektuellen‹, kulturell bestimmten Körper wie den von Welles oder Pasolini selbst. Natürlich ist ein solches Körper-Sublimat, folgt man Pasolinis Interpretation, ein bürgerliches, später ein faschistisches (in Pasolinis SALÒ, I 1975). Statt von einem medial inszenierten Verschwinden des Körpers kann man in LA RICOTTA also von dem konkreten Verschwinden eines ›archaischen‹ Körpers sprechen, der im Begriff ist, von der kapitalistischen Konsumption negiert oder nivelliert und den Bedürfnissen des Kapitalismus angeglichen zu werden.

---

141 Vgl. Wagner (2001), S. 81–92.

PASOLINI:
IL DECAMERON (1970/71)

IL DECAMERON (Decameron – Pasolinis tolldreiste Geschichten, I/F/BRD 1970/71) eröffnet Pasolinis Filmreihe der sogenannten *Trilogia della vita*, der Lebenstrilogie, dem zwei weitere, im Abstand von je einem Jahr gedrehte Literaturverfilmungen folgen. Wie der Titel es bereits anzeigt, adaptierte Pasolini hiermit den gleichnamigen spätmittelalterlichen Novellenzyklus von Giovanni di Boccaccio.[1] Pasolini übernahm neun aus dem insgesamt 100 Geschichten umfassenden Werk und erweiterte sie teilweise erheblich.[2] Abgesehen von der Erzählung um den norditalienischen Künstler und Giotto-Schüler (im folgenden der Einfachheit halber »Giotto-Episode« genannt), die eine Sonderstellung innerhalb des Episodenfilms einnimmt, handeln alle Geschichten von erotischen Begebenheiten und zeichnen sich durch eine lockere, leichte Bildersprache aus,

---

1 *Il Decamerone* (entstanden zw. 1349-1353) ist vom griechischen δεκα (lat. *deka,* zehn) und ἡμέρα (lat. *hemera,* Tag) abgeleitet, d.h. *Zehntagebuch/ Zehntagewerk.* Die Erzählung nimmt ihren Anfang mit der Pest in Florenz im Jahr 1348. An einem Dienstag treffen sich sieben junge und edle Damen und drei junge vornehme Herren zufällig in der Kirche Santa Maria Novella. Sie beschließen, der Pest aufs Land zu entfliehen, wo sie an zehn Tagen mit abwechselnd erzählten Geschichten, die unter verschiedene Motti gestellt sind, sich ihre Zeit zu vertreiben. Zu den berühmtesten dieser Novellen zählt die Ringparabel, die von Lessing in *Nathan der Weise* verarbeitet wurde. Von den 100 Geschichten hat Boccaccio die allerwenigsten selbst fabuliert; die Erzählstoffe stammen vorwiegend aus arabischen, indischen, persischen, altfranzösischen und anderen nicht genauer zu bestimmenden Quellen. Boccaccio lokalisierte sie und gab ihnen eine sprachliche Form nach dem Vorbild Ciceros, ohne die jeweilige Mundart der Geschichte zu nivellieren. Vgl. Elwert, Wilhelm Theodor (1980): Die italienische Literatur des Mittelalters: Dante, Petrarca, Boccaccio, München: Francke (UTB).
2 Vgl. Jansen, Peter W./Schütte, Wolfram (Reihe-Hg.) (1983): Pier Paolo Pasolini, München, Wien: Hanser Reihe Film (12), S. 166ff.; Schwartz, Barth David (1992): Pasolini Requiem, New York: Pantheon, S. 569f.

die jene vermeintlich archaisch echte, städtische wie bäuerliche Welt des Mittelalters vermitteln soll, so wie Pasolini sie bereits bei Boccaccio angelegt vorfand.

Bevölkert von rustikal und unverstellt anmutenden Figuren, spiegelt IL DECAMERON am besten Pasolinis Utopie einer archaisch reinen Kultur wider, die seiner Ansicht nach bis in die 1960er Jahre hinein das Fundament der bäuerlichen wie subproletarischen Welt Italiens bildete. Anders als in LA RICOTTA gibt es hier kaum Störungen in der Darstellung dieser als unversehrt begriffenen Welt. Die Utopie, die bereits in dieser Form schon von Boccaccio vorgegeben wurde, ist von Pasolini ungebrochen aufgegriffen worden:

[In] der ersten Phase der kulturellen und anthropologischen Krise, die etwa 1960 begann – als die Irrealität der … Massenmedien über die Kommunikation der Massen zu triumphieren begann – erschienen als das letzte Bollwerk gegen die verschwindende Realität die »unschuldigen« Körper, mit der archaischen, düsteren, vitalen Gewalt ihrer sexuellen Organe. Schließlich faszinierte mich persönlich … die Abbildung des Eros, gesehen in einem menschlichen Klima, das kaum von der Geschichte übertroffen wurde und immer noch (in Neapel und dem Vorderen Orient) physisch gegenwärtig ist.[3]

IL DECAMERON erschien vielen seiner Rezensenten als eine unreflektierte, oberflächliche Posse. Die vordergründige Thematik machte es den Kritikern einfach, Pasolinis Literaturadaption als bloßen Softsex-Film auszulegen.[4] Daß man dem Regisseur dabei schnell wahlweise den Vorwurf der Naivität oder Pornographie machen konnte, verwundert nicht, zumal die Verbindung von hoher Kunst und Sex für die intellektuellen Kritiker der Zeit selbst nur etwas Spießbürgerliches bedeuten konnte. Tatsächlich läßt sich die Bedeutung von IL DECAMERON erst in einem größeren Werkzusammenhang erkennen. So markiert er den Beginn einer neuen Phase im Pasolinischen Filmschaffen, das zunehmend von der Einsicht beherrscht wurde, die bäuerlich-subproletarische Erneuerungs-

---

3   Pasolini in »Corriere della Sera« vom 09.11.1975, hier zitiert in Schütte, Wolfram (1983): »IL DECAMERON«, in: Ders./Jansen (Reihe-Hg.), Pier Paolo Pasolini, S. 169.

4   Eine der schärfsten deutschsprachigen Kritiken stammt von Frieda Grafe, die trotz interessanter Interpretationsansätze den Film schließlich doch nur als »Bildungsporno«, »Brummer-Sex« und »Repräsentationskino« verstanden hat. Dennoch ist ihre Kritik aufschlußreich, insofern sie die Schwierigkeiten verdeutlicht, mit denen sich Pasolini konfrontiert sah. Vgl. Grafe, Frieda (1971/1994): »Verfilmt«, in: *Pasolini* (1994), S. 148–149, (urspr. »Süddeutsche Zeitung« vom 20.10.1971).

gedanke sei nicht zu verwirklichen. Pasolini drehte nach IL DECAMERON noch zwei, strenggenommen sind es drei weitere Literaturverfilmungen, in denen die von bürgerlichen Zwängen noch nicht berührte Sexualität die zentrale Metapher ist. Nachfolgend drehte er I RACCONTI DI CANTER-BURY (Pasolinis tolldreiste Geschichten, I 1971/72) und IL FIORE DELLE MILLE E UNA NOTTE (Erotische Geschichten aus 1001 Nacht, I 1973/74), die zusammen mit IL DECAMERON die *Lebenstrilogie* ergeben.[5] Ein weiterer Film, der, wie ich meine, zu unrecht nicht im engen Kontext der *Trilogia della vita* gesehen wird, ist der damals berüchtigte SALÒ O LE 120 GIORNATE DI SODOMA (Die 120 Tage von Sodom, I/F 1975), der eine freie Literaturverfilmung nach Motiven aus dem fragmentarisch überlieferten Werk Marquis de Sades *Les 120 Journées de Sodome ou l'Ecole du libertinage* ist.[6] Die Sexgeschichten, die Pasolini in den drei nach IL DECAMERON gedrehten Literaturverfilmungen erzählt, entbehren zunehmend an Unbeschwertheit bis sie in SALÒ schlußendlich nicht nur ihre Leichtigkeit, sondern auch die Erotik gänzlich verlieren und eine vernichtende sadistische Brutalität annehmen. Mit SALÒ mündet die gesamte *Lebenstrilogie* in einer Welt faschistisch-kapitalistischer Prägung, in der die degenerierten Sex- und Gewaltorgien symbolisch für eine konsumistische Warengesellschaft stehen.

Auffällig ist, daß die gesamte *Trilogia della vita* von filmischen Tableaux vivants durchsetzt ist, wobei jene in IL DECAMERON nicht nur in ihrer Sequenzdauer, sondern auch in ihrem Verweisgestus am nachdrücklichsten sind. In I RACCONTI DI CANTERBURY sind es kleine oder kurze Tableaux vivants, die Pasolini nach den apokalyptischen Gemälden von Hieronymus Bosch komponierte. Und in IL FIORE DELLE MILLE E UNA NOTTE sind es nur einige weinige Tableaux vivants, die persische Buchillustrationen nachbilden.[7] SALÒ, wenn auch nicht eng an die Trilogie an-

---

5   Auch bei diesen beiden handelt es sich um Literaturverfilmungen, so ist I RACCONTI DI CANTERBURY die Adaption von acht aus insgesamt 22 Erzählungen des gleichnamigen Verszyklus' des englischen Dichters Geoffrey Chaucer (1340-1400). IL FIORE DELLE MILLE E UNA NOTTE beruht hingegen auf 15 aus dem berühmten Buch der 1001 erotischen Schachtelgeschichten (»Märchen aus tausendundeiner Nacht«) ausgewählten Erzählungen.

6   Pasolini lokalisiert SALÒ in die historische Zeit der faschistischen, unabhängigen Republik, die Mussolini in den letzten Jahren des Zweiten Weltkriegs in Norditalien unter den Namen *Repubblica Sociale Italiana* (kurz »Republik von Salò«) ausrief. Vgl. Ascia, Luca d' (2000): »Die Genealogie der Macht bei Pier Paolo Pasolini«, in: Rolf Grimminger (Hg.), Kunst – Macht – Gewalt, München: Fink, S. 193–208.

7   Zu den Literaturadaptionen in der *Trilogia della vita* siehe Rumble (1996), S. 50ff.

gekoppelt, bildet dennoch ihren Abschluß, indem er das Motiv der erotischen Erzählung und des Erzählens von erotischen Geschichten fortführt und auf eine drastische Weise zu Ende bringt.[8] Die moderne Malerei, die hier zum szenischen Interieur gehört, ist die des italienischen Faschismus, womit sie noch einmal die Gewaltszenen durch ihre Negation und Dekonstruktion des Lebens innerhalb der Kunst zum Ausdruck bringt. Hier gibt es keine Nachstellungen von konkreten Gemälden, statt dessen gefriert hier das Leben zu einem todbringenden Tableau.

Von diesem letzten Film Pasolinis aus betrachtet ist IL DECAMERON, der die *Trilogie des Lebens* eröffnet, kein naiver, vielmehr ein sentimentaler Versuch, eine vorindustrielle, explizit mittelalterliche Gesellschaft in ihrer Potentialität einer erneuernden Kraft gegen den Kapitalismus einzusetzen. Pasolini äußert sich dazu während der Dreharbeiten zu I RACCONTI DI CANTERBURY:

Ich verbinde diese Geschichten mit meiner Trauer und dem Verlust der Welt von gestern. Ich bin ein ernüchterter Mensch. Ich bin mit der Gesellschaft immer im Streit gelegen. Ich habe mit ihr gekämpft, und sie hat mich verfolgt, aber sie hat mir auch einigen Erfolg zuteil werden lassen. Heute mag ich die Gesellschaft nicht mehr. Ich mag nicht, wie die Menschen leben, und ich mag die Qualität des Lebens nicht. Und deshalb trauere ich der Vergangenheit nach.[9]

Pasolinis Vergangenheitsverständnis ist überaus wichtig für die Interpretation der Malereibezüge, die sein gesamtes Filmschaffen, insbesondere aber LA RICOTTA und IL DECAMERON kennzeichnen. Daß seine Hinwendung zur Tradition keine repressive war, habe ich bereits im vorangehenden Kapitel dazulegen versucht. Pasolini hat selbst unermüdlich immer wieder darauf hingewiesen und dennoch den Vorwurf der Naivität nicht immer ausräumen können. Weit davon entfernt, ein Rückwertsgewandter zu sein, sah er in der Vergangenheit eine lebendige Kraft, ohne die die Gegenwart oder Zukunft ihre sinnstiftende Verankerung, ja Humanität verlöre. Kunst, insbesondere die Malerei, aber auch die Musik und Literatur waren für ihn lebendige kulturelle Vermittler von Wissen und Lebenskraft, die ungebrochen von Generation zu Generation weitergegeben werden konnten. In der Industrialisierung der Welt sah Pasolini eine Gefahr des Bruchs in dieser Kontinuität und eine Störung im Gleichgewicht zwischen Erneuerung und Bewahrung. Der Konsum, der nicht auf Kontinuität setzt, bedeutete für Pasolini das Ende einer lebendigen Kultur, die

---

8   Vgl. Schraven, Minou (2002): »De Decameron van Pier Paolo Pasolini«, in: Polyptiek, S. 181–182.
9   Pasolini im Interview in Halliday (1969/1995), S. 164.

per se gegen die Warenkonsumption gerichtet ist. Pasolini fährt im Interview mit Jon Halliday fort:

Die Welt Chaucers [des Autors von *The Canterbury Tales*] und Boccaccios war noch nicht industrialisiert. Es gab keine Konsumgesellschaft, es gab keine Fließbänder. Es gab nichts, was diese Welt mit der Welt von heute gemeinsam gehabt hätte – ausgenommen vielleicht ein gewisses, noch dem Kontext der mittelalterlichen Gesellschaft verhaftetes Verlangen nach sexueller Freiheit im Gefolge der beginnenden bürgerlichen Revolution. [...] Aber solche Zeiten der Freiheit sind dazu verurteilt, schnell zu Ende zu gehen. Boccaccio wurde im Alter ein Frömmler. Die Expression der Freiheit dauerte nur wenige Jahre.[10]

Der neuerwachsene Pessimismus Pasolinis ist diesem Passus deutlich anzumerken. Die Vitalität der vorindustriellen Kultur, die den Kerngedanken in Pasolinis früherer Gesellschaftsutopie bildete, wird nun als unwiederbringlich verloren erkannt. Letztlich war Pasolinis *Lebenstrilogie* nur mit einer vagen Hoffnung verbunden, die illuminatorische Kraft der Bilder und die Erotik als Symbol einer vom Konsum noch unberührten Lebendigkeit könnten doch noch über die Skepsis hinweg eine bildpolitische Virulenz entfalten – nicht zuletzt um den Regisseur selbst aus der eigenen Erstarrung herauszuholen.

Es ist gerade dieses Oszillieren zwischen unterschiedlichen Kunstsprachen, das das gesamte (nicht nur) filmische Schaffen Pasolinis kennzeichnet und die besondere Aufladung seiner Filme wie LA RICOTTA und IL DECAMERON begründet. Die Kontamination war die Methode von LA RICOTTA – in IL DECAMERON hingegen bediente sich Pasolini verstärkt einer Methode der Verzahnung oder der Verklammerung vom konkreten soziopolitischen (bäuerlichen, subproletarischen) Modell und historischen Gemäldezitaten. Dieses Verfahren hat deutliche Reminiszenzen an Pasolinis akademische Ausbildung, die er vor dem Zweiten Weltkrieg bei dem Kunsthistoriker Roberto Longhi genossen hat, worauf ich im folgenden Kapitel genauer eingehen werde.

Das gemalte Bild öffnet den Blick auf das, was in der filmischen Umsetzung zu einer universalen Wahrheit erhoben wird: Für Pasolini ist es immer der unschuldige, lebendige Körper und die Lebensart des einfachen Volkes gewesen, an denen sich diese Wahrheit kristallisiert. Die gleiche Spur verfolgt er in der filmischen Umsetzung der Malerei. Hier wird noch einmal deutlich, daß die *poesia cinema* auf einem spezifischen Pasticheverfahren gründet, das kaum stilistische Nachahmung, vielmehr eine Anschlußsuche an das kulturell gewachsene Bild- und Texterbe bedeutet. Dort, wo die stilistische Kontamination nicht mit einem nach-

---

10 Ebd.

drücklichen Bildverweis aufwartet, wie es in IL DECAMERON häufiger begegnet, wird sie in die Struktur des Filmbildes eingeflochten. Antonio Costa merkt dazu an:

In anderen Fällen erreichte Pasolini analoge Effekte, auch im Rückgriff auf direkte Zitate: man denke an die Reproduktionen von Velasquez, die am Anfang von *Casa sono le nuvole* stehen; oder an die zahlreichen Bilder, erkennbar als zugehörig zum Verlauf der Avantgarden des 20. Jahrhunderts, die so eindringlich in *Salò-Sade* erscheinen.[11]

Pasolinis Enttäuschung über den fehlenden Zuspruch der Künstlerkollegen wie der Zuschauer gleichermaßen war um so größer, je deutlicher sich herausstellte, daß die kapitalistische Korrumpierung gerade jene Gesellschaftsschichten betraf, auf die der Regisseur seine utopischen Hoffnungen baute. Folgerichtig schlug seine ehemals hoffnungsvolle restauratorische Kraft in seinem letzten Film in Destruktion um.[12]

Wenn Frieda Grafe in ihrer Rezension zu IL DECAMERON Pasolini vorwirft, er sei kein vitalistischer Regisseur mehr, so hat sie damit sowohl recht als auch unrecht,[13] denn vitalistisch ist er immer geblieben, doch im Gegensatz zu seinen früheren Filmen ist sein Vitalismus ein hoffnungsloser und nur insofern auch kraftloser geworden. Aber es gibt noch eine andere Seite von IL DECAMERON, auf die Martin Schlappner hinweist:

Das derbe Lachen, das Lachen über die derben Späße, die sich Bürger und Handwerker, Geistliche und Nonnen, Händler und Bauern leisten oder denen sie ausgeliefert werden, soll die Melancholie aus dem Leben vertreiben.[14]

---

11 Costa (1995), S. 31.

12 Hat Boccaccio noch aus echten Volkssagen verschiedener Länder geschöpft, so sind Chaucers »Tales« die Erzählungen eines Bürgerlichen. Diese sich allmählich einstellende Veränderungen, die Pasolini bei beiden Autoren diagnostiziert, lassen sich durchaus auch auf Pasolinis eigene Schaffenskrise beziehen: »Er [Chaucer] freut sich auf die Revolution der Protestanten und sogar der Liberalen, insofern Cromwell beide verkörpert. Während aber zum Beispiel Boccaccio, der auch ein Bürgerlicher war, ein reines Gewissen hatte, spürt man bei Chaucer bereits ein Gefühl des Unglücks, ein unruhiges Gewissen« (Pasolini in Halliday [1969/1995], S. 165).

13 Vgl. Grafe (1971/1994), S. 149, urspr. in der »S.Z.« vom 20.10.1971.

14 Schlappner, Martin (1971/1994): »Mit der Waffe der fröhlichen Karikatur«, in: *Pasolini* (1994), S. 150, (urspr. in der »N.Z.Z.« vom 27.11.1971).

So war der Film für Pasolini möglicherweise auch das, was *Il Decamerone* für Boccaccio war: »die Waffe der fröhlichen Karikatur«, um mit sexuellem Vitalismus gegen die eigenen Zweifel anzugehen. Die sogenannte Sexualrevolution der 1970er Jahre, in die die Filmrealisierung fällt, konnte wahrscheinlich das utopische Potential des Films noch kurzfristig aufrechterhalten haben.

Zwei Geschichten aus IL DECAMERON verdienen in unserem Kontext einer besonderen Beachtung: Die erste Episode dreht sich um den Mörder Ser Ciappelletto, die zweite Episode handelt von einem berühmten Schüler des noch berühmteren Malers Giotto di Bondone. Sie bilden die Rahmenhandlung für weitere sieben Erzählungen nach Boccaccio. Sowohl bei der Ciappelletto- als auch bei der Giotto-Episode fällt auf, wie weittragend die Veränderungen der filmischen Adaption gegenüber der literarischen Vorlage sind. Einem Zuschauer ohne genaue Kenntnis des Originaltextes – und das werden die meisten gewesen sein – entging sicherlich schon damals eine interessante Umdeutung, die Pasolini an der Malerfigur vornimmt: Bei Boccaccio ist es der Meister Giotto selbst, bei Pasolini wird daraus ein »berühmter Schüler« des »göttlichen Meisters«, den er selbst spielt. Diese Veränderung kann sicherlich aus Respekt vor Giottos künstlerischem Können entstanden sein, doch gibt sie Pasolini vor allem die Möglichkeit, sich in die Nachfolge des großen Meisters zu begeben und damit die (Kunst-)Tradition mit modernen Mitteln und Medien fortzuschreiben.

Für die Weise wie Pasolini die Reinterpretation historischer Werke vorantrieb und den Realismusbegriff in der Kunst auslegte war eine Person maßgeblich verantwortlich. Der Name ist schon mehrfach von mir genannt worden: Es handelt sich dabei um den italienischen Kunsthistoriker Roberto Longhi (1890-1970).

In der Schule bei Longhi oder das Potential eines »archaischen« Bildes

Schauen wir uns zunächst eine Sequenz an, in der der Giotto-Schüler auf der Suche nach Inspiration und Modellen für sein Fresko auf einem Wochenmarkt umherschweift (Abb. 43).

Am Anfang der Sequenz sieht man gelbe und grüne Melonen, dann den Maler selbst wie er durch seine übereinandergelegten, gespreizten Finger hindurchschaut. Das aus dieser Geste entstandene Viereck ist das Guckloch der Kameraleute, ist die Kadrierung, die eine reale Szene zu einer Filmszene respektive zu einem Bild macht, denn die Kadrierungs-

Abb. 43: IL DECAMERON *– Giotto-Schüler auf dem Markt,*
Kadrierungsgeste (Sequenz-Stills)

geste ist auch das technische Äquivalent zum ausgestreckten Arm und
dem anpeilenden Daumen der Maler. Das, was man durch diese Finger-
kadrierung hindurch zu sehen bekommt, sind Marktszenen, sind wohlha-
bende Bürger, Kinder beim Spielen, Mägde und Bauern, ist das feilgebo-
tene Obst, mit einem Wort: In dieser Einrahmung liegt das Prä-Gemälde,
ist das Geschehen, das der Giotto-Schüler bald im Fresko malen wird.
Aber, und das ist nicht minder von Bedeutung, wir erkennen im Quadrat
der übereinandergelegten Finger eine Metapher für *den Film* IL DECA-
MERON und seine Entstehung selbst.

280

Wenn der Giotto-Schüler mit seiner imaginären Kadrierung immer enger an die Szenen herangeht bis er schließlich nur die Gesichter der Figuren erfaßt, so ist es filmtechnisch betrachtet das Zoom, das dem filmischen Maler die Personen näher bringt. Für Pasolini hat diese technische Möglichkeit neben der stufenlosen Annährung an die Objekte und der piktoralen Funktion, die die Realszene bereits auf ein verflachtes und ästhetisch überformtes Bild hin entwirft, auch die Möglichkeit einer Introspektion. Es ist eine wenn auch in Anführungszeichen zu setzende Wesensschau, bei der der Maler den Modellen bis auf die Gesichter heranzukommen und das heißt bis zu ihrem Innersten vorzudringen sucht. Dieses innerfilmische Studium geschieht zwar auf einem neapolitanischen Marktplatz inmitten des Gewusels von Mensch und Tier, doch erst die Umsetzung des Geschehens in die kodierte Sprache der Malerei (der Literatur, des Theaters) oder wie de facto bei Pasolini in die des Films, schafft die sinngebende Bildeinstellung oder Sequenz, den Ausschnitt also. Pasolinis Versuch, den kinematographischen Status quo der Prosaerzählung zu durchbrechen, endet, wie ich schon dargelegt habe, in der Irrealität und im Mystizismus der Bilder:

Meine fetischistische Liebe zu den »Dingen« der Welt hindert mich daran, sie als natürliche zu betrachten. Sie weiht die Dinge entweder, oder sie entweiht sie mit Gewalt, eines nach dem anderen: sie verbindet sie nicht in einem maßvollen Fließen – dieses Fließen akzeptiere ich nicht –, sondern isoliert sie und betet sie an, mehr oder weniger inbrünstig, eines nach dem anderen.[15]

Pasolinis erklärtes Ziel war es, »die Unschuld der Technik bis zum letzten Blutstropfen zu entmystifizieren«,[16] um an der Nahtstelle zwischen Filmbild und Realität die Natürlichkeit der Welt (und den Naturalismus der Filmavantgarde) als bedeutungslose Fiktion zu entlarven. Der physische Realismus seiner Filme war immer schon überkodiert und piktoral vorformuliert. Auch wenn diese *formula* nicht zwangsläufig im konkreten Gemälde mündet, verweist sie doch immer auf traditionelle Kulturfelder, an die – mit unterschiedlicher Intensität – Anschluß gesucht wurde.

In seiner Selbstdarstellung als Giotto-Schüler mit der symbolischen Kadrierungsgeste evoziert Pasolini auch das Sehen mit den Augen eines Anderen.[17] Natürlich sind es in erster Linie die Augen Giottos, oder allgemeiner: die Augen der Malerei, der Literatur, des Films, der Geschich-

---

15 Pasolini (1972/1979), S. 221.
16 Zitiert in Ferrero, Adelio (1977): Il cinema di Pier Paolo Pasolini, Venezia: Marsilio 1977, S. 86.
17 Vgl. Galluzzi (1994), S. 73.

te, durch die Pasolini seine Welt betrachtet. Aber es sind auch die Augen des Kunsthistorikers Roberto Longhi, bei dem Pasolini sein Kunststudium in der Zeit vor dem Zweiten Weltkrieg absolvierte. Es ist Longhi, der Pasolinis gesamtes ästhetisches Bewußtsein wie die Einstellung zur Kultur und Tradition gleichermaßen beeinflußt hat.[18]

Bezeichnend für diesen Einfluß, ist eine weitere Markt-Sequenz, in der der nachdenkliche Giotto-Schüler zu sehen ist, der das Treiben der Stadtmenschen und Bauern distanziert beobachtet, und nur wenig später eine Inspiration für sein Fresko bekommt. »[D]er Maler beobachtet das Ereignis wie ein unbeteiligter Kameramann«,[19] beschreibt Longhi Caravaggios Vorgehen, und liefert gewissermaßen eine Vorgabe für Pasolinis Maler-Figur. Eine solche Aussage ist typisch für Longhis Kunstinterpretationen, bei denen es sich im wesentlichen um Aktualisierungsversuche handelt. Oder genauer: Gerade die Beschäftigung mit der *zeitgenössischen* Kunst, brachte Longhi die ältere Kunst nahe.[20] In den Werken Masaccios, Giottos oder Caravaggios sah er Modelle aus dem Volk und übersetzte die Bildfiguren in handelnde, lebendige Personen, die unmittelbar aus ihrer historischen Position heraus zum Betrachter sprechen. So beschreibt Longhi die Abgebildeten bei Caravaggio beispielsweise als Saufkumpanen, Huren oder Strichjungen, womit er eine äußerst lebendige Bildadaption erreicht, die in der italienischen Kunstgeschichte nach wie vor ihre Anhänger hat. Seine Beschreibung zu Giottos Bildkompositionen in der Cappella degli Scrovegni in Padua (1304–1306) sind bezeichnend:

---

18 Pasolini besuchte Vorlesungen und Seminare der Kunstgeschichte in Bologna und wollte ursprünglich bei Longhi über zeitgenössische italienische Malerei promovieren. Dieses Vorhaben gab er jedoch auf, nachdem seine Dissertationsschrift im Krieg verlorengegangen war. Die Dedikation »Roberto Longhi, dem ich meine figurative Erleuchtung verdanke«, die er seinem zweiten Film MAMMA ROMA voranstellte, bezeugt seine enge Beziehung zu dem Kunsthistoriker. Vgl. Reiter, Johannes/Zigaina, Giuseppe (1982): Pier Paolo Pasolini: Zeichnungen und Gemälde, Basel: Balance Rief, S. 19; zur Biographie siehe Schweitzer (2000) und Schwartz (1992).

19 Longhi, Roberto (1943–51/1968): Caravaggio, Dresden: VEB Verlag der Kunst, S. 44.

20 Zu Longhi siehe Beyer, Andreas (1999): »Roberto Longhi (1890-1970). Kunst, Kritik und Geschichte«, in: Heinrich Dilly (Hg.), Altmeister moderner Kunstgeschichte, Berlin: Reimer, S. 251–265; Tabbat, David (1996): »The Eloquent Eye: Roberto Longhi and the Historical Criticism of Art«, in: Paragone (July-Nov.), S. 3–27.

Es agiert eine etwas grobschlächtige, plumpe, schwerfällig gekleidete und dennoch feierliche und gravitätische Menschheit, die, in schlichte Gewänder gehüllt, mit kraftvollen Gesten vor einfachen Gebäuden verweilt.[21]

Liest man Longhis Bildinterpretationen im Sichtfeld der Filme Pasolinis, speziell angesichts der Figuren von IL DECAMERON, so ist die Utopie der Erneuerung mit der zentralen Vorstellung von einer ›reinen‹, archaischen Welt fraglos auch durch die Rezeptionssprache des Kunsthistorikers vermittelt. Sie bildet für Pasolini einen wichtigen Resonanzboden, ohne den der Glaube an einen »unschuldigen« Körper und an die erneuernde Kraft des Subproletariats, dessen Wurzeln er in dieser bäuerlichen Kultur sah, nicht möglich wäre.[22] Die deutliche Rückbesinnung auf den Körper hat bei Pasolini politische wie philosophische Implikationen, aber nicht ohne selbst ein Reflex der Longhischen Schulung zu sein, die das klassische Schönheitsideal als eine absolute Kategorie der Kunst ablehnt und Schönheit unter dem jeweiligen Kontext immer wieder neu verhandelt wissen will. Die unansehnlichen Gestalten in Pasolinis Filmen – der »wie ein Affe« häßliche Stracci, die zahnlosen in Lumpen gehüllten Figuren in der *Trilogia della vita* – zeugen deutlich von einer Abkehr vom klassischen Schönheitsideal. Gleicherweise in Longhis Denkweise verankert ist Pasolinis Kulturbegriff, der auf Kontinuität statt auf dominante Brüche setzt. Der von beiden propagierte kulturelle rote Faden besteht aus Übernahmen, Fortführungen und gradueller Weiterentwicklung der Kunstsprache.

Schließlich läßt sich Longhis kunsthistorischer Nachhall auch in der Auswahl der Filmdarsteller finden, die Pasolini vorwiegend aus der bäuerlichen und subproletarischen Bevölkerung rekrutierte. Er engagierte, von einigen signifikanten Ausnahmen abgesehen (Anna Magnani in MAMMA ROMA oder Orson Welles in LA RICOTTA), nur Laienschauspieler; Komparsen ließ er durch Komparsen spielen bei Beibehaltung ihrer realen Namen (wie in LA RICOTTA) und übernahm selbst die Künstlerrolle, wie die des Giotto-Schülers in IL DECAMERON. Wie Longhi, der beispielsweise in den Werken Caravaggios eine ihnen innewohnende rohe Wirklichkeit aufzudecken meinte, so findet auch Pasolini das Heilige im Milieu der Gauner, Huren, Strichjungen und Subproletarier. Peter Weibel spricht in diesem Kontext von der klassischen Bildung Pasolinis, die mit

---

21 Longhi, Roberto (1994/1996): Kurze, aber wahre Geschichte der italienischen Malerei, Köln: DuMont, S. 92.
22 Vgl. Moravia (1983), S. 7–12; Greene (1990), S. 127–172.

seiner »libidonalen Energie« konvergiert.[23] Doch muß man die Pasolini-sche Sicht auf die Malerei nicht im psychoanalytischen Licht beleuchten, denn die Tableaux vivants in IL DECAMERON zeugen von einer sorgfälti-gen Typenauswahl entsprechend der Vorlagen nach Giotto und Brueghel. Bei Pasolini verzahnt sich an dieser Stelle Kunst und Wirklichkeit in ei-nem zirkulären Verfahren der gegenseitigen Kontamination, wobei die Malerei eine Aktualisierung erfährt, die den Bildinterpretationen Longhis entspricht.

Zwei filmische Visionen und ihre Tableaux vivants

Anders als in Boccaccios *Decamerone* sind die Episoden um Ciappelletto und Giotto bzw. dessen Schüler von Pasolini stark erweitert worden und durch andere, kürzere Episoden unterbrochen, um an einer anderen Stelle den Erzählstrang wieder aufzunehmen. Sie teilen damit den Film in zwei, wenn auch nicht streng voneinander getrennte, so doch erkennbare Teile. Die erste Hälfte des Films wird von der Ciappelletto-Episode ein-gerahmt, die zweite Hälfte bestimmt die Erzählung um die Arbeit des Giotto-Schülers.

Ser Ciappelletto ist ein Wucherer, ein Mörder und ein Lebemann, womit er zum indirekten Gegenpart des Giotto-Schülers avanciert, der als ein fanatischer Künstler und in seiner Erscheinung als asketischer In-tellektueller charakterisiert wird. Patrick Rumble schlägt vor, in dieser Doppelstruktur der filmischen Erzählung eine Allegorie zu sehen:

That is, the film stages a conflict between (a) the extension of capitalist models of exchange, based upon the abstraction of exchange-value from use-value, and (b) the ›poetic‹ or ›artistic‹ and even primitively ›religious‹ practice that cannot but exist as a point of resistance to the extension of the logic [...].[24]

Diese Interpretation ist nicht gänzlich von der Hand zu weisen, wie ich noch anhand der zwei hierfür signifikanten filmischen Tableaux vivants aufzeigen werde, doch liegt in der Aufteilung meiner Ansicht nach keine strenge Opposition zwischen den beiden durch die Hauptprotagonisten markierten Filmteilen. Die Tatsache, daß beide Protagonisten nicht mit-

---

23 Weibel, Peter (1995): »Pasolinis Pansemiologie oder die Wirklichkeit als Code«, in: Steinle/Zigaina (Hg.), Pier Paolo Pasolini oder die Grenzüber-schreitung, S. 33.

24 Rumble (1996), S. 35.

einander in Berührung kommen, muß nicht zwangsläufig antithetisch gedacht sein.

Ciappelletto kann durchaus eine ursprüngliche Vitalität jenseits der christlichen Moralität symbolisieren. So wie sein in gewisser Hinsicht materiell orientiertes Handeln nicht als kapitalistisch und darin negativ aufgefaßt werden muß. Im Gegensatz zu dem zwielichtigen Ciappelletto ist der Giotto-Schüler ein durch und durch klarer Charakter. Boccaccio beläßt es in seiner Giotto-Geschichte dabei, die angeblich unansehnliche bis schäbige Aufmachung des »größten Malers der Welt«, *Maestro Giotto*, hervorzuheben, um damit die Falschheit und Nichtigkeit der äußeren Erscheinung vor den inneren Qualitäten eines Menschen zu exemplifizieren.[25] Pasolini hingegen läßt die ursprünglich kurze Geschichte dort beginnen, wo Boccaccio sie bereits beendet, nämlich im Regenguß, der den Giotto-Schüler und seinen Begleiter Forese da Rabatta, einen angesehenen Rechtsgelehrten und Anwalt, zu häßlichen Vogelscheuchen in nassen abgegriffenen, sackähnlichen Gewändern macht (Abb. 44). Bei diesen gravierenden Veränderungen der Originalgeschichte fällt kaum auf, daß Pasolini die Ereignisse der Episode von Florenz, wo sie bei Boccaccio spielen, in die Zeit von Giottos Neapelaufenthalt verlegt und den Giotto-Schüler zur Ausmalung der Kirche Santa Chiara in Neapel schickt.[26]

---

25 Die Geschichte um Maestro Giotto und seinen Begleiter Messer Forese da Rabatta ist die fünfte Geschichte, die Königin Panfilo im *Dekamerone* des sechsten Tages erzählt. Boccaccio, Giovanni di (1492/1979): Das Dekameron, Bd. 2, Frankfurt/Main: Insel, S. 545–547.

26 In Santa Chiara wird das Gnadenbild am linken Pfeiler als der einzige Rest eines größeren Freskos Giotto selbst zugeschrieben. In der Kirche Dell' Incoronata wird die Urheberschaft Giottos an dem Fresko im Kreuzgewölbe über der Empore bestritten. Hier ist möglicherweise von Giottos Werkstatt oder einem seiner Schüler, dem sog. Maestro delle Vele (Meister der Vele) auszugehen, wie der anonyme Maler genannt wird, der in der unteren Basilika von Assisi Teile der Gewölbedecken ausmalte. Zu Stil- und Zuschreibungsfragen siehe Antonic, Magda (1991): Bildfolge, Zeit- und Bewegungspotential im Franziskuszyklus der Oberkirche San Francesco in Assisi. Ein Beitrag zur Klärung der Giotto-Frage, Frankfurt/Main (u.a.): Peter Lang; speziell zum Maestro delle Vele siehe Schönau, David W. (1985): A New Hypothesis on the Vele in the Lower Church of San Francesco in Assisi, in: Franziskanische Studien, 67, 326 ff.; thematisiert auch bei Galluzzi (1994). Zu der durch die jüngste Ausstellung in Florenz (08. 06.–30.08.2000, Galleria dell'Accademia) neu angeregten Diskussion um die Handschrift Giottos und seiner Schüler siehe den Artikel von Andreas Beyer: »Giotto-Ausstellung in Florenz« in »Die ZEIT«, 30/2000, S. 36.

Abb. 44: IL DECAMERON – Giotto-Schüler/Pasolini mit Messer Forese im Regenguß (Sequenz-Stills)

Interessant ist in unserem Kontext Pasolinis Selbstdarstellung als Maler, die noch deutlicher als in LA RICOTTA ausfällt, wo Orson Welles zu Pasolinis Alter ego wurde. Gefragt nach dem Grund der Rollenübernahme erklärte Pasolini, daß die für den Charakter ursprünglich vorgesehenen Schauspieler, Sandro Penne oder Paolo Volponi, ihm kurzfristig abgesagt hätten. Deshalb sah er sich dazu gezwungen, die Rolle selbst zu übernehmen: »[A]lso stellte ich mich vor den Spiegel, um zu sehen, ob ich klein und häßlich genug war, um die Person Giottos so dazustellen, wie Boccaccio ihn beschrieben hat.«[27] Denn bei Boccaccio heißt es: »Aber so herrlich auch seine [Giottos] Kunst war, so war er doch weder von Gestalt noch von Gesicht in irgendeinem Stücke schöner als Messer Forese«,[28] der, so heißt es an einer anderen Stelle, »klein und ungestaltet war und ein so glattes und stumpfsinniges Gesicht hatte, daß es den häßlichsten Vagabunden verunstaltet hätte […].«[29]

Dabei geht es in Boccaccios Erzählung nur peripher um die tatsächliche oder historisch auch nur mögliche Häßlichkeit des Malers, als vielmehr um sein besonderes Können, seine inneren Werte also:

Der andere, Giotto mit Namen, hatte einen Geist von solcher Erhabenheit, daß unter allen Dingen, die die Mutter Natur unter dem Kreislaufe der Himmel erzeugt, nicht ein einziges war, das er nicht mit dem Griffel und der Feder oder

---

27 Pasolini im Interview in »Epoca« (»Pasolini come Giotto«) vom 18.10. 1970, hier zitiert in Galluzzi (1994), S. 76.
28 Boccaccio (1492/1979), S. 546.
29 Ebd.

mit dem Pinsel so getreu abgebildet hätte, daß sein Werk nicht das Bild des Gegenstandes, sondern der Gegenstand selbst zu sein schien, so daß es bei seinen Werken sehr oft vorkam, daß der Gesichtssinn der Menschen irrte und das für wirklich hielt, was nur gemalt war.[30]

Und weiter im *Il Decamerone*:

Und weil er die Kunst, die viele Jahrhunderte lang unter dem Aberwitz etlicher Menschen begraben war, die mehr um die Augen der Unwissenden zu ergötzen, als um den Geist der Weisen zu befriedigen, gemalt haben, wieder ans Licht gezogen hat, darf er verdientermaßen eine der Leuchten des florentinischen Ruhmes genannt werden, und das um so mehr, je größer die Bescheidenheit war, mit der er diesen Ruhm errungen hat, indem er, obwohl er der Meister aller anderen war, immer den Namen eines Meisters abgelehnt hat. Und diese Ablehnung dieser Benennung hat ihm einen um so größern Glanz gebracht, je begieriger sie sich seine Schüler oder die, die weniger verstanden als er, angemaßt haben.[31]

Es ist diese besondere, im *Decamerone* Boccaccios deutlich markierte Fähigkeit des Malers, die Pasolini für seine Filmadaption interessierte. Giotto ist für ihn ein realistischer Maler, insofern er die faktische Körperlichkeit der Figuren, ihr Körper-Sein im Raum begriffen hat. Wie für Boccaccio so ist Giotto auch für Pasolini ein Restaurator und zugleich ein Erneuerer eines kulturellen Wissens, das durch die »Dummheit der Nachkommen« seit der klassischen Antike in Vergessenheit geriet. Es ist also die Kunst, »die viele Jahrhunderte lang unter dem Aberwitz etlicher Menschen begraben war« (Boccaccio), an die Pasolini nicht zuletzt auch in seiner Interpretation der Giottofigur wieder anzuschließen sucht.

Das auffällige und zentrale Merkmal beider Hauptepisoden – und man kann sich schon denken, daß es dabei um eine Pasolinische Erweiterung und ein Pasticheverfahren geht – liegt darin, daß ihre Protagonisten jeweils einen Traum oder eine ›Vision von einer Sache‹ haben. Ihre Besonderheit liegt in ihrer Bildrhetorik, denn die Visionen sind in Form von Tableaux vivants realisiert: Ciappellettos Vision besteht insgesamt aus vier Versatzstücken nach Gemälden Pieter Brueghels d. Ä., die Vision des Malers setzt sich aus zwei Gemälden nach Giotto zusammen.

Anders als bei LA RICOTTA handelt es sich bei diesen kompilierten Tableaux vivants um keine narratologisch angekündigten Tableaux vivants, das heißt um Bildnachstellungen, die in der Erzählung selbst thematisiert werden – in LA RICOTTA war es beispielsweise der innerfilmi-

---

30 Ebd.
31 Ebd., S. 545–546.

sche Regisseur, der die Tableau-vivant-Darsteller zum Stillstand ermahnte und sie als Altarbildnachstellungen dem Zuschauer vorstellte. In IL DECAMERON muß sich das filmische Tableau vivant dem Zuschauer selbst erschließen. Auch hier ist es seine strukturelle Fremdheit und sein unvermitteltes Auftreten innerhalb der Filmerzählung, die narratologisch gewollt sind, um die visionäre Dimension der jeweiligen Sequenz zu markieren. Beide Tableaux vivants künden davon, daß hier etwas *anderes* passiert oder passieren wird. Strukturell sind sie aufeinander bezogen und bilden eine Verklammerung über die Narration der Episoden hinweg: Beide Tableau-vivant-Sequenzen dauern jeweils circa eine Minute, beide bestehen aus annährend der gleichen Anzahl von Shots (Aufnahmen) – Ciappellettos Vision hat 16 und die des Giotto-Schülers 18 Shots –, die wiederum über eine ähnliche Anzahl von Kadrierungen verfügen (ca. 100).[32] Des weiteren sind beide mit einem Zoomobjektiv aufgenommen und haben eine vergleichbare Rhythmik der Montage, das heißt im Wechsel von Großaufnahmen mit Totalen, Bewegung mit Stillstand und planimetrischen mit tiefendimensionierteren Bildern. Diese Arbeitsweise mit Bildern und am Filmbild entspricht dem Pasolinischen Modell der Kontamination und macht den Stil des *effetto dipinto* aus. Auch hier unterläuft das Bewegungs-Bild das piktorale Bild und vice versa. In IL DECAMERON jedoch greift die Kontamination über dieses Verhältnis hinaus, indem sie das eine Tableau vivant mit den anderen Tableaux vivants, das eine Gemälde mit anderen Gemälde des gleichen Künstlers konfrontiert und auf diese Weise produktiv ›verunreinigt‹.

Ciappellettos Bildvision à la Brueghel

Mit der Ciappelletto-Episode beginnt die recht freie filmische Adaption von Boccaccios *Il Decamerone*. Ser Ciappelletto (Franco Citti) ist entsprechend der literarischen Vorlage ein ruchloser Wucherer und Mörder, so zeigt ihn die erste Filmszene wie er einen im Sack verschnürten Mann erschlägt und die Klippen hinunterwirft. In einer späteren Szene bestiehlt er einen Mann und bezahlt davon die Dienste eines Strichjungen. Die symbolische Sprache des in Großaufnahme gezeigten Hosenlatzes ist nicht zufällig. Zwar widerspricht sie durchaus nicht der mittelalterlichen Literaturvorlage, doch geht sie in ihrer bildlichen Umsetzung deutlich darüber hinaus. Ciappelletto wird in der Montage dieser Großaufnahmen und der doppeldeutigen Gesten zum Homosexuellen, auch wenn später

---

32 Vgl. Rumble (1996), S. 41.

von seinen Frauenverhältnissen berichtet wird, die bezeichnenderweise jedoch nicht vorgeführt werden. Daß es sich bei dieser Figur um eine enkodierte Selbstdarstellung Pasolinis handelt, scheint mir angesichts der zahlreichen Hinweise augenfällig. Zwar verweist Pasolini in der Rolle des Giotto-Schülers auf seine von der künstlerischen Arbeit besessene, enthaltsame Seite, Ciappelletto hingegen verweist auf die verborgene, dunkle Gegenseite eines maßlosen, am Leben berauschten Genußmenschen.

Unvermittelt wird dem Zuschauer eine Szene vorgeführt, die er zunächst nicht unbedingt als eine Vision erkennt, doch ist die Sequenz in stilistischer Hinsicht auffällig genug, um bereits etwas besonderes anzuzeigen (Abb. 45 oberstes Bild/Abb. 46). Aus einer erhöhten Position gefilmt, bietet sich dem Zuschauer zunächst eine Übersicht über eine weitläufige Wiese, auf der sich rätselhafte Szenen mit grotesken Gestalten abspielen. Das Geschehen ist in Zeitlupe aufgenommen, so daß die verlangsamten Bewegungen surreal und in gewisser Weise leblos anmuten. Die Kamera bleibt im Vergleich zu der Enge der Räume, in denen die anderen Episoden von IL DECAMERON spielen, auffällig auf Distanz. In den Gassen von Neapel ist sie immer auf Tuchfühlung mit den Personen und ihren Geschicken.

Hier aber bietet sie dem Zuschauer ein großes Tableau, das er durch die relative Länge der Sequenz und die Langsamkeit der Zeitlupe gut überschauen kann, so daß es ihm möglich ist, einige Figuren, Figurenkonstellationen und Motive von Brueghelscher Provenienz zu entdecken. Bezeichnend für die Stilistik der Aufnahme ist auch hier die Verwendung des Zooms. In der Ciappelletto-Sequenz benutzt Pasolini das Objektiv als Instrument der klassischen Gemäldeanalyse, indem er zunächst das gesamte Tableau aus der Distanz vorführt.

Erst im zweiten Schritt kann sich der Zuschauer in die Details vertiefen, wenn die Kamera via das Zoom in die Szenen eintaucht. Waren es in LA RICOTTA der Einsatz der Farbe im Schwarzweißfilm und der Zeitraffer neben der Bewegungsstarre, die das ästhetische Kontaminationsverfahren bildeten, so sind es hier die bildabtastende Optik und der Einsatz der Zeitlupe, um die Vision als das Differente aus dem Narrationsfluß des Films herauszuheben.

Den Einstieg in die Welt des filmischen Tableau vivant bietet eine auffällige weibliche Figur, die einen Weidenkorb als Kopfbedeckung trägt. Sie steht nahezu bildzentral und ist leicht diagonal gedreht, so daß sie dem Zuschauer direkt entgegenzukommen scheint. In ihrer besonderen Ausgestaltung sorgt sie für die Wiedererkennung der Szene als die Figur aus dem Gemälde *Der Streit des Karnevals mit der Fastenzeit* von Pieter Brueghel d. Ä. (1559) bzw. der Gemäldevariation, die sein Sohn

*Abb. 45: IL DECAMERON – Ciappellettos Vision nach Brueghel
(Teil 1, Sequenz-Stills)*

Pieter Brueghel d. J. malte (ca. 1585; Abb. 47). Sie ist die *Fastenzeit*, die der Völlerei und der Ausschweifung des Karnevals entgegentritt, um ihn schließlich in dieser Schlacht (im Karneval) zu besiegen. Neben dieser auffälligen Figur übernimmt Pasolini aus Brueghels figurenreichem Gemälde weitere Motive, die ich an dieser Stelle zunächst nur aufzähle: die

*Abb. 46: IL DECAMERON – Ciappellettos Vision nach Brueghel
(Teil 2, Sequenz-Stills)*

palmwedeltragenden schwarzgekleideten Frauen im Bildhintergrund, die
Gruppe der Krüppel und die vom Zentrum leicht versetzt plazierte Frauengruppe, die vor einer Feuerstelle sitzt und Waffeln bäckt. Zu weiteren

291

lockeren Anleihen gehören die auf einem Faß sitzenden jungen Männer, die Masken tragen. Zwar kommen sie weder im Originalgemälde noch in der Gemäldevariation von Brueghel d. J. vor, allerdings verweisen die Masken auf den Karneval, wohingegen das Faß selbst ein zentrales Detail des Gemäldes und das Attribut der völligen Karnevalsfigur ist.

Abb. 47: oben: Pieter Brueghel d. Ä. – Der Streit des Karnevals mit der Fastenzeit (1559, Kunsthist. Museum, Wien); unten: Pieter Brueghel d. J. – Gemäldevariation nach Brueghel d. Ä., Details (ca. 1585, Musées Royaux des Beaux-Arts, Brüssel)

Geschickt rekombiniert Pasolini einzelne Motive aus anderen Gemälden Brueghels, die er in einem ungefähren Halbkreis um das schwach ausgebildete Zentrum mit der Figur der Fastenzeit anordnet. Zu den kleinen Motivanleihen gehört der kastenförmige Brunnen, der in beiden Bildvarianten in der Bildmitte steht. Es wird bei Pasolini zu einem schrankähnlichen, hohen Kasten, der an einen Beichtstuhl erinnert und sich im Verlauf des Films als eine sarkophagähnliche Mensa herausstellt, auf der später Ciappellettos Leiche aufgebahrt wird.

Zu den großen, wenn auch weniger auffälligen motivischen Rekursen gehören die Marterräder und der Galgen, die im linken Bildhintergrund des Tableau vivant zu sehen sind. Sie sind aus dem Bild *Die Elster auf dem Galgen* von Brueghel d. Ä. entliehen (auch *Landschaft mit Galgen*, 1568, Hessisches Landesmuseum, Darmstadt). Ferner sind da die spielenden Kindern – bei Pasolini bockspringend im linken Bildvordergrund –, denen der Maler ein eigenes Bild *Kinderspiele* (1559–60, Kunsthistorisches Museum, Wien) gewidmet hat. Zu erwähnen ist noch der leere Heuwagen mit dem daneben schlafenden Jungen, der Hinweise auf die

Brueghelschen Bauern- und Jahreszeitdarstellungen gibt, beispielsweise auf *Die Heuernte* (1565, Metropolitan Museum of Art, New York). Die Szene auf der rechten Seite des Tableau vivant macht auf *Schlaraffenland* aufmerksam, das Brueghel d. Ä. 1567 gemalt hat (Abb. 48), und das hier recht auffällig nachgestellt wird. Sind es im Originalgemälde drei Figuren: ein Bauer, ein Ritter und ein Gelehrter, so gibt es im Tableau vivant bezeichnenderweise keine solchen ständischen Repräsentanten und damit keine Ständeunterschiede.

Abb. 48: links: Pieter Brueghel d. Ä. – Der Triumph des Todes (1562, Museo del Prado, Madrid); rechts: Schlaraffenland (1567, Alte Pinakothek, München)

Der Grund, warum ich neben *Der Streit des Karnevals mit der Fastenzeit* von Brueghel d. Ä. auch die Kopie seines Sohnes heranziehe, liegt an zwei Detailveränderungen, die der Jüngere am Bild des Vaters vornimmt und die Pasolini meiner Meinung nach in das Tableau vivant einbringt. Es ist der Kastenwagen im Hintergrund des Bildes, der hinter dem Brunnen von einer Frau gezogen wird, und den Brueghel d. J. um einen toten oder schwerkranken, halb mit Tüchern bedeckten Mann ergänzt hat (Abb. 47). Desweiteren ergänzte er das große weiße Laken, das auffällig die rechte Bildecke im Gemälde seines Vaters markiert, um einen sterbenden Mann, der darunter hervorschaut. Betrachtet man nun das filmische Tableau vivant, so entdeckt man eine interessante Variation auf diese ergänzenden Bildmotive: ein kastenförmiger Wagen wird langsam durch das Tableau vivant gezogen, in ihm liegt eine in weiße Bandagen eingewickelte Leiche. Gleichzeitig weist dieses Motiv des Totenwagens auf das Gemälde *Der Triumph des Todes* von Pieter Brueghel d. Ä. (1562), in dessen Zentrum ein bandagierter Leichnam in einem Wagen von zwei Skeletten gezogen wird (Abb. 48). In diesem Bild sieht man auch einen Heuwagen, der wie in Pasolinis Version voll mit blanken Schädeln beladen ist (Abb. 46).[33] Eine gewisse Analogie besteht außer-

---

33 Weiterführend zu Pieter Brueghel d. Ä. und den hier angeführten Gemälden siehe Marijnissen, Roger H. (2003): Bruegel. Das vollständige Werk,

dem zwischen den weißgekleideten Skeletten, die die linke Seite des Gemäldes einnehmen, und den im Tableau vivant mit einem Schädel spielenden Mönchen.

Diese lange Tableau-vivant-Sequenz endet in der Großaufnahme der Schaufel, die von der Fastenzeitfigur hochgehalten wird. In Gemälden beider Brueghels sind darauf Heringe plaziert, die den Beginn der großen Fastenzeit symbolisieren. Bei Pasolini hingegen liegt inmitten der Schaufel ein Schädel, den die Fastenzeit scheinbar Ciappelletto anbietet. Unternimmt man von diesem Schädel als zentrales Motiv und Sinnbild der Vanitas die Interpretation der Szene, so muß das gesamte Tableau vivant als eine an Ciappelletto gerichtete Todesprophezeiung gedeutet werden. Fast alle Motivanleihen Brueghelscher Provenienz haben eine solche Vanitas-Aussage, wie beispielsweise die Pilze, die auf dem runden Tisch der drei Überfressenen aus dem *Schlaraffenland* liegen und als Erdfrüchte auf den Tod hinweisen. Im gleichen Kontext stehen die schädelspielenden Mönche und der mit Totenschädeln beladene Holzwagen. Tatsächlich stirbt Ciappelletto bald nach dieser Vision inmitten eines Schlemmergelages, das er mit seinen Freunden abhält. Was ihm die Figur der Fastenzeit nach all seinen Jahren der Völlerei, des Mordes und seines Spotts über die Geistlichkeit angeboten hat, ist also sein eigener Tod gewesen. Damit symbolisiert die bandagierte Leiche, die auf einem Karren durch das gesamte Tableau vivant gezogen wird, Ciappelletto selbst.

Doch noch im Moment des Todes kann es Ciappelletto nicht lassen, den Pfaffen durch eine falsche Beichte ein Schnäppchen zu schlagen und von einem gutgläubigen Priestermönch heiliggesprochen zu werden. Gesehen durch die Augen dieses einfältigen Priesters, wird die Vision zu einer anderen Prophezeiung umgedeutet: Auf Ciappellettos Heiligsprechung folgt ein Leichenzug, der den in weiße Baumwollbandagen geschnürten Leichnam bis zur Kapelle trägt, wo er auf einer hohen Mensa aufgebahrt wird. Rückblickend betrachtet erfahren die im Tableau vivant gesichteten Motive – die Mensa in der Bildmitte, der bandagierte Leichnam, den das Volk auf seinem Weg begleitet, bis hin zu den Mönchen und schuppenbepanzerten Soldaten, die den Leichenzug eskortieren – erneut eine Konversion und mit ihr eine Bedeutungsumwandlung. Man denke auch hier an das Verfahren des ›Wiederkochens‹, das in LA RICOTTA so deutlich die Wiederholung der Motive unter veränderten Vorzeichen und ihre Bedeutungserweitung vorantrieb.

Köln: Glb Parkland; Roberts-Jones, Philippe und Francoise (1997): Pieter Bruegel der Ältere, München: Hirmer.

Anders als die bisher vorgestellten, wirkt das visionäre Tableau vivant also auf ein zukünftiges Geschehen hin. Symbolisch betrachtet, ist es nicht das Tableau vivant, das eine Verlebendigung eines Gemäldes leistet, sondern die Wirklichkeit selbst macht das nachgestellte Gemälde lebendig: Was im Kompilationsbild nach Brueghel zu sehen war, wird nach dem Tod Ciappellettos als eine Verlebendigung des Visionsbildes vorgeführt. Da sind die Dominikanerbrüder, die dem Sünder zu seiner Heiligsprechung verhelfen und sich um seinen Leichnam versammeln, so wie sie im Tableau vivant mit seinem Schädel Fangball spielten, da sind die Soldaten in schwarzer Schuppenrüstung, die sein Begräbnis bewachen, so wie sie im Tableau vivant seinen Kastenwagen eskortiert haben, da sind die Menschen, die Bettler und Krüppel, die seinen Leichnam in die Kapelle begleiten und ihre Hände nach ihm ausstrecken, so wie sie es im Tableau vivant getan haben, und da ist schließlich auch der Bischof, der ihn mit seinem goldenen Stab, so wie es die Fastenzeit mit der Schaufel vorwegnahm, heiligspricht.

Bezeichnenderweise führt wie in LA RICOTTA so auch in IL DECAMERON die Verlebendigung der Gemälde zum Eintritt des Todes ins Leben. Der Tod – die Metapher für die filmische Montage – ist es auch, der entsprechend Pasolinischer Theorie das Leben von der Sinnlosigkeit befreit und ihm eine Bedeutung zumißt, der er in der Kontingenz des Lebens zuvor entbehrte. So verändert Ciappellettos Tod sein sündiges Leben, indem es ihn zum ›heiligen Mann‹ macht.

Eine andere Interpretationsmöglichkeit für die tableauesque Vision bietet sich an, sieht man sie stärker im Kontext der nachfolgenden Vision des Giotto-Schülers, worauf ich im Anschluß noch eingehen werde.

Pasolinis Bildvision à la Giotto

Die Ankunft des Giotto-Schülers, der, wie man von seinem Begleiter *Messer Forese da Rabatta* erfährt, weder gerne »Meister« noch »berühmtester Maler Italiens« genannt werden möchte, beginnt mit einem Regenguß. Verkleidet in Bauernlumpen, die der Messer Forese von einem Bauer leiht, um sich vor Regen zu schützen, kann der Giotto-Schüler als die bedeutende Person, die er ist, von niemandem erkannt werden (Abb. 44). Der Bindfadenregen hat symbolische Kraft, indem er wie eine Grundierung des (Film-)Bildes und eine Vorbereitung auf die Farben wirkt, die der Schüler des berühmten Meisters in der Kirche Santa Chiara in Neapel auftragen wird. Als filmischer Giotto-Schüler wird er ein neues Bild schaffen, als Pasolini ein neues Filmbild – für beide wird

Abb. 49: IL DECAMERON – Giotto-Schüler/Pasolini in der Kirche (Sequenz-Stills)

es am Ende um das Erlebnis einer Vision gehen, die der Verwirklichung nicht bedarf.

Zunächst aber mündet dieses milchige, ›grundierende‹ Regenbild in einer Szene auf einem sonnenbeschienenen Platz vor der Kirche. Wie reingewaschen wirken die frischen Farben der Kleider, der Gesichter der Marktgänger und der dort feilgebotenen Früchte und Gemüse. Nackt, beinahe rohbelassenen sind auch die Wände der Kirche, die als Maluntergrund und Resonanzboden für die piktoralen Visionen fungieren werden. Daß die leeren Wände, die der Künstler bemalen soll, in der Symbolik von Filmleinwand und Rohbild gleichermaßen stehen, wird anhand der folgenden Einstellungen deutlich, die damit beginnt, daß eine Gruppe von Mönchen ein Gerüst an eine leere Kirchenwand heranschiebt (Abb. 49).

Vordergründig und zweckdienlich ist das Gerüst dazu da, daß der Maler die obersten Wandregionen problemlos erreichen kann. Aber das so prominent ausgestellte Gerüst, vor dem sich der Giotto-Schüler/Pasolini positioniert, kadriert dieses Rohmedium »Wand« in Planquadrate, in Bildflächen also, die ebenso Platzhalter für die Malerei wie auch für die kadrierten Bilder des Films sind.

Aber der erste Blick auf die zu bemalende Wand gibt noch etwas anderes preis, das auf das

Kontinuitätsmodell Pasolinis und seine Arbeitspraxis zugleich verweist und die Verbindung zwischen Giottos Kunst und dem Filmschaffen des Regisseurs enger zieht: Wandzentral ist nämlich ein altes, verblaßtes aber noch gut erkennbares Fresko zu erkennen, das später unter der Grundierung für das neue Gemälde verschwunden sein wird. Wenn auch fürs Auge unsichtbar, wird es dennoch den tatsächlichen, wörtlichen wie übertragenen, Hintergrund für die (Film-)Bilder des Giotto-Schülers/Pasolinis bilden.

Möglicherweise spielt Pasolini hierbei auch auf das ehemals vorhandene Fresko des historischen Giotto an, der in der Kirche tätig war. Auf der symbolischen Ebene ist es das unbestimmte *Urbild*, das Pasolini hinter seinen Filmbildern plaziert sehen wollte. In diesem filmbildlichen Palimpsest spiegelt sich seine Vorstellung von einer kulturellen Kontinuität wider, die keine bloße Konservierung der vergangen Zeit, sondern eine unaufhörliche Erneuerung und Modifizierung der Kultur darstellt. Diese Filmeinstellung ist zugleich Symbol seiner eigenen kinematographischen wie künstlerischen Arbeit, die auf Gemälden einiger, von ihm immer wieder zitierter Maler beruht. Giuseppe Zigaina macht den Zusammenhang noch einmal deutlich:

Gerade weil er [Pasolini] schon von der Malerei gezeichnet war, hat er auch im Film stets an das malerische und nicht an das Film-Bild gedacht. Wiewohl gleichen Ursprungs, stehen sich diese beiden doch antithetisch gegenüber. Das malerische ist ein statisches Bild, das des Films ein bewegliches.[34]

Worauf der filmische Giotto-Schüler mit Pasolinis Augen in der Gerüst-Kadrierungssequenz also blickt, ist zwar eine freie, nicht jedoch eine leere Wand. Noch einmal Pasolini selbst:

Mein Gefallen am Kino ist nicht kinematographischer, sondern eher malerischer Art. […] Ich kann mir kein Bild vorstellen, keine Landschaft, keine Figurenkomposition außerhalb dieser meiner ursprünglichen Leidenschaft für die Malerei. […] *Und wenn das Dargestellte in Bewegung ist, ist dies gleichsam so, als ob das Objektiv über ein Bild schwenkt.*[35] [Hervh. J.B.]

In der darauf folgenden Einstellung in Großaufnahme blickt man auf ein Pergamentblatt, auf dem eine vorgefertigte Bildskizze, der Freskovorentwurf des Giotto-Schülers, zu sehen ist (Abb. 49). Bei dem aus zwei Bildfeldern bestehenden Skizzenblatt handelt es sich um Pasolinis eigenen Entwurf nach entsprechenden Vorbildern aus der Basilika San Fran-

---

34 Zigaina (1987/1989), S. 39f.
35 Pasolini (1962/1982), S. 145 und S. 149.

cesco Inferiore von Assisi, die heute Giottos Werkstatt zugeschrieben werden.[36] Dargestellt ist links der *Sturz eines Kindes aus einem Turm zu Rom* und rechts der *Sturz eines Kindes zu Sessa* (ca. 1310, nördliches Querschiff). Durch die geometrischen Bänder, die die Bildfelder voneinander trennen (in Entsprechung der Ornamentik Giottos), ergibt sich auch hier eine Aufteilung in Registerbilder, die die Kadrierungsmethode der Filmleute vorwegzunehmen scheint.

In Padua [Scrovegni-Kapelle] unterteilt Giotto die nackten Wände des einschiffigen romanischen Sakralbaus in zahlreiche kleine rechteckige Felder, und ihr versteht nun, daß diese Rechtecke für die Malerei dasselbe bedeuten wie für die Architektur ein in rechten Winkeln angeordneter Bauplan.[37]

Man kann den Vergleich Longhis ohne weiteres auf den Film ausweiten. Die strukturelle Entsprechung findet sich sowohl in den Kadragen des Films als auch in der Erzählweise von Boccaccios *Il Dekamerone* selbst, das in gewisser Weise eine Kompilation aus 100 an zehn Tagen erzählten, in sich abgeschlossenen Geschichten ist.

Nicht nur der filmische Schüler, sondern vor allem der Regisseur des Films verstand sich als ein Adept der großen Maler der Weltgeschichte, indem er Filme schuf, die sich mit Fragen der Bildkomposition, der Farben, der Lichtsetzung und des Raums beschäftigen. Aber Pasolini ist auch der in bäuerliche Lumpen gehüllte Giotto nach Boccaccio, ein gleichsam nicht erkannter intellektueller Künstler und Autor, der sich von der Welt nicht mehr verstanden, ja sogar nicht mehr gewollt fühlte. »Die Welt will mich nicht mehr und weiß es nicht«,[38] schrieb Pasolini

---

36 Hierzu vgl. Galluzzi, Francesco (2000): »Una regia da pittore«, in: Art e dossier, 157, S. 42.

37 Longhi (1994/1996), S. 92.

38 »Il mondo non mi vuole più e non lo sa«, mit diesem Satz unterschrieb Pasolini eine seiner seriellen Zeichnungen, die in diagonaler Richtung mehrere parallel verlaufende, kurze Striche mit einer darüber verlaufenden Wellenlinie zeigen. Die Zeichnung ist nicht datiert, ihre Entstehung wird aber auf ca. 1965 oder später angenommen. Zigaina (1987/1989, S. 50ff.) sieht darin ein Mandala. Eine andere, meiner Ansicht nach überzeugendere Interpretation geht dabei von einer stilisierten Darstellung des gekreuzigten Jesus Christus von der Seite aus gesehen. Vgl. Cecchi, Ottavio (1984): »Das Zeichen in den Zeichnungen und Filmen Pasolinis«, in: Hermann H. Wetzel (Hg.), Pier Paolo Pasolini, MANA (Mannheimer Analytika), 2, Mannheim: Universitätsverlag, S. 47–66; Giusti, Luciano de (1995): »Vom Wort über das Bild zur Realität«, in: Steinle/Zigaina (Hg.), Pier Paolo Pasolini oder die Grenzüberschreitung, S. 141–221; für Abbildungen siehe

wahrscheinlich in der Entstehungszeit des IL DECAMERON und hatte möglicherweise die Ablehnung seiner eigenen Person vor Augen als er den filmischen Giotto-Schüler im Verborgenen, einsam und von Bildern besessen einer ›sakralen Realität‹ nachspüren ließ.[39]

Dem Herstellen von Farben, die Giotto so berühmt machten, räumt Pasolini lange Sequenzen ein. Und es hat tatsächlich den Anschein, als ob es die Farben des historischen Giotto sind, die die Assistenten des filmischen Giotto-Schülers mischen. Sie sind wie immer bei Pasolini nicht bloß Farben, sondern lebendige, archaische und alchimistische Zustände, die selbst gegenständlich zu werden drohen. Das Blau des Himmels gemalt als ein »hermetisches Blau« oder »massives Blau«, wie Wilhelm Hausenstein es bei Giotto beschreibt,[40] finden sich sowohl in den innerfilmischen Gemälden als auch in den filmdiegetischen Dingen wie beispielsweise dem dort häufig gezeigten Himmel. Der blaue Klecks, den der Giotto-Schüler einem seiner Farbenmischer auf die Nase tupft, verweist noch einmal auf die Bedeutung der Farben, die der historische Giotto für die Malerei begründete und mit seinen farbigen Schatten manifestierte.[41] Die Farben, die der Giotto-Schüler mischen läßt, bilden ferner die Farbpalette des Films selbst: Es ist das Gelb der Melonen, das Rot der Gebäude und der Erde, das Weiß der Kleider und das Blau des neapolitanischen Himmels.

Das Tableau vivant des »Jüngsten Gerichts«

Die Vision des Giotto-Schülers beginnt im Dunkeln. Es ist Nacht, der Maler wie auch alle seine Assistenten schlafen in einem Gang der Kirche (Abb. 50 oben). Die Arbeit an den Farben ruht, und auch ihre leuchtende Kraft ist von der Dunkelheit verschluckt und in ein differenzloses Grau verwandelt worden. Plötzlich ertönt aus einer nicht zu verifizierenden Quelle Musik, von der der Maler geweckt wird. Auf der ihm gegenüberliegenden Wand entfaltet sich ein Gemälde, genauer: ein Tableau vivant, dessen leuchtende Farben kontrastreich zu der grauen Umgebung stehen.

Schwenk/Semff (Hg./Kuratoren) (2005): ›P.P.P. - Pier Paolo Pasolini und der Tod‹, S. 142f.

39 Zum Verständnis des Films als natürliche Semiotik der Wirklichkeit vgl. Kloepfer, Rolf (1984): »Die natürliche Semiotik der Wirklichkeit – ein Entwurf Pasolinis«, in: Wetzel (Hg.), Pier Paolo Pasolini, S. 67–86.

40 Hausenstein, Wilhelm (1923): Giotto di Bondone, Berlin: Propyläen-Verlag 1923, S. 226.

41 Vgl. Imdahl (1980/1996), S. 15f.

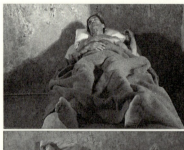

Abb. 50: IL DECAMERON – Maler-Vision in der Kirche (Teil 1, Sequenz-Stills)

Strukturell gleich aufgebaut wie das Tableau vivant in der Ciappelletto-Sequenz setzt sich auch diese Vision aus zwei Gemälden nach Giotto zusammen. Man erkennt zuallererst das *Jüngste Gericht*, das Giotto für die Kapelle der Scrovegni- Familie gemalt hat (Abb. 51/52).[42]

Diesem Bild sind sowohl die Grundkomposition, als auch die meisten Details des filmischen Tableau vivant nachempfunden. Man erkennt die symmetrische Aufreihung der Engel rechts und links von der Bildmitte und in der darunter liegenden Etage die zwölf Apostel. Die weiter unten gestuften Bildregionen zeigen die Stifter in Begleitung anderer Personen und die Übergabe des Kapellenmodells an die drei Tugenden. Die Symmetrie in der Bildaufteilung betont in der unteren Region ein von Engeln gehaltenes Kreuz, auf dessen linken Seite sich die Darstellung der Hölle entfaltet. Auch wenn die filmische Tableau-vivant-Anlage im Vergleich zum Fresko der Scrovegni-Kapelle reduziert erscheint, so verfügt sie dennoch über ausreichend deutliche stilistische wie motivische Anleihen, um als eine Bildnachstellung des *Jüngsten Gerichts* nach Giotto erkannt zu werden.

---

42 Giotto gestaltete die Kapelle für die Familie Scrovegni aus Padua im Jahre 1304-06 als ihre Grablage und zugleich für die privaten Messen. Das *Jüngste Gericht* schmückt die Stirnseite der Kapelle, so daß man es beim Heraustreten vor Augen hat. Vgl. Cole, Bruce (1987): Italian Art 1250-1550. The relation of Renaissance Art to life and society, New York: Harper & Row (u.a.).

Der Einsatz des Zoomobjektivs simuliert auch hier einen klassischen Bildbetrachter, indem zunächst von der Gesamtansicht ausgehend als erstes die zentrale Bildfigur herausgegriffen wird, um von dort aus die anderen Bildebenen nacheinander im Detail vor Augen zu stellen (Abb. 51):

Vollkommen Symmetrisch schwenkt die Kamera in einer Pendelbewegung zuerst nach rechts dann nach links und wieder nach rechts, um auf diese Wiese alle Bildebenen in die Kadrage des Films zu überführen. So entdeckt der Zuschauer nach und nach die Personen, die in den vorangegangenen Episoden des Films eine Rolle spielten, beispielsweise die Nonnen oder die Patrizierfamilie aus der Marktszene. Eine gravierende Veränderung gegenüber der Bildvorlage macht auf sich im Zentrum des Tableau vivant aufmerksam: Pasolini plaziert dort nicht Jesus Christus, wie es Giottos *Jüngstem Gericht* entspräche und wie es bei jeder analogen Thematik erforderlich wäre, sondern eine überdimensionierte Figur der Madonna in der Mandorla, die das nicht minder überproportionierte Christuskind auf ihrem Schoß hält.

Laut Pasolini handelt es sich dabei um ein *Weltgericht à la Napolitana*, »da man in Neapel

Abb. 51: IL DECAMERON – Maler-Vision nach Giotto (Teil 2, Sequenz-Stills)

Abb. 52: Giotto – oben: Das Jüngste Gericht (1304-06, Scrovegni-Kapelle, Padua), unten: Ognissanti Madonna, Detail (1310, Galleria degli Uffizi, Florenz)

nicht Gott anruft, sondern die Muttergottes«.[43]

Diese Madonna (Silvana Mangano) erinnert sowohl in ihrer Gesamtanlage als auch in einigen physiognomischen Merkmalen, wie zum Beispiel den hohen, breiten Wangenknochen, an Giottos *Ognissanti Madonna* (1310; Abb. 52). Auch das rosa Kleidchen des Christuskindes, das im Film nur fragmentarisch zu sehen ist (Abb. 53, unten), stimmt damit überein. Grundsätzlich aber, wie Patrick Rumble richtig anmerkt, können als Bildvorlage für dieses Tableau vivant potentiell eine ganze Reihe von Madonnendarstellungen wie beispielsweise die von Cimabue oder Duccio Verwendung gefunden haben.[44] Dennoch legt die Tatsache, daß Pasolini in der Ciappelletto-Episode das Tableau vivant aus mehreren Bildern des gleichen Malers kompilierte, nahe, auch hier von einem ähnlichen Vorgehen auszugehen. Indem er das Fresko mit einem anderen Gemälde Giottos kontaminiert, schafft Pasolini eine Mise-en-abyme, die im Prinzip endlos weitergeführt werden könnte: So spiegeln sich die jeweiligen historischen Gemälde in den filmischen Tableaux vivants wider, wie diese sich wiederum ineinander spiegeln (Vision Ciappellettos in der des Giotto-Schülers), so wie sich Pasolini in seinen Hauptprotagonisten widerspiegelt und vice versa.

So wie er in LA RICOTTA den manieristischen Stil in Entsprechung zu den beiden nach Manieristen gebildeten Tableaux vivants verwendete, so

---

43 Nachzulesen im Interview in »La Stampa« vom 07.11.1970: »Pasolini ha copiato Giotto per il Giudizio Universale«; vgl. Galluzzi (1994), S. 78, Fußn. 114.

44 Vgl. Rumble (1996), S. 36.

entwirft er in IL DECAMERON die Mise-en-scène in Entsprechung des Malstils und der Farben Giottos.

Giottos monumentale, ganzfigurige Darstellung der *Ognissanti Madonna* geht eine bis dahin nicht gekannte Beziehung mit dem Betrachter ein, denn sie schwebt nicht mehr über ihm, sondern hat ihr eigenes, so gesehen realistisches Gewicht bekommen. Raumgreifend nach innen und außen gleichermaßen, ins Bildinnere hinein und auf den Betrachter zu, ist sie trotz ihrer majestätischen Erscheinung vor allem physisch bestimmt. Unter den voluminösen Kleidern läßt sich ein realer Körper ausmachen.

Giotto nun war es, der sich auf das Gegenwärtige und Wirkliche hin ausrichtete und die Gestalten und Affekte, die er darzustellen unternahm, mit dem Leben selbst, wie es sich um ihn her bewegte, verglich. [...] Das Weltliche gewinnt Platz und Ausbreitung, wie denn auch Giotto im Sinne seiner Zeit dem Burlesken neben dem Pathetischen eine Stelle einräumte.[45]

Abb. 53: IL DECAMERON – Maler-Vision nach Giotto (Teil 3, Sequenz-Stills)

So hat bereits Hegel die Kunst des Italieners beurteilt, ganz im Sinne Longhis könnte man sagen, denn auch dieser sah in Giotto einen plastischen, einen ›bodenständigen‹ Maler, dem Kraftvolles, nicht aber Feines und Zartes gelingt.[46] »Was ich als Visionen im Kopf habe, als Sichtfeld, sind die Fresken von Masaccio und

---

45   Hegel, Georg Wilhelm Friedrich (1838/1970b): Vorlesungen über die Ästhetik, Bd. 15, Frankfurt/Main: Suhrkamp, S. 117.
46   Vgl. Longhi (1994/1996), S. 96ff.

Giotto [...]«,[47] sagt Pasolini selbst und so sind auch die Gestalten von IL DECAMERON mehr dem Burlesken, dem Bäuerlichen verhaftet. Alleine die Farben sind – wie bereits in LA RICOTTA – von einer Mystik erfüllt, die im Pasolinischen Denken eine zentrale Rolle einnimmt.

Das Tableau vivant, das er in IL DECAMERON entwirft, ist statisch, ohne starr zu sein. In leichter Zeitlupe aufgenommen, bewegen sich die Gestalten nur auf der Bildseite der Hölle, ansonsten verharrt alles in einer die Zeitsukzession negierenden Dauer, einer nur äußerlich den Dingen anhaftenden Bewegung eines Windhauchs. Eine ›himmlische Musik‹ untermalt das Ereignis und macht es zu einer Vision, in der das Sakrale mit dem Profanen, das heißt hier mit den Modellen aus dem einfachen Volk, verschmilzt. Auch hierin bietet sich ein Vergleich zu Ciappellettos Vision und zu den Tableaux vivants von LA RICOTTA an. Man erkennt inmitten der Aposteln und Engelsscharen jene gewöhnlichen Menschen, die dem innerfilmischen Maler so wie dem Regisseur Pasolini bei seinen Dreharbeiten auf den Marktplätzen von Neapel begegnet sind. Auf diese Weise funktioniert die Bildvision wie eine Verklammerung des gesamten Films, indem sie einzelne Episoden durch ihre figurale Zitation im Tableau vivant noch einmal aufruft. Im gleichen Zuge aktualisiert Pasolini das historische Fresko im Sinne des Kunsthistorikers Longhi und schafft damit jene lebendige Kultur in der Wechselwirkung von Vergangenheit und Jetztzeit, um die es ihm immer wieder gelegen war.

Brueghel und Giotto als filmische Antithese

Eine andere Lesart beider Visionen ergibt sich, wenn man die kompilierten Tableaux vivants nach Brueghel und Giotto als Antithesen gegeneinander stellt.[48] Das Tableau vivant nach Brueghel entspräche in diesem Kontext einer bereits vom kapitalistischen Denken berührten Weltsicht, in der es keine gottgegebene Ordnung mehr gibt. Der zentrumsfreie Bildaufbau in Ciappellettos-Vision symbolisierte folglich eine Ideologie der Auflösung und individuellen Bestimmung des Einzelnen bar eines Gemeinschaftsdenkens. Hier stünde vordergründig die Korrumpierung des Pasolinischen »unschuldigen« Körpers bzw. die repressive Kraft der politischen Ordnung – symbolisiert durch die Fastenzeit –, die den Körper unterdrückt.

---

47 Pasolini zitiert in Briganti (1989), S. 25.
48 Vgl. Rumble (1996), S. 35f.

Dagegen wäre das Tableau vivant nach Giotto noch ganz der Tradition einer archaischen Kultur verpflichtet, die um ein starkes kultisch-magisches Zentrum gruppiert ist. Diesem entspräche die Muttergottes in der Aureole und der strickt symmetrische Aufbau des Bildes. Die Dualität der Tableaux vivants ergäbe somit einerseits eine rationale, dem modernen Denken verpflichtete Sichtweise, vertreten durch Brueghel, andererseits die religiöse, für Pasolini (nach Longhi interpretiert) bäuerlich determinierte Welt als eine Einheit, hier durch Giotto vertreten. Tatsächlich nähert sich die Kamera den jeweiligen Bildnachstellungen auf zweifache Weise. Wie bereits beschrieben, verfährt sie entsprechend der Bildanlage nach Giottos *Jüngstem Gericht* symmetrisch, indem sie von der Bildmitte ausgeht und die einzelnen Bildregister nacheinander abfilmt. Bei dem Tableau vivant nach Brueghels *Fastenzeit* werden die Bilddetails einzeln und ohne ein erkennbares Muster herausgegriffen.

Bei aller Richtigkeit dieser Beobachtung, die insbesondere Patrick Rumble vertritt, muß dennoch eine strikte Polarisierung der Visionsdarstellungen relativiert werden, denn, und das ist durchaus auffällig, dem Tableau vivant nach Brueghel fehlt die Figur des Karnevals. Hier gibt es im Grunde keinen Kampf und keinen Sieger, so wie es im Tableau vivant des *Jüngsten Gerichts* keinen göttlichen Richter statt dessen die Liebe der Mutter als Fürsprecherin gibt.

Zweifellos führt Pasolini anhand der beiden Tableaux vivants zwei unterschiedliche Bildkonzepte mit unterschiedlichen Betrachterkonstellationen vor. Brueghels Bilder stehen für einen individuellen Betrachter, indem sie einen variablen, dezentralen Blickpunkt bzw. die Pluralität der Ansichten anbieten. Giottos Fresken hingegen richten sich an einen im christlichen Glauben wie in der Versammlung der Gläubigen kollektiv zu denkenden Betrachter. Gerade die Tatsache, daß das filmische Tableau vivant des *Jüngsten Gerichts* in seinem extrem flachen, tiefenlosen Bildaufbau selbst hinter die ansonsten dimensionierten Figuren- und Raumentwürfe Giottos zurückfällt, macht darauf aufmerksam, daß Pasolini hierbei ein oral orientiertes Narrationsmodel vor Augen hatte.[49] Mit den beiden unterschiedlichen Bildentwürfen antizipiert Pasolini den Erzählmodus Boccaccios, in dem sowohl der individuelle Leser als auch eine größere Zuhörerschaft angesprochen ist. Auch in diesem Verfahren entdeckt man den Pasticheur, der unterschiedliche Medien, Stile und Narrationsmodelle zu einer sich gegenseitig kommentierenden Verbindung kombiniert. Auf diese Weise werden die Tableaux vivants mit ihren bild-

---

49 Vgl. Panofsky, Erwin (1960/1979): Renaissance and Renascences in Western Art, Stockholm: Almqvist & Wiksell, [dt.: Die Renaissancen der europäischen Kunst, Frankfurt/Main: Suhrkamp]; White, John (1957/1987): The Birth and Rebirth of Pictorial Space, London: Faber & Faber, S. 40ff.

inhärenten Rhetoriken zum symbolischen Spiegelbild der Welt. Diese text- und bildkontaminierten, miteinander korrespondierenden Tableaux vivants sind von ihrer Anlage her ein *Theatrum mundi*: Beide Filmsequenzen, die als eigenständige Systeme innerhalb der filmischen Narration fungieren, legen es nahe, die lebensfrohen Geschichten Boccaccios ihrer historischen Zusammenhänge zu entledigen, um sie in einem größeren Kontext zu betrachten:

> Ich habe mich für Neapel entschieden, weil es ein historisches Loch bildet: die Neapolitaner haben sich entschlossen, so zu bleiben, wie sie einmal waren, und sich somit sterben zu lassen: wie manche afrikanischen Stämme.[50]

Pasolinis Vorstellung, die in dieser kurzen Aussage zum Ausdruck kommt, zielt nicht auf das Modell einer *conservazione*, sondern wird von einer grundsätzlichen Ahistorizität und einem Korrespondieren zwischen These und Antithese, Frage und Antwort, Alt und Neu getragen.[51] Als Kerngedanke Pasolinischer Werkidee meint die Ahistorizität eine spezifische Kontinuität. Sie beruht auf dem Paradoxon einer sich permanent aktualisierenden Beständigkeit, deren Wurzeln, ich habe bereits darauf hingewiesen, in der archaischen Welt einer noch als einfach zu denkenden Gesellschaftsstruktur liegen. Von der »primitiven Unschuld eines Volks«[52] ausgehend entwirft Pasolini den ›sakralen Blick‹, der die Gegenstände und Personen dem aktuellen Zusammenhang ihres Seins enthebt und in einen größeren ›zeitlosen‹ Kontext einrückt. Dieses zum Ausdruck zu bringen, ist laut Pasolini nur den großen Künstlern vorbehalten. Giotto, Masaccio oder Mantegna sind es, die seiner Meinung nach ein Teilstück dieser Zusammenhänge erfaßt haben. Sie mit anderen Künstlern wie Brueghel oder Bosch und Schriftstellern wie Boccaccio oder Chaucer in einem filmischen Bild- und Stilpastiche zusammenzubringen, bedeutet somit, eine neue, eine komplexere Bildlichkeit zu entwerfen.

Die filmische Madonna nach Giotto sprengt nicht nur durch ihre frontale Überfülle das kadrierte Filmbild der Großaufnahme, indem sie es zu den Seiten hin ausfranst (Abb. 53). Sie sprengt es auch durch die

---

50 Pasolini zitiert in Spila, Piero (2002): Pier Paolo Pasolini, Marburg: Schüren, S. 99.

51 Vgl. hierzu Lawton, Ben (1977): »Boccaccio and Pasolini: A Contemporary Interpretation of the Decameron«, in: Mark Musa/Peter Bondanella (Hg.), Boccaccio, Giovanni: The Decameron: A New Translation: 21 Novelle, Contemporary Reactions, Modern Criticism, New York: Norton Critical Edition, S. 306–322.

52 Spila (2002), S. 99.

Überfülle der darin eingelagerten (Fremd-)Informationen. Die filmische Darstellung stimmt somit überein mit jener »Bildganzheit«, von der Max Imdahl in bezug auf Giottos Kunst spricht:

In Giottos Darbringungsfresko [in der Scrovegni-Kapelle] besteht die besondere Qualität von Bildlichkeit nicht nur in der beschriebenen Art und Weise, wie Text- und Gegenstandsreferenz sich sowohl zueinander vermitteln als auch über das je Referentielle hinaus sind, sie besteht ebenso in der planimetrischen Komposition als einer formalen Ganzheit, die in den Relationen zwischen Bilddingen und Bildgrenzen gründet.[53]

Was bei Imdahl formale Ganzheit heißt, ist für Pasolini die Ganzheit der Kultur (als Tradition), die sich in einem einzigen Werk manifestieren kann. Von diesem Bewußtsein durchdrungen, kann sich der filmische Giotto-Schüler, nachdem er die Bildvision erfaßt hat, beruhigt wieder schlafen legen und seinen Traum »von einer Sache« weiterträumen.[54] Als Konsequenz seiner Vision beläßt er das Werk unvollendet.

Die letzten Sequenzen des Films zeigen, wie das die (Wand-, Bild-, Filmbild-)Fläche kadrierende Gerüst zurückgefahren wird, um ein Fresko freizulegen, das letztendlich nur ein Stückwerk eines möglichen Ganzen ist (Abb. 54). Das Freskofragment entspricht exakt der Vorskizze, die der Maler am Anfang seiner Arbeit am Fuße der ungefaßten Wand aufstellte und eingehend studierte. Es ist der gleiche Blick, der das kleinformatige Gemälde fixierte und der jetzt die vollendete Übertragung auf das Großformat der Wand begutachtet. Dazwischen liegt eine Erfahrung, die den filmischen Giotto-Schüler und das heißt den Regisseur des Films sein eigenes Werk neu bewerten läßt. Nur vor diesem Hintergrund kann die Freude verstanden werden, die angesichts des unvollendeten Wandgemäldes unter den Beteiligten ausbricht, denn das Werk, das der Maler den Auftraggebern übergibt – so wie Pasolini seinen Film den Filmzuschauern –, bleibt nur in den Augen der Unwissenden und der Ignoranten unvollendet, jener also, die um den großen Zusammenhang nicht wissen.

Indem der Maler/Pasolini in der letzten Filmeinstellung dem Zuschauer den Rücken kehrt, lädt er ihn in dieser klassischen Geste einer Bildeingangsfigur dazu ein, das Bild mit seinen eigenen Augen zu sehen und das zu begreifen, was er (der Regisseur und der filmische Maler zugleich) längst für sich begriffen hat: »*Perché realizzare un'opera quanto è così bello sognarla soltanto?*« Warum ein Werk realisieren, wenn es so

---

53 Imdahl (1980/1996), S. 57f.
54 Vgl. Pasolini, Pier Paolo (1962/1989): Der Traum von einer Sache, Frankfurt/Main: Fischer; zur Interpretation des Satzes siehe Zigaina (1987/1989), S. 57ff.

schön ist, es nur zu träumen?, fragt der Giotto-Schüler also am Ende von IL DECAMERON. Man denkt unwillkürlich an Michelangelos unvollendete *Sklaven*, die in ihrer ›Stückhaftigkeit‹ doch so überaus vollkommen auf uns wirken. Am Ende des Films ist es Pasolini, der sich als Stifter des Films, mit einer mittelalterlichen Adorantenfigur vergleichbar, in die Filmbilder einbringt und so in sein eigenes *Theatrum mundi* eingeht. Wie schon in LA RICOTTA steht auch hier der Schriftzug »FINE« in der symbolischen Funktion eines Schlußwortes.

Erschien es in LA RICOTTA vor einer Natura morta, um so den Tod noch einmal in seiner doppelten Bedeutungsaufladung hervorzuheben, so steht es in IL DECAMERON vor dem Hintergrund einer monochromen Farbfläche. Dieses verwaschene aber leuchtende Rosa erinnert an die Film-Lein-Wand der (visionären) Projektionen, und schließlich auch an die Farben Giottos selbst. Dieses Rosa am Ende des Films schließt auch an die Farben der Manieristen in LA RICOTTA an. Es erinnert an das verblaßte Rot der Kopfbedeckungen, das in der »Friedhofshitze im Sonnenlicht eines melancholischen Nachmittags trocknete« wie Pasolini die Farbe der Manieristen beschreibt.

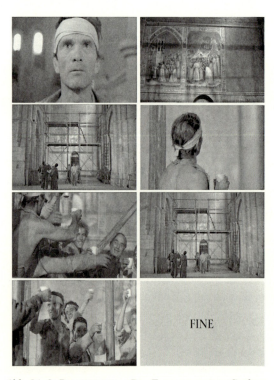

Abb. 54: IL DECAMERON – ›Der Traum von einer Sache‹,
Unvollendetes Wandgemälde (Abspann, Sequenz-Stills)

DAS BILD ALS ÜBERSCHUSS BETRACHTET.
EIN RESÜMEE

Was geschieht mit dem Film, wenn er sich fremder Bildmedien wie dem Gemälde annimmt, zumal wenn es durch die ›alte Kunst‹ der Gemäldenachstellung im Tableau vivant geschieht? Diese an den Anfang meiner Untersuchung gestellte Frage hoffe ich anhand der fünf Filmbeispiele, einwenig eingekreist und in Teilen dargelegt zu haben. Zwei wesentliche Erkenntnisse der Filmanalysen sind hier noch einmal zusammengefaßt:

1) Das Gemälde erreicht einen Sonderstatus im Film, den es sich teils selbst einräumt, indem es sich als das Differente innerhalb der Filmbilder setzt. Teils ist es der Film selbst, der dieser Separierungstendenz des Bilds entgegenkommt. Strukturell bedeutet ein solches Sich-Setzen für den Film, das heißt für die Kontinuität der Bewegungs-Bilder, zunächst eine Krisensituation, die mit der piktoral erzeugten Stagnation zusammenhängt. Aber das Potential des Gemäldes liegt gerade in dieser Störung, die durch das signifikante Bildsystem entsteht. Will ein Regisseur dieses Potential nutzen, so darf er das piktoral Differente des Gemäldes nicht ›spurlos‹ in die Filmbilder eingehen lassen. Durch seine spezifische Struktur schreibt sich das Gemälde nämlich als ein »Überschuß« ein – ich werde darauf gleich noch zurückkommen. Die Nivellierung des strukturell fremden Bildes im Film – und hierzu gibt es eine große Anzahl an Filmbeispielen – bedeutet grundsätzlich eine Beschneidung seiner eigenen Fähigkeiten und eine Degradierung des Anderen nicht zuletzt auf seine bloß dekorative Funktion. Übersehen wird dabei, daß mit der piktoralen Störung gleichzeitig das Spezifische des Filmbildes wie der filmischen Sprache überhaupt erst hervorgehoben wird. Vor diesem Hintergrund kann man bei dem filmisch markierten piktoralen Bild auch als von einem *Differential-Bild* sprechen, das den medialen Unterschied bestimmt, um von da aus die Differenzen produktiv nutzbar zu machen. Denn erst in dem Selbst-Bewußtsein der spezifischen Medien ist eine Öffnung auf das Andere möglich, ohne sich in paragonalen Verhältnissen aufeinander zu verhärten.

2) Das Tableau vivant als eine körperliche Umsetzung vom Gemalten bietet dem Film offenbar die Möglichkeit, das Gemälde ›störungsfrei‹

einzubringen, ohne daß das Charakteristische des Bildes (das ›Bildhafte‹) sich störend auf die Erzählung und damit auf die Rezeption auswirken würde. So zumindest anhand der Oberfläche beurteilt. Das Wesentliche der Nachstellung im Film liegt jedoch nicht in der angenommenen, so wie es die frühen protestantischen Würdenträger in Amerika auslegten, ›Abwesenheit der Anwesenheit‹, nämlich in der Abwesenheit des lebendigen Körpers, sondern in der Einschreibung und somit in der Anwesenheit des Bildes *im* filmischen Körper. Zwar ist der lebendige Körper, den man beispielsweise auf der Theaterbühne vorfindet, tatsächlich nicht in dieser Form im Filmbild vorhanden, doch ist der Eindruck der Lebendigkeit nicht an der körperlichen Dreidimensionalität in Fleisch und Blut gebunden, vielmehr der Bewegung des kinematographischen ›Körperbildes‹ immanent. Als Gemäldenachstellungen sind die Tableaux vivants im Film figurale Körper*bilder*, die nur auf den ersten Blick sich in die Filmbildstruktur einfügen.

Was ich dabei als das ›Trojanische Pferd‹ bezeichnet habe, bezog sich auf diese äußerliche Angleichung an die filmischen Formen. Das Tableau vivant ist nicht die Rückübersetzung des Gemalten in die Lebendigkeit des Körpers, sondern ist die Angleichung des Lebendigen an das Gemälde. Was auf den ersten Blick wie eine Verlebendigung ausschaut, ist in Wahrheit die Einschreibung des differenten Bildes in die Körper der Schauspieler. Adorno und Pasolini paraphrasierend: Es ist die Mortifizierung des Lebendigen und seine Arretierung zum Bild.

Aber man konnte, so hoffe ich, in den hier exemplarisch vorgestellten Spielfilmen gleicherweise eine andere Tendenz der Nachstellung erkennen, die ich als eine Eigenheit der filmischen Tableaux vivants herausstellen möchte. Anders als die Tableaux vivants der privaten oder öffentlichen Bühnenaufführungen, stehen die *filmischen Tableaux vivants* an der Schwelle zum ›echten‹ Lebenden Bild. Sie kommen der Idee eines ›verlebendigten Bildes‹ nahe, insofern sie es schaffen, auf das Gemälde hin zu verweisen, ohne den Bezug zum bewegten Bild des Films abzubrechen. In dieser labilen Position zwischen dem Nichtmehr-»Gemälde« und dem Nochnicht-»Bewegungs-Bild« könnten sie das Versprechen auf ein neues piktorales Medium einlösen. Diese Schwellenposition, medial betrachtet eine zweifache Übersetzung des Gemäldes – in die Schauspielkörper und in das Filmbild –, erweitert das Tableau vivant in bezug auf sein Verhältnis zum Gemälde, dessen Präsenz keine Mortifizierung auf das Filmbild schlechthin sein muß, sofern die Labilität des Verhältnisses zwischen starrem und bewegtem Bild aufrechterhalten werden kann. Diese paradoxe Position ist meiner Ansicht nach wenn überhaupt, dann nur durch die filmische Fähigkeit der Erzeugung von Bildern zu erreichen, da sie sich selbst durch eine doppelte Struktur auszeichnen. Sie sind fixierte Aufnahmen und Bewegungs-Bilder zugleich. So können sie Starres in Bewegung versetzten und Bewegtes zum starren Bild machen, ohne daß dabei die antagonistischen Modalitäten aufgelöst oder ausgetauscht werden müßten.

Ein anderes wesentliches Potential des Films, so Hartmut Bitomsky, liegt aber im *Überschüssigen*, denn: »[...] das Überschüssige an den Filmen versetzt die Imagination und das Verstehen der Zuschauer in Bewegung«.[1] Dabei ist, folgt man Bitomsky weiter, dieser Reichtum nicht nur im Gezeigten, sondern wesentlich in den Köpfen der Zuschauer »und der Film holt ihn daraus hervor«. Auch wenn Bitomsky in seinen Überlegungen auf eine marxistisch-sozialistische Produktionsanalyse des Films zusteuert (wo er sich, nebenbei bemerkt, mit Pasolinis Ansichten treffen würde), so scheinen mir die Ergebnisse auch jenseits seiner konkreten politischen Anliegen nach wie vor von Bedeutung. Dabei läßt sich das Überschüssige durchaus mit der Funktion der Malerei und damit mittelbar mit der des Tableau vivant in Einklang bringen. Denn was sind die Tableaux vivants, wie sie beispielsweise Visconti in seinen Filmen in höchster ästhetischer Umsetzung praktiziert, wenn nicht ein solcher ›Überschuß‹?

Zwar führt, wie ich zu plausibilisieren versucht habe, ein jedes filmisches Tableau vivant den Zuschauer aus dem Fluß der Bewegungs-Bilder heraus, doch bedeutet es nicht, daß es damit auch den Film negiert. Es bildet vielmehr eine Eingangsstelle, an der sich ein anderes Bildsystem – in diesem Fall das spezifische piktorale System der Malerei – anlagern kann, und dies bedeutet nicht nur eine Erweiterung der filmischen Mittel, sondern auch der filmischen Narration. Eine Schlüsselposition bildet dabei der Zuschauer, denn »[d]ie Kunstfertigkeit der Konsumption: des Sehens ist ein Reichtum, der in den Subjekten steckt,« so abermals Bitomsky.[2]

Man hat der Malerei immer wieder schon vielfache Tode prophezeit, und doch ist es eben das Gemälde, das gerade im Film zum spezifischen, wenn nicht immer vordergründig sichtbaren Bedeutungsträger und Stilbildner wird. Daß die piktoralen Bezüge untereinander – die Selbstverweise, die Zitate, die digitalen Bildklone etc. – gerade im Film zum Einsatz kommen, dürfte angesichts des aktuellen Siegeszugs des Bildes in den Kommunikationsmedien wenig verwundern. Überraschend ist vielmehr der Anteil der klassischen Bildmedien wie der Malerei und der Fotografie daran. Auch heute ist man noch bereit, zu glauben, daß diese Künste vor allem eine mehr oder weniger deutliche Support-Funktion für

---

1 Bitomsky, Hartmut (1972): Die Röte des Rots von Technicolor. Kinorealität und Produktionswirklichkeit, Neuwied, Darmstadt: Luchterhand, S. 16.

2 Ebd. S. 17.

das jüngere Medium Film oder Fernsehen darstellen. Dabei zeigt nicht zuletzt die vorliegende Film-Bild-Analyse, wie stark das piktorale System der Malerei autonome Einheiten innerhalb des Fremdmediums ausbildet, um eine Bruchstelle im Filmsystem zu öffnen. Pasolinis LA RICOTTA ist ein gutes Beispiel für die ›zerstörerischen‹ Bildtendenzen, wohingegen Viscontis SENSO dezidiert für eine spezifische ›filmische Malerei‹ einsteht.

Filmische Tableaux vivants mit ihren Verweisen auf die außerhalb des Films stehenden Gemälde stellen ein *sekundäres Kommunikationssystem* dar, in dem sich etwas mitteilt, das außerhalb des Filmsystems steht und das selbst bereits systemisch ist, das heißt nicht mehr bloß abbildend und duplizierend auftritt, sondern selbst längst »Kommunikation« bedeutet. Die Stärke der so im Film auftretenden sekundären Bildsysteme liegt in der gedoppelten Erzählweise: Das im Film im wörtlichen Sinne aufgeführte, da als theatrale Aufführung gestaltete, fremde Bild erzählt eine doppelte Geschichte, es erzählt von einer jenseits des Films bestehenden Kommunikationsform zwischen dem Gemälde und dem Bildbetrachter und zwischen den Bildern/Gemälden untereinander. Das Bild wird in den Zuschauer ›versenkt‹, so Walter Benjamin,[3] und das Tableau vivant im Film übt diese Funktion überaus wirksam aus, denn es verfügt über den Pathos eines stillgestellten (Film-)Bildes.[4] Und das heißt – immer noch im Anschluß an Diderots Tableau-vivant-Theaterpraxis –,[5] daß es Bedeutsamkeit generiert (oder simuliert). Innerhalb des Films erweitert dieses integrierte Bildsystem, das hier das »Lebende Bild« heißt, die Filmbildästhetik, indem es die filmischen Konventionen sprengt. Seine eigene Sperrigkeit innerhalb der Filmbilder verhindert eine Klischeebildung. So konstituieren die Tableaux vivants, indem sie aus dem Film auf Bilder in anderen soziokulturellen und ästhetischen Kontexten verweisen, erst das, was der Film sein kann bzw. ist: eine spezifische Einheit von im Fluß (der Bewegung wie der *durée* gleichermaßen) gehaltenen audiovisuellen Bewegungs- und Zeit-Bilder, deren Ordnung auf andere Zeichen- und Bedeutungssysteme hin semipermeabel ist. Sie verweisen dabei auf et-

---

3 Benjamin (1936/1977), S. 46.
4 Zu Tableau vivant und Pathos vgl. Türschmann, Jörg (2002): »Das literarische Tableau. Darstellungsfunktion und Erklärungsgehalt intermedialer Metaphorik«, in: Wolfram Nitsch/Bernhard Teuber, Vom Flugblatt zum Feuilleton. Mediengebrauch und ästhetische Anthropologie in historischer Perspektive, Tübingen: Narr, S. 263–277.
5 Zu Diderots Tableaux vivants siehe ergänzend auch Möbius, Hanno (1997): »Die Schlußszene in der ›Novelle‹. Goethes Beitrag zum literarischen Tableau«, in: Zeitschrift für Literaturwissenschaft und Linguistik, 106, S. 118–129.

was, was scheinbar filmintegriert ist und doch darin nicht aufgeht. Mehr noch: Es muß mit Nachdruck jenseits des Films situiert sein und dort verbleiben, um auf diese Weise die Funktion des Differenten erfüllen zu können. Daß es sich hierbei nicht um Paragone handelt, hoffe ich ausreichend dargelegt zu haben, denn nichts steht einem Film, der des anderen Bildes auf vielfältige Weise bedarf, ferner, als sich selbst zum ›modernen‹ Medium zu stilisieren, das das ältere bloß inkorporiert und damit zu überwinden sucht. Allen den von mir hier vorgestellten Filmbeispielen ist hingegen eigen, daß sie das filmische Tableau vivant benutzten, um auf etwas in ihm oder mit ihm zu verweisen, und durch diesen Akt des Verweisens jeweils eine Überschußkomponente einführen. In SENSO, LA RICOTTA und IL DECAMERON ist es die Malerei selbst, die als ästhetische oder ethische, kontaminatorische Größe aufgegriffen wird. In CHRISTUS und in THE PRIVATE LIFE OF HENRY VIII hat das Tableau vivant hingegen eine deutlich autoritäre Funktion einer beglaubigenden und in diesem Sinne einer evidenzbildenden Auratisierung des Films. Den Überschuß produziert hier gewissermaßen das ›Dogma des Gemäldes‹, das durch das filmische Tableau vivant eingeholt wird, indem es einmal seine historische (HENRY VIII) und ein anderes Mal seine kultische Bedeutung (CHRISTUS) in den Film hineinprojiziert.

Der Titel des vorliegenden Buches *Hin zum Film – Zurück zu den Bildern* verweist auf das Anliegen meiner Arbeit, auch jenseits der konkreten Film-Bild-Analysen zwischen den Fachbereichen der Kunstgeschichte, der Filmwissenschaft und der neu aufgekommenen, bisher noch summarisch zusammengefaßten Medien- oder Bildwissenschaften zu vermitteln und schließlich zu einer gemeinsamen Arbeit an den Bildphänomenen, die man als Untersuchungsgegenstand gemeinsam hat, anzuregen. Im Zentrum steht das Bild, das sich offenbar nicht dazu eignet, endliche Antworten auf die Frage nach dem, was es ist, zu ermöglichen. Es über das Medium Film anzugehen, heißt, sich sowohl dem Film(-bild) als auch den Bildern anderer visueller Organisationen anzunähern. So ist auch die Frage nach dem Still/Standbild im filmischen Kontext nicht nur eine Frage nach der Zulässigkeit einer Aufgliederung des filmischen Bildkontinuums in angehaltene Momente, sondern auch eine Frage nach dem ›Stoff‹, aus dem der Film gemacht ist. Ich hoffe, am Beispiel der filmischen Tableaux vivants vermittelt zu haben, daß die Bewegung (im Filmbild als auch die des Filmbildes) nur *eine* Komponente des Films ist. Das Bild aber in seiner zeitlichen wie räumlichen Dimension stellt weiterhin die wichtigste Größe dar, welche wiederum die Bildmedien auf konstruktive Weise gleichwohl verbindet wie auch gegenseitig zu konstituieren hilft. Das angehaltene Bild im Film(-bild) zu markieren, heißt schließlich nicht, den Film negieren zu wollen, sondern die Potentialität des Bildes herauszustellen, die selbst nicht in den Dichotomien von Stillstand und Bewegung aufgeht. Mir scheint es, als ob der Film respektive die Filmemacher diese Trennung längst überwunden haben, indem sie die Bilder untereinander fluktuieren und aus diesem Überschuß heraus erst *den Film* als ein vielseitiges Konglomerat entstehen lassen.

In einer anderen Perspektivierung des piktoralen Phänomens entsteht ein weiterer Gedanke, der den Film als ein ›*expanded Museum*‹ denken läßt. André Malraux hat die Gesamtheit der Reproduktionen jener Bilder, die im Pantheon der Künste ihren kanonischen Platz hatten, als auch jener, die erst durch die massenmediale Reproduktionsmöglichkeiten selbst zum ersten Mal in das Bewußtsein der Kunstkritiker und Wissenschaftler gekommen sind, als das »*imaginäre Museum*« bezeichnet.[6] Es wäre zu überlegen, inwiefern das Kino nicht zunehmend und stillschweigend diese Aufgabe übernimmt. Nicht, wie noch bei Malraux, indem ein neues Bildmedium andere bisher nicht wahrgenommene ›Objekte‹ sichtbar macht und ihren Status wie auch den Blick der Betrachter gleichermaßen verändert. Sondern weil der Film selbst eine imaginative Kunst ist, die den Zuschauer zum Teilhaber macht – anders als das klassische Museum, das die Bilder in seiner Kunsthaftigkeit nebeneinander stellt. Malraux schrieb mit der Euphorie der Nachkriegszeit um 1947:

Neben dem Museum eröffnet sich aber ein Gebiet künstlerischen Wissens, wie es so ausgedehnt der Mensch bisher noch nie gekannt hat. Dieses Gebiet – das sich mit wachsendem Bestand und weiterer Ausdehnung immer mehr intellektualisiert – ist nun zum erstenmal der ganzen Welt als Erbschaft gegeben.[7]

Aber läßt sich der Film nicht tatsächlich davon ableiten und als ein neuartiges ›Bild-Pantheon‹ betrachten? So hat der Film durchaus die imaginative Potentialität, die Bilder ihrer musealen Starre der Moderne zu entreißen. Als ein neuartiges imaginäres Museum, das den Bildern einen freien oder fluiden Platz einräumt, gibt der Film ihnen gleichzeitig die Performativität zurück, die sie ehemals hatten, als sie noch nicht in Eins mit ihrer Darstellung auf der Oberfläche fielen. Dieses ›Mehr‹, das die Bilder ursprünglich waren und jetzt wieder möglicherweise in ihrer Macht zum Ausdruck bringen, überall anwesend und Anwesende zu sein, mit denen man rechnen muß. ›Hin zum Film‹ bedeutet in diesem Sinne vielleicht auch die Möglichkeit, an Bildern wieder das zu entdecken, was in der musealen Betrachtung verloren gegangen ist, nämlich ihre Lebendigkeit.

---

6   Malraux, André (1947/1957): Psychologie der Kunst. Das imaginäre Museum, Reinbek: Rowohlt.

7   Ebd., S. 31.

LITERATUR

Abate, Rossella (2002): »Christus, una mistica poesia«, unter: http://www.brianze.it/christus/scheda/abate.html vom 03.11.2007.

Adorno, Theodor W. (1951/2003): Minima Moralia. Reflexionen aus dem beschädigten Leben, Bd. 4, Frankfurt/Main: Suhrkamp.

Agostini, Grazia/Ciammitti, Luisa (Hg.) (1985): Niccolò dell'Arca. Il Compianto di Santa Maria della Vita, Bologna: Nuova Alfa.

Agostini, Grazia/Ciammitti, Luisa (Hg.) (1989): Niccolò dell'Arca. Seminario di studi atti del Convegno 26.–27.05.1987, Bologna: Nuova Alfa.

Albrecht, Gerd (1992): »Jesus – Eine Filmkarriere. Entwicklungslinien des Jesus-Films und seiner Rezeption«, in: Film-Dienst Extra (1992): Jesus in der Hauptrolle. Zur Geschichte und Ästhetik der Jesus-Filme, (Nov.), S. 9–14.

Antonic, Magda (1991): Bildfolge, Zeit- und Bewegungspotential im Franziskuszyklus der Oberkirche San Francesco in Assisi. Ein Beitrag zur Klärung der Giotto-Frage, Frankfurt/Main (u.a.): Peter Lang.

Ascia, Luca d' (2000): »Die Genealogie der Macht bei Pier Paolo Pasolini«, in: Rolf Grimminger (Hg.), Kunst – Macht – Gewalt, München: Fink, S. 193–208.

Astruc, Alexandre (1948/1992): »Die Geburt einer neuen Avantgarde: die Kamera als Federhalter«, in: Christa Blümlinger/Constantin Wulff (Hg.), Schreiben, Bilder, Sprechen, Wien: Sonderzahl, S. 199–204.

Aziza, Claire (1990): »Mélodrame expérimental«, in: Michèle Lagny (Hg.), Visconti: Classicisme et Subversion, Paris: Sorbonne Nouvelle, S. 121–136.

Bacon, Henry (1998): Visconti. Explorations of Beauty and Decay, Cambridge: University Press.

Bätschmann, Oskar (1992): »Pygmalion als Betrachter. Die Rezeption von Plastik und Malerei in der zweiten Hälfte des 18. Jahrhunderts«, in: Wolfgang Kemp (Hg.), Der Betrachter ist im Bild, Berlin: Reimer, S. 237–278.

Balázs, Béla (1924/2008): Der sichtbare Mensch. Eine Filmdramaturgie, Frankfurt/Main: Suhrkamp.

Balázs, Béla (1930/2001): Der Geist des Films, Frankfurt/Main: Suhrkamp.

Barck, Joanna (2004): »Im Blick des Porträts«, in: Petra Löffler/Leander Scholz (Hg.), Das Gesicht ist eine starke Organisation, Köln: DuMont, S. 181–202.

Barck, Joanna (2005): »Narbe«, in: Dies./Petra Löffler, Gesichter des Films, Bielefeld: transcript, S. 189–200.

Barck, Joanna (2005b): »Konterfei«, in: Dies./Petra Löffler, Gesichter des Films, Bielefeld: transcript, S. 149–160.

Barrière, François/M. de Lescure (Hg.) (1885): Bibliothèque des mémoires relatifs à l'histoire de France pendant le XVIIIe siècle: »Mémoires de Madame de Genlis«, Bd. 15, Paris: Firmin-Didot.

Barthes, Roland (1957/1996): »Das Gesicht der Garbo«, in: Ders., Mythen des Alltags, Reinbek: Rowohlt, S. 73–75.

Barthes, Roland (1980/1989): Die helle Kammer. Bemerkungen zur Photographie, Frankfurt/Main: Suhrkamp.

Barthes, Roland (1985/1988): »Einführung in die strukturelle Analyse von Erzählungen«, in: Ders., Das semiologische Abenteuer, Frankfurt/Main: Suhrkamp, S. 102–143.

Bataille, Georges (1953/1999): Die Innere Erfahrung, nebst Methode der Meditation und Postskriptum, München: Matthes & Seitz.

Baudry, Jean-Louis (1994): »Das Dispositiv: Metapsychologische Betrachtungen des Realitätseindrucks«, in: Psyche, 48/11, S. 1046–1074.

Baudry, Jean-Louis (2003): »Ideologische Effekte erzeugt vom Basisapparat«, in: Robert F. Riesinger (Hg.), Der kinematographische Apparat, Münster: Nodus, S. 27–39.

Bazin, André (1958–62): Qu'est-ce que le Cinéma?, Paris: Éditions du Cerf.

Becker, Andreas (2004): Perspektiven einer anderen Natur. Zur Geschichte und Theorie der filmischen Zeitraffung und Zeitdehnung, Bielefeld: transcript.

Belting, Hans (1993): Bild und Kult. Eine Geschichte des Bildes vor dem Zeitalter der Kunst, München: Fink.

Belting, Hans/Kamper, Dietmar (Hg.) (2000): Der zweite Blick, München: Fink.

Benjamin, Walter (1936/1977): »Das Kunstwerk im Zeitalter seiner technischen Reproduzierbarkeit«, in: Ders., Illuminationen. Ausgewählte Schriften, Frankfurt/Main: Suhrkamp, S. 136–169.

Bentele, Günter (1981): »Der Zoom – eine filmsemiotische Untersuchung«, in: Annemarie Lange-Seidl (Hg.), Zeichenkonstitution. Akten des 2. Semiotischen Kolloquiums Regensburg 1978, Bd. 2, Berlin, New York: Walter de Gruyter, S. 49–59.

Berg, Roland (1999): Die Ikone des Realen. Zur Bestimmung der Photographie im Werk von Talbot, Benjamin und Barthes, München: Fink.

Bergson, Henri (1911): Zeit und Freiheit. Eine Abhandlung über die unmittelbaren Bewußtseinstatsachen, Jena: Diederichs.

Bergson, Henri (1948): Denken und schöpferisches Werden, Meisenheim/Glan: Westkulturverlag.

Bergson, Henri (1948b): »Die Wahrnehmung der Veränderung«, in: Ders., Denken und schöpferisches Werden, Meisenheim/Glan: Westkulturverlag, S. 149–179.

Bernardini, Aldo (2000): Scheda sul »Christus«. Realizzata in occasione della presentazione della versione restaurata del film al Festival del Cinema di Venezia nel 2000 [Heft hg. anläßlich der Restaurierung/ Vorführung des Films CHRISTUS beim Filmfestival Venedig 2000].

Bertini, Antonio (1979): Teoria e Tecnica del Film in Pasolini, Roma: Bulzoni.

Beyer, Andreas (1999): »Roberto Longhi (1890-1970). Kunst, Kritik und Geschichte«, in: Heinrich Dilly (Hg.), Altmeister moderner Kunstgeschichte, Berlin: Reimer, S. 251–265.

Bitomsky, Hartmut (1972): Die Röte des Rots von Technicolor. Kinorealität und Produktionswirklichkeit, Neuwied, Darmstadt: Luchterhand 1972.

Boccaccio, Giovanni di (1492/1979): Das Dekameron, Bd. 2, Frankfurt/ Main: Insel.

Boehm, Gottfried (1987): »Bild und Zeit«, in: Hannelore Paflik-Huber (Hg.), Das Phänomen Zeit in Kunst und Wissenschaft, Weinheim: VCH, Acta Humaniora, S. 1–24.

Boehm, Gottfried (Hg.) (1994): Was ist ein Bild, München: Fink.

Boehm, Gottfried (1994b): »Die Bildfrage«, in: Ders., Was ist ein Bild?, München: Fink, S. 325–343.

Boehm, Gottfried (1994c): »Wiederkehr der Bilder«, in: Ders., Was ist ein Bild?, München: Fink, S. 11–38.

Boehm, Gottfried (2001): »Repräsentation – Präsentation – Präsenz«, in: Ders. (Hg.), Homo pictor, (Colloquium Rauricum, Bd. 7), München, Leipzig: Saur, S. 3–13.

Böhme, Gernot (1999): Theorie des Bildes, München: Fink.

Boime, Albert (1993): The art of the Macchia and the Risorgimento: Representing Culture and Nationalism in Nineteenth-Century Italy, Chicago, London: University Chicago Press.

Bomford, David/Finaldi, Gabriele (1998): Venice through Canaletto's Eyes, [Ausst.-Kat. National Gallery London, 15.07.–11.10.1998], London: National Gallery.

Bordwell, David (1997): »Modelle der Rauminszenierung im zeitgenössischen Europäischen Kino«, in: Andreas Rost (Hg.), Zeit, Schnitt, Raum, Frankfurt/Main: Verlag der Autoren.

Braungart, Wolfgang (2000): Manier und Manierismus, Tübingen: Niemeyer.

Braure, Bruno (1990): »La question dramaturgique dans Senso«, in: Michèle Lagny (Hg.), Visconti: Classicisme et Subversion, Paris: Sorbonne Nouvelle, S. 95–119.

Brenner, Clarence D. (1961): The Théâtre Italien: Its repertory 1716-1793, with a historical introduction, Berkeley (C.A.): University of California Press.

Briganti, Giuliano (1989): »Aveva negli occhi Giotto e Pontormo«, in: »La Repubblica« vom 01.07.1989.

Bruno, Giuliana (1997): »The Body of Pasolini's Semiotics: A Sequel Twenty Years Later«, in: Patrick A. Rumble, Allegories of Contamination. Pier Paolo Pasolini's Trilogy of Life, Toronto, Buffalo, London: University of Toronto Press, S. 88–105.

Bryson, Norman (1983/2001): Das Sehen und die Malerei. Die Logik des Blicks, München: Fink.

Burch, Noël (2003): »Passionsfilme, Verfolgungsjagden: eine gewisse Linearisierung«, in: Frank Kessler/Sabine Lenk/Martin Loiperdinger (Hg.), KINtop, Jahrbuch zur Erforschung des Frühen Films: Theorien zum frühen Kino, Nr. 12, Basel, Frankfurt/Main: Stroemfeld, S. 65–86.

Busch, Werner (1996): »Die Wahrheit des Capriccio: Die Lüge der Vedute«, in: Ekkehard Mai (Hg.), Das Capriccio als Kunstprinzip. Zur Vorgeschichte der Moderne von Arcimboldo und Callot bis Tiepolo und Goya, [Ausst.-Kat. Wallraf-Richartz-Museum Köln, 8.12.1996–16.02.1997) Köln, Mailand: Skira, S. 95–101.

Busch, Werner (1993): Das sentimentalische Bild: Die Krise der Kunst im 18. Jahrhundert und die Geburt der Moderne, München: C.H. Beck.

Bushat, Bruno (2003): »Hans Holbein – Vater und Sohn«, in: *Hans Holbein der Jüngere: 1497/98 – 1543* (2003). Porträtist der Renaissance, [Ausst.-Kat. Königliches Gemäldekabinett Mauritshuis Den Haag, 16.08.–16.11.2003], Stuttgart: Belser, S. 151ff.

Calobretto, Roberto (2001): »Corpi danzanti nel cinema e nella narrativa di Pier Paolo Pasolini«, in: Peter Kuon (Hg.), Corpi/Körper. Körperlichkeit und Medialität im Werk Pier Paolo Pasolini, Frankfurt/Main: Peter Lang, S. 63–80.

Capano, Leonardo (2002): »Iconografia dei Vinti«, in: Giacomo Agosti/ Costanza Mangione, Camillo Boito e il sistema delle arti, Padova: Il Poligrafo, S. 151–157.

Cecchi, Ottavio (1984): »Das Zeichen in den Zeichnungen und Filmen Pasolinis«, in: Hermann H. Wetzel (Hg.), Pier Paolo Pasolini, MANA (Mannheimer Analytika) 2, Mannheim: Universitätsverlag, S. 47–66.

Chapman, Mary (1996): »›Living Pictures‹: Women and Tableaux Vivants in Nineteenth-Century American Fiction and Culture, in: Wilde Angle, 18/3 (July), S. 22–52.

Chion, Michel (1985): Le Son au cinéma, Paris: Éditions de l'Etoile.

Cole, Bruce (1987): Italian Art 1250–1550. The relation of Renaissance Art to life and society, New York: Harper & Row.

Constable, William George (1989): Canaletto: Giovanni Antonio Canal, 1697–1768, Oxford: University Press.

Crafton, Donald (1992): »The Portrait as Protagonist: The Private Life of Henry VIII«, in: IRIS, 14–15, S. 25–41.

Cuau, Bernard (1963): »Senso: Une symbolique des couleurs«, in: Études Cinématographiques, 26–27, S. 16–22, [dt.: Bernard Cuau: Die Symbolik der Farben in Senso, in: Aspekte des italienischen Films, Bd. 1, Frankfurt/Main: Verband des Dt. Filmclubs e.V. 1969].

Custen, George F. (1992): Bio/Pics. How Hollywood constructed public History, New Brunswick (N.J.): Rutgers University Press.

Därmann, Iris (1995): Tod und Bild. Eine phänomenologische Mediengeschichte, München: Fink 1995.

Dayan, Daniel (1974/1992): »The Tutor-Code of Classical Cinema«, in: Gerald Mast/Marshall Cohen/Leo Braudy (Hg.), Film Theory and Criticism, New York: Oxford University Press, S. 179–191.

Deleuze, Gilles (1983/1997): Das Bewegungs-Bild. Kino 1, Frankfurt/ Main: Suhrkamp.

Deleuze, Gilles (1985/1997): Das Zeit-Bild. Kino 2, Franfurt/Main: Suhrkamp.

Derrida, Jacques (1972/1999): Randgänge der Philosophie, Wien: Passagen.

Derrida, Jacques (1997): »Die Einsprachigkeit des Anderen oder die Prothese des Ursprungs«, in: Anselm Haverkamp (Hg.), Die Sprache der Anderen. Übersetzungspolitik zwischen den Kulturen, Frankfurt/ Main: Fischer Tb, S. 15–41.

Deutsches Fremdwörterbuch (1981): Art. »Tableau vivant«, Bd. 5, Berlin, New York: Walter de Gruyter, S. 10.

Diderot, Denis (1760/1986): Das Theater des Herrn Diderot, (übers. von G.E. Lessing), Stuttgart.

Diderot, Denis (1763/1967): »Salon von 1763«, XI. Vernet, in: Ders.: Ästhetische Schriften, Bd. 1, Berlin, Weimar: Aufbau Verlag.

Didi-Huberman, Georges (1992/1999): Was wir sehen blickt uns an. Zur Metapsychologie des Bildes, München: Fink.

Elsaesser, Thomas (2005): »Zu spät, zu früh. Körper, Zeit und Aktionsraum in der Kinoerfahrung«, in: Vinzenz Hediger (u.a.) (Hg.), Kinogefühle. Emotionen und Film, Marburg: Schüren, S. 415–439.

Elwert, Wilhelm Theodor (1980): Die italienische Literatur des Mittelalters: Dante, Petrarca, Boccaccio, München: Francke (UTB).

Enciclopedia dello spettacolo (1961): Art. »Living picture or Tableau vivant«, S. 591f., Art. »Quadri plastici«, S. 614, hg. v. Silvio d'Amico, Bd. 8, Roma: Le Maschere.

Falkenhausen, Susanne von (1993): Italienische Monumentalmalerei im Risorgimento, 1830-1890. Strategien nationaler Bildersprache, Berlin: Reimer.

Favart, Charles Simon (1808): Mémoires et correspondance littéraires, dramatiques et anecdotiques, Bd. 1, Genève: Slatkine.

Ferrero, Adelio (1977): Il cinema di Pier Paolo Pasolini, Venezia: Marsilio.

Film-Dienst Extra (1992): »Jesus im Film – Eine Auswahlfilmographie«, in: Film-Dienst Extra: »Jesus in der Hauptrolle. Zur Geschichte und Ästhetik der Jesus-Filme«, (Nov.), S. 74–84.

Folie, Sabine/Glasmeier, Michael (2002): »Atmende Bilder. Tableau vivant und Attitüde zwischen ›Wirklichkeit und Imagination‹«, in: Dies./Gerald Matt (Hg.), Tableau vivant. Lebende Bilder und Attitüden in Fotografie, Film und Video, [Ausst.-Kat. Kunsthalle Wien, 24.05.–25.08.2002], Wien: KHM, S. 9–52.

Forssman, Erik (Hg.) (1997): Palladio. Werk und Wirkung, Freiburg i.B.: Rombach.

Franceschi, Leonardo de (Hg.) (2003): Cinema/Pittura. Dinamiche di scambio, Torino: Lindau.

Fried, Michael (1980): Absorption and Theatricality. Painting and Beholder in the Age of Diderot, Chicago, London: University of Chicago Press.

Frey, Manuel (1998): »Tugendspiele«, in: Historische Anthropologie. Kultur – Gesellschaft – Alltag, 6, S. 401–430.

Gadamer, Hans-Georg (1994): »Bildkunst und Wortkunst«, in: Gottfried Boehm, Was ist ein Bild?, München: Fink, S. 91–104.

Galluzzi, Francesco (1994): Pasolini e la pittura, Roma: Bulzoni.

Galluzzi, Francesco (2000): »Una regia da pittore«, in: Art e dossier, 157, S. 41–44.

Gebauer, Günther/Wulf, Christoph (1992): Mimesis. Kultur, Kunst, Gesellschaft, Reinbek: Rowohlt.

Geitel, Klaus (1975): »Das Welttheater Visconti«, in: Luchino Visconti, München, Wien: Hanser Reihe Film (4), S. 42–54.

Giusti, Luciano de (1995): »Vom Wort über das Bild zur Realität«, in: Christa Steinle/Giuseppe Zigaina (Hg.), Pier Paolo Pasolini oder die Grenzüberschreitung. P. P. Pasolini. Organizzar il trasumanar, (zweispr. Ausgabe), [Ausst.-Kat. Neue Galerie am Landesmuseum Joanneum Graz, 08.07.–10.08.1995], Venezia: Marsilio, S. 141–221.

Giusti, Luciano de (2001): »L'oralità poetica nel cinema«, in: Peter Kuon (Hg.), Corpi/Körper. Körperlichkeit und Medialität im Werk Pier Paolo Pasolini, Frankfurt/Main (u.a.): Peter Lang, S. 107–114.

Godard, Jean-Luc (1962): »Interview avec Jean-Luc Godard«, in: Cahiers du Cinéma, 138 (Déc.), S. 173ff.

Goethe, Johann Wolfgang (1809/1972): Wahlverwandtschaften, (mit einem Essay von Walter Benjamin), Frankfurt/Main: Insel.

Goethe, Johann Wolfgang (1815/1901): »Proserpina, Melodram von Goethe. Musik von Eberwein«, in: Goethes Werke, hg. im Auftrag der Großherzogin Sophie von Sachsen, Bd. 40, Weimar, S. 106–118.

Grafe, Frieda (1971/1994): »Verfilmt«, in: Freunde der Deutschen Kinemathek (Hg.), Pier Paolo Pasolini. Dokumente zur Rezeption seiner Filme in der deutschsprachigen Filmkritik 1963–85, Berlin: Freunde der Deutschen Kinemathek e.V. (84), S. 148–149.

Grafe, Frieda (1988): FarbFilmFest, Berlin: Stiftung Deutsche Kinemathek.

Grafe, Frieda (2002): Filmfarben, Berlin: Brinkmann & Bose.

Greene, Naomi (1990): Pier Paolo Pasolini. Cinema as Heresy, Princeton (N.J.): Princeton University Press.

Grey, Thomas (1997): »Tableaux vivants: Landscape, History Painting, and the Visual Imagination in Mendelssohn's Orchestral Musik«, in: 19th Century Music, 21/1, S. 38–76.

Gunning, Tom (1986): »Cinema of Attractions«, in: Wide Angle, 8/3–4. S. 63–70.

Gunning, Tom (1992): »Passion Play as palimpsest: The Nature of the Text in the History of early Cinema«, in: Ders./Roland Cosandey/André Gaudreault (Hg.), Une invention du Diable? Cinéma des premiers temps et religion, Sainte Foy/Lusanne: Presses de l'Université Laval/Éditions Payot Lausanne, S. 107-122.

Halliday, Jon (1969/1995): Pasolini über Pasolini. Im Gespräch mit Jon Halliday, Wien, Bozen: Folio, [Originalausgabe engl. Unter Pseudonym Oswald Starck: »Pasolini on Pasolini. Interviews with Oswald Stack«, London: Thames and Hudson/The BFI].

Hans Holbein der Jüngere (1999). Akten des Internationalen Symposiums Kunstmuseum Basel, 26.–28.06.1997, Basel: Schwabe 1999.

Hans Holbein der Jüngere: 1497/98–1543 (2003). Porträtist der Renaissance, [Ausst.-Kat. Königliches Gemäldekabinett Mauritshuis Den Haag, 16.08.–16.11.2003], Stuttgart: Belser.

Hartt, Frederick (1989): Art: A History of Painting, Sculpture, Architecture, New York: Harry N. Abrams.

Hausenstein, Wilhelm (1923): Giotto di Bondone, Berlin: Propyläen-Verlag.

Hauser, Arnold (1964): Der Manierismus. Die Krise der Renaissance und der Ursprung der modernen Kunst, München: Beck.

Hayez (1998): *Hayez – dal mito al bacio*, [Ausst.-Kat. Palazzo Zabarella Padova, 20.07.1998–10.01.1999], Padova, Venezia: Marsilio.

Heath, Stephen (1981): »Narrative Space«, in: Ders., Questions of Cinema, Bloomington: Indiana University Press, S. 19–75.

Hegel, Georg Wilhelm Friedrich (1838/1970): Vorlesungen über die Ästhetik, Bd. 13, Frankfurt/Main: Suhrkamp.

Hegel, Georg Wilhelm Friedrich (1838/1970b): Vorlesungen über die Ästhetik, Bd. 15, Frankfurt/Main: Suhrkamp.

Hempel, Wido (1965): »Parodie, Travestie und Pastiche. Zur Geschichte von Wort und Sache«, in: Germanisch-Romanische Monatsschrift, 15, S. 150–176.

Henry VIII Revealed (2003). Holbein's Portrait and Its Legacy, [Ausst.-Kat. Walker Art Gallery Liverpool, 24.01.–30.03.2003], London: Holberton.

Hölzl, Norbert (1966): Theatergeschichte des östlichen Tirol vom Mittelalter bis zur Gegenwart, Bd. 2, Heft 1, Wien: Verlag der Österreichischen Akademie der Wissenschaften.

Hoesterey, Ingeborg (2001): Pastiche, Cultural Memory in Art, Film, Literature, Bloomington/Indianapolis: Indiana University Press.

Hoffmann, Gabriele (1987): »Intuition, durée, simltanéité. Drei Begriffe der Philosophie Henri Bergsons und ihre Analogien im Kubismus von Braque und Picasso von 1910 bis 1912«, in: Hannelore Paflik-Huber (Hg.), Das Phänomen Zeit in Kunst und Wissenschaft, Weinheim: VCH, Acta Humaniora, S. 39–64.

Holländer, Hans (1973): »Steinerne Gäste«, in: Gießener Beiträge zur Kunstgeschichte II.

Holmström, Kirsten Gram (1967): Monodrama, Attitudes, Tableaux vivants, Uppsala: Almquist & Wiksell.

Hollmann, Eckhard/Tesch, Jürgen (Hg.) (2004): Die Kunst der Augentäuschung, München: Prestel Verlag.

Huber, Otto (1999): »›Selbst aus China waren drei Herren eingetroffen…‹. Zur Attraktivität Oberammergaus um die Jahrhundertwende«, in: Reinhold Zwick/Otto Huber (Hg.), Von Oberammergau nach Hollywood. Wege der Darstellung Jesu im Film, Köln: Katholisches Institut für Medieninformation, S. 9–27.

Husserl, Edmund (1913/1980): Ideen zu einer reinen Phänomenologie und phänomenologischen Philosophie, Tübingen: Niemeyer.

Iggers, G. Georg (1996): Geschichtswissenschaft im 20. Jahrhundert: Ein kritischer Überblick im internationalen Zusammenhang, Göttingen: Vandenhoeck & Ruprecht.

Imdahl, Max (1980/1996): Giotto. Arenafresken. Ikonographie, Ikonologie, Ikonik, München: Fink.

Ishaghpour, Youssef (1984): Visconti – Le sens et l'image, Paris: Ed. de la Différence.

Jansen, Peter W./Schütte, Wolfram (Reihe-Hg.) (1983): Pier Paolo Pasolini, München, Wien: Hanser Reihe Film (12).

Jauß, Hans Robert (Hg.) (1964): Nachahmung und Illusion, Kolloquium Gießen, Juni 1963, München: Eidos.

Jooss, Birgit (1999): Lebende Bilder. Körperliche Nachahmung von Kunstwerken in der Goethezeit, Berlin: Reimer.

Joubert-Laurencin, Hervé (1995): Pasolini. Portrait du poète en cinéaste, Cahiers du cinéma, (Oct.).

Jung, Carl Gustav (1937/1984): Psychologie und Alchemie II. Erlösungsvorstellung in der Alchemie, Olten, Freiburg i.Br.: Walter Verlag.

Jungheinrich, Hans-Klaus (1983): »Überhöhung und Zurücknahme – Musik in den Filmen Pasolinis«, in: Peter W. Jansen/Wolfram Schütte (Reihe-Hg.), Pier Paolo Pasolini, München, Wien: Hanser Reihe Film (12), S. 35–48.

Kammerer, Peter (1983): »Der Traum vom Volk. Pasolinis mythischer Marxismus«, in: Peter W. Jansen/Wolfram Schütte (Reihe-Hg.), Pier Paolo Pasolini, München, Wien: Hanser Reihe Film (12), S. 13–34.

Kamper, Dietmar/Wulf, Christoph (Hg.) (1984): Das Schwinden der Sinne, Frankfurt/Main: Suhrkamp.

Kantorowicz, Ernst (1957): The King's Two Bodies. A Study in Mediaeval Poltical Theology, Princeton (N.J.): Princeton University Press.

Karrer, Wolfgang (1977): Parodie, Travestie, Pastiche, München: Fink.

Kaufmann, Georg (1990): Die Kunst des 16. Jahrhunderts, Frankfurt/Main: Propyläen-Verlag.

Kemp, Wolfgang (1980): Theorie der Fotografie, Bd. 1, 1839–1912, München: Schirmer & Mosel.

Kemp, Wolfgang (1988): »Kunstwerk und Betrachter: Der rezeptionsästhetische Ansatz«, in: Hans Belting (u.a.) (Hg.), Kunstgeschichte: Eine Einführung, Berlin: Reimer, S. 240–257.

Kemp, Wolfgang (1989): »Die Kunst des Schweigens«, in: Thomas Koebner (Hg.), Laokoon und kein Ende: Der Wettstreit der Künste, München: Text & Kritik, S. 96–119.

Kemp, Wolfgang (Hg.) (1992): Der Betrachter ist im Bild: Kunstwissenschaft und Rezeptionsästhetik, Berlin: Reimer.

Kernodle, George R. (1944): From Art to Theatre. Form and Convention in the Renaissance, Chicago: Chicago University Press.

KINtop 5: Jahrbuch zur Erforschung des Frühen Films: Aufführungsgeschichten, hg. v. Frank Kessler/Sabine Lenk/Martin Loiperdinger, Nr. 5, Basel, Frankfurt/Main: Stroemfeld.

Klingemann, Ernst August F. (1804/1974): Nachtwachen von Bonaventura, Frankfurt/Main: Insel.

Kloepfer, Rolf (1984): »Die natürliche Semiotik der Wirklichkeit – ein Entwurf Pasolinis«, in: Hermann H. Wetzel (Hg.), Pier Paolo Pasolini, MANA (Mannheimer Analytika), 2, Mannheim: Universitätsverlag, S. 67–86.

Kohler, Michael (2000): »›Mehr Trieb als Bedeutung‹. Farbe im Film«, in: Filmbulletin, 42/228, S. 43–48.

Komza, Małgorzata (1995): Żywe Obrazy. Między sceną, obrazem i książką [Lebende Bilder. Zwischen Szenen, Bildern und Büchern], Wrocław: Wydawn. Uniwersytetu Wroclawskiego.

Koshofer, Gert (1988): Color. Die Farben des Films, Berlin: Volker Spiess 1988.

Kracauer, Siegfried (1937/1974): »Zur Ästhetik des Farbfilms«, in: Siegfried Kracauer, Kino. Essays, Studien, Glossen zum Film, hg. v. Karsten Witte, Frankfurt/Main: Suhrkamp, S. 48–53.

Kracauer, Siegfried (1938/1974): »Film und Malerei«, in: Siegfried Kracauer, Kino. Essays, Studien, Glossen zum Film, hg. v. Karsten Witte, Frankfurt/Main: Suhrkamp, S. 53–61.

Kreuzer, Helmut (1981): »Medienwissenschaftliche Überlegungen zur Umsetzung fiktionaler Literatur. Motive und Arten der filmischen Adaption«, in: Eduard Schaefer (Hg.), Medien und Deutschunterricht. Vorträge des Germanistentags Saarbrücken 1980, Tübingen: Niemeyer, S. 23–46.

Krickelberg-Pütz, Anke-Angelika (1982): »Die Mosaikikone des Hl. Nikolaus in Aachen-Burtscheid«, in: Aachener Kunstblätter, 50, S. 29–39.

Krieger, Leonard (1977): Ranke. The Meaning of History, Chicago, London: The University of Chicago Press.

Kroll, Thomas (1988): Die Revolte des Patriziats: Der toskanische Adelsliberalismus im Risorgimento, Bibliothek des Deutschen Historischen Instituts Rom, Bd. 91, Tübingen: Niemeyer.

Kulik, Karol (1975/1990): Alexander Korda. The Man who could work Miracles, London: Virgin.

La Padania (2002): »Pasqua ›sorprende‹ i padani« (o.A.), in: »La Padania« (27.03.2002), unter: http://www.lapadania.com/2002/marzo/27/27032002p12a5.htm vom 11.12.2007.

Lacan, Jacques (1964/1987): »Linie und Licht«, in: Ders., Die vier Grundbegriffe der Psychoanalyse. Das Seminarbuch XI, Weinheim, Berlin: Quadriga, S. 97–111.

Lagny, Michèle (1992): Senso. Luchino Visconti, Paris: Nathan Université.

Langen, August (1968): »Attitüde und Tableau in der Goethezeit«, in: Jahrbuch der Deutschen Schillergesellschaft, S. 292–353.

Lawton, Ben (1977): »Boccaccio and Pasolini: A Contemporary Interpretation of the Decameron«, in: Mark Musa/Peter Bondanella (Hg.), Boccaccio, Giovanni: The Decameron: A New Translation: 21 Novelle, Contemporary Reactions, Modern Criticism, New York: Norton Critical Edition, S. 306–322.

Lehmann-Jacobsen, Maja (1996): Das Bildprogramm der Villa Godi in Lonedo di Lugo, Köln (u.a.): Böhlau.

Lewinsky, Mariann (2000): »Schweizer National Cinema Leuzinger, Rapperswil (SG): Aktualitätenfilmproduktion und regionale Kinogeschichte der Zentral- und Ostschweiz, 1896-1945«, in: Frank Kessler/Sabine Lenk/Martin Loiperdinger (Hg.), KINtop, Jahrbuch zur Erforschung des Frühen Films: Lokale Kinogeschichten, Nr. 9, Basel, Frankfurt/Main: Stroemfeld, S. 65–81.

Lichtenberg, Georg Christoph (1780/1971): Handlungen des Lebens. Erklärungen zu 12 Monatskupfern von Daniel Chodowiecki, Stuttgart: Deutsche Verlagsanstalt.

Lindvall, T. (2001): The Silents of God: Selected Issues and Documents in Silent American Film and Religion 1908-1925, Lanham (M.D): Scarecrow Press.

Lis, Marek (2004): »Biblia w filmie biblijnym« [Die Bibel im Bibelfilm], in: Kwartalnik filmowy: »Sacrum w filmie«, 45 (Frühjahr), S. 41–55.

Lonchamp, Jouy/Dieu-la-Foy (1800): Le Tableau des Sabines. Vaudeville en un acte, Scène XX., Paris.

Longhi, Roberto (1943-51/1968): Caravaggio, Dresden: VEB Verlag der Kunst.

Longhi, Roberto (1994/1996): Kurze, aber wahre Geschichte der italienischen Malerei, Köln: DuMont.

Maierhofer, Waltraud (1995): »Vier Bilder und vielfältige Bezüge: die sogenannte ›Väterliche Ermahnung‹ und die Figuren in den Wahlverwandtschaften«, in: Richard Fischer (Hg.), Ethik und Ästhetik. Werke und Werte in der deutschen Literatur vom 18. bis zum 20. Jahrhundert, Festschrift Wolfgang Wittkowski zum 70. Geburtstag, Frankfurt/Main (u.a.): Peter Lang, S. 363–382.

Malraux, André (1947/1957): Psychologie der Kunst. Das imaginäre Museum, Reinbek: Rowohlt.

Marelli, Isabella (2001): Il Romanticismo storico – Francesco Hayez e Pelagio Palagi, [Ausst.-Kat. Pinacoteca di Brera Milano, 01.12.2001 –28.02.2002], Milano: Electra.

Marijnissen, Roger H. (2003): Bruegel. Das vollständige Werk, Köln: Glb Parkland.

Martinelli, Vittorio (1992): Il cinema muto italiano. I film della Grande Guerra 1916, »Bianco e Nero«, Rivista del centro sperimentale di cinematografia, prima parte, Torino: Nuova ERI, Centro Sperimentale di Cinematografia.

McCullough, Jack W. (1983): Living Pictures on the New York Stage, Ann Arbor: UMI Research Press.

McDonagh, Maitland (1991): Broken Mirrors/Broken Minds. The Dark Dreams of Dario Argento, London: Carol Publishing Corporation.

Mehnert, Hilmar (1971): Filmfotografie, Fernsehfilmfotografie. Fernsehfilm, Kinofilm, Amateurfilm, Leipzig: VEB Fotokinoverlag.

Meisel, Martin (1983): Realisations. Narrative, Pictorial, and Theatrical Arts in Nineteenth-Century England, Princeton (N.J.): Princeton University Press.

Metz, Christian (1965/1972): »Zum Realitätseindruck im Kino«, in: Ders., Semiologie des Films, München: Fink, S. 20–35.

Metz, Christian (1977/2000): Der imaginäre Signifikant, Psychoanalyse und Kino. Münster: Nodus.

Meyer, F.T. (2004): »Bekehrung mit der Kamera. Filme der Äußeren Mission«, in: Geschichte des dokumentarischen Films in Deutschland, Bd. 2: Weimarer Republik 1918-1933, hg. v. Peter Zimmermann (u.a.), Ditzingen: Reclam, S. 204–218.

Meyer-Krahmer, Benjamin (2005): »Transmedialiät und Pastiche«, in: Bernhard Schwenk/Michael Semff (Hg./Kuratoren), ›P.P.P. – Pier Paolo Pasolini und der Tod‹, [Ausst.-Kat. Pinakothek der Moderne München, 16.11.05–05.02.2006], München: Hatje Cantz, S. 109–116.

Micciché, Lino (Hg.) (1980): Tra una film e l'altra. Materiali sul cinema muto italiano 1907-1920, Quaderni della Mostra Internazionale del Nuovo Cinema, Venezia: Marsilio.

Michałkowicz, Władimir (1995): »Energia obrazu« [Energie des Bildes], in: Kwartalnik Filmowy: »Andrej Tarkowski« [Themenheft], 8–10 (Wiosna-Lato), S. 81–106.

Miller, S. Jacques-Alain (1966): »Sature. Elements pour une logique du signifiant«, in: Cahiers pour l'analyse, 1, S. 37–49 (engl.: »Sature. Elements of the logic of the signifier«, in: Screen, 18/4 [1977–78]).

Miller, Norbert (1972): »Mutmaßungen über lebende Bilder. Attitüde und ›tableau vivant‹ als Anschauungsformen im 19. Jahrhundert«, in: Helga de la Motte-Haber (Hg.), Das Triviale in Literatur, Musik und bildender Kunst. Frankfurt/Main: Klostermann, S. 106–130.

Mitchell, William J.T. (1992): »The pictorial turn«, in: Artforum, (March), S. 89–94.

Mitchell, William J.T. (2005): What do Pictures Want? The Lives and Loves of Images, Chicago: University of Chicago Press.

Möbius, Hanno (1997): »Die Schlußszene in der ›Novelle‹. Goethes Beitrag zum literarischen Tableau«, in: Zeitschrift für Literaturwissenschaft und Linguistik, 106, S. 118–129.

Molteni, Angela (o. J.): La musica nei film di Pier Paolo Pasolini. Con qualche cenno riguardante anche alcune scelte pittoriche del poetaregista, unter: http://www.pasolini.net/cinema_musicaneifilm.htm vom 11.12.2005.

Mondzain, Marie-José (2006): Können Bilder töten?, Berlin, Zürich: Diaphanes.

Moravia, Alberto (1983): »Der Dichter und das Subproletariat«, in: Peter W. Jansen/Wolfram Schütte (Reihe-Hg.), Pier Paolo Pasolini, München, Wien: Hanser Reihe Film (12), S. 7–12.

Moritz, Karl Philipp (1962): Schriften zur Ästhetik und Poetik, hg. v. H.J. Schrimpf, Tübingen: Niemeyer.

Müller, Jürgen E. (1997): »Jean-Luc Godard und die Zwischen-Spiele des Films«, in: Volker Roloff/Scarlett Winter (Hg.), Godard intermedial, Tübingen: Narr, S. 108–127.

Münsterberg, Hugo (1916/1970): The Photoplay: A Psychological Study, New York.

Mulvey, Laura (1999): »Visual Pleasure and Narrative Cinema«, in: Sue Thornham (Hg.), Feminist Film Theory. A Reader, Edinburgh: Edinburgh University Press, S. 58–69.

Musser, Charles (1999): »Leidenschaft und das Spiel vom Leiden. Theater, Film und Religion in Amerika, 1880–1900«, in: Reinhold Zwick/Otto Huber (Hg.), Von Oberammergau nach Hollywood. Wege der Darstellung Jesu im Film, Köln: Katholisches Institut für Medieninformation, S. 29–79.

Naldini, Nico (1989/1991): Pier Paolo Pasolini. Eine Biographie, Berlin: Wagenbach.

Nowell-Smith, Geoffrey (1973): Luchino Visconti, London: LoBFI Publishing.

Ottenbacher, Albert (o.J.): Heilige im unreinen Licht. Pier Paolo Pasolini, das Trecento und der Manierismus, München [Kopieexemplar in der Bibliothek des Kunsth. Inst., München].

Oudart, Jean-Pierre (1969): »La Suture« (I/II), in: Cahiers du Cinéma, 211/212, S. 36–39.

Paech, Joachim (1989): Passion oder die EinBILDungen des Jean-Luc Godard, Kinematograph 6, Schriftenreihe des Deutschen Filmmuseums, hg. v. Hilmar Hoffmann und Walter Schobert, Frankfurt/Main: Deutsches Filmmuseum.

Paech, Joachim (1994): »Der Schatten der Schrift auf dem Bild. Vom filmischen zum elektronischen ›Schreiben mit Licht‹ oder ›L'image menacée par l'écriture et sauvée par l'image meme‹«, in: Michael Wetzel/Herta Wolf (Hg.), Der Entzug der Bilder. Visuelle Realitäten, München, S. 213–233.

Paech, Joachim (1997): »Paradoxien der Auflösung und Intermedialität«, in: Martin Warnke (u.a.) (Hg.), HyperKult: Geschichte, Theorie und Kontext digitaler Medien, Basel, Frankfurt/Main: Stroemfeld, S. 331–367.

Paech, Joachim (1998): »Mediales Differential und transformative Figurationen«, in: Jörg Helbig (Hg.), Intermedialität: Theorie und Praxis eines interdisziplinären Forschungsgebiets, Berlin: Erich Schmidt, S. 14–30.

Païni, Dominique (1996): »Der frühe Film zwischen Bühne und Zufall«, in: Frank Kessler/Sabine Lenk/Martin Loiperdinger (Hg.), KINtop, Jahrbuch zur Erforschung des Frühen Films: Aufführungsgeschichten, Nr. 5, Basel, Frankfurt/Main: Stroemfeld, S. 150–154.

Palladio, Andrea (1570/2001): Die Vier Bücher zur Architektur. Nach der Ausgabe Venedig 1570 »I Quattro Libri dell'Architettura«, (übers. v. Andreas Beyer u. Ulrich Schütte), Basel, Boston, Berlin: Birkhäuser.

Panofsky, Erwin (1947/1999): Stil und Medium im Film & Die ideologischen Vorläufer des Rolls-Royce-Kühlers, Frankfurt/Main: Fischer.

Panofsky, Erwin (1960/1979): Renaissance and Renascences in Western Art, Stockholm: Almqvist & Wiksell, [deut.: Die Renaissancen der europäischen Kunst, Frankfurt/Main: Suhrkamp].

Partridge, Colin (1991): Senso: Visconti's Film and Bioto's Novella: A Case Study in the Relation between Literature and Film, Lewiston (N.Y.): Edwin Mellen Press.

Pasolini, Pier Paolo (1955/1990): Ragazzi di vita, Berlin: Wagenbach.

Pasolini, Pier Paolo (1959/1963): Vita violenta, München: Piper.

Pasolini, Pier Paolo (1962/1982): Mamma Roma, München: Piper.

Pasolini, Pier Paolo (1962/1989): Der Traum von einer Sache, Frankfurt/Main: Fischer.

Pasolini, Pier Paolo (1964): Poesia in forma di rosa, Milano: Garzanti.

Pasolini, Pier Paolo (1965/1990): Alí mit den blauen Augen. Erzählungen, Gedichte, Fragmente, München: Piper.

Pasolini, Pier Paolo (1967/1983): »Das Kino der Poesie«, in: Peter W. Jansen/Wolfram Schütte (Reihe-Hg.), Pier Paolo Pasolini, München, Wien: Hanser Reihe Film (12), S. 49–84.

Pasolini, Pier Paolo (1972/1979): Ketzererfahrungen: Schriften zu Sprache, Literatur und Film – »Empirismo eretico«, München, Wien: Hanser.

Pasolini, Pier Paolo (1975): Le Poesie, Milano: Garzanti.

Pasolini, Pier Paolo (1975/1979): »Enge der Geschichte und Weite der bäuerlichen Welt«, in: Ders., Freibeuterschriften. Die Zerstörung der Kultur des Einzelnen durch die Konsumgesellschaft, Berlin: Wagenbach, S. 44–48.

Pasolini, Pier Paolo (1977): Le belle bandiere. Dialoghi 1960–65, Roma: Riuniti.

Pasolini (1994): Pier Paolo Pasolini. Dokumente zur Rezeption seiner Filme in der deutschsprachigen Filmkritik 1963–85, hg. v. Freunde der Deutschen Kinemathek, Berlin: Freunde der Deutschen Kinemathek e.V. (84).

Paul, Jean (1927): Jean Paul, Sämtliche Werke, hg. v. Eduard Berend, Abtlg. I, Bd. 2., Köln (u.a.): Böhlau.

Pauleit, Winfried (2004): Passagen zwischen Kunst und Kino, Basel, Frankfurt/Main: Stroemfeld.

Peucker, Brigitte (1999): Verkörpernde Bilder – Das Bild des Körpers. Film und die anderen Künste, Berlin: Vorwerk 8.

Di Piero, W. S (1990): »Modern Instances: The Art of the Macchiaioli«, in: New criterion, 9/2 (Oct.), S. 19–29.

Plessner, Helmuth (1976): Die Frage nach der Condition humana, Frankfurt/Main: Suhrkamp.

Pochat, Götz (1990): Theater und Bildende Kunst im Mittelalter und in der Renaissance in Italien, Graz: Akademische Druck- und Verlagsanstalt.

Ranke, Leopold von (1824/1990): Vorrede zu »Geschichten der romanischen und germanischen Völker von 1494 bis 1535«, in: Wolfgang Hardtwig (Hg.), Über das Studium der Geschichte, München: dtv Wissenschaft.

Ranke, Leopold von (1835/1975): »Idee der Universaltheorie«, in: Ders., Vorlesungseinleitungen. Aus Werk und Nachlaß, hg. v. Volker Dotterweich und Walther Peter Fuchs, Bd. 4, München: Oldenbourg Wissenschaftsverlag.

Raschke, Jens (1999): »Das ›Nein‹ aus Oberammergau. Gescheiterte Passionsprojekte«, in: Reinhold Zwick/Otto Huber (Hg.), Von Oberammergau nach Hollywood. Wege der Darstellung Jesu im Film, Köln: Katholisches Institut für Medieninformation, S. 83–116.

Redi, Riccardo (1991): La Cines. Storia di una casa di produzione italiana, Roma: CNC Edizioni.

Reissberger, Mara (2002): »Die ›Sprache‹ der Lebenden Bilder«, in: Sabine Folie/Michael Glasmeier, Tableau vivant. Lebende Bilder und Attitüden in Fotografie, Film und Video, [Ausst.-Kat. Kunsthalle Wien 2001], Wien: KHM, S. 189–210.

Reiter, Johannes/Zigaina, Giuseppe (1982): Pier Paolo Pasolini: Zeichnungen und Gemälde, Basel: Balance Rief.

Reschke, Nils (2001): »›Die Wirklichkeit als Bild‹. Lebende Bilder in Goethes ›Wahlverwandtschaft‹«, in: Jürgen Fohrmann/Andrea Schütte/Wilhelm Voßkamp (Hg.), Medien der Präsenz: Museum, Bildung und Wissenschaft im 19. Jahrhundert, (Mediologie-Reihe, Bd. 3), Köln: DuMont, S. 42–69.

Ricci, Luciano Michetti (1988): »Christus di Giulio Antamoro«, in: Giovanni Spagnoletti (Hg.), Italiana: cinema e letteratura, Roma: Ente Autonomo Gestione Cinema, S. 109–121.

Richardson, Samuel (1748/1990): Clarissa, or the History of a Young Lady, London, [deut.: Clarissa oder Die Geschichte einer jungen Dame, München: Ullstein].

Ricœur, Paul (1983-85/1988): Zeit und Erzählung, Bd. 1: Zeit und historische Erzählung [1983], München: Fink.

Ricœur, Paul (1983-85/1991): Zeit und Erzählung, Bd. 3: Die erzählte Zeit [1985], München: Fink.

Roskill, Mark (2001): Hans Holbein: Paintings, Prints, and Reception, New Haven: Yale University Press.

Roberts-Jones Philippe und Francoise (1997): Pieter Bruegel der Ältere, München: Hirmer.

Rother, Rainer (Hg.) (1997): Sachlexikon Film, Reinbek: Rowohlt.

Ruchatz, Jens (2003): Licht und Wahrheit. Eine Mediumgeschichte der fotografischen Projektion, München: Fink.

Rüdiger, Michael (2003): Nachbauten des Heiligen Grabes in Jerusalem in der Zeit von Gegenreformation und Barock. Ein Beitrag zur Kultgeschichte architektonischer Devotionalkopien, Regensburg: Schnell & Steiner.

Rumble, Patrick A. (1996): Allegories of Contamination. Pier Paolo Pasolini's Trilogy of Life, Toronto, Buffalo, London: University of Toronto Press.

Rumble, Patrick/Bart, Testa (Hg.) (1997): Pier Paolo Pasolini. Contemporary Perspectives, Toronto, Buffalo, London: University of Toronto Press.

Runions, Erin (2003): How Hysterical: Identification and Resistance in the Bible and Film. Religion/Culture/Critique. New York: Palgrave.

Santi, Pier Marco de (1987): Cinema e pittura [Heftthema], in: Art e dossier, 16 (Sept.).

Scheffel, Michael (1997): Formen selbstreflexiven Erzählens. Tübingen: Niemeyer.

Schlappner, Martin (1971/1994): »Mit der Waffe der fröhlichen Karikatur«, in: Pasolini (1994): Pier Paolo Pasolini. Dokumente zur Rezeption seiner Filme in der deutschsprachigen Filmkritik 1963–85, hg. v. Freunde der Deutschen Kinemathek, Berlin: Freunde der Deutschen Kinemathek e.V. (Heft 84), S. 149–152.

Schlappner, Martin (1975): »Linien des Realismus im italienischen Nachkriegsfilm«, in: Luchino Visconti, München, Wien: Hanser Reihe Film (4), S. 7–40.

Schleicher, Harald (1991): Film-Reflexionen. Autothematische Filme von Wim Wenders, Jean-Luc Godard und Federico Fellini, Tübingen: Niemeyer.

Schmidt, Julia/Feindt, Hendrik (1996): »Farbe im Film – ein traumatisches Verhältnis?«, in: Frauen und Film: Farbe-Film-Musik, 58/59 (Juli), S. 59–75.

Schneider, Irmela (1981): Der verwandelte Text, Tübingen: Niemeyer 1981.

Schönau, David W. (1985): A New Hypothesis on the Vele in the Lower Church of San Francesco in Assisi, in: Franziskanische Studien, 67, 326 ff.

Schönenbach, Richard (2000): Bildende Kunst im Spielfilm. Zur Präsentation von Kunst in einem Massenmedium des 20. Jahrhunderts, München: Scaneg.

Schraven, Minou (2002): »De Decameron van Pier Paolo Pasolini«, in: Polyptiek, S. 173–182.

Schütte, Wolfram (1983): »IL DECAMERON«, in: Ders./Peter W. Jansen (Reihe-Hg.), Pier Paolo Pasolini, München, Wien: Hanser Reihe Film (12), S. 166–170.

Schwartz, Barth David (1992): Pasolini Requiem, New York: Pantheon.

Schweitzer, Otto (2000): Pasolini, Reinbek: Rowohlt.

Schwenk, Bernhard/Semff, Michael (Hg./Kuratoren) (2005): ›P.P.P. - Pier Paolo Pasolini und der Tod‹, [Ausst.-Kat. Pinakothek der Moderne München, 16.11.05–05.02.2006], München: Hatje Cantz.

Schwerfel, Heinz Peter (2003): KINOundKUNST. Eine Liebesgeschichte, Köln: DuMont.

Scotti, Aurora (1997): »Von »Magenta« zur »Porta Pia«: Italienische Schlachtenmalerei von der Florentiner Ausstellung 1861 bis zur Nationalausstellung in Mailand 1872«, in: Stefan Germer/Michael Zimmermann, Bilder der Macht, Macht der Bilder. Zeitgeschichte in Darstellungen des 19. Jahrhunderts, München: Klinkhardt & Biermann, S. 435–460.

Seeßlen, Georg (1992): »Sissi – Ein deutsches Orgasmustrauma«, in: Hans-Arthur Marsiske (Hg.), Zeitmaschine Kino. Darstellung von Gesichte im Film, Marburg: Schüren, S. 64–79.

Silverman, Kaja (1992): »On Suture«, in: Gerald Mast/Marshall Cohen/Leo Braudy (Hg.), Film Theory and Criticism, New York: Oxford University Press, S. 137–147.

Simmel, Georg (1902/1998): »Der Bildrahmen. Ein ästhetischer Versuch«, in: Ders., Soziologische Ästhetik, Darmstadt: WBG, S. 111–117.

Sobel, Bernard (1956): A Pictorial History of Burlesque, New York: Bonanza.

Sofri, Adriano (1995/1998): Der Knoten und der Nagel. Ein Buch zur Linken Hand, Frankfurt/Main: Eichborn.

Spanke, Daniel (2004): Porträt – Ikone – Kunst. Methodologische Studien zur Geschichte des Porträts in der Kunstliteratur. Zu einer Bildtheorie der Kunst, München: Fink.

Spila, Piero (2002): Pier Paolo Pasolini, Marburg: Schüren.

Spielmann, Yvonne (1994): Intermedialität. Das System Peter Greenaway, München: Fink.

Štábla, Zdanek (1971): Queries Concerning the Horice Passion Film, Narodnik Filmovy Archiv, Prag.

Sternberger, Dolf (1938): Panorama oder Ansichten vom 19. Jahrhundert, Hamburg: Claassen.

Stoichita, Victor I. (1998): Das selbstbewußte Bild. Vom Ursprung der Metamalerei, München: Fink.

Strong, Roy (1966): Holbein and Henry VIII, London: Routledge.

Sucher, Bernd C. (Hg.) (1996): Art. »Tableau vivant«, in: Ders., Theaterlexikon. Begriffe. Epochen, Ensembles, Figuren, Spielformen, Theorien, Bd. 2., München: dtv, S. 255–256.

Tabbat, David (1996): »The eloquent eye: Roberto Longhi and the historical criticism of art«, in: Paragone, (July-Nov.), S. 3–27.

Tabori, Paul (1959): Alexander Korda, London: Oldbourne.

Talbot, William Henry Fox (1844–1846/1969): Pencil of Nature [1844–1846], Reprint, New York: Da Capo Press.

Tarkowskij, Andrej (1984/1991): Die versiegelte Zeit. Gedanken zur Kunst, zur Ästhetik und Poetik des Films, Frankfurt/Main, Berlin: Ullstein.

Tatum, W. Barnes (1998): Jesus at the Movies: A Guide to the First Hundred Years, Santa Rosa: Polebridge Press.

Taussig, Michel (1992/1997): Mimesis und Alterität. Eine eigenwillige Geschichte der Sinne, Hamburg: Europäische Verlagsanstalt.

Taylor, Henry M. (2002): Rolle des Lebens. Die Filmbiographie als narratives System, Marburg: Schüren.

Tong, Janice (2001): »Crisis of Ideology and the Disenchanted Eye: Pasolini and Bataille«, in: Contretemps, 2 (May), Internetzeitschrift unter: www.usyd.edu.au/contretemps vom 13.12.2005.

Truffaut, François (1963): »An Interview«, in: Film Quarterly, 1, S. 3–13.

Truffaut, François (1966/1997): Mr. Hitchcock, wie habe Sie es gemacht?, München: Heyne.

Tscheuschner-Bern, K. (1905): »Die Deutsche Passionsbühne und die deutsche Malerei des 15. und 16. Jahrhunderts«, in: Repertorium für Kunstwissenschaft, 28, S. 35–58.

Türschmann, Jörg (2002): »Das literarische Tableau. Darstellungsfunktion und Erklärungsgehalt intermedialer Metaphorik«, in: Wolfram Nitsch/Bernhard Teuber, Vom Flugblatt zum Feuilleton. Mediengebrauch und ästhetische Anthropologie in historischer Perspektive, Tübingen: Narr, S. 263–277.

Turowskaja, Maja/Allardt-Nostitz, Felicitas (1981): Andrej Tarkowskij. Film als Poesie – Poesie als Film, Bonn: Keil.

United Artists (1933): The Private Life of Henry VIII, (Press Book), New York: New York Public Library Collection.

Vallora, Marco (1976): »Alí dagli occhi impuri: come nasce il manierismo della narratività di Pasolini«, in: Bianco i nero, (Jan.–Apr.), S. 156–204.

Vigée-Lebrun, Élisabeth (1835): Souvenirs, Bd. 1, Paris.

Villata, Edoardo/Baiocco, Simone (2004): Gaudenzio Ferrari, Gerolamo Giovenone: un avvio e un percorso, Torino: Allemandi.

Visconti, Luchino (1961): Senso (Drehbuch), in: Enno Patalas (Hg.), Spectaculum. Texte moderner Filme, Frankfurt/Main: Suhrkamp.

Visconti (1975): Luchino Visconti, hg. v. Martin Schlappner, München, Wien: Hanser Reihe Film (4).

Wackenroder, Wilhelm Heinrich (1797/1968): Wilhelm Heinrich Wakkenroder: Sämtliche Schriften, Reinbek: Rowohlt.

Wagner, Birgit (2001): »La Ricotta. Körper, Medien, Intermedialität«, in: Peter Kuon (Hg.), Corpi/Körper. Körperlichkeit und Medialität im Werk Pier Paolo Pasolini, Frankfurt/Main: Peter Lang, S. 81–92.

Waldenfels, Bernhard (1999): Sinnesschwellen, Frankfurt/Main: Suhrkamp.

Walker, Greg (2003): The Private Life of Henry VIII, The British Film Guide 8, London: I.B. Tauris.

Ward, David (1997): »A Genial Analytic Mind: ›Film‹ and ›Cinema‹ in Pier Paolo Pasolini's Film theory«, in: Patrick Rumble/Testa Bart (Hg.), Pier Paolo Pasolini. Contemporary Perspectives, Toronto, Buffalo, London: University of Toronto Press, S. 127–151.

Weibel, Peter (1995): »Pasolinis Pansemiologie oder die Wirklichkeit als Code«, in: Christa Steinle/Giuseppe Zigaina (Hg.), Pier Paolo Pasolini oder die Grenzüberschreitung. P. P. Pasolini. Organizzar il trasumanar, (zweispr. Ausgabe), [Ausst.-Kat. Neue Galerie am Landesmuseum Joanneum Graz, 08.07.–10.08.1995], Venezia: Marsilio, S. 27–46.

Weir, Alison (2001): Henry VIII. The King and his Court, New York: Ballantine Books.

Weis, Marc (1995): »›Ah Longhi, greifen Sie ein!‹ Pasolinis frühe Filme zwischen Realismus und Kunstinterpretation«, in: Christa Steinle/Giuseppe Zigaina (Hg.), Pier Paolo Pasolini oder die Grenzüberschreitung. P. P. Pasolini. Organizzar il trasumanar, (zweispr. Ausgabe), [Ausst.-Kat. Neue Galerie am Landesmuseum Joanneum Graz, 08.07.–10.08.1995], Venezia: Marsilio, S. 193–221.

White, Hayden (1988): »Historiography and Historiophoty«, in: American Historical Review, 93/5, S. 1198–1199.

White, John (1957/1987): The Birth and Rebirth of Pictorial Space, London: Faber & Faber.

Winckelmann, Johann Joachim (1763/1968): »Abhandlung von der Fähigkeit der Empfindung des Schönen in der Kunst und dem Unterricht in derselben«, in: Ders., Kleine Schriften, Vorreden, Entwürfe, hg. v. Walther Rehm, Berlin: Walter de Gruyter.

Winter, William (1918): The Life of David Belasco, New York: Moffatt Yard.

Winternitz, Emanuel (1967): Gaudenzio Ferrari: His school and the early history of the violin, Milano: Varallo Sesia.

Wölfflin, Heinrich (1915): Kunstgeschichtliche Grundbegriffe. Das Problem der Stilentwicklung in der neueren Kunst. München: H. Bruckmann.

Wulff, Hans J. (1992): »Raum und Handlung in Griffiths A WOMAN SCORNED«, in: montage/av, 1/1/1992, S. 91–113.

Wundram, Manfred/Pape, Thomas (1988): Andrea Palladio. Architekt zwischen Renaissance und Barock, Köln: Benedikt Taschen.

Yalçin, Fatma (2004): Anwesende Abwesenheit. Untersuchung zur Entwicklungsgeschichte von Bildern mit menschenleeren Räumen, Rückenfiguren und Lauschern im Holland des 17. Jahrhunderts, München, Berlin: Deutscher Kunstverlag.

Zigaina, Giuseppe (1987/1989): Pasolini und der Tod. Mythos, Alchimie und Semantik des »glänzenden Nichts«. Eine Studie, München: Pieper.

Zigaina, Giuseppe (1995): »Der Tod als poetisches Kino«, in: Christa Steinle/Giuseppe Zigaina (Hg.), Pier Paolo Pasolini oder die Grenzüberschreitung. P. P. Pasolini. Organizzar il trasumanar, (zweispr. Ausgabe) [Ausst.-Kat. Neue Galerie am Landesmuseum Joanneum Graz, 08.07.–10.08.1995], Venezia: Marsilio, S. 42–86.

Žižek, Slavoj (2001): Die Furcht vor echten Tränen. Krzysztof Kieślowski und die »Nahtstelle«, Berlin: Volk & Welt.

Zwick, Reinhold (1992): »Und das Wort ist Bild geworden. Zu theologischen und ästhetischen Aspekten des ›Jesus-Films‹«, in: Film-Dienst Extra, »Jesus in der Hauptrolle. Zur Geschichte und Ästhetik der Jesus-Filme«, (Nov.), S. 15–19.

Danksagung

Bilder, genauer: Gemälde, zu analysieren, während man Spielfilme betrachtet, ist nach wie vor keine selbstverständliche wissenschaftliche Arbeit für Kunsthistorikerinnen und Kunsthistoriker. Daß ich dennoch genau diese Untersuchung zweier differenter Bildsysteme mit einem dezidiert kunsthistorischen Anliegen koppeln konnte, verdanke ich ganz besonders meiner Doktormutter Prof. Dr. Barbara Schellewald. Sie hat mich nicht nur mit fachlichem Wissen und zahlreichen filmischen Anregungen unterstützt, sondern auch mit großem Interesse für mein Projekt begleitet und in der Relevanz des Vorhabens ermuntert.

Sehr herzlich danke ich auch Prof. Dr. Anne-Marie Bonnet, die insbesondere in der ersten konstituierenden Phase meines Projekts entschieden und mit Kenntnis dafür sorgte, daß mein wissenschaftliches Anliegen entsprechend fokussiert wurde.

Die Rheinische Friedrich-Wilhelms-Universität zu Bonn hat meine Arbeit zwei Jahre lang im Rahmen der Begabtenförderung des Landes Nordrhein-Westfalen gefördert und sie mit dieser finanziellen Unterstützung erst möglich gemacht. Danken möchte ich auch dem Sonderforschungskolleg »Medien und kulturelle Kommunikation« in Köln, das mir ein weites Forum für Fachgespräche gegeben hat; besonderer Dank geht an meine Kollegen, die neben ihrer fachlichen Unterstützung auch mit temporären Arbeitsentlastungen halfen, wie auch an Prof. Dr. Wolfgang Beilenhoff, der als Leiter meines Forschungsprojekts »Porträt im Film« für die nötigen filmwissenschaftlichen Ergänzungen und Anregungen sorgte. Adrian Kasnitz danke ich für die schnellen Endkorrekturen.

Für den intensiven wissenschaftlichen Austausch, die Betreuung jenseits der Institutionen und die aufmerksame Lektüre geht mein Dank an Leander Scholz, der mir stets ein verläßlicher Freund war und mir in Zeiten größter Anspannung treu zur Seite stand.

Und schließlich hat sich Sirka Laass viel Zeit genommen für die maßgebliche Durchsicht des Manuskripts.

Danke!

Birgit Althans, Kathrin Audem,
Beate Binder, Moritz Ege, Alexa Färber (Hg.)

Kreativität. Eine Rückrufaktion

Zeitschrift für Kulturwissenschaften,
Heft 1/2008

März 2008, 138 Seiten, kart., 8,50 €
ISSN 9783-9331

ZFK – Zeitschrift für Kulturwissenschaften

Der Befund zu aktuellen Konzepten kulturwissenschaftlicher Analyse und
Synthese ist ambivalent: Neben innovativen und qualitativ hochwertigen
Ansätzen besonders jüngerer Forscher und Forscherinnen steht eine
Masse oberflächlicher Antragsprosa und zeitgeistiger Wissensproduktion –
zugleich ist das Werk einer ganzen Generation interdisziplinärer Pioniere
noch wenig erschlossen.

In dieser Situation soll die **Zeitschrift für Kulturwissenschaften** eine
Plattform für Diskussion und Kontroverse über Kultur und die
Kulturwissenschaften bieten. Die Gegenwart braucht mehr denn je
reflektierte Kultur, historisch situiertes und sozial verantwortetes Wissen.
Aus den Einzelwissenschaften heraus kann so mit klugen interdisziplinären
Forschungsansätzen fruchtbar über die Rolle von Geschichte und
Gedächtnis, von Erneuerung und Verstetigung, von Selbststeuerung und
ökonomischer Umwälzung im Bereich der Kulturproduktion und der
naturwissenschaftlichen Produktion von Wissen diskutiert werden.

Die **Zeitschrift für Kulturwissenschaften** lässt gerade auch jüngere
Wissenschaftler und Wissenschaftlerinnen zu Wort kommen, die aktuelle
fächerübergreifende Ansätze entwickeln.

Lust auf mehr?

Die **Zeitschrift für Kulturwissenschaften** erscheint zweimal jährlich in
Themenheften. Bisher liegen die Ausgaben Fremde Dinge (1/2007),
Filmwissenschaft als Kulturwissenschaft (2/2007) und Kreativität. Eine
Rückrufaktion (1/2008) vor.
Die **Zeitschrift für Kulturwissenschaften** kann auch im Abonnement für
den Preis von 8,50 € je Ausgabe bezogen werden.
Bestellung per E-Mail unter: bestellung.zfk@transcript-verlag.de

Film

Sebastian Richter
Digitaler Realismus
Zwischen Computeranimation
und Live-Action. Die neue
Bildästhetik in Spielfilmen

Oktober 2008, ca. 200 Seiten,
kart., zahlr. z.T. farb. Abb.,
ca. 24,80 €,
ISBN: 978-3-89942-943-5

Dunja Brötz
Dostojewskis »Der Idiot«
im Spielfilm
Analogien bei
Akira Kurosawa,
Sasa Gedeon und
Wim Wenders

Oktober 2008, ca. 294 Seiten,
kart., zahlr. z.T. farb. Abb.,
ca. 28,80 €,
ISBN: 978-3-89942-997-8

Catrin Corell
Der Holocaust
als Herausforderung
für den Film
Formen des filmischen
Umgangs mit der
Shoah seit 1945.
Eine Wirkungstypologie

September 2008, ca. 550 Seiten,
kart., zahlr. Abb., ca. 36,80 €,
ISBN: 978-3-89942-719-6

Joanna Barck
Hin zum Film –
Zurück zu den Bildern
Tableaux Vivants:
»Lebende Bilder« in
Filmen von Antamoro,
Korda, Visconti und
Pasolini

August 2008, 348 Seiten,
kart., zahlr. Abb., 32,80 €,
ISBN: 978-3-89942-817-9

Tina Hedwig Kaiser
Aufnahmen der
Durchquerung
Das Transitorische im Film

August 2008, 230 Seiten,
kart., zahlr. Abb., 27,80 €,
ISBN: 978-3-89942-931-2

Catherine Shelton
Unheimliche Inskriptionen
Eine Studie zu Körperbildern
im postklassischen Horrorfilm

Juli 2008, 384 Seiten,
kart., 34,80 €,
ISBN: 978-3-89942-833-9

Gesche Joost
Bild-Sprache
Die audio-visuelle
Rhetorik des Films

Mai 2008, 264 Seiten,
kart., zahlr. Abb., 25,80 €,
ISBN: 978-3-89942-923-7

Roland Reiter
The Beatles on Film
Analysis of Movies,
Documentaries, Spoofs
and Cartoons

März 2008, 214 Seiten,
kart., 23,80 €,
ISBN: 978-3-89942-885-8

Katrin Oltmann
Remake | Premake
Hollywoods romantische
Komödien und ihre
Gender-Diskurse, 1930-1960

Februar 2008, 356 Seiten,
kart., 29,80 €,
ISBN: 978-3-89942-700-4

Leseproben und weitere Informationen finden Sie unter:
www.transcript-verlag.de

Film

Thomas Weber
Medialität als Grenzerfahrung
Futurische Medien im Kino der 80er und 90er Jahre
Februar 2008, 374 Seiten,
kart., 33,80 €,
ISBN: 978-3-89942-823-0

Daniel Devoucoux
Mode im Film
Zur Kulturanthropologie zweier Medien
2007, 350 Seiten,
kart., zahlr. Abb., 34,80 €,
ISBN: 978-3-89942-813-1

Daniel Winkler
Transit Marseille
Filmgeschichte einer Mittelmeermetropole
2007, 328 Seiten,
kart., 29,80 €,
ISBN: 978-3-89942-699-1

Nadja Sennewald
Alien Gender
Die Inszenierung von Geschlecht in Science-Fiction-Serien
2007, 314 Seiten,
kart., zahlr. Abb., 29,80 €,
ISBN: 978-3-89942-805-6

Hedwig Wagner
Die Prostituierte im Film
Zum Verhältnis von Gender und Medium
2007, 324 Seiten,
kart., 29,80 €,
ISBN: 978-3-89942-563-5

Sandra Strigl
Traumreisende
Eine narratologische Studie der Filme von Ingmar Bergman, André Téchiné und Julio Medem
2007, 236 Seiten,
kart., 27,80 €,
ISBN: 978-3-89942-659-5

Doris Agotai
Architekturen in Zelluloid
Der filmische Blick auf den Raum
2007, 184 Seiten,
kart., zahlr. Abb., 24,80 €,
ISBN: 978-3-89942-623-6

Klaus Kohlmann
Der computeranimierte Spielfilm
Forschungen zur Inszenierung und Klassifizierung des 3-D-Computer-Trickfilms
2007, 300 Seiten,
kart., 29,80 €,
ISBN: 978-3-89942-635-9

Arno Meteling
Monster
Zu Körperlichkeit und Medialität im modernen Horrorfilm
2006, 372 Seiten,
kart., zahlr. Abb., 31,80 €,
ISBN: 978-3-89942-552-9

Leseproben und weitere Informationen finden Sie unter:
www.transcript-verlag.de